全国广播电视编辑记者、播音员主持人资格考试辅导编写组　编

U0740548

全国广播电视编辑记者、播音员主持人资格考试

考前辅导教材

综合、基础知识

根据 2015 年
最新
考试大纲编写

2015

中国广播影视出版社

图书在版编目（CIP）数据

2015 年全国广播电视编辑记者、播音员主持人资格考试考前辅导教材. 综合、基础知识 / 全国广播电视编辑记者、播音员主持人资格考试辅导编写组编. —北京：中国广播影视出版社，2015.8

ISBN 978-7-5043-7489-9

Ⅰ.①2… Ⅱ.①全… Ⅲ.①广播工作—资格考试—自学参考资料②电视工作—资格考试—自学参考资料 Ⅳ.①G222

中国版本图书馆 CIP 数据核字（2015）第 179996 号

2015 全国广播电视编辑记者、播音员主持人资格考试考前辅导教材（综合、基础知识）

全国广播电视编辑记者、播音员主持人资格考试辅导编写组　编

策　划	国家新闻出版广电总局广播影视人才交流中心交流培训部	
责任编辑	陈丹桦	
封面设计	嘉信一丁	

出版发行	中国广播影视出版社	
电　话	010-86093580　010-86093583	
社　址	北京市西城区真武庙二条 9 号	
邮　编	100045	
网　址	www.crtp.com.cn	
电子信箱	crtp8@sina.com	

经　销	全国各地新华书店
印　刷	三河市人民印务有限公司

开　本	787 毫米×1092 毫米　1/16
字　数	460(千)字
印　张	28.75
版　次	2015 年 8 月第 1 版　2015 年 8 月第 1 次印刷

书　号	ISBN 978-7-5043-7489-9
定　价	100.00 元

目　　录

综合知识

第一部分　政治理论知识

第二部分　法律基础知识与相关法律法规

第三部分　经济学、社会学、文学常识

实战模拟试卷与参考答案

基础知识

第一部分　马克思主义新闻观和中国 社会主义新闻事业的方针原则

第二部分　新闻工作者职业道德

第三部分　广播电视常识

实战模拟试卷与参考答案

前　　言

　　广播电视编辑记者、播音员主持人资格考试是面向全社会组织的行业性执业资格考试，广播电视系统内新闻从业人员需通过该考试，并在新闻单位申请才可取得从业资格证。

　　一年一度的全国广播电视编辑记者、播音员主持人资格考试在即，我们在与参加资格考试的众多考生的交流中发现，不少考生都希望能有一本权威、实用的资格考试复习指导用书，能够提供与资格考试有关的报考信息、考试内容、应试指南及实战模拟试卷等一站式服务。鉴于此，本编写组根据国家新闻出版广电总局资格考试委员会制定的《2015年全国广播电视编辑记者、播音员主持人资格考试大纲》编写了这套《2015年全国广播电视编辑记者、播音员主持人资格考试考前辅导教材》。

　　与其他资料相比，本套考前辅导教材具有四大独有的特点：

　　一、考试的一站式服务。作为资格考试的专业辅导用书，本书几乎囊括了复习备考所需的全部内容，包括应试技巧、知识要点、分值比重、例题解析以及实战模拟试卷等，真正做到了资格考试的一站式服务，为广大考生全方位答疑解惑。

　　二、具有很强的指导性、实用性。本书在我社2014年出版的教材基础上，重新编写，增加了考点后的链接习题，删繁就简，重点突出，可帮助考生在有限的复习时间内，快速抓住重点，有效记忆考点，取得理想成绩。

　　三、具有很强的时效性、针对性。本书紧扣最新的《2015年全国广播电视编辑记者、播音员主持人资格考试大纲》，对大纲所列的知识点进行了详细具体的阐释，并对大纲新增加的内容进行了充实完善，详尽而精准。

　　四、具有很强的模拟性、实战性。本编写组在每门科目的知识讲解后，都根据大纲考试要求和历年考试命题的规律给出了相关的例题，并加以解释。在书的最后部分配有 5 套实战模拟试卷，本册还配有 3 套口试试卷，使考生通过做题，既可以熟悉试卷题型，也可以检验自己的学习效果，还可以在反复练习中熟练掌握应试要点的知识内容，在实战演练中得到锻炼和提高，为更好地应对考试奠定坚实的基础。

五、超值的视频课程。本书随书赠送了在线学习的视频课程，包括每一门考试的知识点精讲、考点解密、习题解答，由名师辅导答疑。生动的视频语音课程辅以权威的辅导教材，全面、立体地帮助考生备考。

六、随《综合·基础知识》赠送网友提供的 2014 年真题试卷。

希望本书能够帮助广大考生轻松应考。

祝大家考出好成绩！

2015 年全国广播电视编辑记者、播音员主持人资格考试大纲

第一章　总则

第一条　为规范广播电视编辑记者、播音员主持人资格管理，做好全国广播电视编辑记者、播音员主持人资格考试工作，根据《广播电视编辑记者、播音员主持人资格考试办法（试行）》（广发人字〔2005〕552 号），制定本大纲。

第二条　本大纲是全国广播电视编辑记者、播音员主持人资格考试命题的依据，供考生备考时参考。

第三条　考试科目：

（一）广播电视编辑记者资格考试科目

综合知识；广播电视基础知识；广播电视业务。

（二）广播电视播音员主持人资格考试科目

综合知识；广播电视基础知识；广播电视播音主持业务（笔试）；广播电视播音主持业务（口试）。

第二章　综合知识

第四条　综合知识重点考察考生的知识面和综合素质，要求考生了解所列知识点。

第五条　综合知识考试时间、考试方式和试题类型：

（一）考试时间为 90 分钟。

（二）考试方式为闭卷、笔试。

（三）试卷满分为 100 分。

（四）试题类型包括单项选择题和多项选择题。

第六条 综合知识内容包括：

一、政治理论知识

（一）马克思列宁主义理论

世界的普遍联系和永恒发展　世界物质统一性原理　唯物辩证法的基本规律　以实践为基础的能动的反映　真理和检验真理的标准　社会基本矛盾及其运动规律　人民群众和个人在历史上的作用

商品　货币　资本　价值规律　剩余价值　资本主义再生产与资本积累　资本主义基本矛盾　资本主义经济危机

两大发现与科学社会主义的创立　社会发展和人的全面发展

（二）毛泽东思想

毛泽东思想的形成和主要内容　新民主主义革命总路线　新民主主义基本纲领　人民民主政权　统一战线　实事求是　群众路线　独立自主　自力更生

（三）中国特色社会主义理论体系

中国特色社会主义道路　中国特色社会主义理论体系　中国特色社会主义制度　中国特色社会主义理论体系的形成和发展　中国特色社会主义理论体系是马克思主义中国化的最新成果　改革开放前后两个历史时期的关系

邓小平理论的形成、主要内容、历史地位　"三个代表"重要思想的形成、主要内容、历史地位　科学发展观的形成、主要内容、指导意义　中国特色社会主义的总依据、总布局、总任务　建设社会主义市场经济、社会主义民主政治、社会主义先进文化、社会主义和谐社会、社会主义生态文明　社会主义核心价值体系与核心价值观　促进世界和平与发展　加强党的执政能力建设　先进性和纯洁性建设　建设学习型、服务型、创新型的马克思主义执政党

实现中华民族伟大复兴的中国梦　"两个一百年"奋斗目标　新的历史条件下夺取中国特色社会主义新胜利必须牢牢把握的八个基本要求　坚持和发展中国特色社会主义　"四个全面"战略布局及相互关系　全面建成小康社会及其目标要求　全面深化改革的总目标　深化经济体制改革的核心

问题 全面推进依法治国的总目标 科学立法、严格执法、公正司法、全民守法的"新十六字"方针 党的领导是中国特色社会主义最本质的特征 实现中国优秀传统文化的创造性转化和创新性发展 中国特色社会主义"新五化"发展战略 "一带一路"战略构想 发展21世纪中国的马克思主义

（四）近期国内外重大事件

二、法律基础知识与相关法律法规

（一）法律基础知识

中国特色社会主义法律体系的构成

我国公民的基本权利和义务 人民代表大会制度 多党合作和政治协商制度 我国的文化制度 使用语言文字的原则

（二）相关法律法规

宪法

刑法 为境外窃取、刺探、收买、非法提供国家秘密、情报罪 破坏广播电视设施罪 侵犯著作权罪 损害商业信誉、商品声誉罪 虚假广告罪 诬告陷害罪 侮辱罪 诽谤罪 煽动民族仇恨、民族歧视罪 非法获取国家秘密罪 扰乱无线电通讯管理秩序罪 传播淫秽物品罪

民法 民事权利能力和民事行为能力 人身权 名誉权 荣誉权 姓名权 肖像权 承担民事责任的方式 合同 侵权责任

知识产权法 著作权 著作权法保护的作品范围 著作权权利限制 表演者权利和义务 录音录像制作者权利和义务 广播电台、电视台权利和义务

保守国家秘密法 国家秘密范围 法律责任

国家通用语言文字法 国家通用语言文字基本原则 国家通用语言文字使用

《广播电视管理条例》 禁止制作、播放的广播电视节目 广播电视新闻应当遵守的原则 广播电台、电视台使用语言文字的原则 广播电台、电视台审查节目的要求

《政府信息公开条例》 《信息网络传播权保护条例》

三、经济学、社会学、文学常识

我国的基本经济制度 社会主义市场经济体制的基本特征和基本框架 自由经营与政府干预 资源配置 成本与收益 国内生产总值（GDP）

居民消费价格指数（CPI）　恩格尔系数　基尼系数　通货膨胀与通货紧缩　充分就业与失业　财政政策和货币政策　顺差和逆差　外汇与汇率　自由贸易与保护贸易　固定汇率制度与浮动汇率制度　欧盟　区域经济一体化和经济全球化　世界贸易组织　世界银行和国际货币基金组织

社会化　社会角色　社会规范　社区　社会分层　现代化　社会保障　《诗经》　《史记》　唐宋八大家　《红楼梦》　新文化运动　鲁迅　郭沫若　沈从文　茅盾　《荷马史诗》　文艺复兴　莎士比亚　巴尔扎克　卡夫卡

第三章　广播电视基础知识

第七条　广播电视基础知识重点考察考生对广播电视工作认知程度，要求考生掌握马克思主义新闻观、党的新闻宣传工作方针原则、新闻工作者的职业道德规范、广播电视常识。

第八条　广播电视基础知识考试时间、考试方式和试题类型：

（一）考试时间为90分钟。

（二）考试方式为闭卷、笔试。

（三）试卷满分为100分。

（四）试题类型包括选择题、简答题、辨析题、论述题。

第九条　广播电视基础知识内容包括：

一、马克思主义新闻观和中国社会主义新闻事业的方针原则

（一）马克思主义新闻观

马克思主义新闻观的含义　马克思主义新闻观的形成与发展　新闻战线"三项学习教育"活动的内涵要求

（二）中国社会主义新闻事业的基本方针

为人民服务、为社会主义服务、为全党全国工作大局服务　团结稳定鼓劲、正面宣传为主

（三）新闻工作的党性原则

党性原则是马克思主义新闻观的根本原则　党性原则的含义与基本要求　坚持党对新闻工作的领导　在新闻实践中做到对党负责和对人民负责的统一

（四）舆论导向

舆论导向的含义　坚持正确舆论导向的基本要求　坚持正确舆论导向必须把好关、把好度

（五）舆论监督

舆论监督的实质　舆论监督的社会功能　坚持建设性监督、科学监督、依法监督的原则　把握大局，提高舆论监督水平

（六）政治家办报办台

"政治家办报"的提出与发展　政治家办报办台的基本要求　在新形势下坚持政治家办报办台

（七）新闻真实性原则

新闻定义的内涵

真实是新闻的生命　新闻真实的本质要求与具体要求　实事求是是新闻工作的根本出发点　坚持准确、公正、全面、客观的报道原则　当前新闻真实性方面存在的问题

以辩证唯物主义反映论指导新闻工作　新闻报道必须以事实为依据　全面把握和正确反映社会生活的本质和主流　发扬深入实际、调查研究、求真务实、实事求是的作风

（八）新闻价值

新闻价值的含义　新闻价值的要素　新闻价值的客观性与综合性　新闻价值取向

（九）贴近实际、贴近生活、贴近群众

"三贴近"原则的含义和基本要求　"三贴近"原则是新闻宣传工作贯彻"三个代表"重要思想的具体化　按照"三贴近"原则加强和改进新闻宣传工作

（十）社会效益第一，社会效益与经济效益统一

坚持把社会效益放在首位，努力实现社会效益与经济效益的统一

（十一）文艺方针政策

"二为方向"　"双百方针"　弘扬主旋律，提倡多样化　思想性、艺术性、观赏性三统一　"三贴近"

（十二）对外宣传工作的基本原则

（十三）习近平总书记在全国宣传思想工作会议上的讲话、习近平总书记在文艺工作座谈会的讲话

二、新闻工作者职业道德

（一）新闻工作者责任

新闻工作的地位与作用　新闻工作者的职业特征　新闻工作者的社会责任　新闻工作者的职业修养

（二）新闻工作者职业道德

新闻工作者职业道德的本质特征　新闻工作者职业道德的基本原则和规范　新闻工作者职业道德建设的意义

（三）广播电视工作者职业道德

《中国新闻工作者职业道德准则》（2009 年修订颁布）《中国广播电视编辑记者职业道德准则》　《中国广播电视播音员主持人职业道德准则》《新闻从业人员职务行为信息管理办法》

三、广播电视常识

（一）新中国广播电视发展简况

延安新华广播电台　北平新华广播电台　中央广播事业局　国家广播电影电视总局　中央人民广播电台　中国国际广播电台　中央电视台　中国广播网　国际在线　中国网络电视台

（二）广播电视节目概述

广播电视节目　广播电视的传播特点　广播的传播符号　电视的传播符号　电视影像的要素　广播电视新闻的语言表达　广播新闻中音响与文字的关系　电视新闻中画面、音响与文字的关系

第四章　广播电视业务

第十条　广播电视业务重点考察考生的广播电视采编能力，要求考生掌握采、写、编、评的基本技能。

第十一条　广播电视业务考试时间、考试方式和试题类型：

（一）考试时间为 150 分钟。

（二）考试方式为闭卷、笔试。

（三）试卷满分为 100 分。

（四）试题类型包括选择题、案例分析题、写作题。

第十二条　广播电视业务内容包括：

一、广播电视采访

（一）广播电视新闻采访

新闻采访　广播电视新闻采访的要求

（二）广播电视新闻采访的选题

新闻线索　确立选题的标准　选题的方法和步骤

（三）广播电视采访准备

广播电视采访的准备　采访提纲的撰写　记者在现场的介入方式　采访对象的选择

（四）广播电视采访方法

现场观察　开放型问题　闭合型问题　广播采录的基本要求　电视摄录的基本要求

二、广播电视写作

（一）广播电视新闻写作的基本要求

符合广播电视媒体特点　用事实说话

（二）广播电视新闻的结构要求

结构线索清晰　层次清楚　核心信息处理突出

（三）广播电视消息

广播电视消息　新闻要素　背景　导语　广播电视消息常用结构

（四）广播电视新闻专题

广播电视新闻专题特点　广播电视新闻专题表达手段　广播电视新闻专题常用结构

（五）广播电视现场报道

广播电视现场报道　现场直播

（六）广播电视连续报道与系列报道

连续报道　连续报道的基本要求　系列报道　系列报道的基本要求

三、广播电视编辑

（一）新闻编辑的主要职责和具体工作

新闻编辑工作的主要职责　选题确定　编辑工作流程　新闻报道的策划　选择稿件　修改稿件　制作标题　栏目编排　录制播出　直播导播　通联

（二）节目编辑合成

音像编辑合成　新闻类节目音像编辑的基本原则　广播新闻编辑手法和技巧　电视新闻编辑手法和技巧

（三）广播电视新闻节目编排

栏目编排思想　新闻编排技巧

四、广播电视评论

（一）新闻评论的特点与功能

新闻评论　新闻评论的功能　新闻评论的特点　广播电视新闻评论的特点

（二）新闻评论的说理

论点　论据　论证　据事说理　对比说理

（三）广播电视评论类型

本台评论　本台短评　编后话　新闻述评　谈话类评论　舆论监督节目

第五章　广播电视播音主持业务

第十三条　广播电视播音主持业务重点考察考生的播音主持能力，要求考生能以良好的形象和规范的语言完成节目的播音主持工作。

第十四条　广播电视播音主持业务考试时间、考试方式和试题类型：

（一）笔试

1. 考试时间为 150 分钟。

2. 考试方式为闭卷。

3. 试卷满分为 100 分。

4. 试题类型包括选择题、简答题、写作题。

（二）口试

1. 准备时间为 10 分钟，考试时间为 5 分钟。

2. 考试方式为闭卷，现场抽题，现场录像。

3. 口试满分为 100 分。

4. 试题类型包括新闻播报、话题主持。

第十五条 广播电视播音主持业务内容包括：

一、播音主持工作及职业规范

（一）播音主持工作的性质、地位、作用

播音主持工作特点　播音员主持人职业定位　播音主持的正确创作道路

（二）播音员主持人职业规范要求

牢固树立责任意识　勤奋敬业、德艺双馨　自觉维护祖国语言文字的纯洁　树立良好的行业内外形象　遵纪守法、廉洁自律

（三）规范播音员主持人岗位工作的意义

有助于培养严谨的工作作风　有利于提高播出质量　有助于塑造良好的媒体形象

二、普通话语音知识和播音发声常识

（一）普通话语音知识

普通话概念　普通话语音特点　普通话声母、韵母、声调、语流音变等知识

（二）播音发声常识

播音发声的基本要求及方法　呼吸原理及方法　口腔控制原理和要领吐字归音的方法

三、播音主持语言表达

（一）创作准备与思想感情的运动状态

备稿的定义、内容、方法以及应注意的问题　思想感情的运动状态　感受、态度、感情　具体感受与整体感受

（二）调动思想感情的方法

情景再现的定义、展开过程以及应注意的问题　内在语的定义、作用、分类以及把握　对象感的定义、特征、把握以及应避免的几个误区

（三）表达思想感情的方法

停连的定义、作用、位置的确定以及表达　重音的定义、作用、位置的确定以及表达　语气的定义、感情色彩和分量、声音形式　节奏的定义、类型以及方法

（四）即兴口语表达

广播电视即兴口语表达的原则与分类　串联词的定义、功能、把握以及创作追求　话题的进入、衔接转换、结束等操作技巧　临场应变的定义、要求、依据、现场控制以及应变策略

四、播音主持业务

（一）文稿播读

1. 新闻类节目及其分类　新闻文稿播读的总体要求　新闻消息的播读　新闻评论的播读　新闻专稿的播读

2. 文艺类节目及其分类　文艺类文稿播读的总体要求　文艺类文稿播读的具体要求

3. 社教类节目及其分类　社教类文稿播读的总体要求　社教类文稿播读的具体要求

4. 财经类节目及其分类　财经类文稿播读的总体要求　财经类文稿播读的具体要求

（二）话题主持

1. 新闻评论类节目的界定和分类　新闻评论类专题主持的基本要求

2. 财经类节目的界定和分类　财经类专题主持的基本要求

3. 服务类节目的界定和分类　服务类专题主持的基本要求

4. 综艺娱乐类节目的界定和分类　综艺娱乐类专题主持的基本要求

五、播音员主持人形象

（一）播音员主持人的形象概述

1. 形象的定义

2. 职业形象（声音形象、屏幕形象）　个人形象

（二）塑造播音员主持人形象的意义和作用

1. 有助于塑造媒体形象

2. 有助于先进文化的传播

（三）处理好播音员主持人形象的多重关系

1. 职业形象与个人形象的关系

2. 内在素质与外在形象的关系

3. 个人和集体的关系

（四）塑造播音员主持人形象的具体要求

1. 塑造职业形象的基本要求

职业着装的基本概念及搭配技巧　发型造型的基本常识和要求　化妆造型的基本原则及技巧　饰物佩戴的基本常识

2. 表现职业形象的基本要求

体现媒体责任和个人品德　符合中华民族文化传统　尊重大众审美情趣和欣赏习惯　体态与节目的统一、语言与体态的和谐

3. 注重生活中的形象

良好的语言习惯、规范的体态语言　注意言谈举止的社会影响

六、口试内容和标准

（一）口试内容

1. 新闻播报。应试者面对镜头播报一条自己抽取的新闻稿。

2. 话题主持。应试者从不同栏目类型的话题中选择一题，面对镜头主持。

（二）口试标准

A 级

语音面貌：播报和主持节目时，语音标准，词汇、语法正确无误，语调自然，表达流畅。

音质音色：声音清晰、圆润，音色大方、明朗、干净；发声状态松弛、自如；吐字清晰、准确、流畅。

形象气质：形象端正、大方，仪态仪表符合广播电视职业规范。

语言表达：

播报：理解准确，感受具体，感情真挚，基调恰切；语言目的明确，停连重音准确，语句流畅，语气生动，分寸得当；语言表达时状态积极，与受众有真切交流，仪态自然大方。

主持：导向正确，态度鲜明；思路清晰，逻辑感强；语言规范，符合广

播电视语体特征；内容充实，言之有物；表达顺畅，生动、形象，对象感、交流感强，能体现栏目特色，反应敏捷，富有个性。

B 级

语音面貌：播报和主持节目时，语音基本标准，语调比较自然，语意表达总体准确流畅。

音质音色：声音较清晰、圆润，音色较大方、明朗、干净；发声状态较自如；吐字基本清晰、准确、流畅。

形象气质：形象、仪态、仪表符合广播电视职业规范。

语言表达：

播报：理解基本正确，有一定感受，感情、基调基本恰切；语言目的基本明确，语句顺畅，语气、分寸把握较好；语言表达时状态积极，有一定的对象感，自然大方。

主持：导向正确，态度鲜明；思路清晰，表述逻辑基本清楚，内容比较充实具体；语言基本规范，符合广播电视语体特征，偶有词汇、语法等失误；表达基本顺畅，有一定的对象感、交流感，基本能体现不同栏目的特色及个性。

综合知识

应 试 指 南

综合知识重点考察考生的知识面和综合素质，包括政治理论知识、法律常识与相关法律法规、经济学、社会学、文学常识等相关知识，内容广泛，需要理解记忆的知识点非常多。综合知识考试时间为 90 分钟，试卷满分为 100 分，试题类型包括 60 道单项选择题和 40 道多项选择题。考生在进行综合知识的复习时，可以注意以下两点：一是政治、法律、经济、社会学、文学五个主要知识面在出题时并非平均用力，从往年的卷面分布来看，政治理论所占总分值比重最大，其次是法律、经济学、社会学和文学常识，除此以外，还会有 5 分左右的时事政治题，所以考生在复习时应有所侧重，根据自己知识掌握程度制订不同的复习策略；二是综合知识的复习。建议考生按照章节，结合本书后的实战模拟试卷一同复习，尤其强调通过练习来巩固记忆。综合知识的出题呈现出应用性、灵活性逐年增强的趋势，所以考生在确保知识点记忆准确的前提下，更要对于每道模拟题所蕴含的知识点融会贯通，知其然更要知其所以然，捕捉需要掌握的知识点。

一、紧扣考试大纲

全国广播电视编辑记者、播音员主持人资格考试大纲是本次资格考试命题的依据，综合知识科目的备考理应严格遵循考试大纲进行。

二、重视基本内容的理解和识记

【例题 1】从 2012 年 1 月 1 日起，每个电视上星综合频道每日 18：00 至 23：30 必须有两档以上自办新闻类节目，每档新闻节目时间不得少于（　　）。

A. 30 分钟　　　B. 1 小时　　　C. 90 分钟　　　D. 2 小时

解析： 本题的正确答案是 A

广电总局对上星卫视下发的相关节目管理文件《关于进一步加强电视上星综合频道节目管理的意见》（简称《意见》），《意见》中提出，从 2012 年 1 月 1 日起，每个电视上星综合频道每日 6：00 至 24：00 新闻类节目不得少于 2 小时；18：00 至 23：30 必须有两档以上自办新闻类节目，每档新闻节目时间不得少于 30 分钟；各电视上星综合频道还要开办一个弘扬中华民族传统美德和社会主义核心价值体系的思想道德建设栏目。

三、系统把握知识框架

综合知识考试大纲内容按照学科领域的类别分成不同的部分，知识十分庞杂。但是每一部分知识内部并不是杂乱无章的，而是形成一定的思想体系，有一定逻辑联系的。比如政治理论知识，开篇讲马克思主义哲学，在哲学基础之上全面展开整个建设有中国特色社会主义的政治、经济、文化理论，层层展开、条分缕析。各部分知识之间，虽关联不像每部分内部联系那样紧密，却都有一个共同的指向，即围绕开展广播电视业务的工作需要。

【例题 2】通过对 G—W—G′资本总公式的分析，可以发现（　　　）。

A. 追求剩余价值是资本运动的目的，资本是带来剩余价值的价值

B. 在流通中购买特殊商品劳动力是货币转化为资本的条件

C. 剩余价值是在流通中产生的

D. 剩余价值不是在流通中产生的，但不能离开流通

解析：本题的正确答案是 ABD

资本总公式中，G 代表货币，W 代表商品，G′代表价值增殖了的货币量。理解该题可以从产业资本的循环过程中找到答案。

产业资本的这种循环，从流通过程和生产过程来区分可以分解为三个不同的阶段。第一阶段为购买阶段。在这一阶段上，资本首先以货币的形式出现，用货币的购买手段和支付手段的职能，从商品市场上购买各种生产资料，从劳动力市场上购买工人的劳动力。正是由于购买了劳动力这种特殊的商品，才使资本家手中的货币变为资本，取得了货币资本的形式。因此选项 B 正确。

第二阶段是生产阶段。在这一阶段，资本家把生产资料和劳动力投入生产，工人在生产过程中制造出某种新的商品，同时也就生产出了剩余价值。生产资料和劳动力本身并不是资本，但它们在资本家手中成为榨取剩余价值的手段，取得了生产资本的形式。生产资本的职能是生产剩余价值，经过生产过程制造出来的新商品中便包含了剩余价值。因此，剩余价值不是在流通过程中产生的，选项 C 错误。

第三阶段是售卖阶段。在这一阶段，资本家把商品售出，得回货币。新生产出来的商品由于包含了增殖的剩余价值，因而从价值形式上看大于生产过程之前资本家所购买的生产资料和劳动力的价值。这一阶段本质上是将待实现的价值和剩余价值重新变为货币。由此可见，剩余价值虽然不是在流通过程中产生的，但是要通过流通过程来实现，选项 D 正确。

货币由 G-G′的过程可以表明资本是能够带来剩余价值的价值，追求剩余价值是资本运动的目的，选项 A 正确。

四、区分不同知识点的把握程度

第一部分政治理论知识尤其马克思主义哲学部分的复习应着重于基本原理的理解掌握；法律法规常识、社会学知识需要考生在深入了解的基础上进行精确记忆；经济学、文学知识部分的复习应着重于了解，着重于知识面的扩大。

【例题 3】我国经济体制改革的目标是（　　　）。

A. 转换国有企业经营机制，建立现代企业制度

B. 建立社会主义市场经济体制

C. 合理的个人收入分配和社会保障制度

D. 统一、开放、有序的市场体系

解析：本题的正确答案是 B

根据邓小平建设有中国特色社会主义理论的相关内容可知，我国经济体制改革的目标是建立社会主义市场经济体制。本题主要考查考生对邓小平建设有中国特色社会主义理论的了解情况。

五、关注社会实际及时事新闻

考生在复习过程中，应该更多地关注实际生活，注意结合理论知识分析解决实际问题，只有这样才能使考生对各科知识的掌握更上一层楼。

【例题 4】2013 年 4 月 7 日至 8 日，博鳌亚洲论坛 2013 年年会在海南博鳌举行。本届年会的主题是（　　　）。

A. "革新、责任、合作：亚洲寻求共同发展"

B. "革新、责任、合作：全球寻求共同发展"

C. "和平、安全、反恐：亚洲寻求共同发展"

D. "和平、安全、反恐：全球寻求共同发展"

解析：本题的正确答案是 A

时事题一般来源于近一两年内发生的国内外大事，本题考察 2013 年博鳌亚洲论坛年会主题，对于平时关心时事和热点新闻的考生来说，不难做出正确的选择。

【**例题 5**】2013 年 7 月 5 日至 12 日，（   ）两国在日本海彼得大帝湾举行了"海上联合—2013"军演。

A. 中、日   B. 中、美   C. 中、俄   D. 中、印

解析：本题的正确答案是 C

对于平时听新闻、看报纸不太多的考生来说，时事政治题目备考可以参考《半月谈》，考生可自行上网搜索近一年左右发生的国内外大事。

—— 第一部分 ——

政治理论知识

一、马克思列宁主义理论

哲学部分

（一）辩证唯物论和唯物辩证法（分值比重：★★★★★）

哲学和哲学的基本问题

哲学是一种理论化、系统化的世界观，即人们关于人与世界关系的总的看法或根本观点，是人类自然知识、社会知识和思维知识的抽象概括和总结，是一种社会意识形态。哲学作为一种世界观，不是停留在朴素的经验和盲目的信仰，而是通过逻辑分析和理论论证的形式，阐述一系列基本观点，组成世界观的理论体系。哲学既是一种理论体系，也是社会意识的一种形式，属于意识形态范畴，是思想上层建筑的组成部分。

哲学的基本问题是思维和存在或者说是精神和物质的关系问题。

哲学的基本问题包括两方面的内容：第一，思维和存在或精神和物质何者为第一性，也即何者为本原。对这个问题的不同回答，区分为哲学上的唯物主义和唯心主义。凡是主张物质第一性、精神第二性的，属于唯物主义；反之，属于唯心主义。第二，思维能否认识存在或精神能否反映物质。对这个问题的不同回答，区分为哲学上的可知论和不可知论。凡承认思维能够认识存在或精神能够反映物质的，就是可知论；反之，就是不可知论。哲学基本问题的两方面是相互影响、相互制约的。

正确理解和把握哲学基本问题，具有重大的理论和实践意义。从理论上说，哲学基本问题为我们研究哲学派别和哲学发展的历史提供了一个科学的指导线索，使我们能够透过形形色色的哲学名词、术语而抓住它们在哲学上的基本倾向和本质。它是我们识别和批判唯心主义、不可知论的强大思想武器。哲学基本问题也是实际工作中的基本问题。所谓认识世界和改造世界，说到底就是处理思维与存在的关系问题。客观世界、实际情况、工作环境等等，属于物质现象；主观世界、理论、路线、方针、政策等，属于意识现象。前者是第一性的，后者是第二性的，如果颠倒了二者的关系，就要犯主观主义错误，在实践中就要遭受挫折和失败。对于无产阶级政党来说，这就是坚持什么样的思想路线问题。思想路线是否正确，对于革命和建设事业的兴衰成败具有决定性的意义。

【例题1】 唯物主义一元论的基本观点是（　　　）。

A. 物质统一于世界　　　　　　B. 世界统一于物质

C. 世界统一性　　　　　　　　D. 物质统一性

解析：本题的正确答案是 B

一元论是认为世界只有一个本原的哲学学说，唯物主义的一元论肯定世界的本原是物质，唯心主义的一元论肯定世界的本原是精神。

【例题2】 关于社会存在与社会意识的关系，历史唯心主义观点认为（　　　）。

A. 社会存在决定社会意识　　　B. 社会意识决定社会存在

C. 社会存在与社会意识相互对立　　D. 社会存在与社会意识相互联系

解析：本题的正确答案是 B

历史唯心主义是关于人类社会发展的非科学的历史观，认为社会意识决定社会存在，人们的思想动机是社会发展的根本原因，否认社会发展的客观规律，也叫唯心史观。

【例题3】 意识不仅反映客观世界，并且反作用于客观世界。这一命题说明意识对物质有（　　　）。

A. 决定性　　　B. 预见性　　　C. 能动性　　　D. 主动性

解析：本题的正确答案是 C

物质决定意识，意识对物质具有能动性。通过意识的作用，使人的活动带有目的性和计划性。从根本上说，意识的能动作用就是通过实践认识世界，又通过实践改造世界。意识对物质具有能动作用，不是说任何意识对事物的发展起促进作用，而是只有符合客观实际的正确意识才能指导人们改造自然、改造社会，才对事物的发展起促进作用。错误的意识只会起阻碍作用。

【例题4】 下列表述中，体现矛盾特殊性原理的是（　　　）。

A. 对症下药，量体裁衣　　　　B. 欲擒故纵，声东击西

C. 物极必反，相反相成　　　　D. 头痛医头，脚痛医脚

解析：本题的正确答案是 A

矛盾的特殊性是指，具体事物的矛盾及每一个矛盾的各个方面都有其特点；各个具体事物的矛盾及每一个矛盾的各方面在发展的不同阶段也各有特点。所以，我

们观察事物，首先就要注意到矛盾的特殊性，坚持具体问题具体分析。B 反映了事物是联系的，矛盾能够在一定条件下转化；C 反映了矛盾双方是相互依赖的，一方的存在以另一方的存在为前提，双方共处于一个统一体中，矛盾双方在一定条件下可以相互转化，也反映了量变质变的规律；D 是片面、孤立、静止看问题的表现。

【例题 5】 实践的最基本形式是（　　　）。

A. 改造自然的生产实践活动　　　　B. 改造社会的实践活动

C. 一切创造性的活动　　　　　　　D. 科学实验活动

解析：本题的正确答案是 A

人类基本的实践活动有三种。一是改造自然的生产实践，即人们的物质生产活动，这是人类最基本的实践活动。二是变革社会的实践。三是探索世界规律的科学实验活动。

【例题 6】 我国战国时代哲学家荀子说："天行有常，不为尧存，不为桀亡。"荀子的这段话说明了（　　　）。

A. 社会规律的客观性　　　　　　　B. 规律的平等性

C. 规律是可以认识的　　　　　　　D. 规律的能动作用

解析：本题的正确答案是 A

这句话的意思是大自然及其规律是客观的，不因尧的功绩而存在，也不会因为桀的暴政而灭亡。因此反映了社会规律的客观性。

【例题 7】 下列命题中，体现量变引起质变观点的是（　　　）。

A. 社稷无常奉，群臣无常位　　　　B. 城门失火，殃及池鱼

C. 兼听则明，偏信则暗　　　　　　D. 长堤溃蚁穴，君子慎其微

解析：本题的正确答案是 D

A 的意思是国家没有固定的奉祀人，君臣之间也没有固定的位子，反映了事物的运动变化；B 体现的是联系的观点；C 体现了坚持两点论、反对一点论，要全面看问题。

【例题 8】 矛盾的两大基本属性是（　　　）。

A. 普遍性和特殊性　　　　　　　　B. 同一性和斗争性

C. 唯物主义和唯心主义　　　　　　D. 辩证法和形而上学

解析：本题的正确答案是 B

矛盾的两个基本属性是同一性和斗争性。同一性是指矛盾双方互相联系的性质。斗争性是指矛盾双方相互排斥、相互对立的性质。

【例题 9】 马克思的剩余价值学说揭示了（　　　）。

A. 资本主义剥削的秘密　　　　　　B. 资本主义将持续发展的历史规律

C. 劳资矛盾和对立的社会根源　　　　D. 资本主义社会改造的路径

解析：本题的正确答案是 A

剩余价值就是雇佣工人所创造的并被资本家无偿占有的超过劳动力价值的那部分价值。剩余价值学说对创立科学社会主义的意义在于：（1）剩余价值学说揭开了资本主义剥削的秘密，彻底弄清了资本与劳动的关系，从而揭示了资本主义产生、发展和走向灭亡的历史规律。（2）剩余价值学说揭示了无产阶级同资产阶级矛盾和对立的经济根源，阐明了无产阶级的真正地位，找到了变革资本主义的社会力量，克服了空想社会主义不了解无产阶级历史使命的缺陷。（3）剩余价值学说展示了无产阶级彻底解放的根本道路，指出无产阶级只有通过革命建立自己的国家政权，消灭资本主义私有制，实现社会主义公有制，才能获得彻底解放，从而否定了空想社会主义所鼓吹的宣传、示范和劝导富人改邪归正的和平途径，为社会主义的实现指明了现实的道路。

【例题 10】"克隆"、"转基因"等生命科学的重大突破，表明（　　　）。

A. 意识可以创造物质

B. "世界统一于物质"有充分的自然科学依据

C. 意识的能动性可以突破物质世界的规定

D. "上帝造物"的观点是错误的

解析：本题的正确答案是 BD

本题考查的知识点是：意识的能动性和世界的物质统一性。生命科学的重大突破正是表明了意识对物质有能动作用，在实践中积极地反映世界和改造世界。列宁指出："意识不仅反映世界而且创造世界。"但是意识的能动作用的发挥并不是没有限制的，这种能动作用是在物质决定意识的基础上的能动作用，无论意识的能动作用有多大，都没有从根本上改变物质对意识的根源性。忽视甚至抹杀或片面夸大意识的能动作用都是错误的，因此 C 选项是错误的。世界的物质统一性原理的基本内容主要有：第一，世界是统一的，即世界的本原只有一个；第二，世界的统一性在于它的物质性，即世界统一的基础是物质，而不是某种"始基"的物体；第三，物质世界的统一性是多样性的统一，而不是单一的无差别的统一，是在客观实在基础上的统一。"克隆"、"转基因"等生命科学的重大突破，正是为"世界统一于物质"提供了自然科学依据，并且也有力地批判了"上帝造物"的观点。

【例题 11】19 世纪中叶，马克思、恩格斯把社会主义由空想变为科学，奠定这一飞跃的理论基石是（　　　）。

A. 唯物史观　　　　　　　　　　　B. 劳动价值论

C. 阶级斗争学说　　　　　　　　D. 剩余价值理论

解析：本题的正确答案是 AD

马克思通过这两个理论深刻揭示了资本主义剥削的实质，剩余价值理论从经济层面解决了社会主义的基石问题，也就是说解决了社会主义制度出现的经济基础问题；克服了空想社会主义的虚幻空想成分。而唯物史观解决了社会主义革命制度建设的动力问题，即人民群众。

世界的普遍联系和永恒发展

联系是指事物与事物之间、事物内部各个要素之间的相互影响、相互制约和相互作用。唯物辩证法认为，联系是客观的。联系是客观事物本身所固有的，是不以人的意志为转移的。唯物辩证法又认为，联系是普遍的。联系的普遍性是指：世界上的任何事物都不能孤立地存在，都同周围其他事物联系着；每一事物内部的各个要素也不能孤立地存在，都同其他要素联系着；整个世界是一个普遍联系的整体。唯物辩证法还认为，联系的普遍性和客观性，要求我们用联系的观点看问题。在把握某个事物或某个要素时，要注意把它与周围的其他事物或要素联系起来看。

发展是指前进性、上升性的运动和变化，是由简单到复杂，由低级到高级的运动。发展的实质是新事物的产生和旧事物的灭亡。唯物辩证法认为，新陈代谢是宇宙间不可抗拒的规律。原因在于：第一，新事物符合事物发展的必然趋势，具有强大的生命力和广阔的发展前途，最终必将能战胜旧事物。第二，新事物优于旧事物。新事物克服了旧事物中消极的和腐朽的东西，吸取了旧事物中一切积极、合理的东西，并增添了旧事物所不能容纳的新内容，具有旧事物所不可比拟的优越性。第三，在社会领域中，新事物符合人民群众的根本利益，因而会得到人民群众的拥护和支持。

【例题 1】 在新闻采访中，要注意对新闻事件背景资料的收集，这是因为（　　）。

A. 事物的联系具有普遍性　　　　B. 事物的联系具有特殊性

C. 事物的联系具有多样性　　　　D. 事物的联系具有物质性

解析：本题的正确答案是 A

联系具有普遍性，主要表现在：第一，任何事物内部的各个部分、要素是相互联系的；第二，任何事物都与周围的其他事物相互联系着；第三，整个世界是一个相互联系的统一整体。新闻事件不是孤立存在的，了解其背景资料有利于更好地阐述事实，表现事物之间的因果关系。

【例题 2】 揭示事物发展的方向和道路的规律是（　　）。

A. 量变质变规律　　　　　　　　B. 否定之否定规律

C. 运动发展规律   D. 对立统一规律

解析：本题的正确答案是 B

否定之否定规律揭示了事物发展的方向和道路。唯物辩证法认为，任何事物内部都包含着肯定和否定两个方面。肯定方面是事物中维持其存在的方面，即肯定事物为它自身而不是他物的方面。否定方面是指事物中促使其灭亡的方面，即破坏现存事物使它转化为他物的方面。事物的肯定与否定既相互对立，又相互依存，相互渗透，相互包含，是辩证统一的。

【例题3】某地乡村公路边有很多柿子园，金秋时节果农采摘柿子时，最后总要在树上留一些熟透的柿子。果农们说，这是留给喜鹊的食物。每到冬天，喜鹊都在果树上筑巢过冬，到春天也不飞走，整天忙着捕捉果树上的虫子，从而保证了来年柿子的丰收。从这个事例中我们受到的启示是（   ）。

A. 事物之间有其固有的客观联系

B. 人们可以发现并利用规律来达到自己的目的

C. 人与自然的关系是相互利用的关系

D. 保持生态系统的平衡是人类生存发展的必要条件

解析：本题的正确答案是 ABD

题干涉及普遍联系观点、人与规律的关系、人与自然关系的理解和运用。A 选项体现事物联系的客观普遍性观点；B 选项体现人们可以认识和利用规律的观点；D 选项属于自然环境是人类生存和发展的经常和必要条件的观点，是正确选项；C 选项是错误观点，因为只有人能利用自然界，而自然界是不能利用人类的。

唯物辩证法的基本规律

1. 对立统一规律

对立统一规律揭示了事物发展的动力和源泉。对立统一规律又称矛盾规律。唯物辩证法认为，任何事物都是矛盾的统一体。矛盾是指客观事物本身固有的既对立又统一的辩证本性。同一性和斗争性是矛盾的两大基本属性。矛盾同一性和斗争性之间既相互区别，又相互联结，共同推动事物的发展。内因是事物内部的矛盾，外因是事物外部的矛盾；内因是事物发展变化的根据，外因是事物发展变化的条件，外因通过内因而起作用。唯物辩证法关于内因、外因辩证关系的原理是我们坚持独立自主、自力更生和对外开放方针的理论基础。矛盾是普遍存在的。矛盾无处不在，即矛盾存在于一切事物之中；矛盾无时不有，即矛盾存在于一切事物发展的始终。矛盾又具有特殊性，具体事物的矛盾以及每一矛盾的各个方面都具有其特点。矛盾的普遍性和特殊性相互联系，普遍性存在于特殊性之中，特殊性包含了普遍性。矛盾的普遍性和特殊性在一定条件下可以相互转化。唯物辩证法关于矛盾的普遍性和特殊性关系的理论，是关于矛盾问题的精髓，是坚持把马克思主义的基本原理同中国具体实际相结合的理论基础。

2. 量变质变规律

量变质变规律揭示了事物变化的状态。唯物辩证法认为，质是指一事物区别于他事物的内在规定性，量是指事物存在和发展的规模、速度和程度等可以用数量来表示的规定性，度是事物保持自己质的数量限度。量变和质变是事物变化的两种状态。量变是事物量的规定性的变化，是事物数量的增减和场所的变更。质变是事物根本性质的变化，是一种质向另一种质的突变。量变和质变是辩证统一的，它们的辩证关系主要表现在以下两个方面。第一，量变是质变的必要准备，质变是量变的必然结果。没有量变的积累，就不可能发生质变；量变积累到一定程度，就不可避免地引起质变。第二，质变引起新的量变，并为新的量变开辟道路。旧质限制了量的活动范围，如果没有质的根本变革，量的变化就不可能超出旧质的界限。只有通过质变，事物才能在突破旧质的界限的基础上开始新的量变。唯物辩证法关于量变质变辩证关系的原理对我们进行社会主义现代化建设具有理论指导意义。

3. 否定之否定规律

否定之否定规律揭示了事物发展的方向和道路。唯物辩证法认为，任何事物内部都包含着肯定和否定两个方面。肯定方面是事物中维持其存在的方面，即肯定事物为它自身而不是他物的方面。否定方面是指事物中促使其灭亡的方面，即破坏现存事物使它转化为他物的方面。事物的肯定与否定既相互对立，又相互依存，相互渗透，相互包含，是辩证统一的。辩证的否定是通过事物内部矛盾运动而进行的自我否定，是事物相互联系的环节，也是事物辩证发展的环节。辩证否定的实质是扬弃——既克服又保留。形而上学的否定观认为，否定不是事物的自我否定，而是外力的作用，它把否定和肯定对立起来，要么肯定一切，要么否定一切。辩证的否定观要求我们对一切事物采取分析的态度。如对待中国传统文化遗产，要批判地继承，反对否定一切的历史虚无主义和肯定一切的复古主义；对待外国文化，要有批判地借鉴，反对否定一切的狭隘民族主义和肯定一切的崇洋媚外、全盘西化的错误倾向。事物发展是不断地由肯定阶段到否定阶段，再到否定之否定阶段，从而使事物的发展呈现为螺旋式上升和波浪式前进的过程。事物发展的前途是光明的，道路是曲折的。因此，我们在社会主义现代化建设过程中，既要树立坚定的信念，又要具有忧患意识。

【例题1】 辩证法和形而上学的根本分歧在于是否承认（　　　）。

A. 事物的普遍联系　　　　　　　　B. 事物的发展变化

C. 事物的运动　　　　　　　　　　D. 事物内部的矛盾

解析： 本题的正确答案是 D

题目的关键点在于"根本分歧"，辩证法和形而上学的根本分歧在于是否承认事物内部的矛盾，其他三个选项均为具体体现。

【例题2】 关于事物联系和发展的一般规律的科学是（　　　）。

A. 唯物主义　　　B. 辩证法　　　C. 唯心主义　　　D. 形而上学

解析： 本题的正确答案是 B

唯物辩证法是关于联系和发展的科学，联系的观点和发展的观点是它的总特征，辩证法的三大规律都是讲发展的，五大范畴都是讲联系的。辩证法的三大规律，即对立统一规律、质量互变规律、否定之否定规律；唯物辩证法的五大范畴，即现象和本质、原因和结果、内容和形式、必然性和偶然性、可能性和现实性。

【例题3】 橘生淮南则为橘，橘生淮北则为枳，这说明（　　　）。

A. 事物的存在和发展，同一定的条件相关，因而，办事情，想问题，必须顾及这些条件，从实际出发

B. 外在的环境和条件直接影响着事物的存在与发展，因而，外因是事物发展变化的根本原因

C. 事物发展变化的根本原因在于事物内部的矛盾

D. 矛盾的主要方面和次要方面在一定条件下可以相互转化

解析： 本题的正确答案是 A

这句话的意思是淮南的橘树，移植到淮河以北就变为枳树。比喻环境变了，事物的性质也变了。这里强调外因的重要性，说明做事情要从实际出发。B 选项，外因不是发展变化的根本原因，而是事物发展变化的条件，外因通过内因而起作用。

【例题4】 鲁迅先生在《拿来主义》一文中认为，对待中国传统文化和外国文化要扬弃。这体现了（　　　）。

A. 辩证的发展观　　　　　　　　　B. 形而上学的发展观

C. 辩证的否定观　　　　　　　　　D. 形而上学的否定观

解析： 本题的正确答案是 C

辩证的否定是通过事物内部矛盾运动而进行的自我否定，是事物相互联系的环节，也是事物辩证发展的环节。辩证否定的实质是扬弃——既克服又保留，它要求我们对一切事物采取分析的态度。如对待中国传统文化遗产，要批判地继承，反对

否定一切的历史虚无主义和肯定一切的复古主义；对待外国文化，要有批判地借鉴，反对否定一切的狭隘民族主义和肯定一切的崇洋媚外、全盘西化的错误倾向。

【例题5】 揭示事物发展的方向和道路的规律是（ ）。

A. 量变质变规律　　　　　　　　B. 否定之否定规律

C. 运动发展规律　　　　　　　　D. 对立统一规律

解析：本题的正确答案是B

否定之否定规律揭示了事物发展的方向和道路。唯物辩证法认为，任何事物内部都包含着肯定和否定两个方面。肯定方面是事物中维持其存在的方面，即肯定事物为它自身而不是他物的方面。否定方面是指事物中促使其灭亡的方面，即破坏现存事物使它转化为他物的方面。事物的肯定与否定既相互对立，又相互依存，相互渗透，相互包含，是辩证统一的。

世界物质统一原理

世界物质统一性原理，是马克思主义哲学关于世界本质问题的一个基本原理。世界物质统一性的原理包括三个基本观点，世界是统一的，世界统一于物质，世界的物质统一性是无限多样的统一。

世界物质统一性原理的意义在于，它是整个马克思主义哲学大厦的基石，马克思主义哲学全部原理都是以此为根据的。

一、它为坚持一切从实际出发提供了哲学依据

1. 坚持从实际出发：就是要按照事物的本来面貌去认识事物，找出事物和现象之间固有的联系，而不是以先入为主的思想去对待事物，也不是用幻想的联系或臆造的联系去取代事物本身的联系。2. 坚持从实际出发，是对待事物的唯物论。3. 坚持运动变化的观点，是对待事物的辩证法。4. 坚持从实际出发，必须从调查研究入手。

二、我国正处在并将长期处于社会主义初级阶段，这是当前我国的最大实际。

（二）辩证唯物主义认识论（分值比重：★★）

以实践为基础的能动反映论

唯物主义坚持物质第一性，意识第二性，主张认识是对客观物质世界的反映。一切唯物主义的认识论都是反映论。但是，马克思主义以前的旧唯物主义，离开人的社会性和历史发展，既不懂得认识对实践的依赖关系，也不能把辩证法应用于反映论，其认识论具有消极性和直观性的缺陷。马克思主义把实践的观点引入了认识论，把辩证法应用于反映论，揭示了认识对实践的依赖关系，揭示了认识发展的辩

证过程。认为物质世界只有成为人们实践的对象，才能成为人们认识的对象；认为意识对客观事物的反映是一个以实践为基础的、由浅入深的发展过程。辩证唯物主义的认识论克服了旧唯物主义的消极性和直观性，是以实践为基础的能动反映论。

【例题1】 马克思认为，哲学家只是以不同的方式解释世界，而问题在于改变世界。这表明马克思主义哲学区别于其他一切旧哲学最显著的特点是（　　）。

A. 唯物论与辩证法的统一　　　　B. 实践性

C. 科学性　　　　　　　　　　　D. 革命性

解析：本题的正确答案是 B

马克思主义哲学是一种实践本体论的哲学，实践的观点是马克思主义哲学首要的和基本的观点，也是马克思主义哲学区别于其他一切旧哲学最显著的特点。

【例题2】 人对物质世界的改造是在实践的运行过程中实现的，其基本环节有（　　）。

A. 区分实践活动的主体与客体

B. 确立实践目的和实践方案

C. 实践主体依据目的、方案，借助手段作用于客体

D. 完成、检验和评价实践活动的结果，进行反馈调节

解析：本题的正确答案是 BCD

人对物质世界的实践把握是在实践运行过程中实现的，它包括三个基本环节：（1）确立实践目的和实践方案。（2）实践主体依据目的、方案通过一定手段作用于客体。（3）完成、检验和评价实践活动的结果，并根据实践结果修正实践目的和实践方案，从而对实践活动本身进行反馈调节。

真理和检验真理的标准

真理是人们对客观事物及其规律的正确反映。任何真理都是客观内容和主观形式的统一。真理的内容是客观的，真理的客观性是指真理中包含了不以人的意志为转移的客观内容。真理作为认识的范畴，其形式是主观的。真理的来源只有一个，即客观世界，获得真理的根本途径，只能是社会实践。因此，在同一时间、地点和条件下，对同一个事物的正确认识只有一个。因此，真理是一元的。

实践是检验主观认识是否是真理的唯一标准，这是由真理的本性和实践的特点决定的。第一，从真理的本性看，真理是同客观实际相符合的主观认识，检验真理就是看主观认识是否与客观实际相符合。检验认识是否是真理，就是要把主观认识和客观实际联系起来加以对照。第二，从实践的特点看，实践是主观见之于客观的物质活动，具有直接现实性，是唯一能把主观和客观联系起来的桥梁。因此，实践

是检验真理的唯一标准。实践作为检验真理的标准，既是确定的，又是不确定的。实践标准的确定性，也就是它的绝对性和唯一性，即任何认识是否正确，归根到底只能靠实践检验；实践标准的不确定性，也就是它的相对性和条件性，即任何实践活动总是具体的和历史的，实践对真理的检验也是一个历史过程。因此，实践作为检验真理的标准，既是确定的，又是不确定的，是确定性和不确定性的统一。

【例题】任何真理都是（　　　）。

A. 一元和多元的统一
B. 真理和谬误的统一
C. 客观内容和主观形式的统一
D. 绝对真理和相对真理的统一

解析：本题的正确答案是 CD

A 选项，真理的来源只有一个，即客观世界，获得真理的根本途径，只能是社会实践。因此，在同一时间、地点和条件下，对同一个事物的正确认识只有一个。因此，真理是一元的。B 选项的说法本身矛盾，所以错误。C 选项，任何真理都是客观内容和主观形式的统一。真理的内容是客观的，真理的客观性是指真理中包含了不以人的意志为转移的客观内容。真理作为认识的范畴，其形式是主观的。D 选项，任何真理都是对客观事物及其规律的正确认识，都有不依赖于人的客观内容，这是无条件的、绝对的；同时，人们在一定条件下对客观事物及其规律的正确认识是有限的，这样真理又是相对的，所以 D 正确。

（三）唯物史观（分值比重：★★）

生产力和生产关系的矛盾

生产力是人们改造自然和利用自然的能力。构成生产力的基本要素有：具有一定生产经验和劳动技能的劳动者；以生产工具为主的劳动资料；引入生产过程的劳动对象。其中劳动者是首要的生产力。劳动组织和管理、科学技术也属于生产力的范畴。在现代化的生产中，科学技术是第一生产力。这主要表现在：科学技术渗透在生产力的各个要素中；科学技术对生产力的发展起着第一位的变革作用；科学技术是生产力发展的先导；科学技术的进步是国民经济增长诸因素中的首要因素。

生产关系是人们在生产过程中结成的社会关系。它包括三个方面的内容：生产资料的所有制关系；人们在生产中的地位和相互关系；产品的分配、交换和消费关系。这三个方面相互联系、相互制约，其中，生产资料的所有制关系是生产关系的基础，它决定整个生产关系的性质和特征。

生产方式是社会发展的决定力量。生产方式是生产力和生产关系的有机结合。生产力和生产关系是生产方式两个矛盾着的方面。在这对矛盾中，生产力是矛盾的主要方面，生产力的状况规定生产关系的性质，生产力的发展和变化，规定着生产关系的发展和变革。同时，生产关系对生产力发展具有重大反作用，它能促进或阻碍生产力的发展。生产力和生产关系的相互作用，构成生产力和生产关系的矛盾运动，推动着社会不断由低级向高级发展。

【例题1】 人类社会的基本矛盾有（　　）。

A. 生产力与生产关系之间的矛盾　　　　B. 生产力与生产方式之间的矛盾

C. 经济基础与上层建筑之间的矛盾　　　D. 经济基础与文化结构之间的矛盾

解析：本题的正确答案是 AC

生产力和生产关系的矛盾，经济基础和上层建筑的矛盾，构成人类社会的基本矛盾。这两对基本矛盾，存在于一切社会形态，贯穿于每一社会形态的始终，制约着其他各种社会矛盾的存在和发展，概括了社会生活的基本方面。

【例题2】 构成生产力的基本要素有（　　）。

A. 劳动者　　　　B. 劳动环境　　　　C. 劳动资料　　　　D. 劳动对象

解析：本题的正确答案是 ACD

生产力是人类改造自然、征服自然获取物质生活资料的能力。生产力包括三个基本要素：劳动者、劳动资料和劳动对象。劳动者是指具有一定生产经验和劳动技能而从事物质生产的人。劳动资料是指在劳动过程中用以改变和影响劳动对象的物质资料和物质手段。劳动资料是一个结构复杂、范围广泛的庞大物质系统，其中居于主要地位的是生产工具。劳动对象是指劳动者在劳动过程中使用劳动工具所加工的一切对象。劳动资料和劳动对象结合起来就构成生产资料，这是生产力中的物的要素，劳动者是生产中人的要素。在上述三个要素中，劳动者是决定性的要素。

【例题3】 生产方式是（　　）。

A. 生产力和生产关系的统一　　　　B. 经济基础和上层建筑的统一

C. 劳动工具和劳动对象的统一　　　D. 社会存在和社会意识的统一

解析：本题的正确答案是 A

人们在为生存所进行的生产活动中，必然要发生两种关系，一是人同自然的关系，即社会生产力；一是人与人的关系，即社会生产关系。生产力与生产关系的有机统一，构成生产方式。

【例题4】 下列选项中属于生产关系内容的有（　　）。

A. 生产资料的所有制形式　　　　B. 历史主体和历史客体的关系

C. 产品的分配方式　　　　　　　D. 人们在政治上的统治和被统治关系

解析：本题的正确答案是 AC

生产关系是人们在物质生产过程中形成的不以人的意志为转移的经济关系。生产关系包括生产资料所有制形式、人们在生产中的地位及其相互关系和产品分配方式。B、D不是生产关系的内容。

【例题5】 生产方式包括生产力和（　　）。

A. 劳动工具　　　　B. 劳动对象　　　　C. 生产关系　　　　D. 生产方法

解析：本题的正确答案是 C

生产方式是生产力和生产关系在物质资料生产过程中的统一。生产力包括三个基本要素：劳动者、劳动资料和劳动对象。劳动对象是指劳动者在劳动过程中使用劳动工具所加工的一切对象。劳动资料和劳动对象结合起来就构成生产资料，这是生产力中的物的要素，劳动者是生产中人的要素。

【例题6】 生产方式在社会发展中的决定作用表现为（　　）。

A. 生产方式是人类社会赖以存在和发展的基础

B. 生产方式决定生产力的效率和效益

C. 生产方式决定社会的性质和面貌

D. 社会生产方式的变革决定社会形态的更替

解析：本题的正确答案是 ACD

生产方式是人类向自然界谋取生活资料的方式，是生产力和生产关系的统一。生产方式是社会发展的决定因素。表现在：第一，生产方式是人类社会赖以存在和发展的基础，是人类从事其他活动的前提；第二，生产活动是形成人类一切社会关系的基础；第三，生产方式决定社会制度的性质和社会制度的更替。

经济基础和上层建筑的矛盾

经济基础是占统治地位的生产关系诸方面的总和，即生产资料所有制关系、人们在生产中的地位与相互关系、产品分配交换消费关系的总和。现实的经济基础是复杂的，但在界定某一经济基础的特定性质时，一般不包括旧生产关系的残余和新生产关系的萌芽。上层建筑是在一定经济基础之上产生的意识形态以及与之相适应的政治制度和设施的总和。它由政治上层建筑和思想上层建筑两部分组成。在阶级社会中，政治上层建筑居于主导地位，国家政权是上层建筑的核心。

经济基础决定上层建筑的性质和基本内容及其变化；上层建筑反作用于经济基础，为自己的经济基础服务。两者在一定生产力基础上的相互作用，构成了经济基础和上层建筑的矛盾运动。这种矛盾贯穿于任何一种社会形态的始终，直接制约着社会形态的变化和发展。

社会经济形态是在生产力发展到一定阶段上经济基础和上层建筑的统一。关于马克思主义社会经济形态理论，应注意把握以下三点：第一，生产关系是一种物质关系，是各种社会关系中最基本的关系，是区分不同社会形态的客观标准；第二，社会经济形态发展是一种不以人的主观意志为转移的自然历史过程；第三，社会形态发展具有普遍的规律性，而在不同国家和民族，这种发展会采取不同的形式，所以要把握人类历史过程的统一性和多样性的关系。

【例题1】 生产力和生产关系的矛盾，（　　）的矛盾，构成人类社会的基本矛盾。

A. 人与自然　　　　　　　　　B. 社会存在和社会意识

C. 思维和存在　　　　　　　　D. 经济基础和上层建筑

解析： 本题的正确答案是 D

生产力和生产关系的矛盾，经济基础和上层建筑的矛盾，构成人类社会的基本矛盾。这两对基本矛盾，存在于一切社会形态，贯穿于每一社会形态的始终，制约着其他各种社会矛盾的存在和发展，概括了社会生活的基本方面。

【例题2】 在社会形态中，经济基础对上层建筑起决定性作用的原因是（　　）。

A. 上层建筑是在一定的经济基础上产生的

B. 经济基础和上层建筑是不可分割的

C. 经济基础的性质决定上层建筑的性质

D. 经济基础的变化决定上层建筑的变化

解析： 本题的正确答案是 ACD

经济基础决定上层建筑的性质和基本内容及其变化；上层建筑反作用于经济基础，为自己的经济基础服务。两者在一定生产力基础上的相互作用，构成了经济基础和上层建筑的矛盾运动。B选项并没有说明原因。

社会基本矛盾运动

生产力和生产关系的矛盾，经济基础和上层建筑的矛盾，构成人类社会的基本矛盾。这两对基本矛盾，存在于一切社会形态，贯穿于每一社会形态的始终，制约着其他各种社会矛盾的存在和发展，概括了社会生活的基本方面。在实际生活中，两对基本矛盾运动是不能截然分开的。生产力、生产关系（经济基础）、上层建筑形成社会结构的三个基本层次。其中，生产关系一身而二任，它既是生产力的社会形式，又是上层建筑赖以存在的基础，它作为中介环节，把生产力和上层建筑联结起来。生产力和生产关系，经济基础和上层建筑的辩证关系及其矛盾运动，是社会发展的动力，推动着人类社会从低级形态向高级形态发展。

两对基本矛盾在社会生活中的地位和作用不是并列的。其中，生产力和生产关系的矛盾是更为基本的矛盾，是一切矛盾的物质根源。生产力和生产关系的矛盾，是生产方式发展和变革的根本原因，也是包括经济基础和上层建筑在内的整个社会形态发展和变革的根本原因。经济基础和上层建筑的矛盾，是在生产力和生产关系矛盾运动的基础上产生和发展的。所以经济基础和上层建筑的矛盾，不仅遵循它自身运动的规律，而且也服从于生产力和生产关系矛盾运动的规律。因此，生产力和生产关系的矛盾，制约着经济基础和上层建筑的矛盾。但生产力和生产关系矛盾的解决，又有赖于经济基础和上层建筑矛盾的解决。

唯物史观认为，社会的发展是社会内部矛盾运动的结果。生产力和生产关系、经济基础和上层建筑之间的矛盾运动，是推动社会发展的基本动力。其中生产力是最活跃、最革命的因素，生产力是不断发展的。生产力发展到一定阶段，便会同自己的社会形式即生产关系发生矛盾。于是，人们便要求改变与生产力发展不相适应的旧的生产关系，建立新的生产关系，在此基础上，上层建筑和全部社会生活便会相应地或早或迟发生变革。生产方式的矛盾运动是社会发展的根本动力。在生产方式内部的矛盾中，生产力又是主要的方面，它决定生产关系，并通过生产关系决定社会生活的其他方面，所以生产力是推动社会发展的最终决定力量。

【例题】1999 年，中美两国就中国加入 WTO 达成了"双赢"的协议，它将对两国经济产生深远影响。这在辩证法上的启示是（　　　）。

A. 矛盾的双方在相互斗争中获得发展

B. 矛盾的双方既对立又统一，由此推动事物发展

C. 矛盾的双方可以相互吸取有利于自身的因素而得到发展

D. 矛盾一方的发展以另一方的某种发展为条件

解析：本题的正确答案是 ABCD

"双赢"的含义是互利互惠，是矛盾的同一性作用的表现，故 BCD 正确。而达成协议之前的争论谈判、讨价还价属于矛盾的斗争性的表现，故 A 也正确。

人民群众在历史上的作用

人民群众是指推动历史发展的社会绝大多数成员。既具有量的规定性，又具有质的规定性。从量的规定性来看，相对于个人而言，人民群众是社会成员的大多数。从质的规定性来看，人民群众是指一切推动历史发展和社会进步的社会力量。人民群众是一个历史范畴，在不同的国家或同一个国家的不同时期有不同的内容。不论在什么国家、什么历史时期，劳动群众始终是人民群众的主体。当前，在我国，一切赞成、拥护和参加社会主义建设的劳动者，以及拥护社会主义和赞成祖国统一的爱国者，都属于人民群众的范围。人民群众推动历史发展的作用主要表现在以下三

个方面：第一，人民群众是物质财富的创造者；第二，人民群众是精神财富的创造者；第三，人民群众是实现社会变革的决定力量。历史是人民群众创造的，但人民群众并不是随心所欲地创造历史。人民群众创造历史的活动是受既定的社会历史条件制约的。在不同的历史时期和不同的社会历史条件下，人民群众创造历史的具体作用和具体结果是不同的。

【例题】人民群众推动历史发展的作用表现在，人民群众（　　　）。

A. 是物质财富的创造者　　　　B. 是精神财富的创造者

C. 是随心所欲的造世主　　　　D. 是实现社会变革的决定力量

解析： 本题的正确答案是 ABD

人民群众推动历史发展的作用主要表现在以下三个方面：第一，人民群众是物质财富的创造者；第二，人民群众是精神财富的创造者；第三，人民群众是实现社会变革的决定力量。

个人在历史上的作用

个人在历史上的作用主要是指杰出人物在历史上的作用。杰出人物是指站在历史潮流前面，对促进历史进步作出重要贡献的政治家、思想家、军事家、科学家、艺术家等。杰出人物在社会发展中的作用主要表现在：对人民群众实践活动的组织领导作用；对人民群众在认识中的教育和引导作用。杰出人物的历史作用，归结到一点，就是以不同的方式加速社会发展的进程。无产阶级领袖人物由于他们具有科学的世界观和方法论，代表最先进、最革命的阶级，与人民群众有血肉联系，比历史上的其他杰出人物具有更伟大的作用。正确认识杰出人物在历史上的作用，必须正确理解群众、阶级、政党、领袖之间的关系：群众是划分为阶级的；阶级通常是由政党来领导的；政党是由领袖组成的核心来主持的。

【例题】杰出人物在历史上的作用是（　　　）。

A. 决定社会历史的结局　　　　B. 阻碍社会历史的发展

C. 改变历史的发展趋势　　　　D. 加速社会发展的进程

解析： 本题的正确答案是 D

杰出人物在社会发展中的作用主要表现在：对人民群众实践活动的组织领导作用；对人民群众在认识中的教育和引导作用。杰出人物的历史作用，归结到一点，就是以不同的方式加速社会发展的进程。

社会发展与人的全面发展

马克思主义的发展观是社会的发展与人的全面发展的辩证统一。它高度重视社会发展、特别是社会生产力发展，也高度重视人的发展，强调人的解放和人的自由全面发展是社会进步的最高价值取向。我们完全可以这样说，社会的进步，既是社会财富增长的过程，也是人的全面发展的过程。因此，我们必须纠正把人的发展和社会的发展割裂开来、甚至对立起来的错误倾向，始终坚持二者的具体的、历史的统一。为了实现这种统一，我们需要正确认识和处理以下几个方面的关系：

第一，社会财富的积累和人的劳动能力发展的关系。生产力的发展，社会财富的积累，永远也离不开劳动。而人作为劳动者是生产力的主导因素。因此，劳动者的素质和能力在创造财富的过程中，具有重要的甚至是决定性的作用。只有高素质的劳动者，才能够创造出高水平的生产力和更多的社会财富。同样，劳动者素质和能力的提高，又是以生产力的发展和社会财富的增长为前提的。可见，人的发展和社会财富的积累互为前提，相互制约，二者是一个互动的过程。伴随着知识经济的兴起，人力资源的利用，人的劳动能力的发展，即劳动者的素质在创造社会财富中的地位和作用无疑会更加重要。

第二，劳动者自身的发展和劳动者对社会财富占有的关系。劳动者对财富的占有关系，是人与人之间的财产关系，也就是人们的物质利益关系。正确认识和处理劳动者和财富占有之间的关系，既有利于生产的发展，也有利于劳动者本身的发展。劳动者素质的提高和劳动者才能的充分发挥，是同劳动者对生产资料的占有相联系的。如果劳动者不占有生产资料，不和生产资料相结合，就不能更好地创造社会财富。因此，正确地处理劳动者和财富占有的关系，既有利于人的能力的发展，也有利于社会财富的增长。人的解放首先是经济上的解放，人的发展离不开对财富的占有；否认劳动者对生产资料的占有，就谈不上人的解放，更谈不上人的发展。

第三，生产力的发展和人的发展的关系。生产力的发展和人的发展是相辅相成的。社会发展和人的发展从根本上说是一致的，我们不能仅仅关注社会的发展，而忽视人的发展。社会是由人组成的，离开人本身的发展，也就无所谓社会的发展。因此，我们要在社会物质和精神财富增长的基础上，不断满足广大人民群众的物质文化生活的需要，并以科学的价值观引导人们努力提高物质文化生活水平。

总之，社会发展和人的发展不是主导和从属的关系，而是相辅相成、互为前提的关系。我们不仅要研究社会发展规律，也要研究人的发展规律，真正把社会的发展和人的发展统一起来。要随着社会财富的增长，不断满足人的需求，服务于人的发展；并通过人的发展和人力资源的开发，创造更多的社会财富，从而在更高水平上满足人的需求，实现人的全面发展。

【例题1】马克思主义发展观是社会的发展和（ ）的辩证统一。

A. 物质发展　　　B. 精神发展　　　C. 人的发展　　　D. 物质和精神发展

解析：本题的正确答案是 C

马克思主义的发展观是社会的发展与人的全面发展的辩证统一。它高度重视社会发展、特别是社会生产力发展，也高度重视人的发展，强调人的解放和人的自由全面发展是社会进步的最高价值取向。

【**例题 2**】"许多事情我们可以讲一千个理由、一万个理由，但老百姓吃不上饭，就没有理由。'民以食为天'。"这段话说明（   ）。

A. 人们首先必须吃、喝、住、穿，才能从事政治、科技、艺术、宗教等活动

B. 人的生理需求是历史的基础

C. 人的自然属性决定着人的本质

D. 人的物质欲望是社会发展的根本动力

解析：本题的正确答案是 A

物质生产是人类社会存在和发展的基础，"民以食为天"，说明只有在生产实践的基础上才能去从事其他的一切活动。B、C、D 项观点错误，因为历史的基础是物质生活生产方式，决定人的本质的是社会关系，社会发展的根本动力是社会基本矛盾。

【**例题 3**】（   ）是社会发展的决定力量。

A. 物质资料生产方式   B. 精神生活的本质

C. 思想方法   D. 宗教形态

解析：本题的正确答案是 A

物质资料生产方式是生产力和生产关系的矛盾统一体。人们在为生存所进行的生产活动中，必然要发生两种关系，一是人同自然的关系，即社会生产力；一是人与人的关系，即社会生产关系。生产力与生产关系的有机统一，构成生产方式。物质资料的生产方式是社会发展的决定力量。

社会经济部分

（一）以私有制为基础的商品经济的基本矛盾（分值比重：★★★）

商品

1. 商品的二因素

商品是用来交换的劳动产品，任何商品都包含使用价值和价值两个因素。

商品的使用价值就是商品的有效性和有用性，是商品的自然属性。商品的价值是指凝结在商品中的无差别的人类劳动。商品的价值是质与量的统一，价值量取决

于社会必要劳动时间。社会必要劳动时间是以简单劳动而非复杂劳动为尺度的。单位商品的价值与生产该商品的劳动生产率成反比而与生产该商品的社会必要劳动时间成正比。价值是商品的社会属性。

使用价值和价值既对立又统一。使用价值是价值的物质承担者，价值构成商品的本质属性。二者的对立表现为相互排斥，商品生产者要获得价值，就必须把使用价值让渡给购买者，购买者为了得到使用价值，就必须支付商品的价值。在商品交换过程中，买卖双方中的任何一方都不能同时得到价值和使用价值。

2. 生产商品的劳动二重性

商品的二因素是由生产商品的劳动二重性即具体劳动和抽象劳动决定的。具体劳动是人们根据劳动目的，使用不同的劳动资料和劳动对象，采取各种不同的具体形式，以生产不同使用价值的劳动。抽象劳动是指抛开劳动具体形式的无差别的一般人类劳动，具体劳动和抽象劳动既对立又统一。

【例题1】商品的二因素是指（　　　）。

A. 价格与价值　　　　　　　　B. 使用价值与价格

C. 使用价值与价值　　　　　　D. 劳动价值与价值

解析：本题的正确答案是 C

商品是用来交换的劳动产品，任何商品都包含使用价值和价值两个因素。商品的使用价值就是商品的有效性和有用性，是商品的自然属性。商品的价值是指凝结在商品中的无差别的人类劳动。

【例题2】决定商品价值量的是（　　　）。

A. 个别劳动时间　　　　　　　B. 社会必要劳动时间

C. 劳动生产率　　　　　　　　D. 具体劳动

解析：本题的正确答案是 B

社会必要劳动时间是在现有的社会正常的生产条件下，在社会平均的劳动熟练程度和劳动强度下制造某种使用价值所需要的劳动时间。形成商品价值的劳动是相同的人类劳动，是无差别的人类劳动力的耗费，因此，商品的价值量不能由个别生产者生产商品所耗费的劳动时间即个别劳动时间来决定。而应该由生产该商品所必需的平均必要劳动时间，即社会必要劳动时间来决定。个别劳动时间是有差别的，价值是凝聚在商品中的无差别的人类劳动，如果让有差别的个别劳动时间来衡量，那么同样的商品就有不同的衡量标准，那么其价值量可能就有很多个。

【例题3】商品具有两个基本因素，分别是（　　　）。

A. 易流通　　　B. 使用价值　　　C. 价值　　　　D. 价格

解析：本题的正确答案是 BC

商品是用来交换的劳动产品，任何商品都包含使用价值和价值两个因素。商品的使用价值就是商品的有效性和有用性，是商品的自然属性。商品的价值是指凝结在商品中的无差别的人类劳动。

【例题 4】（　　　）是商品的社会属性。

A. 交换价值　　　　　　　　B. 使用价值

C. 价值　　　　　　　　　　D. 价格

解析：本题的正确答案是 C

商品是用来交换的劳动产品，任何商品都包含使用价值和价值两个因素。商品的使用价值就是商品的有效性和有用性，是商品的自然属性。商品的价值是指凝结在商品中的无差别的人类劳动，是商品的社会属性。

【例题 5】 商品的市场价格发生变化（　　　）。

A. 与货币的价值量变化无关　　B. 与商品的价值量变化有关

C. 与商品的生产价格变化无关　　D. 与商品的供求变化有关

解析：本题的正确答案是 BD

本题考查商品价格的影响因素。社会必要劳动时间决定商品价值，商品交换必须依据等价交换的原则进行，因此价格与商品价值量的变化有关。同时，商品价格实际上就是商品与货币的对比交换关系，不但与商品自身的价值量有关，还与货币的价值量有关。在平均利润形成后，价值转化为生产价格，价值规律的要求表现为价格围绕生产价格上下波动，因此价格变化与商品的生产价格有关。在商品交换中，供求关系影响商品价格，供求关系的变化也会影响商品价格。

货币

1. 货币的本质及职能

货币的本质是固定充当一般等价物的商品。

货币的职能包括五方面：价值尺度；支付手段；流通手段；贮藏手段；世界货币。价值尺度和流通手段是货币的最基本的职能，其他三项职能是随着商品经济的发展而逐渐发展起来的。

2. 货币流通规律

社会在一定时期内究竟应有多少货币才能适应商品交换的需要呢？流通中所需要的货币量，取决于三个因素：待售商品总量；商品的价格水平；货币的流通速度。前两个因素构成商品价格总额。货币流通规律是，一定时期内商品流通中所需要的货币量等于商品价格总额除以货币流通速度。用公式表示就是：

一定时期内商品流通中所需要的货币量＝商品价格总额/货币流通速度

【例题1】 货币的本质是（ ）。

A. 商品交换的媒介物 B. 商品价值的一般等价物

C. 商品的等价物 D. 商品的相对价值形式

解析： 本题的正确答案是 B

货币的本质是固定充当一般等价物的商品。A 选项商品交换的媒介是一般等价物，但是一般等价物并非都能流通。等价物是用来充当另一种商品的价值表现材料的商品，一般等价物是从商品中分离出来的充当其他一切商品的统一价值表现材料的商品。历史上，一般等价物曾由一些特殊的商品承担，随着社会的进步，黄金和白银成了最适合执行一般等价物职能的货币。货币是从商品中分离出来固定充当一般等价物的特殊商品。D 选项商品的相对价值是互相交换的两种商品的价值之比，如 2 只羊＝1 把斧子，并不能解释货币的本质。

【例题2】 货币的职能包括（ ）。

A. 价值尺度 B. 支付手段 C. 流通手段 D. 世界货币

解析： 本题的正确答案是 ABCD

货币的职能包括五方面：价值尺度；支付手段；流通手段；贮藏手段；世界货币。

【例题3】 货币的最基本职能是（ ）。

A. 价值尺度 B. 支付手段 C. 贮藏手段 D. 流通手段

解析： 本题的正确答案是 AD

货币的职能包括五方面：价值尺度；支付手段；流通手段；贮藏手段；世界货币。价值尺度和流通手段是货币的最基本的职能，其他三项职能是随着商品经济的发展而逐渐发展起来的。

资本

资本，在经济学意义上，指的是用于生产的基本生产要素，即资金、厂房、设备、材料等物质资源，用来生产其他商品或产生收入的累积物力与财务资源。在金融学和会计领域，资本通常用来代表金融财富，特别是用于经商、兴办企业的金融资产。广义上，资本也可作为人类创造物质和精神财富的各种社会经济资源的总称。资本可以分为三类：制度或社会生产关系资本，它的提升或增值由社会政治思想等变革来实现；人力资本；物力资本，包括自然赋予的和人类创造的两种。

价值规律

价值规律的基本内容是：商品的价值由生产商品的社会必要劳动时间决定；商

品交换依据其价值来进行，遵循等价交换、自愿让渡的原则。

价值规律是商品生产和商品交换的基本经济规律，其作用是通过商品价格的运动表现出来的。即在以货币为交换媒介的商品经济中，商品的价格以价值为中心，依据市场供求状况的变化而围绕价值上下波动，决定商品价值量的社会必要劳动时间总是与一定的劳动生产率相联系的。劳动生产率越高，同一时间内生产使用价值量就越多，单位商品所包含的价值量也越少。因此，单位商品的价值量与生产该商品的劳动生产率成反比，而与生产该商品的社会必要劳动时间成正比。

【例题】价值规律的基本内容包括（　　　）。

A. 商品的价格是由生产商品的社会必要劳动时间决定的

B. 商品的价值是由生产商品的社会必要劳动时间决定的

C. 商品交换依据其价值进行

D. 等价交换

解析：本题的正确答案是 BCD

价值规律的基本内容是：商品的价值由生产商品的社会必要劳动时间决定；商品交换依据其价值来进行，遵循等价交换、自愿让渡的原则。A 选项"价格"错误。

剩余价值的生产过程

1. 劳动过程与价值增殖过程

劳动过程是劳动者运用劳动资料对劳动对象进行加工，生产使用价值的过程。在商品经济条件下，劳动过程表现为商品生产过程。商品生产过程是劳动过程和价值形成过程的统一，一般也都是劳动过程和价值增殖过程的统一。在不同的社会条件下，差别在于增大的价值部分的属性、归宿和分配不一样。在资本主义条件下，劳动过程的各种生产要素都属于资本家所有，其劳动产品就必然归资本家所有，增殖价值即剩余价值也被资本家占有。

考察资本主义生产过程，首先要考察其价值形成过程。在生产过程中，生产商品所消耗的全部劳动形成商品的价值。这里的全部劳动包括活劳动和物化劳动两部分。活劳动是指劳动者在生产过程中脑力和体力的消耗。在商品生产过程中，活劳动指进行中的劳动，它形成商品的价值。物化劳动，也称死劳动，是指物化在生产资料上的劳动。有两种理解：一种是指生产过程中所消耗的生产资料。生产资料是过去劳动的产物，同生产过程中消耗的活劳动相对而言，故称"物化劳动"。另一种是指凝结在产品中的人类劳动，它已经同物（产品）结合在一起，成为劳动产物、劳动产品，故称"物化劳动"。一般认为，物化劳动在商品生产过程中转移自身的价值。因此，商品生产过程既是活劳动创造新价值的过程，又是物化劳动（生产资料）

转移自身价值的过程。

假定工人创造的价值只够补偿劳动力的价值，就不可能有价值增殖，资本家也就不能获得剩余价值。这不仅对资本家，而且对整个社会来说都是毫无意义的。所以，资本家必然要把价值形成过程变为价值增殖过程。为了更多地增殖从而获取更多的剩余价值，或者是把工人的劳动时间延长到补偿劳动力价值所需要的时间以上，或者是降低劳动力的价值，相对减少补偿劳动力价值所需要的时间。无论何种，在价值增殖过程中，工人的劳动时间都分为两部分。一部分是再生产劳动力价值的时间，叫做必要劳动时间；另一部分是生产剩余价值的时间，叫做剩余劳动时间。在资本主义条件下，资本家购买了工人的劳动力，在一定时间内，劳动力的使用权就归资本家所有，资本家必然会以各种方式充分利用这一时间，强迫工人创造更多的剩余价值。

可见，剩余价值之所以会产生，是因为工人创造了比他的劳动力价值更大的价值。因此，剩余价值的最终源泉是工人的剩余劳动，剩余价值的本质是雇佣工人创造的价值中超过他自身劳动力价值而被资本家无偿占有的价值部分，它反映的是资本家对雇佣工人的剥削关系。

2. 资本的本质

从现象上看，资本总是表现为一定的物，如机器、原材料、厂房等。但是，这些物本身并不就是资本。只有在特定的生产关系下，生产资料作为价值增殖，即生产剩余价值的手段时，才成为资本。因此，资本的本质不是物，而是被物的外壳所掩盖的人和人之间的经济关系。在资本主义条件下，就是资本家对工人的剥削关系。

为了进一步认识资本的本质，马克思根据资本的不同部分在剩余价值生产中的作用不同把资本分为不变资本和可变资本。

一般认为，用于购买生产资料的这部分资本，在生产过程中只是把它的价值一次地或多次地转移到新的产品中去，而不会改变原有的价值量，因此叫不变资本（用 c 表示）。用于购买劳动力的这部分资本，在生产过程中通过工人的劳动创造了包含剩余价值在内的新价值，发生了价值量的变化，是一个可变量，因此叫可变资本（用 v 表示）。剩余价值是由可变资本带来的，而不是由全部预付资本带来的。

为了确定资本的增殖率，进而揭示资本家对工人的剥削程度，就要计算剩余价值率。剩余价值率（用 m′表示）是剩余价值（用 m 表示）与可变资本（用 v 表示）的比率，用公式表示，就是：

$$m' = m/v$$

剩余价值量是由剩余价值率与可变资本的数量（或雇佣工人的数量）决定的。

由 M 代表剩余价值量，则 $M = m/v \times v = m' \times v$。从左式可以看出，资本家获取剩余价值有两条途径：一是提高剩余价值率，二是增加可变资本的数量。

3. 剩余价值生产的两种基本方法

资本家提高对工人的剥削程度有两种基本方法，即绝对剩余价值生产和相对剩余价值生产。

绝对剩余价值是指通过延长工作日使剩余劳动时间增加而生产的剩余价值。在必要劳动时间为既定时，工作日愈长，剩余劳动时间就愈多，从而资本家获取的剩余价值也就愈多。

相对剩余价值生产是指在工作日长度不变的条件下，通过缩短必要劳动时间、相应地延长剩余劳动时间而生产的剩余价值。要缩短必要劳动时间，从而延长剩余劳动时间，就必须降低劳动力的价值。要降低劳动力的价值，关键在于提高劳动生产率，从而降低工人及其家属所必需的生活资料的价值以及降低生产这些生活资料所耗费的生产资料的价值。

在现实生活中，劳动生产率的提高总是先从个别企业开始的。个别企业由于率先采用先进技术，提高了劳动生产率，从而使生产商品的个别劳动时间低于社会必要劳动时间，使商品的个别价值低于社会价值，但仍然按社会价值来出售商品，这就使它获得了超额剩余价值。超额剩余价值是商品的个别价值低于社会价值的差额。个别企业获得超额剩余价值，只是一种暂时的现象，等到该部门的劳动生产率普遍提高之后，原先获得超额剩余价值的企业就不能再获得超额剩余价值了。

剩余价值规律是资本主义的基本经济规律。这一规律的主要内容是：资本主义生产的目的是追求尽可能多的剩余价值，达到这一目的的手段是不断加强对雇佣劳动者的剥削。

剩余价值规律决定着资本主义生产发展的一切主要方面（生产、交换、分配、消费）和一切主要过程（资本主义生产方式发生、发展和灭亡的全过程）。

4. 不同要素在价值和剩余价值形成中的作用

劳动是创造价值包括剩余价值的最终源泉，但光有源泉还不能真正实现价值的创造。用全面、辩证和历史的观点看问题，就要看到价值创造、价值形成也是多种要素综合运动的结果，各种要素都在其中起着不同程度的作用。

（1）劳动创造价值。劳动是价值创造的决定性因素和最终源泉。这里所说的劳动，既包括体力劳动，也包括脑力劳动；既包括简单劳动，也包括复杂劳动；既包括私人劳动，也包括如马克思所说的合作劳动、社会劳动、社会总劳动。至于物化劳动是否也创造价值，是一个很复杂的问题。但无论如何，劳动都是价值的最终源泉。没有劳动，就没有一切。

（2）资本提供条件。资本，是能够带来剩余价值的价值。资本在整个生产、流通过程中，以不同的形式发挥着重要的作用。光有劳动者而没有土地、厂房、机器、设备、燃料、原材料和辅助材料等等生产资料，没有科学技术、信息等其他要素，是不可能构成一个完整的生产过程的。马克思说："虽然只有可变资本部分才能创造剩余价值，但它只有在另一些部分，即劳动的生产条件也被预付的情况下，才会创造出剩余价值。"在现代社会，如果没有资本的参与和作用，就不可能有现实的价值创造过程。

资本的生命在于运动。资本不仅要保值，而且要增殖，没有增殖的生产经营过程是没有意义的。市场经济要发展，就要提高资本的运转速度和利用效率，不仅创造和实现更多的价值，而且创造和实现更多的"剩余价值"。所以，资本，不仅对于价值的创造，而且对于价值的增殖，都起着非常重要的作用。

（3）管理整合要素。一个完整的生产经营过程，是各种要素共同参与、共同起作用的过程。要把它们组织成为一个统一的整体，就必须进行管理。随着生产经营规模的日益扩大，分工协作的日益专业化、精密化，各种生产要素的组合越来越复杂，管理的作用也就越来越大。管理虽然也是一种要素，但它是特殊的要素。这种要素将各种要素很好地整合起来以后，其效果能达到倍乘的程度。

（4）科技催化效益。科学技术是第一生产力，当然也是一种重要的生产要素。这种要素是通过渗透到人力要素、物质要素、产品形式、工艺流程、组织体系等当中而发挥作用的。因而，它在价值形成的过程中，起着酵母的作用。由于科学技术的运用能够大大提高劳动生产率，从而创造更多更大的社会价值，所以说它是"催化效益"。

（二）资本主义生产关系和资本主义生产关系的形成（分值比重：★）

资本主义再生产与资本积累

资本主义再生产可分为简单再生产和扩大再生产。前者指生产规模不变的再生产，后者指生产规模扩大的生产，即新生产出来的产品，除了补偿生产中已消耗的物质资料外，还有多余的物质资料可以追加到生产中去，借以扩大生产规模。

把剩余价值转化为资本，或者说，剩余价值的资本化，就是资本积累。如果资本家把剥削来的剩余价值全部用于个人消费，那就只能维持简单再生产即生产在原有规模上重复，资本主义生产的特点是扩大再生产，为了扩大再生产，资本家就不能把剥削来的剩余价值全部用于个人消费，必须把剩余价值的一部分用于资本积累，因此，资本积累是资本主义扩大再生产的源泉，而剩余价值又是资本积累的源泉和动力。影响资本积累的因素有对劳动的剥削程度，社会劳动生产率水平，所用资本与所费资本间的差额以及预付资本量的大小。

资本主义积累的一般规律如马克思指出："社会的财富即执行职能的资本越大，它的增长的规模和能力越大，从而无产阶级的绝对数量和他们的劳动生产力越大，产业后备军也就越大。可供支配的劳动力同资本的膨胀力一样，是由同一些原因发展起来的。因此，产业后备军的相对量和财富的力量一同增长。但是同现役劳动军相比，这种后备军越大，常备的过剩人口也就越多，他们的贫困同他们所受的劳动折磨成反比。最后，工人阶级中贫苦阶层和产业后备军越大，官方认为需要救济的贫民也就越多。这就是资本主义积累的绝对的、一般的规律。"

资本主义积累的一般规律，尖锐地揭露了在资本主义制度下，无产阶级同资产阶级之间利益的根本对立和不可克服的内在矛盾，指出了无产阶级要从根本上改变自己的地位，必须推翻资本主义制度。

资本主义基本矛盾

通过资本原始积累，资本主义生产方式建立起来。它一方面把分散的、小规模的小生产，发展成为社会化的、有规律的大生产；另一方面，则把小私有制变成了资本主义私有制。于是便产生了生产社会化和生产资料资本主义私人占有之间的矛盾，即资本主义基本矛盾。

随着资本积累的进行，资本主义生产越来越社会化。主要表现在：随着资本积累的发展，单个资本日益膨胀，出现了规模巨大的资本主义企业；各个企业和各部门之间的社会分工和专业化不断发展，它们之间相互依赖和相互制约的协作关系日益密切；随着生产规模的扩大和社会分工的发展，狭小的、分散的地方市场逐渐汇合成为统一的国内市场，进而又突破国家和民族的界限，形成和发展了世界市场。随着资本主义生产的高度社会化，客观上必然要求生产资料和劳动产品归社会共同占有。但是，在资本积累过程中，由于竞争的加剧，生产资料和劳动产品越来越集中在少数资本家手里，这表明资本主义的基本矛盾更加尖锐了。

资本主义积累的发展，不仅为自己的灭亡准备了客观物质条件，即社会化大生产，而且还为变革资本主义生产关系准备了社会力量，即无产阶级，他们是资本主义制度的掘墓人。

总之，资本主义的积累过程，加剧了资本主义的基本矛盾。这表明资本主义的生产关系日益不适应社会生产力发展的要求。因此，社会主义公有制代替资本主义私有制，资本主义制度的灭亡，是社会历史发展的客观规律，是资本积累的历史趋势。

资本主义经济危机

1. 经济危机的表现和实质

经济危机是资本主义经济进入大机器工业时期以后，从 19 世纪初叶开始，每隔若干年爆发一次的一种周期性经济现象。危机爆发时，大量商品积压，大批工厂减产或停工，金融企业倒闭，整个社会经济生活一片混乱。这些现象都是生产过剩在经济生活各个方面的表现。

资本主义经济危机的实质，是生产相对过剩。上述的生产过剩和商品大量积压，不是绝对过剩，即不是生产的商品确实超过了人们物质生活的需要；而是相对过剩，即生产的商品相对于劳动人民有支付能力的需求的过剩。所以，资本主义经济危机，是生产相对过剩的危机。

2. 经济危机的根源

经济危机的最一般表现，是商品买卖脱节，商品积压。在简单商品经济条件下，以货币为媒介的商品交换出现后，就产生了买卖脱节、商品积压的可能。所以货币作为商品流通手段的职能已经使经济危机具有了形式上的可能性。但在前资本主义的简单商品经济条件下，经济危机并没有转化为现实性。

经济危机的根源，在于资本主义制度本身，即在于生产的社会化和生产资料的资本主义私人占有形式之间的基本矛盾。这一基本矛盾的表现就是，一方面资本主义生产具有无限扩大的趋势，而另一方面劳动人民有支付能力的需求则相对缩小。资本家为了利润而尽量扩大生产，同时又为了利润而加重对雇佣工人的剥削，使工人有支付能力的商品需求受到限制。当两者的矛盾严重加剧，若干类重要商品大量积压时，就会形成生产相对过剩的经济危机。

3. 资本主义再生产的周期性

资本主义经济并不是经常处在危机之中，而是每隔若干年爆发一次。经济危机的周期性爆发，使资本主义再生产具有了周期性。从一次危机爆发到下一次危机爆发，中间所经历的时间，便是一个再生产周期。

资本主义再生产周期，一般包括危机、萧条、复苏、高涨四个阶段。危机阶段是再生产周期的决定性阶段，主要表现是生产过剩，大量商品积压，大批工厂停工。萧条阶段的主要表现是生产停滞，经济不景气。复苏阶段的主要表现是生产回升，社会生产大体恢复。高涨阶段的主要表现是生产迅速扩大，经济一片繁荣。当代资本主义国家的反危机政策和措施，使得再生产周期的阶段已不像上述四个阶段那样分明，经济危机的发生也不如以往频繁。

资本主义再生产周期的物质基础，是固定资本的大规模更新。危机过后必会导致固定资本的大规模更新，这种固定资本更新为暂时摆脱危机阶段、促进复苏和高涨阶段的到来准备了物质条件，同时它又为下一次危机的到来创造着物质前提。

【例题】资本主义再生产周期的阶段包括（　　　）。

A. 危机　　　　B. 萧条　　　　C. 复苏　　　　D. 高涨

解析：本题的正确答案是 ABCD

资本主义再生产周期，一般包括危机、萧条、复苏、高涨四个阶段。危机阶段是再生产周期的决定性阶段，主要表现是生产过剩，大量商品积压，大批工厂停工。萧条阶段的主要表现是生产停滞，经济不景气。复苏阶段的主要表现是生产回升，社会生产大体恢复。高涨阶段的主要表现是生产迅速扩大，经济一片繁荣。当代资本主义国家的反危机政策和措施，使得再生产周期的阶段已不像上述四个阶段那样分明，经济危机的发生也不如以往频繁。

4. 经济危机的作用

经济危机的作用和后果是双重的：一方面，危机造成社会生产力的大破坏和各种矛盾的加剧。严重的经济危机，使社会生产急剧下降，失业人数急剧增多，资本主义国家里的各种经济和社会矛盾，以及资产阶级内部和资本主义国家之间的矛盾加剧。另一方面，危机又是资本主义社会再生产比例关系的强制性调整方式，是资本主义经济运行的一种特殊调节机制和调节手段。

【例题 1】资本主义经济危机的实质是（　　　）。

A. 生产绝对过剩　　　　　　　B. 社会需求过多

C. 生产相对过剩　　　　　　　D. 社会需求相对过多

解析：本题的正确答案是 C

经济危机是资本主义经济进入大机器工业时期以后，从 19 世纪初开始，每隔若干年爆发一次的一种周期性经济现象。危机爆发时，大量商品积压，大批工厂减产或停工，金融企业倒闭，整个社会经济生活一片混乱。这些现象都是生产过剩在经济生活各个方面的表现。资本主义经济危机的实质，是生产相对过剩。不是绝对过剩，即不是生产的商品确实超过了人们物质生活的需要；而是相对过剩，即生产的商品相对于劳动人民有支付能力的需求的过剩。

【例题 2】资本主义经济危机的表现有（　　　）。

A. 商品积压　　　　　　　　　B. 工厂减产或停工

C. 失业激增　　　　　　　　　D. 金融企业倒闭

解析：本题的正确答案是 ABCD

经济危机是资本主义经济进入大机器工业时期以后，从 19 世纪初开始，每隔若干年爆发一次的一种周期性经济现象。危机爆发时，大量商品积压，大批工厂减产或停工，金融企业倒闭，失业激增，整个社会经济生活一片混乱。这些现象都是生产过剩在经济生活各个方面的表现。资本主义经济危机的实质，是生产相对过剩。

【例题 3】资本主义经济危机爆发的根本原因是（　　　）。

A. 消费力下降　　　　　　　　B. 流动性偏好

C. 边际消费倾向下降　　　　　D. 资本主义的基本矛盾

解析：本题的正确答案是 D

资本主义基本矛盾具体表现在以下两个方面：第一，表现为生产无限扩大的趋势与劳动人民有支付能力的需求相对缩小的矛盾；第二，表现为个别企业内部生产的有组织性和整个社会生产的无政府状态之间的矛盾。资本主义经济危机的实质，是生产相对过剩。随着竞争和生产无政府状态的加剧，当社会各生产部门之间的比例失调现象达到顶点，社会总产品的实现条件遭到严重破坏时，就要爆发生产过剩的经济危机。

两大发现与科学社会主义的创立

1. 马克思的第一个发现是唯物史观

在 1845~1846 年与恩格斯合著的《德意志意识形态》一书中，马克思发现了唯物史观。在研究黑格尔哲学时，马克思发现了"合理的内核"，即辩证法，又看到了其"唯心主义的荒谬"，于是吸收了黑格尔辩证法和费尔巴哈唯物主义中的合理成分，并加以革命的改造，从而创立了辩证唯物主义。马克思用他的哲学世界观去研究历史，发现了唯物史观。这个发现，解开了人类历史之谜，是唯物主义的最终完成。

唯物史观对创立科学社会主义的意义在于：（1）运用社会基本矛盾学说，证明了社会主义代替资本主义是社会生产力发展的客观要求，是资本主义生产方式中生产力和生产关系、经济基础和上层建筑之间矛盾运动的必然结果。（2）运用阶级斗争是阶级社会发展的直接动力学说，提出要从社会经济关系和阶级关系中去寻求解决无产阶级和资产阶级冲突的途径，说明无产阶级革命和无产阶级专政是实现社会主义的必由之路。（3）运用人民群众是历史创造者的学说，说明无产阶级和劳动群众只有依靠自己的力量才能解放自己，无产阶级必须从"自在阶级"上升到"自为阶级"。"无产者组织成为阶级，从而组织成为政党"，才能实现社会主义。

2. 马克思的第二个发现是剩余价值学说

从 19 世纪 50 年代开始，马克思把研究的重点从哲学转向经济学领域，用 20 年时间，写出了被称为"工人阶级圣经"的《资本论》，第一卷于1867年发表。马克思指出，资本主义生产是以雇佣劳动为基础的商品生产，其生产过程具有两重性：一方面是生产使用价值的劳动过程，另一方面是生产剩余价值的价值增殖过程。资本主义生产过程是劳动过程和价值增殖过程的统一。雇佣工人的劳动分为两部分：一部分是必要劳动时间，用于再生产劳动力的价值；另一部分是剩余劳动时间，用于无偿地为资本家生产剩余价值。因此，剩余价值就是雇佣工人所创造的并被资本家无偿占有的超过劳动力价值的那部分价值。

剩余价值学说对创立科学社会主义的意义在于：（1）剩余价值学说揭开了资本主义剥削的秘密，彻底弄清了资本与劳动的关系，从而揭示了资本主义产生、发展和走向灭亡的历史规律。（2）剩余价值学说揭示了无产阶级同资产阶级矛盾和对立的经济根源，阐明了无产阶级的真正地位，找到了变革资本主义的社会力量，克服了空想社会主义不了解无产阶级历史使命的缺陷。（3）剩余价值学说展示了无产阶级彻底解放的根本道路，指出无产阶级只有通过革命建立自己的国家政权，消灭资本主义私有制，实现社会主义公有制，才能获得彻底解放，从而否定了空想社会主义所鼓吹的宣传、示范和劝导富人改邪归正的和平途径，为社会主义的实现指明了现实的道路。

唯物史观和剩余价值学说两大发现，使社会主义从空想发展成为科学。唯物史观从人类社会的一般发展规律，剩余价值学说从资本主义社会的发展规律，指明社会主义一定要取代资本主义，从而将社会主义置于现实的基础之上，使社会主义从空想发展成为科学。唯物史观和剩余价值学说是科学社会主义的两大理论基石，科学社会主义就是在这两大基石之上耸立的一座宏伟大厦。科学社会主义的创立，是社会主义思想史上一次真正的革命，它推动了人类社会从资本主义向社会主义的变革进程。

二、毛泽东思想

（一）毛泽东思想（分值比重：★★★★）

毛泽东思想的形成

毛泽东思想的形成可分为四个时期：萌芽和初步形成时期，成熟发展时期，继续向前发展和渐趋丰满时期。

第一时期：土地革命战争前、中期是毛泽东思想的萌芽和初步形成的时期。在这一时期，以毛泽东为代表的中国共产党人从大革命失败的经验教训出发，把马克思列宁主义的基本原理同中国革命的具体实践结合起来，开创了"农村包围城市，武装夺取政权"的革命道路，基本形成了毛泽东思想的活的灵魂——实事求是、群众路线、独立自主的思想路线。毛泽东思想初步形成时期的主要思想成果集中反映在"革命新道路"理论上，这期间毛泽东撰写了《井冈山的斗争》、《星星之火可以燎原》等著作，标志着毛泽东思想的初步形成。

第二时期：在国内革命战争后期和抗日战争时期，毛泽东思想因系统的总结和多方面的展开而达到成熟，并被确立为党的指导思想。这期间，毛泽东发表了《中国革命和中国共产党》、《新民主主义论》等文章，进一步揭示了中国革命的特殊规律，科学总结了革命斗争正反两方面的经验，形成了系统的理论体系。毛泽东思想在这个时期达到成熟，有着重要的历史条件和主观原因：第一，毛泽东在全党领导地位的确立，是毛泽东思想成熟的根本政治保证。第二，中国革命两次胜利与两次失败的反复比较，为毛泽东思想的成熟提供了丰富的历史经验。第三，抗日战争的复杂环境和丰富实践，为毛泽东思想的成熟提供了深厚的现实土壤。第四，延安整风运动对于推进毛泽东思想的进一步成熟、并唤起全党的共识起了重要的催化作用。同时，这时期以毛泽东为核心的党中央领导集体初步形成。中央领导集体的其他成员刘少奇、周恩来等，为毛泽东思想的成熟继续作出了各自的重要贡献。他们分别从党的建设、统一战线、武装斗争等方面丰富了毛泽东思想的内容，共同构建了毛泽东思想的科学体系。

第三时期：新中国成立以后，中国共产党领导全国人民在毛泽东思想的指导下取得了解放战争的伟大胜利，中国步入新民主主义向社会主义的过渡时期，毛泽东思想继续得到发展，渐臻丰满。1956 年 9 月召开的中共八大，科学地总结了七大以来，特别是新中国成立以来的成就与经验，为社会主义事业的新发展指明了方向。毛泽东及时地率领全党进行了社会主义建设新道路的探索，取得了可贵的成果。1957 年至 1976 年，以毛泽东为核心的中共第一代领导集体不仅明确地提出了探索中国自己的社会主义建设道路的伟大历史任务，而且对中国社会主义建设的实践经验进行了初步总结和理论概括，确立了社会主义现代化的目标，提出了把工作重点转移到技术革命和社会主义建设上来的思想、中国工业化道路思想、社会主义经济体制改革的思想，以及社会主义民主政治建设、文化建设、执政党建设的思想，创立了社会主义社会基本矛盾学说、两类社会矛盾学说和正确处理人民内部矛盾的理论，此时标志着毛泽东思想发展到一个新的高峰。

第四时期：近 20 年来，毛泽东思想得到进一步发展。1981 年至 1986 年，是开拓进取阶段；1987 年至 1993 年，是逐步成熟阶段；自 1994 年至今，是稳定发展阶段。1994 年以后，毛泽东思想研究在此基础上又有了一定进步，人们用一种新的眼光去研究毛泽东思想，从研究中看到了新的内容和开拓了新的实践，在总结实践经验和回答新问题中不断坚持和发展了毛泽东思想，这个时期主要是结合邓小平理论和江泽民的重要论述进行研究，从而丰富和拓展了毛泽东思想的内容。

【例题 1】在（   ）会议上，首次正式提出毛泽东思想并称之为"中国化的马克思主义"。

A. 中共六大　　　　　　　　　B. 中共七大

C. 中共八大　　　　　　　　　D. 中共九大

解析：本题的正确答案是 B

1945 年中共七大在延安召开，会上把毛泽东思想确立为指导思想，是毛泽东思想发展史上的里程碑，它标志着党在理论上的成熟，也标志着马列主义同中国实际的结合产生了一次历史性的飞跃。中共六大于 1928 年在苏联召开，主要是为了系统地总结第一次国内革命的经验教训，批判右倾投降主义和"左"倾盲动主义的错误，明确新时期革命的性质和任务而召开的。中共八大是 1956 年 9 月在北京召开的。这是我们党在新中国成立以后第一次举行的全国代表大会。这次代表大会的历史任务是，总结七大以来的历史经验，团结全党，团结国内外一切可能团结的力量，为了建设一个伟大的社会主义的中国而奋斗。中共九大于 1969 年在北京举行，九大正式会议上，毛泽东主持了开幕式，并致开幕词。林彪代表中共中央做了政治报告。

【例题2】（　　）在中国共产党内第一个提出了"毛泽东思想"概念。

A. 周恩来同志　　　　　　　B. 刘少奇同志

C. 朱德同志　　　　　　　　D. 王稼祥同志

解析：本题的正确答案是 D

1943 年 7 月 8 日，王稼祥在《中国共产党与中国民族解放运动的道路》的纪念文章中，首次明确提出并多次使用了"毛泽东思想"这一科学概念。他说："毛泽东思想就是中国的马克思列宁主义，中国的布尔什维克主义，中国的共产主义。"这一界定标志着"毛泽东思想"作为反映毛泽东理论著作本质特征的科学概念，经过较长时间的酝酿以后终于形成。王稼祥提出的观点对毛泽东思想的研究具有开拓意义。此后，"毛泽东思想"这个科学概念逐渐被党内外许多同志所接受和使用。

【例题3】毛泽东在《论人民民主专政》中指出"人民"的概念包括（　　）。

A. 工人阶级　　　　　　　　B. 农民阶级

C. 城市小资产阶级　　　　　D. 民族资产阶级

解析：本题的正确答案是 ABCD

《论人民民主专政》写于 1949 年 6 月 30 日，新中国成立前夕，新政协即将召开之际。新民主主义革命的目标是推翻帝国主义、封建主义、官僚资本主义的联合统治，建立新民主主义性质的联合政府。新民主主义革命是在工人阶级的领导下，在工农联盟的基础上，团结小资产阶级、民族资产阶级，建立新民主主义性质的统一战线，为了革命的胜利而共同奋斗。因此，民族资产阶级并不是革命的对象，而是团结的对象，是革命统一战线的一部分。

毛泽东思想的主要内容

毛泽东思想是严密完整、博大精深的科学理论体系，它贯通了新民主主义革命、社会主义革命和社会主义建设三个时期，它涵盖了政治、经济、军事、文化、外交、统一战线、党的建设等实践领域，它不是在个别方面，而是在许多方面发展了马列主义。它主要包括：新民主主义革命的理论；社会主义革命和建设的理论；军队建设和军事理论；思想政治和文化工作；国际战略和外交政策；党的建设和统一战线，一切从实际出发，理论联系实际，在实践中发展和检验真理等。

【例题1】毛泽东思想活的灵魂，是贯穿于各个理论的立场、观点和方法，包括（　　）几个基本方面。

A. 实事求是　　　B. 和平发展　　　C. 群众路线　　　D. 独立自主

解析：本题的正确答案是 ACD

毛泽东思想的活的灵魂，是贯穿于毛泽东思想形成和发展的全过程，贯穿于毛泽东思想各个组成部分的立场、观点和方法。它有三个基本方面，即实事求是，群众路线，独立自主。B 选项是中国对外交往坚持走和平发展的道路。

【例题 2】毛泽东在（   ）中已经摆脱了以城市为中心的思想，形成了以农村为中心的思想。

A.《星星之火，可以燎原》　　　　B.《〈共产党人〉发刊词》

C.《丢掉幻想，准备战斗》　　　　D.《论十大关系》

解析：本题的正确答案是 A

毛泽东在闽西写就的《星星之火，可以燎原》这篇著作中，提出了中国革命以乡村为中心的思想。提出了"农村包围城市，武装夺取政权"的中国革命独创性的道路的理论。这篇著作是毛泽东思想初步形成的重要标志。

【例题 3】关于社会主义社会矛盾问题，毛泽东于 1957 年在（   ）一文中做了系统的阐述。

A.《关于正确处理人民内部矛盾的问题》

B.《论人民民主专政》

C.《十大关系》

D.《矛盾论》

解析：本题的正确答案是 A

A 是毛泽东论述中国社会主义革命和社会主义建设的重要著作，1957 年在《人民日报》上发表。贯穿全文的基本思想是：把正确区分和处理人民内部矛盾，作为社会主义国家政治生活的主要内容。B 是在中国新民主主义革命取得了决定性的胜利，全国性政权即将建立的时刻，1949 年 6 月 30 日，毛泽东为纪念中国共产党成立二十八周年而写的一篇论文。根据马克思主义国家学说，结合中国实际，论述了即将成立的中华人民共和国的国家性质，各阶级在国家中的地位及其相互关系，国家对内、对外政策等。C 是毛泽东于 1956 年 4 月 25 日在中共中央政治局扩大会议上的讲话，当时的背景是中国生产资料私有制的社会主义改造已经进入高潮，社会主义经济建设有了初步的实践经验。基本思想是：要把国内外一切积极因素调动起来，为社会主义服务；建设社会主义必须根据本国情况走自己的路。D 是为了克服存在于中国共产党内的严重的教条主义思想而写的。

（二）新民主主义革命理论（分值比重：★★）

新民主主义革命总路线

无产阶级领导的，人民大众的，反对帝国主义、封建主义和官僚资本主义的革命，这就是中国共产党在新民主主义革命阶段的总路线和总政策。

反帝和反封建是中国革命的两大任务，这两大任务虽有区别，但又互相关联、互相统一。官僚资本主义也是中国革命的对象。

新民主主义革命的领导阶级是工人阶级。中国的工人阶级不仅具有世界各国工人阶级的一般优点，即与先进的经济形式相联系、富于组织纪律性、没有私人占有的生产资料；还有许多特殊的优点：第一，深受帝国主义、封建主义和官僚资本主义三重压迫，整个阶级都是最革命的；第二，与农民有天然的联系，极易同农民结成巩固的联盟；第三，登上革命舞台不久就产生了自己的先锋队——中国共产党。

新民主主义革命的动力就是人民大众，包括工人阶级、农民阶级、小资产阶级和民族资产阶级。农民是工人阶级最可靠的坚固的同盟军，城市小资产阶级也是可靠的同盟军，民族资产阶级则是在一定时期中和一定程度上的同盟军。民族资产阶级是一个既有革命要求又有动摇性的阶级。正确地认识农民和民族资产阶级，是正确地进行中国革命的重要条件。

新民主主义革命胜利后建立的是新民主主义社会，而终极前途是社会主义和共产主义。

【例题 1】 我国新民主主义革命的领导阶级是（　　　）。

A. 农民阶级　　　　　　　　B. 工人阶级

C. 小资产阶级　　　　　　　D. 民族资产阶级

解析： 本题的正确答案是 B

无产阶级领导的，人民大众的，反对帝国主义、封建主义和官僚资本主义的革命，这是中国共产党在新民主主义革命阶段的总路线和总政策。新民主主义革命的动力就是人民大众，包括工人阶级、农民阶级、小资产阶级和民族资产阶级。农民是工人阶级最可靠的坚固的同盟军，城市小资产阶级也是可靠的同盟军，民族资产阶级则是在一定时期中和一定程度上的同盟军。民族资产阶级是一个既有革命要求又有动摇性的阶级。

【例题 2】 党在新民主主义革命时期统一战线的基本经验有（　　　）。

A. 同农民结成巩固的联盟　　　B. 正确处理同资产阶级的关系

C. 坚持党对统一战线的领导　　　D. 打倒资产阶级

解析： 本题的正确答案是 ABC

A 选项农民占多数的国家的无产阶级政党要取得革命的胜利，最根本的问题就是同农民的关系问题。B 选项中国共产党的政治路线的一个重要部分，就是同资产阶级既联合又斗争的方针。因此可知，D 选项错误。C 选项在统一战线中，按照共同政治基础联合起来的不同阶级、阶层、党派和集团，既有共同的利益和要求，又有各自不同的利益和要求。中国共产党在统一战线中必须保持自己的独立性，坚持独立自主的原则，既统一，又独立。

【例题3】 新旧民主主义革命最根本的区别在于（　　　）。

A. 领导阶级不同　　　　　　　B. 指导思想不同

C. 路线和方针政策不同　　　　D. 时代不同

解析： 本题的正确答案是 A

新旧民主革命的最大不同点在于领导阶级的不同，旧民主革命时期的领导阶级分别有，农民阶级，如义和团运动；地主阶级，如洋务运动；资产阶级，如黄花岗起义。而新民主革命时期的领导阶级主要是资产阶级和无产阶级。正因为领导阶级不同，才会有指导思想、路线和方针的不同。

新民主主义社会的政治、经济和文化

新民主主义革命的目的，就是要建立一个新民主主义的社会。在这个新社会中，不但有新政治、新经济，而且有新文化。新民主主义即人民民主主义，是新中国建国的政治基础。

1. 新民主主义的政治

新民主主义的政治纲领包括新民主主义的国体和政体两个方面。新民主主义的国体是工人阶级领导下的一切反帝反封建的人们联合专政的共和国，即新民主主义共和国。在这个国家中，工人阶级、农民阶级、知识分子和其他小资产阶级，是决定国家命运的基本力量，是国家构成和政权构成的基本部分。

新民主主义的政体是实行民主集中制的人民代表大会制度。

2. 新民主主义的经济

新民主主义的经济纲领是：没收封建阶级的土地归农民所有；没收蒋介石、宋子文、孔祥熙、陈立夫为首的垄断资本归新民主主义的国家所有；保护民族工商业。

中国共产党是要致力于中国的工业化的。中国一切政党的政策及其实践在中国人民中所体现的作用的好坏、大小，归根到底，看它对于中国人民的生产力的发展是否有帮助及其帮助之大小，看它是束缚生产力的，还是解放生产力的。

近代中国多了一个外国的帝国主义和本国的封建主义，而不是多了一个本国的资本主义，相反地，我们的资本主义是太少了。为了发展新民主主义经济，实现工业化，就要在新民主主义的国家制度下，让私人资本主义经济在不能操纵国计民生的范围内获得发展的便利；要吸收资本，在平等互利原则下与外国包括资本主义国家进行贸易往来；要反对主张脱离工业、只要农业来搞什么社会主义的"农业社会主义"思想。

新民主主义社会的经济形态是：社会主义性质的国营经济及其领导下的半社会主义性质的合作社经济、私人资本主义经济、个体经济、国家和私人合作的国家资本主义经济等多种经济成分并存。

新民主主义经济政策是公私兼顾、劳资两利、城乡互助、内外交流，简称"四面八方"政策。

3. 新民主主义的文化

一定的文化（作为观念形态的文化）是一定社会的政治和经济的反映，又给予伟大的影响和作用于一定社会的政治和经济；而经济是基础，政治则是经济的集中的表现。

新民主主义的文化，就是无产阶级领导的人民大众的反帝反封建的文化，即民族的、科学的、大众的文化。所谓民族的文化，是指它反对帝国主义压迫，主张中华民族的尊严和独立，带有中华民族的特性。所谓科学的文化，是指它反对一切封建思想和迷信思想，主张实事求是，主张客观真理，主张理论和实践相统一。所谓大众的文化，是指它应当为占全民族中90%以上的工农劳苦大众服务，这种大众的文化，也是民主的文化。

在中国的民主革命运动中，知识分子是首先觉悟的成分。革命力量的组织和革命事业的建设，离开革命的知识分子的参加，是不能成功的。应当把大量的知识分子吸收到革命队伍中来，吸收到共产党内来。

【例题1】我国新民主主义经济政策包括（　　　）。

A. 公私分明　　　　B. 劳资两利　　　　C. 城乡互助　　　　D. 内外交流

解析：本题的正确答案是 BCD

新民主主义经济政策是公私兼顾、劳资两利、城乡互助、内外交流，简称"四面八方"政策。

【例题2】新民主主义文化的基本特征是（　　　）。

A. 革命的　　　　B. 民族的　　　　C. 科学的　　　　D. 大众的

解析：本题的正确答案是 BCD

新民主主义文化是民族的、科学的、大众的文化。"民族的"，是强调文化的民族形式。这种文化反对帝国主义压迫，反对奴化思想，主张中华民族的尊严和独立。它带有中华民族的特性，是以民族的形式表现出来的。"科学的"，是强调文化的科学内容。这种文化反对一切封建思想和迷信思想，主张实事求是，主张客观真理，主张理论和实践的统一。"大众的"，是强调文化的大众方向。这种文化应该为全民族90%以上的工农群众服务，是最民主的文化。

人民民主专政

1. 人民民主专政是工人阶级领导的以工农联盟为基础的人民民主政权

总结我们的经验，集中到一点，就是工人阶级（经过共产党）领导的以工农联盟为基础的人民民主专政。这个专政必须和国际力量团结一致。这就是我们的公式，这就是我们的主要经验，这就是我们的主要纲领。

新中国成立时，人民是指工人阶级、农民阶级、城市小资产阶级和民族资产阶级。这些阶级在工人阶级和共产党领导之下，组成自己的国家，选举自己的政府，对自己的敌人实行专政。

2. 人民民主专政是民主和专政的统一

民主和专政是人民民主专政具有的两个方面的职能，对人民内部的民主方面和对反动派的专政方面，互相结合起来，就是人民民主专政。

人民民主专政的国家政权，对人民内部的各个阶级和阶层实行广泛的民主。人民享有言论、集会、结社、选举等各项政治权利。

对于人民的敌人，对于反动阶级，人民民主专政的国家政权则实行专政，即剥夺他们的民主自由权利。

3. 人民民主专政的基本任务

除了对外抵御敌人的侵略，对内镇压敌对势力的反抗，用民主的方法教育人民外，人民民主专政的国家政权必须重视发展社会生产力，有步骤地解决国家工业化的问题，使中国有可能在工人阶级和共产党的领导之下稳步地由农业国进入到工业国。

4. 人民民主专政是对马克思主义关于无产阶级专政学说的继承和创新

人民民主专政理论同马克思主义关于无产阶级专政学说相比较，两者的相同之处是：都由无产阶级领导；都以工农联盟为基础。两者的不同之处是：人民民主的范围不同，在人民民主专政条件下，人民包括民族资产阶级；专政的对象不同，在人民民主专政条件下，民族资产阶级不是专政的对象。

社会主义社会的基本矛盾

1957年2月，毛泽东发表《关于正确处理人民内部矛盾的问题》，系统地阐述了社会主义社会矛盾问题的理论。

毛泽东关于社会主义社会基本矛盾的学说的主要内容是：

第一，社会主义社会的基本矛盾仍然是生产关系和生产力之间的矛盾，上层建筑和经济基础之间的矛盾。但是，社会主义社会的基本矛盾同旧社会的矛盾，具有根本不同的性质。

第二，社会主义社会基本矛盾运动的特点是又相适应又相矛盾。所谓"相适应"，就是社会主义生产关系和上层建筑与旧社会比较，更能够适合生产力的发展，使人民不断增长的物质文化需要逐步得到满足，这是基本的、主要的。所谓"相矛盾"，就是生产关系和上层建筑领域还有不适应生产力发展要求的方面，需要不断地加以解决。不断改变这种"相矛盾"的状态，是社会主义制度自我完善和发展的内在要求。

第三，社会主义社会的基本矛盾不是对抗性的，它可以经过社会主义制度本身不断地得到解决。这是社会主义制度具有优越性和生命力的根本所在。

毛泽东关于社会主义社会基本矛盾的论断，突破了长期以来国际共产主义运动中流行的否认社会主义社会存在矛盾的形而上学的观点，第一次比较科学地揭示了社会主义社会发展的动力，实际上为后来的社会主义改革打开了一条宽广的认识道路。

新民主主义革命时期统一战线的基本经验

1. 同农民结成坚固的联盟

农民是无产阶级的天然同盟者，农民占多数的国家的无产阶级政党要取得革命的胜利，最根本的问题就是同农民的关系问题。

新民主主义革命时期的工农联盟，是建立在无产阶级及其政党领导废除封建地主所有制，解决农民土地问题的基础上的。

党的土地改革总路线是：依靠贫农，团结中农，有步骤地、有分别地消灭封建剥削制度，发展生产。土地改革中，必须满足贫农和雇农的要求，这是土地改革最基本的任务；必须坚决地团结中农，不要损害中农的利益；不能侵犯民族资产阶级以及地主富农所经营的工商业；地主必须分给和农民同样的土地财产，使他们学会劳动生产。

2. 正确处理同资产阶级的关系

中国共产党在一定时期内，应该同民族资产阶级建立统一战线，并尽可能地保持之；在一定时期内，同大资产阶级集团建立可能的统一战线，并在有利于革命的一定条件下尽可能地保持之。但同时，要警惕民族资产阶级的动摇性，要提防大资产阶级对共产党采取的限制、欺骗、诱惑、"溶解"和打击政策。

中国共产党的政治路线的一个重要部分，就是同资产阶级既联合又斗争的方针。所谓联合，就是同资产阶级的统一战线。所谓斗争，就是在同资产阶级联合时，在思想政治组织上的"和平"的"不流血"的斗争。在被迫同资产阶级分裂时，则转变为武装斗争。

对资产阶级的"联合"和对它的斗争，是辩证统一的。斗争是团结的手段，团结是斗争的目标；以斗争求团结则团结存，以退让求团结则团结亡。

3. 坚持党对统一战线的领导

没有中国共产党的坚强领导，任何革命统一战线都是不可能胜利的。

在统一战线中，按照共同政治基础联合起来的不同阶级、阶层、党派和集团，既有共同的利益和要求，又有各自不同的利益和要求。中国共产党在统一战线中必须保持自己的独立性，坚持独立自主的原则，既统一，又独立。

坚持统一战线中的独立自主原则，根本目的是要争取和保障工人阶级及其政党在统一战线中的领导权。这是关系到统一战线乃至整个中国革命成败的关键问题。

中国共产党要实现对统一战线的领导，必须具备两个条件：一是率领被领导者（同盟者）向着共同的敌人作坚决的斗争，并取得胜利。二是对被领导者给以物质利益，至少不损害其利益，同时给以政治教育。

实事求是

1. 实事求是思想路线的形成和确立

工人阶级政党的思想路线问题，本质上是一个用什么样的世界观、方法论认识世界和改造世界的问题。马克思恩格斯创立的辩证唯物主义和历史唯物主义，为工人阶级政党的思想路线奠定了理论基础。以毛泽东为代表的中国共产党人在领导中国革命的长期实践中，形成了实事求是的思想路线。实事求是是毛泽东思想的出发点和根本点。

"实事"就是客观存在着的一切事物，"是"就是客观事物的内部联系，即规律性，"求"就是研究，找出事物的内部联系，作为我们行动的指南。

"实事求是"成为中国共产党的马克思主义思想路线的最集中的中国化表述。

2. 一切从实际出发

坚持实事求是的思想路线，首要的一条是一切从实际出发，而不是从本本出发，从主观的愿望、感想出发。正确处理理论与实际的关系，做到理论与实际的统一，把马克思列宁主义基本原理同中国革命和建设的具体实践结合起来。

要用科学的态度对待马克思主义，分清创造性的马克思主义和教条式的马克思主义。学习马克思主义，最根本的是学习它的精神实质，即学习它解决问题的立场、观点和方法。

要做到一切从实际出发，实事求是，最根本的是必须进行调查研究。没有调查就没有发言权，没有正确的调查同样没有发言权。一切结论产生于调查研究的末尾，而不是在它的先头。

一切从实际出发，实事求是，主观和客观相一致，理论与实际相统一，是中国共产党人在长期的革命实践中得出的科学结论。要做到这一点，必须把研究现状、研究历史和研究理论这三者有机地统一起来，处理好主观与客观的关系、理论与实际的关系，反对教条主义和经验主义。

3. 以实践为基础的、能动的、革命的反映论和以对立统一规律为核心的辩证法

实事求是是以实践为基础的、能动的、革命的反映论和以对立统一规律为核心的辩证法的高度统一。

4. 领导方法和工作方法

领导方法和工作方法，实质上是思想方法。

第一，"一般和个别相结合"，抓典型，"解剖麻雀"的方法。一般号召具有普遍性，它可以使领导的意见、方针、政策迅速地直接同广大群众见面，为广大群众所掌握，广泛地普遍地动员群众。个别指导，一是可以检验、修正和丰富一般号召；二是可以取得一般与个别相结合的具体经验。个别中包含着一般，领导者要善于从个别中发现一般的、普遍的东西。在抓典型，"解剖麻雀"时要注意所抓的典型、所总结的经验是否反映了事物的本质，是否具有典型的指导意义，要防止把某一具体经验绝对化；推广典型经验时，要经过试验，由点到面。

第二，"中心工作与一般工作相结合"，"弹钢琴"的方法。在任何一个地区内，不能同时有很多中心工作，在一定时间内只能有一个中心工作，辅以别的第二位、第三位的工作。领导者必须依照每一具体地区的历史条件和环境条件，统筹全局，正确地决定每一时期的工作重心和工作秩序。中心工作是各项工作中带关键性的工作，抓住了它，就能做到"纲举目张"。其他工作也并非不重要。领导者要学会"弹钢琴"，十个指头都要动，要互相配合，有节奏，既要抓紧中心工作，又要围绕中心工作开展其他方面的工作。

此外，还要做到"胸中有数"，"留有余地"，"波浪式前进"，等等。

【例题】党的十一届三中全会确立了（　　　）的思想路线。

A. 解放思想，开动机器，团结一致向前看

B. 实事求是，一切从实际出发，理论联系实际

C. 解放思想，实事求是，与时俱进，开拓创新

D. 一切从实际出发，在实践中检验真理和发展真理

解析：本题的正确答案是 B

A 是邓小平同志在 1978 年 12 月 13 日的中共中央工作会议闭幕会上的讲话。D 是党的思想路线中的内容。

群众路线

1. 群众路线是中国共产党的根本政治路线和工作路线

"一切为了群众，一切依靠群众，从群众中来，到群众中去"的群众路线，是中国共产党的根本工作路线。

人民群众是物质财富和精神财富的创造者，是进行社会变革的主体和决定力量。人民，只有人民，才是创造世界历史的动力。共产党必须坚定地相信群众和依靠群众，充分调动广大人民群众的积极性、创造性，才能取得革命和建设的胜利。

中国共产党人群众观点的基本内容包括：一切为了群众的观点，一切向人民群众负责的观点，相信群众自己解放自己的观点，向人民群众学习的观点。

群众路线是党的生命线，离开群众路线，就不可能有正确的思想路线、政治路线和组织路线。

2. 一切为了群众，一切依靠群众

一切为了群众，全心全意为人民服务，这是党与群众关系中最根本的一条，是中国共产党的根本宗旨，也是党的领导机关和每一个共产党员想问题、办事情的出发点和归宿。有无群众观点，是共产党同国民党的根本区别；群众观点是党的一切工作的出发点和归宿。

共产党的政治就是人民的政治，共产党的路线就是人民的路线。一切政治的关键在民众，不解决要不要民众的问题，一切都无从谈起。党在各个历史时期的政治路线集中代表了中国各族人民的根本利益。

全心全意为人民服务的宗旨，不仅体现在党的纲领、路线、方针、政策上，而且体现在党的干部和普通党员的行动中。给人民以看得见的物质福利，全心全意为人民谋利益，是中国共产党为最广大人民群众所拥护的根本所在。

共产党人要为人民谋利益，就必须对人民群众负责。如果有了错误，就一定要改正。党的各级组织和党员要正确理解和处理好对党负责和对人民群众负责的一致性。人民的利益，就是党的利益；除了人民的利益，党再无自己的特殊利益。

坚定地相信群众，依靠群众，充分调动广大人民群众的积极性和创造性；反对命令主义和尾巴主义。在一切工作中，命令主义是错误的，因为它超出群众的觉悟程度，违反了群众的自愿原则，害了"急性病"；在一切工作中，尾巴主义也是错误的，因为它落后于群众的觉悟程度，违反了领导群众再前进一步的原则，害了"慢性病"。

3. 从群众中来，到群众中去

在中国共产党的一切工作中，凡属正确的领导，必须是从群众中来，到群众中去。这就是说，将群众的分散的、无系统的意见集中起来，经过研究，化为集中的、系统的意见，又到群众中去做宣传解释，化为群众的意见，使群众坚持下去，见之于行动，并在群众行动中考验这些意见是否正确，然后再从群众中集中起来，再到群众中坚持下去。毛泽东把群众路线同马克思主义认识论统一在了一起。

领导者要善于把党的政策转变为群众的行动，这是一项马克思主义的领导艺术。

【例题】 党和国家一切工作的出发点和落脚点是（　　　　）。

A. 大力发展生产力

B. 增强国家的综合国力

C. 充分发挥社会主义制度的优越性

D. 实现好、维护好、发展好最广大人民的根本利益

解析： 本题的正确答案是 D

A 是社会主义的根本任务。B 是发展生产力的具体表现。C 是在 ABD 基础上的必然结果。D 通过发展生产力不断提高人民生活水平、使人民获得切实利益，才是 AB 的目的，所以，党和国家的一切工作以此为出发点和落脚点。

独立自主、自力更生

1. 独立自主地领导革命和建设

独立自主、自力更生，是一切从实际出发、实事求是、依靠群众进行革命和建设的必然结论。

独立自主的内涵十分丰富，最主要的一点是，要把马克思主义基本原理同中国的具体实际相结合，由中国共产党人自己寻找适合中国国情的革命和建设道路，制定适合中国国情的路线方针政策。

独立自主，既是处理中国共产党与共产国际及其他国家共产党关系的一个重要原则，也是处理统一战线内部中国共产党与国民党关系的一个重要原则。新中国成立后，独立自主不仅是处理政党与政党关系的基本原则，而且成为处理国家与国家关系的外交方针。

坚持独立自主地领导中国革命和建设，同时也要与世界交往，学习和借鉴其他政党、其他国家和民族的经验。

2. 自力更生为主，力争外援为辅

独立自主的另一个重要内容是，要把立足点放在自力更生的基础上，主要依靠中国人民自己的力量进行革命和建设，以自力更生为主，力争外援为辅。一个国家革命的发生、发展和胜利，主要取决于内因，取决于本国的客观条件和革命政党、革命人民的主观努力。革命主要靠自己，建设同样主要靠自己。在强调独立自主、自力更生时，要注意争取尽可能多的国际援助。

三、中国特色社会主义理论体系

（一）中国特色社会主义理论体系（分值比重：★★★）

中国特色社会主义道路

中国特色社会主义道路，就是在中国共产党领导下，立足基本国情，以经济建设为中心，坚持四项基本原则，坚持改革开放，解放和发展社会生产力，巩固和完善社会主义制度，建设社会主义市场经济、社会主义民主政治、社会主义先进文化、社会主义和谐社会，建设富强民主文明和谐的社会主义现代化国家。

中国特色社会主义理论体系

主要内容：

中国特色社会主义理论体系，在新的时代条件下系统回答了什么是社会主义、怎样建设社会主义，建设什么样的党、怎样建设党，实现什么样的发展、怎样发展等重大理论和实际问题，在建设中国特色社会主义的思想路线、发展道路、发展阶段和发展战略、根本任务、发展动力、依靠力量、国际战略、领导力量和根本目的等重大问题上取得了丰硕成果，是贯通哲学、政治经济学、科学社会主义等领域，覆盖经济、政治、科技、教育、文化、民族、军事、外交、统一战线、祖国统一、党的建设等方面的系统的科学理论体系。这个理论体系，独创性地提出一系列新的重大理论观点、重大战略思想，丰富和发展了马克思主义。

1. 提出社会主义初级阶段理论。做出我国还处在社会主义初级阶段的科学论断，强调这是国在生产力落后、商品经济不发达条件下建设社会主义必经的特定阶段，至少需要上百年时间，制定一切方针政策都必须以这个基本国情为依据，不能脱离实际、超越阶段。丰富和发展了马克思主义关于社会主义发展阶段理论。

2. 提出社会主义改革开放理论。指出改革是一场新的革命，是中国现代化的必由之路，僵化停滞没有出路。强调实行对外开放是改革和建设必不可少的，应当吸收和利用世界各国包括资本主义发达国家所创造的一切文明成果来发展社会主义，应当实施"引进来"和"走出去"相结合的战略。丰富和发展了马克思主义关于社会主义改革的思想。

3. 提出社会主义市场经济理论。强调计划多一点还是市场多一点不是社会主义与资本主义的本质区别，我国经济体制改革的目标是建立社会主义市场经济体制，使市场在国家宏观调控下对资源配置起基础性作用。丰富和发展了马克思主义政治经济学理论。

4. 提出社会主义本质理论。指出社会主义的本质是解放生产力，发展生产力，消灭剥削，消除两极分化，最终达到共同富裕。强调必须把发展生产力摆在首要位置，聚精会神搞建设、一心一意谋发展，判断各方面工作的是非得失归根到底要以"三个有利于"为标准。丰富和发展了马克思主义的科学社会主义理论。

5. 提出公有制为主体、多种所有制经济共同发展是社会主义初级阶段基本经济制度的理论。强调毫不动摇地巩固和发展公有制经济，毫不动摇地鼓励、支持、引导非公有制经济发展，坚持平等保护物权，形成多种所有制经济平等竞争、相互促进新格局。丰富和发展了马克思主义关于社会主义所有制理论。

6. 提出科学技术是第一生产力理论。指出中国要发展离不开科学，科学技术是先进生产力的集中体现和主要标志，增强自主创新能力是发展科学技术的战略基点。强调必须实施科教兴国战略、建设创新型国家，把经济建设转到依靠科技进步和提高劳动力素质的轨道上来。丰富和发展了马克思主义科学技术理论。

7. 提出社会主义科学发展理论。强调发展是硬道理、是我们党执政兴国的第一要务，要坚持生产发展、生活富裕、生态良好的文明发展道路，建设资源节约型、环境友好型社会，努力实现以人为本、全面协调可持续的科学发展。丰富和发展了马克思主义关于社会主义社会发展理论。

8. 提出社会主义和谐社会理论。指出社会和谐是中国特色社会主义本质属性，要按照民主法治、公平正义、诚信友爱、充满活力、安定有序、人与自然和谐相处的总要求和共同建设、共同享有的原则，努力形成全体人民各尽其能、各得其所而又和谐相处的局面。丰富和发展了马克思主义关于社会主义社会建设理论。

9. 提出社会主义民主法治理论。强调人民民主是社会主义的生命，要坚持中国特色社会主义政治发展道路，坚持党的领导、人民当家做主、依法治国的有机统一，不断深化政治体制改革，发展社会主义民主政治，发展社会主义政治文明，建设社会主义法治国家。丰富和发展了马克思主义民主政治理论。

10. 提出社会主义精神文明建设理论。指出社会主义不仅要有高度的物质文明，而且要有高度的精神文明。强调要建设社会主义核心价值体系，把依法治国与以德治国结合起来，坚持社会主义先进文化前进方向，推动社会主义文化大发展大繁荣，提高国家文化软实力。丰富和发展了马克思主义关于社会主义意识形态建设理论。

11. 提出社会主义和平发展理论。指出和平与发展是当今世界两大主题，中国坚持独立自主的和平外交政策，始终不渝走和平发展道路，推动建设持久和平、共同繁荣的和谐世界。强调中国奉行互利共赢的开放战略，统筹国际国内两个大局，既通过争取和平的国际环境来发展自己，又通过自己的发展来促进世界和平。丰富和发展了马克思主义国际关系理论。

12. 提出走中国特色精兵之路的国防和军队建设理论。强调始终坚持党对军队绝对领导的根本原则，按照政治合格、军事过硬、作风优良、纪律严明、保障有力的总要求加强军队建设，在全面建设小康社会进程中实现富国和强军的统一。提出人民军队要肩负起"三个提供一个发挥"的历史使命，加快中国特色军事变革。丰富和发展了马克思主义军事理论。

13. 提出"一国两制"和祖国和平统一理论。指出在一个中国的前提下，国家的主体坚持社会主义制度，香港、澳门、台湾保持原有的资本主义制度长期不变，按照这个原则来推进祖国和平统一大业的完成。强调全力支持香港、澳门特别行政区政府依法施政。提出在一个中国原则基础上协商正式结束两岸敌对状态，达成和平协议。丰富和发展了马克思主义国家学说。

14. 提出马克思主义执政党建设理论。指出党必须适应长期执政和改革开放的新要求，加强和改善对各方面工作的领导，做到科学执政、民主政治、依法执政。强调把党的执政能力建设和先进性建设作为主线，坚持党要管党、从严治党，以改革创新精神全面推进党的建设新的伟大工程，使党始终做到"三个代表"。

总体布局：

经济建设、政治建设、文化建设、社会建设、生态文明建设——着眼于全面建成小康社会、实现社会主义现代化和中华民族伟大复兴，党的十八大报告对推进中国特色社会主义事业作出"五位一体"总体布局。

中国特色社会主义制度

中国特色社会主义制度，是当代中国发展进步的根本制度保障，集中体现了中国特色社会主义的特点和优势。我们推进社会主义制度自我完善和发展，在经济、政治、文化、社会等各个领域形成一整套相互衔接、相互联系的制度体系。人民代表大会制度这一根本政治制度，中国共产党领导的多党合作和政治协商制度、民族区域自治制度以及基层群众自治制度等构成的基本政治制度，中国特色社会主义法律体系，公有制为主体、多种所有制经济共同发展的基本经济制度，按劳分配为主体、多种分配方式并存的分配制度，以及建立在根本政治制度、基本政治制度、基本经济制度基础上的经济体制、政治体制、文化体制、社会体制等各项具体制度，符合我国国情，顺应时代潮流，有利于保持党和国家活力、调动广大人民群众和社会各方面的积极性、主动性、创造性，有利于解放和发展社会生产力、推动经济社会全面发展，有利于维护和促进社会公平正义、实现全体人民共同富裕，有利于集中力量办大事、有效应对前进道路上的各种风险挑战，有利于维护民族团结、社会稳定、国家统一。

【例题】 社会主义民主政治的本质和核心问题是（　　）。

A. 党的领导　　　　　　　　B. 人民当家做主

C. 人民民主专政　　　　　　D. 民主选举

解析： 本题的正确答案是 B

社会主义的本质就是人民当家做主，而社会主义民主政治是社会主义的一部分，所以社会主义民主政治的本质是人民当家做主。

中国特色社会主义理论体系的形成和发展

1956 年社会主义改造完成后，以毛泽东为核心的第一代领导集体开始探索和实践适合中国国情的社会主义建设道路。他们的艰辛探索为后来我们党开创中国特色社会主义道路、形成中国特色社会主义理论体系提供了宝贵经验。

1. 毛泽东对中国社会主义建设道路的艰辛探索

新中国成立后，毛泽东领导党和人民开始探索适合国情的社会主义建设道路。这种探索是从反思前苏联模式利弊开始的。苏联模式实行高度集中的计划经济体制、政治体制和思想文化体制，长处是能集中力量办大事，也确实取得了重大成就。但随着时间推移，一些弊端日益暴露，如国民经济比例失调、管理体制僵化、农民负担过重等。毛泽东 1955 年就提出"以苏为戒"，找到一条适合国情的道路。1956 年，他发表《论十大关系》，阐述了如何正确处理社会建设的重大关系。1957 年，发表《关于正确处理人民内部矛盾的问题》，提出社会基本矛盾和两类不同性质矛盾理论，要求学会用民主的方法解决人民内部矛盾。由于在落后国家建设社会主义是个复杂的新课题，我们党缺乏经验，加之国内外形势复杂，党内"左"倾思想滋长，使得一些正确方针没有得到贯彻。但是毛泽东的艰辛探索为我们党提供了宝贵财富，成为中国特色社会主义理论体系的重要思想来源。

2. 邓小平第一次正式提出建设有中国特色社会主义的命题

1978 年 12 月，十一届三中全会作出把党和国家工作重心转移到社会主义现代化建设上来、实行改革开放的重大抉择。1982 年，邓小平在十二大开幕词中首次提出"走自己的道路，建设有中国特色的社会主义"。第二代领导集体围绕"什么是社会主义、怎样建设社会主义"的根本问题，形成了邓小平理论和党在社会主义初级阶段的基本路线，开始了马克思主义中国化第二次飞跃。十三大指出十一届三中全会以来，我们党在对社会主义再认识的过程中，发挥和发展了一系列科学理论观点，构成了建设有中国特色社会主义理论的轮廓。十四大明确提出并系统阐述了"邓小平同志建设有中国特色社会主义的理论"，十五大将这一理论正式定名为邓小平理论。建设有中国特色社会主义命题的提出，标志着中国特色社会主义理论体系开始形成。邓小平围绕"什么是社会主义、怎样建设社会主义"的根本问题创造性发展了马克思主义，奠定了中国特色社会主义理论的基础。

3. "三个代表"重要思想的形成与中国特色社会主义理论体系的进一步发展

世纪之交，世界局势发生深刻变化。国际局势风云变幻，总体和平、局部战乱，总体缓和、局部紧张，总体稳定、局部动荡。国内改革开放和市场经济深入发展，社会日趋多样化。我们党长期执政，历史任务、纲领目标、活动方式、工作制度、领导体制等较过去有所不同，党在思想、组织、作风方面存在各种问题，给党的执政带来严峻挑战。这要求进一步提高领导能力、执政水平和拒腐防变、抵御风险的能力。针对时代变化对党和国家工作提出的新要求，我们党在坚持马克思主义、毛泽东思想和邓小平理论的基础上，把发展先进生产力和先进文化、实现最广大人民的根本利益同党的先进性联系在一起，使之成为中国特色社会主义事业的指导理念，这就是"三个代表"重要思想。"三个代表"重要思想进一步回答了"什么是社会主义、怎样建设社会主义"的问题，并创造性回答了"建设一个什么样的党、怎样建设党"的问题，丰富和发展了中国特色社会主义理论体系。

4. 科学发展观等重大战略思想的提出和中国特色社会主义理论体系的最新发展

进入新世纪新阶段，和平发展合作成为时代潮流，世界多样化、经济全球化深入发展，科技进步日新月异。国际局势复杂多变，综合国力竞争激烈。在国内，社会进入发展关键期、改革攻坚期和矛盾凸显期，出现许多新情况新问题。发展不平衡的矛盾突出，社会建设深层次问题凸显，严重影响社会和谐。面对国际风险和挑战和国内社会问题，我们党科学判断国内外形势，提出了科学发展观等重大战略思想，科学把握和统筹国内发展与对外开放的关系，深刻把握发展面临的新课题新矛盾，更加自觉地走科学发展道路。同时，大力加强党的建设，进一步提高执政能力、增强党的先进性。科学发展观等重大战略思想丰富发展了邓小平理论、"三个代表"重要思想，是中国特色社会主义理论体系的最新发展。

中国特色社会主义理论体系是马克思主义中国化的最新成果

中国特色社会主义理论体系体现了中国共产党人在新时期三个方面的新的伟大觉醒。党的十七大报告指出，在新时期，"我们党坚持马克思主义的思想路线，不断探索和回答什么是社会主义、怎样建设社会主义，建设什么样的党、怎样建设党，实现什么样的发展、怎样发展等重大理论和实际问题，不断推进马克思主义中国化"。这就表明，党在新时期不断推进马克思主义中国化的进程，是通过思想理论上三个方面了不起的伟大觉醒实现的。

第一个方面的伟大觉醒，是不断探索和回答什么是社会主义、怎样建设社会主义的问题。这是我们党从新时期启动拨乱反正进而全面改革开始，从困境中重新奋起，勇敢地全面开创社会主义现代化事业新局面，并且随着实践发展而不断深化的伟大觉醒。在这个过程中创立的邓小平理论，及其所包含的社会主义初级阶段论、社会主义市场经济论、社会主义本质论以及党在社会主义初级阶段"一个中心、两个基本点"的基本路线，正确界定了我国现实社会的历史方位和主要矛盾。在这个过程中，明确提出了党在社会主义初级阶段的兴国之要、立国之本、强国之路这一系列带根本性的问题。

第二个方面的伟大觉醒，是不断探索和回答建设什么样的党、怎样建设党的问题。同样从新时期一开始，我们党就启动了这一方面的探索和回答，并随着实践的发展而不断深化。以江泽民同志提出的"三个代表"重要思想为标志，世纪之交的中国共产党人，深刻认识和把握新的历史条件下变化了的世情、国情、党情，在进一步回答什么是社会主义、怎样建设社会主义问题的同时，又创造性地回答了建设什么样的党、怎样建设党的问题，从而正确界定了我们党的历史方位，并从代表中国先进生产力的发展要求、中国先进文化的前进方向和中国最广大人民的根本利益的高度，提出了坚持和发展党的先进性、提高党的执政能力的时代课题。这就反映了我们党更加自觉地进入了从新的历史高度来认识自己、完善自己、全面加强自己这样一种马克思主义新境界。在这个过程中，明确提出了立党之本、执政之基、力量之源这一系列带根本性的问题。

第三个方面的伟大觉醒，则是不断探索和回答实现什么样的发展、怎样发展的问题。从党的十一届三中全会后的中国式现代化，到"三步走"的战略部署，区域发展战略的"两个大局"，让人民共享经济繁荣成果，新世纪新阶段的全面小康，统筹城乡经济社会发展，新型工业化道路，坚持走生产发展、生活富裕、生态良好的文明发展道路等，直到以科学发展观的提出为标志，连同构建社会主义和谐社会等重大战略思想，明确了我国仍处于并将长期处于社会主义初级阶段而又进到新的历史起点的发展方位，把发展的问题提到体现以人为本，体现社会公平正义，体现人的全面发展和社会的全面发展以及资源环境的可持续发展的高度。在这个过程中，明确提出了发展之本、发展方式、发展规律这一系列带根本性的问题。新时期以来党在这三个方面新的伟大觉醒，不断把马克思主义中国化推进到新境界。

【例题】中国特色社会主义理论体系的精髓是（　　）。

A. 改革开放、与时俱进　　　　B. 解放思想、实事求是

C. 和平共处、共同发展　　　　D. 以人为本、实事求是

解析：本题的正确答案是 B

中国特色社会主义理论体系的构成要素主要包括解放思想、实事求是、与时俱进，建设和发展中国特色社会主义，以人为本，实现社会主义现代化与中华民族的伟大复兴。解放思想、实事求是、与时俱进是精髓。

改革开放前后两个历史时期的关系

习近平总书记 1 月 5 日在新进中央委员会委员、候补委员学习贯彻党的十八大精神研讨班上的讲话中指出："我们党领导人民进行社会主义建设，有改革开放前和改革开放后两个历史时期，这是两个相互联系又有重大区别的时期，但本质上都是我们党领导人民进行社会主义建设的实践探索。"这一论断对于我们正确认识改革开放前后两个历史时期之间的关系，澄清错误观点，正本清源，凝聚共识，具有十分重要的意义。

1. 改革开放是社会主义的自我完善和发展，如果没有改革开放以来的探索实践，社会主义中国就不可能有今天这样的大好局面

新中国成立后社会主义建设取得了很大成就，但也遭遇了不少挫折。"文革"结束时，人民群众生活依然贫困。这种状况距离社会主义的理想相去甚远。与此同时，我国周边的东亚"四小龙"已经开始实现经济起飞，世界经济、科技快速发展，我国发展与国际先进水平的差距明显拉大。邓小平同志曾一针见血地指出："社会主义要表现出它的优越性，哪能像现在这样，搞了 20 多年还那么穷，那要社会主义干什么？"基于对什么是社会主义、怎样建设社会主义这一重大理论和实际问题的认真反思，我们党及时把工作重心调整到经济建设上来，毅然决然做出了实行改革开放的历史性决策。

30 多年的改革开放，给中国社会带来了广泛深刻、波澜壮阔的巨大变革，使中国大地发生了翻天覆地的变化。改革开放极大地调动了亿万人民的积极性，使我国成功实现了从计划经济体制到社会主义市场经济体制、从封闭半封闭到全方位开放的伟大历史转折，社会生机活力得到空前释放，使社会主义中国真正活跃和兴旺起来。改革开放实现了我国经济总量和综合国力的大幅跃升。从 1978 年到 2012 年，我国 GDP 由 3645 亿增长到 47.21 万亿，年均增长 9.9%，经济总量跃升至世界第二位。作为一个有着十几亿人口的超大经济体，保持 30 年以上的高速增长，这在人类历史

上是绝无仅有的。改革开放使人民生活实现了从温饱不足到总体小康的历史性跨越。据统计，从 1978 年到 2011 年，全国城镇居民人均可支配收入由 343 元增加到 21810 元，实际增长 9.5 倍；农民人均纯收入由 134 元增加到 6977 元，实际增长 9.6 倍；农村贫困人口大大减少。群众家庭财产普遍增多，吃穿住行用水平明显提高，改革开放前长期困扰我们的短缺经济状况得到根本改变。改革开放使社会主义制度在兴利除弊中自我完善和发展。30 多年来，我们不断深化政治体制、文化体制、社会体制以及其他各方面体制改革，社会主义民主政治、社会主义先进文化和各项社会事业均得到前所未有的发展。今天的中国，人民意气风发，发展日新月异，社会充满活力，国际地位显著提高，我们比历史上任何时期都更加接近中华民族伟大复兴的目标。

这一切都雄辩地证明，改革开放是决定当代中国命运的关键抉择，是发展中国特色社会主义、实现中华民族伟大复兴的必由之路。改革开放是社会主义的自我完善和发展，如果我们党当初没有果断地实行改革开放，并在牢牢把握正确方向的前提下坚定不移地推进改革开放，社会主义中国就不可能有今天这样的大好局面，就可能面临像前苏联、东欧国家那样的严重危机。

2. 改革开放前的社会主义革命和建设为改革开放积累了重要的思想、物质、制度基础，没有这些基础和正反两方面经验，改革开放也很难顺利推进

马克思说过："人们自己创造自己的历史，但是他们并不是随心所欲地创造，并不是在他们自己选定的条件下创造，而是在直接碰到的、既定的、从过去承继下来的条件下创造。"我们实行的改革开放，也是在一定基础上、一定历史条件下的改革开放，这个基础和条件就是改革开放前社会主义革命和建设所积累的思想、物质、制度基础和正反两方面的历史经验。

新中国刚成立时，经济基础十分薄弱，各项事业百废待兴，建设环境极度恶劣。我们党领导全国各族人民迅速医治战争创伤、恢复千疮百孔的国民经济，提出过渡时期总路线，对农业、手工业和资本主义工商业进行社会主义改造，建立起社会主义基本制度，实现了中国历史上最深刻最伟大的社会变革，为当代中国的一切发展进步奠定了根本政治前提和制度基础。我们经过 20 多年的艰苦奋斗，在一穷二白基础上建立了独立的比较完整的工业体系和国民经济体系，为改革开放后的经济高速增长奠定了坚实的物质基础。1953 年至 1978 年间，我国 GDP 年均增长速度 6.5%，这也是个不低的发展速度。我们坚决维护国家主权和安全，挫败敌对势力对我国的孤立、封锁、干涉和挑衅，独立自主、自力更生地发展起了以"两弹一星"为代表的尖端国防力量，为改革开放创造了必要的外部条件和安全环境。这一时期我们发

展了具有高度普惠性的教育和医疗卫生等社会事业，学龄儿童入学率从新中国成立前的20%增至1976年的97.1%，人均预期寿命从35岁增加到68岁，在发展中国家中几乎处于最高水平，这些都为改革开放创造了良好的社会条件。

有人把改革开放前的社会主义探索实践归结为亦步亦趋地效仿"苏联模式"，从而割裂改革开放前后两个历史时期，这是完全不符合实际的。事实上，正如邓小平同志所说："中国的社会主义道路与苏联不完全一样，一开始就有区别，中国建国以来就有自己的特点。"除对资本家的改造采取赎买而不是剥夺的政策外，在完成社会主义改造后，我们党更是察觉到苏联模式的局限，开始独立探索符合中国国情的社会主义建设道路。以毛泽东同志发表《论十大关系》、《关于正确处理人民内部矛盾的问题》为主要标志，我们党对怎样建设社会主义有了自己新的重要认识。这一时期关于社会主义建设的一系列独创性理论成果，对于开创中国特色社会主义具有重大意义。比如，毛泽东同志多次号召全党破除对苏联的迷信，主张发挥中央和地方两个积极性，强调"我们不能像苏联那样，把什么都集中到中央，把地方卡得死死的，一点机动权也没有"。我国的计划经济即使在最高点，中央政府也只控制不到600种产品的生产和分配，而前苏联则高达5500种。这些打破极端僵化的苏联计划体制的努力，为改革开放后向社会主义市场经济顺利转型奠定了一定基础。邓小平同志还说过："毛泽东主席提出的中国要形成既有集中又有民主，既有纪律又有自由，既有统一意志又有个人心情舒畅、生动活泼的政治局面，也与苏联不同。"此外，鉴于苏共的腐化蜕变，我们党特别强调社会平等和党的纯洁性，尽管存在种种偏差，但客观上看，这种扁平化的、不存在强大"分利集团"的社会结构减少了后来改革开放的阻力。

不可否认，在改革开放前的社会主义实践探索过程中，也发生了种种"左"的偏差，包括搞"大跃进"、"人民公社化"，甚至"文化大革命"这样全局性、长时间的严重错误。尽管如此，正如邓小平同志所说，这段历史时期还是"取得了旧中国几百年、几千年所没有取得过的进步"。当然，这些挫折和失误也为后来的实践探索提供了宝贵的经验教训，在客观上统一了全党全国人民的共识，即极"左"的那一套是行不通的，促使全党全国同心同德地把工作重心转移到经济建设上来。与此同时，我们要注意把这些错误实践本身，同老一辈革命家尽快改变中国贫穷落后面貌的良好愿望，同捍卫社会平等和正义、保持党和政权永不变质的动机区分开来。

总之，对改革开放前的社会主义实践探索，必须坚持实事求是的思想路线，分清主流和支流，坚持真理，修正错误，发扬经验，吸取教训。

3. 改革开放前后两个时期绝不是彼此割裂的，更不是根本对立的，两者本质上都是我们党领导人民进行社会主义建设的实践探索

应当承认，改革开放前后两个历史时期在进行社会主义建设的思想指导、方针政策、实际工作上有很大差别，混淆这种差别，就看不清中国特色社会主义"特"在哪里。但这两个历史时期绝不是彼此割裂的，更不是根本对立的。改革开放前的社会主义实践探索为后来的实践探索积累了条件；改革开放后的社会主义实践探索是对前一个时期的坚持、改革和发展。

首先，我们党在改革开放前的社会主义建设实践中提出了许多正确主张，当时没有真正落实，改革开放后得到了真正贯彻。这些正确主张包括人民对于经济文化迅速发展的需要同当前经济文化不能满足人民需要的状况之间的矛盾是我国国内的主要矛盾，发展生产力是根本任务；社会主义社会还有商品生产和商品交换，要遵守价值规律和做好综合平衡；必须正确区分和处理敌我矛盾和人民内部矛盾；在文化领域实行"百花齐放、百家争鸣"的方针，等等。我们党本来已经得出了这些被后来的实践证明为正确的结论，但由于过去长期处于战争和激烈阶级斗争的环境中，对于全国规模的社会主义建设事业，缺乏充分的思想准备和科学研究，加之20世纪60年代以后对国内外阶级斗争形势做出了过于严重的、脱离实际的估计，把防止出现修正主义、防止资产阶级复辟作为头等大事，导致很多关于社会主义建设的正确思想没有得到贯彻落实。改革开放以来的路线方针政策，在相当程度上正是对改革开放前社会主义实践探索中提出的正确思想的贯彻、深化和发展。正如邓小平同志所说，十一届三中全会以后，"我们就是恢复毛泽东同志的那些正确的东西……基本点还是那些。从许多方面来说，现在我们还是把毛泽东同志已经提出、但是没有做的事情做起来，把他反对错了的改正过来，把他没有做好的事情做好。"

不仅如此，改革开放前后两个历史时期还有着共同的本质特征，这就是两者都是我们党领导人民进行社会主义建设的实践探索，都是对适合中国国情的社会主义道路的实践探索，都是为了实现中华民族伟大复兴的实践探索。回顾历史，无论是改革开放前还是改革开放后的实践探索，无论世情、国情、党情如何变化，无论国际风云如何变幻，我们坚持社会主义的根本制度、中国共产党的领导核心地位、马克思主义的指导思想、共产主义的理想信念、党全心全意为人民服务的根本宗旨没有变；坚持毛泽东思想和中国特色社会主义理论体系一脉相承的基本立场、观点和方法没有变；坚持解放生产力、发展生产力、消灭剥削、消除两极分化、最终达到共同富裕的社会主义本质没有变。应当看到，社会主义建设作为一项"我们的前人从来没有做过的极其光荣伟大的事业"，不可能一帆风顺，需要及时总结、调整。但

是这其中变的是建设社会主义的方法和策略，不变的是对社会主义本质的坚持和追求。

那种以改革开放前的历史时期否定改革开放后的历史时期的错误观点，质疑中国现在搞的究竟还是不是社会主义，有人说是"资本社会主义"，还有人说是"国家资本主义"、"新官僚资本主义"，并借此反对改革开放的路线方针政策。这种错误观点的滋生，主要是基于当前贫富差距明显以及党内外存在各种消极腐败现象等社会现实。它的根本错误在于一叶障目、不见泰山，看不到改革开放符合党心民心、顺应时代潮流，方向和道路是完全正确的，成效和功绩不容否定，停顿和倒退没有出路，从而因噎废食、有失公允。但这种错误观点从一个侧面提醒我们，需要对改革开放过程中出现的收入分配不公、贫富差距拉大、消极腐败等问题引起高度警醒，把维护社会公平正义、实现共同富裕摆上更为重要的议程，用对官僚主义、消极腐败和奢靡享乐等不良作风的不懈斗争和实际成效取信于民。只要我们在改革开放和社会主义现代化建设过程中，时刻牢记社会主义的本质要求，切实捍卫社会公平正义，早日缩小贫富差距、实现共同富裕，这种错误观点自然就会逐渐失去市场。

那种以改革开放后的历史时期否定改革开放前的历史时期的错误观点，把改革开放前的历史时期妖魔化，把我们党在这一时期的社会主义道路探索过程中出现的挫折与失误无限放大，对这一时期取得的历史性成就视而不见，否定中国革命史和新中国历史，否定毛泽东同志。古人说："灭人之国，必先去其史。"持这种历史虚无主义立场的人，其根本目的是要搞乱人心，煽动推翻中国共产党的领导和我国社会主义制度。他们虽然肯定改革开放给中国人民带来的福祉，但却竭力把改革开放定义为往西方"普世价值"、西方政治制度的方向改，否则就不是真正的改革开放。这是对改革开放的曲解，它迎合了西方敌对势力的"西化"、"分化"图谋。正如邓小平同志一针见血指出的那样："某些人所谓的改革，应该换个名字，叫做自由化，即资本主义化。他们改革的中心是资本主义化。我们讲的改革与他们不同，这个问题还是要继续争论的。"只要中国仍坚持走社会主义道路，只要西强我弱的国际总体格局尚未得到根本扭转，这种错误观点就不会自动销声匿迹，对此我们要有清醒认识。

4. 必须坚持社会主义的根本制度，坚持走中国特色社会主义道路，这是改革开放前后两个时期的历史经验给予我们的根本启示

改革开放前后两个历史时期虽然有着重大区别，但归根结底是一脉相承的，统一于探索中国特色社会主义道路的伟大实践中。必须坚持社会主义的根本制度，坚持走中国特色社会主义道路，这是改革开放前后两个时期的历史经验给予我们的根本启示。正如习近平同志在十二届全国人大一次会议上的讲话中所指出的："中国特

色社会主义道路来之不易，它是在改革开放三十多年的伟大实践中走出来的，是在中华人民共和国成立六十多年的持续探索中走出来的"，必须毫不动摇、坚定不移地走下去，并在实践中进一步探索完善。

邓小平同志说过，革命是解放生产力，改革也是解放生产力，是社会主义的自我完善和发展。我国改革开放之所以能取得巨大成功，关键在于我们把党的基本路线作为党和国家的生命线，始终坚持把以经济建设为中心同四项基本原则、改革开放这两个基本点统一于中国特色社会主义伟大实践，既不走封闭僵化的老路，也不走改旗易帜的邪路。我们的改革开放是有立场、有方向、有原则的改革开放，其基本方向就是不断推动社会主义制度自我完善和发展，而不是对社会主义制度改弦易张。不论怎么改、如何开放，都要始终坚持中国特色社会主义道路、中国特色社会主义理论体系、中国特色社会主义制度。绝不能邯郸学步、亦步亦趋，而是要清醒地认识到，问题的关键不是改不改，而是改什么、不改什么、朝哪个方向改，有些不能改的，必须始终毫不动摇地坚持。我们要始终坚持四项基本原则这个立国之本，既以四项基本原则保证改革开放的正确方向，又通过改革开放赋予四项基本原则新的时代内涵，排除各种干扰，坚定不移走中国特色社会主义道路。

坚持改革开放，坚持走中国特色社会主义道路，归根结底是为了实现中华民族伟大复兴。只要我们自觉增强对中国特色社会主义的理论自信、道路自信、制度自信，坚定不移沿着正确的中国道路奋勇前进，国家富强、民族振兴、人民幸福的中国梦就一定能够实现。

（二）邓小平理论（分值比重：★★★★★）

邓小平理论的科学内涵和科学体系

邓小平理论是一个完整的科学理论体系。在邓小平理论中，贯穿于各个理论观点的基本线索是解放思想、实事求是的思想路线，是辩证唯物主义和历史唯物主义的世界观和方法论。解放思想、实事求是为邓小平理论的产生提供了思想前提，也为新时期党的政治路线的制定和贯彻提供了思想理论基础。邓小平理论就是用解放思想、实事求是这样一种基本观点和基本方法分析和解决中国社会主义建设的实际问题而形成的科学理论体系。邓小平理论的内容，大体上可以说主要有十六个方面。

第一，关于建设社会主义思想路线的理论。强调建设社会主义一定要解放思想，实事求是，一切从实际出发，独立自主地走自己的路，建设具有中国特色的社会主义。解放思想，实事求是，是我们党的思想路线。拨乱反正需要解放思想，实事求是，全面改革也需要解放思想，实事求是。

第二，关于社会主义本质和社会主义发展道路的理论。强调什么是社会主义、怎样建设社会主义，是首要和根本的理论问题。要搞清楚这个问题，关键是要在坚持社会主义基本制度的基础上进一步认清社会主义的本质。社会主义的本质是解放生产力，发展生产力，消灭剥削，消除两极分化，最终达到共同富裕。党的基本路线体现了社会主义本质的要求，指明了有中国特色社会主义的发展道路。

第三，关于社会主义发展阶段的理论。做出了我国还处在社会主义初级阶段的正确判断。阐明了社会主义初级阶段的基本国情和含义。强调一切都要从社会主义初级阶段的实际出发，对社会主义建设的长期性、紧迫性、复杂性、艰巨性有清醒的思想准备。

第四，关于社会主义根本任务的理论。强调有中国特色的社会主义是不断发展生产力的社会主义。社会主义的根本任务是发展生产力，党和国家的工作重点是经济建设。要抓住机遇，发展自己，充分发挥科学技术作为第一生产力的作用。

第五，关于社会主义建设发展战略的理论。设计了分"三步走"基本实现社会主义现代化的战略目标和战略步骤。强调要抓住战略重点，争取隔几年上一个台阶，鼓励一部分地区和人民先富起来，逐步达到共同富裕。

第六，关于社会主义发展动力的理论。强调改革开放是决定中国命运的关键。党的十一届三中全会以来的政策概括起来就是改革开放。改革是中国的第二次革命，是推动社会主义发展的直接动力。改革也是一个大试验。判断改革是非得失的根本标准是"三个有利于"。

第七，关于社会主义国家对外开放的理论。强调现在的世界是开放的世界，中国的发展离不开世界。对外开放是建设有中国特色社会主义的一项基本国策。要正确对待和借鉴现代文明的成果，正确处理对外开放与独立自主的关系。

第八，关于社会主义经济体制改革的理论。指出要从根本上改变束缚生产力发展的经济体制。计划和市场都是手段、方法，社会主义和市场经济没有根本矛盾，社会主义也可以搞市场经济。我国经济体制改革的目标是建立社会主义市场经济体制。

第九，关于社会主义政治体制改革的理论。强调建设社会主义民主和法制是我们党自十一届三中全会以来坚定不移的方针。在推进经济体制改革的同时，必须积极推进政治体制改革。政治体制改革的目标，是按照民主化和法制化紧密结合的要求，建设社会主义的民主政治。民主政治建设必须有领导、有步骤、有秩序地进行。

第十，关于社会主义精神文明建设的理论。强调精神文明是社会主义社会的重要特征，物质文明和精神文明都搞好，才是有中国特色的社会主义。精神文明建设的根本目标和任务是培育"四有"新人，提高民族素质。要一手抓物质文明建设，一手抓精神文明建设。两手抓，两手都要硬。

第十一，关于社会主义建设政治保证的理论。强调四项基本原则是不可动摇的立国之本，是改革开放和现代化建设的政治保证。要始终坚持四项基本原则，旗帜鲜明地反对资产阶级自由化。正确处理改革、发展、稳定的关系，维护社会政治的稳定。

第十二，关于社会主义国家外交战略的理论。强调有中国特色的社会主义是主张和平的社会主义。我们坚持独立自主的和平外交政策，反对霸权主义，维护世界和平。和平与发展是当代世界的两大主题。要以和平共处五项原则为基础建立国际政治和经济新秩序。要正确处理各国党与党之间的关系。要正确认识和对待国际形势的变化。

第十三，关于祖国统一的理论。提出"一个国家、两种制度"的构想，用以解决香港、澳门、台湾问题，努力实现祖国的和平统一。明确规定了"一国两制"的基本内容，强调这是有中国特色社会主义理论的一个重要内容。

第十四，关于社会主义事业依靠力量的理论。强调建设有中国特色的社会主义，必须依靠广大人民，依靠工人、农民、知识分子，依靠各族人民的团结，依靠最广泛的爱国统一战线。

第十五，关于社会主义国家军队和国防建设的理论。强调军队和国防建设的指导思想要实行战略性转变，走有中国特色的精兵之路，服从和服务于国家经济建设的大局。要适应新时期的需要，建设一支强大的现代化正规化的革命军队。

第十六，关于社会主义事业领导核心的理论。强调建设有中国特色的社会主义，关键在于坚持、加强和改善党的领导。要适应新时期的要求，进一步加强党的思想、组织和作风建设，充分发挥党在社会主义事业中的领导核心作用。

【例题1】 贯穿于邓小平理论的精髓是（　　）。

A. 一切从实际出发　　　　　　B. 解放思想，实事求是

C. 科学技术是第一生产力　　　D. 社会主义也可以发展市场经济

解析：本题的正确答案是 B

邓小平理论的精髓是：解放思想、实事求是。其余选项都是内容。

【例题2】 邓小平第一次提出坚持四项基本原则是在（　　）。

A. 1978 年《解放思想、实事求是、团结一致向前看》的讲话中

B. 1979 年党的理论工作务虚会上

C. 1980 年《目前的形势和任务》的讲话中

D. 1980 年《党和国家领导制度的改革》的讲话中

解析：本题的正确答案是 B

1979 年 3 月 30 日，邓小平代表中共中央在北京召开的理论工作务虚会上做了题为《坚持四项基本原则》的讲话，第一次提出四项基本原则。

【例题 3】 邓小平同志指出："一个党，一个国家，一个民族，如果一切从本本出发，思想僵化，迷信盛行，那它就不能前进，它的生命机体就停止了，就要亡党亡国。"这段话，非常深刻地表明了（   ）。

A. 改革开放的重要性　　　　　　B. 唯物主义的重要性

C. 解放思想的重要性　　　　　　D. 努力学习的重要性

解析：本题的正确答案是 C

"解放思想"是邓小平理论重新提出并为党的十一届三中全会所重新确立的党的思想路线。这段话阐明的就是"解放思想"的重要性。

【例题 4】（   ）是我们党的思想路线，也是邓小平理论的精髓。

A. 解放思想　　　B. 拨乱反正　　　C. 一国两制　　　D. 实事求是

解析：本题的正确答案是 AD

解放思想、实事求是是我们党的思想路线，也是邓小平理论的精髓。

科学技术是第一生产力

"科学技术是第一生产力"的著名论断，是邓小平结合时代特征对马克思主义关于生产力中也包括科学技术观点的继承与创新，是符合唯物史观的科学的正确的结论。邓小平指出："马克思说过，科学技术是生产力，事实证明这话讲得很对。依我看，科学技术是第一生产力。"1992 年邓小平在视察南方的重要谈话中再次重申："我说科学技术是第一生产力。近一二十年来，世界科学技术发展得多快啊！高科技领域的一个突破，带动一批产业的发展。我们自己这几年，离开科学技术能增长这么快吗？要提倡科学，靠科学才有希望。"

现代科学技术突飞猛进，已广泛渗透到社会生活各个领域，越来越深刻地影响着世界经济和社会发展的进程。在现代生产力系统中，科学技术不容置疑地是第一生产力。邓小平在 1978 年的全国科学大会上对此作了深刻的阐发。他说："现代科学技术正在经历着一场伟大的革命。近三十年来，现代科学技术不只是在个别的科学理论上、个别的生产技术上获得了发展，也不只是有了一般意义上的进步和改革，而是几乎各门科学技术领域都发生了深刻的变化，出现了新的飞跃，产生了并且正在继续产生一系列新兴科学技术。现代科学为生产技术的进步开辟了道路，决定它的发展方向。"他还说："大量的历史事实已经说明：理论研究一旦获得重大突破，迟早会给生产和技术带来极其巨大的进步。当代的自然科学正以空前的规模和速度，应用于生产，使社会物质生产的各个领域面貌一新。特别是由于电子计算机、控制论和自动化技术的发展，正在迅速提高生产自动化的程度。同样数量的劳动力，在同样的劳动时间里，可以生产出比过去多几十倍、几百倍的产品。社会生产力有这样巨大的发展，劳动生产率有这样大幅度的提高，靠的是什么？最主要的是靠科学的力量、技术的力量。"

科学技术因素在现代经济增长中所占的比重也表明科学技术是第一生产力。当代科学技术特别是高科技在经济增长中所起的作用是前人所难以想象的。高科技推动一批新兴产业蓬勃兴起，信息科学技术、生产科学技术、新能源与可再生能源技术、新材料科学技术、空间科学技术、海洋科学技术、有益于环境的高新技术和管理科学技术的产业化，使资源利用更加科学、合理、综合、高效，实现了经济增长方式由传统粗放式发展向新型集约式发展的彻底转变，在短时间内创造出惊人的经济奇迹。邓小平敏锐地洞察了这一趋势，把21世纪称为"高科技发展的世纪"。他指出："现在世界的发展一日千里，每天都在变化，特别是科学技术，追都难追上。""现在世界突飞猛进地发展，科技领域更是如此，中国有句老话叫'日新月异'，真是这种情况。"因此，"中国必须发展自己的高科技，在世界高科技领域占有一席之地。"

现代社会生产中知识创新和知识创造的带动作用日益凸显，进一步确立了科学技术是第一生产力的地位。知识经济时代，知识已经被认为是提高生产率和实现经济增长的驱动器，信息、技术和学习在经济活动中的作用已经成为人们关注的焦点，把知识排除在生产力要素之外的传统观念被打破，再次印证了科学技术是第一生产力的论断。

"科学技术是第一生产力"不仅指明了现代条件下发展生产力的现实途径，极大地推动了社会物质文明的发展，而且深刻地改变了我国社会的政治生活与思想文化精神生活的面貌，推动了社会主义精神文明事业的健康发展。这一著名论断对我们更好地促进科学技术和整个社会生产力的发展，对在"高科技发展的世纪"建设中国特色社会主义，具有十分重要的意义。

【例题】2010年9月9日，世界经济论坛发布了《2010～2011年全球竞争力报告》，中国排名升两位至27。下列措施中，有利于提升国家竞争力的有（　　）。

A. 实施人才强国战略　　　　B. 国内生产总值持续增长

C. 恩格尔系数不断提高　　　　D. 人民币汇率迅速升值

解析：本题的正确答案是 AB

　　恩格尔系数是食品支出总额占个人消费支出总额的比重，一个家庭收入越少，家庭收入中（或总支出中）用来购买食物的支出所占的比例就越大。因此，要提升国家的竞争力应该降低恩格尔系数。人民币汇率一般指的是人民币兑换美元的报价，即1元人民币或者100元人民币兑换成多少美元。人民币升值相应的人民币汇率升高了。但是在提升国家竞争力的时候，中国不会让人民币迅速升值，有助于控制通货膨胀，也是对全球经济负责任的做法。

　　坚持党的领导与人民民主的有机统一

　　任何国家的民主，都离不开那个国家的历史文化传统、经济发展状况和社会制度。我们的民主，是适合自己国情的具有中国特色的社会主义民主。邓小平强调指出："一定要把社会主义民主同资产阶级民主、个人主义民主严格地区别开来，一定要把对人民的民主和对敌人的专政结合起来，把民主和集中、民主和法制、民主和纪律、民主和党的领导结合起来。"在长期的民主政治建设过程中，我们确立了人民民主专政这一国体，确定了人民代表大会制度这一政体，这是我国社会主义的根本政治制度。社会主义民主不同于资产阶级的民主，是共产党领导下的人民民主。

　　我国社会主义民主政治建设必须有领导、有秩序地进行。"不要党的领导的民主，不要纪律和秩序的民主，绝不是社会主义民主。"在中国这样的大国，我们搞民主政治建设，如果离开中国共产党的正确领导，只能陷入无政府状态，使国家更难民主化，使国民经济更难发展，使人民生活更难改善。共产党执政就是保障和支持人民掌握管理国家的权力，实行民主选举、民主决策、民主管理、民主监督，保证人民依法享有广泛的权利和自由，尊重和保障人权。没有中国共产党领导的民主是不可设想的，那就只会四分五裂，一事无成。

　　建设社会主义民主政治包括决策的科学化民主化、基层民主建设等多方面的内容和任务，其中，最重要的是要坚持和完善各级人民代表大会制度，切实加强国家权力机关的建设，便利人民群众参与对国家事务的管理和监督。因而，要从制度上保证党和国家政治生活的民主化、经济管理的民主化和整个社会生活的民主化，促进现代化建设事业的顺利发展。

　　依法治国，建设社会主义法治国家

　　发扬社会主义民主必须同健全社会主义法制紧密结合。这是政治体制改革的重要任务和必然要求。邓小平强调："为了保障人民民主，必须加强法制。必须使民主制度化、法律化，使这种制度和法律不因领导人的改变而改变，不因领导人的看法和注意力的改变而改变。"

　　发扬社会主义民主离不开法制建设。民主是法制的基础，法制是民主的保障。

没有民主作为基础，就不可能产生有效的法制；没有法制作保障，民主也得不到发展，邓小平多次论述过民主与法制的关系，他说："社会主义民主和社会主义法制是不可分的。不要社会主义法制的民主，不要党的领导的民主，不要纪律和秩序的民主，绝不是社会主义民主。相反，这只能使我们的国家再一次陷入无政府状态，使国家更难民主化，使国民经济更难发展，使人民生活更难改善。""民主和法制，这两个方面都应该加强，过去我们都不足。要加强民主就要加强法制。没有广泛的民主是不行的，没有健全的法制也是不行的。""民主要坚持下去，法制要坚持下去。这好像两只手，任何一只手削弱都不行。""要继续发展社会主义民主，健全社会主义法制。这是三中全会以来中央坚定不移的基本方针，今后也绝不允许有任何动摇。"

社会主义法制建设要做到有法可依，有法必依，执法必严，违法必究，要制定一系列的法律、法令和条例，使民主制度化、法律化。只有健全社会主义法制，按宪法和法律办事，才能实现和加强社会主义民主。同时，社会主义市场经济体制的建立和完善，要求制定和完善规范市场活动的法律和法规，建立起适应社会主义市场经济的法律体系。发展民主必须同健全法制紧密结合起来，实行依法治国。依法治国，是党领导人民治理国家的基本方略，是发展社会主义市场经济的客观需要，是社会文明进步的重要标志，是国家长治久安的重要保障。

"一国两制"构想的主要内容、伟大实践及其重要意义

1. "一国两制"构想的主要内容

"一国两制"构想的基本内容是：在祖国统一的前提下，国家的主体坚持社会主义制度，同时台湾、香港、澳门保持原有的资本主义制度和生活方式长期不变。

具体地讲，有以下几点：

第一，一个中国。即坚持世界上只有一个中国，台湾、香港、澳门都是中国的一部分。中国的主权和领土完整不容分割。在国际上代表全中国人民的唯一合法政府，只能是中华人民共和国政府。一个中国，是"一国两制"的核心。

第二，两制并存。在一个中国的前提下，大陆的社会主义制度和台湾、香港、澳门的资本主义制度，实行长期共存，共同发展。祖国统一后，台湾、香港、澳门的现行社会、经济制度不变，生活方式不变，同外国经济、文化关系不变。诸如私人财产、房屋、土地、企业所有权、合法继承权等，一律受法律保护。

第三，高度自治。祖国和平统一后，依法在台湾、香港、澳门设立特别行政区。特别行政区行使地方政府的权力，除在外交、国防、宣战、媾和方面服从中央外，享有高度的自治权，包括行政管理权、立法权、独立的司法权和终审权。对台湾特

别行政区的政策更为宽松，允许继续使用台币，继续保留军队。

第四，和平谈判。通过接触和谈判，以和平的方式实现祖国的统一，是全体中国人民的共同心愿。为结束敌对状态，实现和平统一，两岸应尽早接触谈判。但中国政府无义务对任何图谋分裂中国的行动，做出放弃使用武力的承诺。

第五，长期不变。用"一国两制"的办法来实现祖国的和平统一，不是权宜之计，不是短期打算，而是要长期坚持的基本方针和政策。"一国两制"是在实现祖国和平统一的过程中以及祖国和平统一后，保持香港、澳门、台湾的繁荣与稳定，促进中国发展和民族振兴的基本保证。

2. "一国两制"构想的伟大实践及其重要意义

按照"一国两制"科学构想，我们成功地解决了历史遗留下来的香港、澳门问题。自1982年起，中国政府和英国政府开始就香港问题进行谈判。1984年12月19日，中国政府首脑与英国政府首脑在北京正式签署了《关于香港问题的联合声明》，宣布中华人民共和国决定于1997年7月1日对香港恢复行使主权。中国政府宣布了对香港的基本方针政策。1997年7月1日，中国政府恢复对香港行使主权，香港回归祖国。这是"一国两制"构想在实践中的巨大成功，是我们在完成祖国统一大业的道路上迈出的重要一步。

澳门回归是完成祖国统一大业的又一重要里程碑。中国政府在与英国政府签署了联合声明以后，又同葡萄牙政府进行了关于澳门问题的谈判。1987年4月13日，中国政府与葡萄牙政府签署了《关于澳门问题的联合声明》，宣布在1999年12月20日中国政府恢复对澳门行使主权。1999年12月20日，中国政府恢复对澳门行使主权，澳门回到祖国怀抱。澳门回归，是继香港回归之后"一国两制"科学构想的又一伟大胜利。

"一国两制"构想的形成并付诸实践，也促使海峡两岸关系有了重大的进展和突破。为实现两岸人民的正常往来，我们采取了一系列推动两岸关系发展的措施。在政治方面，调整了有关政策，化解敌对情绪；在军事方面，主动缓和军事对峙状态；在经济方面，敞开门户，促进交流。在其他方面，对人员往来，邮电交通以及科技、文化、体育、学术、新闻等方面的交流与合作，积极鼓励并采取相应的措施。

台湾当局也相应调整了对大陆的政策，采取了一些松动措施，开放岛内民众赴大陆探亲，逐步放宽对两岸民间交流的限制，扩大间接贸易，开放间接投资，简化两岸同胞通话、通邮、通汇的手续等。但是，我们也应清醒地看到，台湾极少数顽固势力仍在上演"两个中国"、"一中一台"甚至是"台独"的闹剧，国际上与中华民族为敌的势力也不时插手台湾问题，阻挠我国统一大业的进程。

历史发展的进程已经使"一国两制"的科学构想日益显示出重大的实践意义和理论意义。

第一，"一国两制"构想是祖国统一大业早日实现的最佳选择。祖国统一，使中华民族兴旺发达，是中华儿女的共同心愿。"一国两制"为实现祖国统一提供了最佳的途径，同时也为形成最广泛的爱国统一战线，调动方方面面的积极性，奠定了基础和创造了条件。

第二，"一国两制"构想为解决国际争端和历史遗留问题开辟了新的途径。当今世界各种矛盾和冲突此起彼伏，连绵不断。如何解决那些长期悬而未决的国家间、民族间的争端，这是国际进步力量和有识之士都在思索的一个重大课题。"一国两制"构想的提出和成功实践，为解决国际争端和历史遗留的类似问题提供了新的经验、途径和思路。

第三，"一国两制"构想创造性地丰富和发展了马克思主义。"一国两制"构想发展了马克思主义国家学说，为马克思主义国家学说注入了新的内容；并创造性地运用和发展了列宁提出的关于不同社会制度国家间和平共处的思想，为和平共处思想增添了新的内涵和时代精神。

【例题1】"一国两制"构想的主要内容包括（　　）。

A. 一个中国　　　B. 两制并存　　　C. 高度自治　　　D. 酌情变化

解析：本题的正确答案是 ABC

"一国两制"构想的基本内容是：在祖国统一的前提下，国家的主体坚持社会主义制度，同时台湾、香港、澳门保持原有的资本主义制度和生活方式长期不变。具体地讲，有以下几点：第一，一个中国。即坚持世界上只有一个中国，台湾、香港、澳门都是中国的一部分。中国的主权和领土完整不容分割。在国际上代表全中国人民的唯一合法政府，只能是中华人民共和国政府。一个中国，是"一国两制"的核心。第二，两制并存。在一个中国的前提下，大陆的社会主义制度和台湾、香港、澳门的资本主义制度，实行长期共存，共同发展。祖国统一后，台湾、香港、澳门的现行社会、经济制度不变，生活方式不变，同外国经济、文化关系不变。诸如私人财产、房屋、土地、企业所有权、合法继承权等，一律受法律保护。第三，高度自治。祖国和平统一后，依法在台湾、香港、澳门设立特别行政区。特别行政区行使地方政府的权力，除在外交、国防、宣战、媾和方面服从中央外，享有高度的自治权，包括行政管理权、立法权、独立的司法权和终审权。对台湾特别行政区的政策更为宽松，允许继续使用台币，继续保留军队。第四，和平谈判。通过接触和谈判，以和平的方式实现祖国的统一，是全体中国人民的共同心愿。为结束敌对状态，实现和平统一，两岸应尽早接触谈判。但中国政府无义务对任何图谋分裂中国的行动，做出放弃使用武力的承诺。第五，长期不变。用"一国两制"的办法来实现祖国的和平统一，不是权宜之计，不是短期打算，而是要长期坚持的基本方针和政策。"一国两制"是在实现祖国和平统一的过程中以及祖国和平统一后，保持香港、澳门、台湾的繁荣与稳定，促进中国发展和民族振兴的基本保证。

【例题2】（　　）是"一国两制"的核心。

A. 一个中国　　　　B. 两制并存　　　　C. 高度自治　　　　D. 和平谈判

解析：本题的正确答案是 A

"一国两制"构想的基本内容是：在祖国统一的前提下，国家的主体坚持社会主义制度，同时台湾、香港、澳门保持原有的资本主义制度和生活方式长期不变。具体地讲，有以下几点：第一，一个中国。即坚持世界上只有一个中国，台湾、香港、澳门都是中国的一部分。中国的主权和领土完整不容分割。在国际上代表全中国人民的唯一合法政府，只能是中华人民共和国政府。一个中国，是"一国两制"的核心。第二，两制并存。第三，高度自治。第四，和平谈判。第五，长期不变。

和平与发展是当今世界的时代主题

和平与发展是当今世界的时代主题，这是邓小平对世界大局变化和总体走向作出的科学分析和判断。

邓小平指出："现在世界上真正大的问题，带有全球性的战略问题，一个是和平问题，一个是经济问题或者说发展问题。和平问题是东西问题，发展问题是南北问题。概括起来，就是东西南北四个字。南北问题是核心问题。"邓小平提出和平与发展两大问题，抓住了当代世界最突出的矛盾、最根本的变化和最主要的特征，为我们提供了观察和解决世界各种问题的基本着眼点和立足点，同时也指明了世界人民所要解决的主要任务。党的十五大根据邓小平的思想，在分析国际形势的基础上，进一步明确和平与发展是当今时代的主题，并指出要和平、求合作、促发展已成为时代的主流。

和平问题主要是指维护世界和平，防止新的世界大战爆发，同时也包括用和平手段解决国际争端和地区冲突。它之所以成为当今时代的主题之一，是因为它直接涉及人类的生存问题。追求和平是世界各国人民的强烈愿望和要求，而且制约战争、维护和平的因素也有了很大的增长。发展问题主要是指寻求全球经济的持续、健康发展，通过加快发展中国家的经济发展步伐，逐步缩小发达国家与不发达国家之间的差距。它之所以成为当今时代的主题之一，是因为它与人类文明的进程密切相关，发展经济是世界各国人民的共同要求，而且世界许多国家都在受着经济问题的困扰。

和平与发展问题是息息相关、联系在一起的。和平是人类生存和发展的最重要条件，发展是促进和维护世界和平的有力保障，和平与发展是相互促进的。

邓小平关于和平与发展的科学论断，在理论上发展了马克思主义的时代观，在实践上对于我们制定正确的战略方针有重大的指导意义。首先，这一科学论断为我们党实现工作重心的转移、制定正确的发展战略提供了前提。正是从当今时代主题出发，我们党坚定不移地坚持以经济建设为中心，集中精力搞建设，在和平中发展和崛起。其次，这一科学论断为我国实行独立自主的和平外交政策奠定了牢固的理论基础。为适应时代主题的变化，我国对外政策作了重大调整，为现代化建设创造了有利的国际和平环境。第三，这一科学论断为建立国际政治经济新秩序提供了理论指导。建立国际政治经济新秩序的目的，是为了维护世界和平、促进世界发展。以此为目标建立国际政治经济新秩序，才能顺应时代发展的潮流，也才能符合全世界人民的根本利益，得到世界各国的认同。

【例题1】当今世界的时代主题是（　　）。

A. 和平与发展　　　　　　B. 和平与稳定

C. 合作与竞争　　　　　　D. 发展与安全

解析：本题的正确答案是 A

和平与发展是当今时代的主题。和平问题是指维护世界和平，防止新的世界战争的问题。发展问题是指世界经济发展，尤其是发展中国家的经济发展问题。和平与发展是相辅相成的。世界和平是促进各国共同发展的前提条件，没有和平就没有发展；各国的共同发展则是维护和平的重要基础。

【例题2】当今世界和平与发展的主要障碍是（　　）。

A. 领土争端　　　　　　　B. 民族矛盾

C. 宗教冲突　　　　　　　D. 霸权主义和强权政治

解析：本题的正确答案是 D

邓小平说："和平是东西问题，发展是南北问题，总结起来就是东西南北四个字，发展是核心问题。"其主要障碍是霸权主义和强权政治，解决途径是建立国际政治经济新秩序。

【例题3】我国对外开放的基本格局是（　　）。

A. 区域开放　　　　　　　B. 产业开放

C. 限制开放　　　　　　　D. 全方位、多层次、宽领域开放

解析：本题的正确答案是 D

我国对外开放呈现全方位、多层次、宽领域的对外开放格局。

（三）"三个代表"重要思想（分值比重：★★）

"三个代表"重要思想形成的社会历史条件

"三个代表"重要思想是在科学判断党的历史方位的基础上提出来的。我们党历经革命、建设和改革，已经从领导人民为夺取全国政权而奋斗的党，成为领导人民掌握全国政权并长期执政的党；已经从受到外部封锁和实行计划经济条件下领导国家建设的党，成为对外开放和发展社会主义市场经济条件下领导国家建设的党。党所处的地位和环境、党所肩负的历史任务、党的自身状况，都发生了新的重大变化。"三个代表"重要思想，正是在科学分析我们党所处历史方位变化的基础上，着眼于新形势下如何走在时代前列，保持旺盛的生命力，领导好建设中国特色社会主义的伟大事业而提出来的。

"三个代表"重要思想是在对当今国际局势科学判断的基础上形成的。冷战结束后，国际局势发生深刻变化。世界多极化和经济全球化的趋势在曲折中发展，和平与发展仍是时代的主题。但霸权主义和强权政治有新的表现，恐怖主义危害上升，一些地区的冲突和争端时起时伏，世界还很不安宁。科技进步日新月异，以信息技术为核心的高新技术的发展，极大地改变了人们的生产、生活方式和国际经济、政治关系，以经济为基础、科技为先导的综合国力竞争更为激烈。世界社会主义运动曲折前进，中国作为最大的社会主义国家，成就举世瞩目，但也受到西方很大的压力。当今国际局势的深刻变化，是"三个代表"重要思想形成的时代背景。

"三个代表"重要思想是在对当代中国发展变化科学认识的基础上形成的。党的十一届三中全会以来，特别是十三届四中全会以来，我国改革开放和现代化建设取得了伟大成就。我们已经胜利实现了现代化建设"三步走"战略的前两步目标，进入了全面建设小康社会、加快社会主义现代化建设的新的发展阶段。丰富的实践积累了宝贵的基本经验。面向未来，推进现代化建设、完成祖国统一、维护世界和平与促进共同发展，是我们党在新世纪的三大历史任务。全面建设惠及十几亿人口的更高水平的小康社会，是21世纪头20年我们的战略目标。改革开放以来特别是党的十三届四中全会以来党和人民建设中国特色社会主义的伟大探索，是"三个代表"重要思想形成的实践基础。

"三个代表"重要思想是在对党的现状科学分析的基础上形成的。随着改革开放的深入，党所处的环境不断发生变化。新世纪的繁重任务，要求我们党进一步加强自身建设，改进领导方式和活动方式，认真研究和解决新形势下的新课题，充分发挥建设中国特色社会主义领导核心的作用。目前，党的总体状况是健康的，取得的成绩是巨大的。但随着国际国内条件的变化，遇到的挑战也非常尖锐。党的建设中也存在着这样那样的问题，如果不认真解决，就会影响党的先进性和战斗力，影响中国特色社会主义事业的发展。进一步提高党的领导水平和执政水平、提高拒腐防变和抵御风险的能力是我们党必须解决好的两大历史性课题。党的建设面临的新形势新任务，是"三个代表"重要思想形成的现实依据。

从历史发展新陈代谢的规律看，80多年来，我们党创造了巨大的辉煌，但是，在新的历史条件下，如何继续保持旺盛的生命力？这是全党同志特别是领导干部必须认真思考的问题。江泽民同志多次讲到大国的兴衰变化，包括中国的康乾盛世，以及苏联、东欧的教训。大国兴衰，文明交替。一个国家，一个民族，一个政党，如果不能紧跟人类社会进步的潮流，就很容易被历史淘汰。古今中外，这类事实不胜枚举。警钟长鸣，方能保持头脑清醒。

"三个代表"重要思想，正是基于对国际国内大局的清醒认识、对历史发展规律的科学把握、对党和国家前途命运的深刻关切，进一步回答了"什么是社会主义、怎样建设社会主义"的问题，创造性地回答了"建设什么样的党、怎样建设党"的问题，指明了面向未来建党治国的战略思路。只有按照"三个代表"重要思想的要求，从中国和世界的历史、现状和未来着眼，准确把握时代特点和党的任务，科学制定并正确执行党的路线方针政策，认真研究和解决推动中国社会进步和加强党的建设的问题，做到既不割断历史，又不迷失方向，既不落后于时代，又不超越阶段，才能使我们党永葆生机和活力，使我们的事业不断从胜利走向胜利。

"三个代表"重要思想的历史地位

1. 马克思列宁主义、毛泽东思想和邓小平理论的继承和发展

认识"三个代表"重要思想的历史地位，首先要认识它在马克思主义发展史上的地位。

马克思主义是我们立党立国的根本指导思想，与时俱进是马克思主义最重要的理论品质。80多年来，我们党坚持把马克思主义基本原理同中国具体实际相结合，先后产生了毛泽东思想、邓小平理论和"三个代表"重要思想。"三个代表"重要思想紧密结合新的时代条件，生动而具体地坚持和发展马克思主义，赋予马克思主义新的鲜活力量，从而开辟了马克思主义发展的新境界，成为坚持和发展马克思主义的典范。十六大报告指出："'三个代表'重要思想是对马克思列宁主义、毛泽东思想和邓小平理论的继承和发展，反映了当代世界和中国的发展变化对党和国家工作的新要求。"胡锦涛同志在"七一"讲话中进一步指出："'三个代表'重要思想同马克思列宁主义、毛泽东思想和邓小平理论是一脉相承而又与时俱进的科学体系，

是马克思主义在中国发展的最新成果。"

"中国共产党必须始终代表中国先进生产力的发展要求,代表中国先进文化的前进方向,代表中国最广大人民的根本利益。"这是对"三个代表"重要思想的集中概括。这三句话对于马克思主义的创新和发展,主要表现在:第一,抓住决定党的历史地位的三个根本性问题,从社会发展规律和党的进步本质的高度,把党的先进性与阶级性、群众性更加紧密地结合起来,把经济、政治、文化三方面的要求更加紧密地统一起来,对党的先进性作出了最新、也是最集中的提炼和概括。第二,从根本上回答了在新的历史条件下"建设一个什么样的党、怎样建设党"的问题,党应该怎样执政、执政到底干什么的问题,党怎样保持先进性和生命力、怎样走在时代前列的问题,深刻揭示了我们的立党之本、执政之基、力量之源,进一步明确了党的建设的总目标。第三,深刻总结世界社会主义运动的经验教训,总结世界文明变迁兴亡的经验教训,总结许多国家执政党成败兴衰的经验教训,也总结我们党80多年的历史经验,使我们对共产党执政规律、社会主义建设规律和人类社会发展规律的认识,达到了一个新的高度。

"三个代表"重要思想讲了三句话,但又并不仅仅是三句话,而是13年来我们党的理论、实践创新的总汇和结晶。从围绕着三句话而展开的系统的科学理论来说,所作的创新更为丰富多彩。胡锦涛同志的"七一"讲话从四个方面分析了"三个代表"重要思想与马克思主义坚持和发展的关系。

第一,"'三个代表'重要思想坚持马克思主义的世界观和方法论,创造性地运用它们分析当今世界和中国的实际,为我们在新的时代条件下运用辩证唯物主义和历史唯物主义认识和把握社会发展规律、更好地推进我国社会主义事业作出了新的理论概括。""三个代表"重要思想所具有的基本点,都遵循了辩证唯物主义和历史唯物主义的基本立场和思想方法,坚持了马克思主义的基本原理,同时,又结合新的实际作了创造性的阐发,赋予了鲜明的时代精神和实践要求。

第二,"'三个代表'重要思想坚持党的最高纲领和最低纲领的统一,为我们坚持马克思主义的最终奋斗目标、根据实际制定和实施推动我国社会主义发展的科学战略提供了新的理论基础。""三个代表"重要思想既鲜明地坚持马克思主义的社会理想,同时又强调实现共产主义是一个非常漫长的历史过程,要求立足于我国正处于并将长期处于社会主义初级阶段的实际,脚踏实地为实现党在现阶段的基本纲领而奋斗,从而为在锲而不舍的努力中朝着实现共产党人的远大理想和最终目标胜利前进指明了现实途径。

第三,"'三个代表'重要思想坚持马克思主义关于无产阶级政党必须植根于人民的政治立场，注重从人民群众的实践中吸取养分，为我们坚持马克思主义的群众观点、不断实现最广大人民的根本利益提出了新的理论要求。""三个代表"重要思想强调建设中国特色社会主义的根本目的是不断实现好、维护好、发展好最广大人民的根本利益，党的理论、路线、纲领、方针、政策和工作必须以符合最广大人民的根本利益为最高衡量标准，从而充分体现了立党为公、执政为民的本质。

第四，""三个代表'重要思想坚持马克思主义与时俱进的理论品质，体现了马克思主义理论创新的巨大勇气，为我们坚持马克思主义基本原理、不断在实践中推进理论创新打开了新的理论视野。""三个代表"重要思想所提出的一系列思想和理论观点，深刻总结实践创造的新鲜经验，从各个方面丰富和发展了马克思列宁主义、毛泽东思想和邓小平理论，对马克思主义理论做出了重大贡献。

正因为"三个代表"重要思想把对马克思主义的坚持与发展结合起来，开辟了马克思主义在当代中国发展的新境界。所以，胡锦涛同志指出："在新的历史条件下，坚持'三个代表'重要思想，就是真正坚持马克思列宁主义、毛泽东思想和邓小平理论；高举'三个代表'重要思想的旗帜，就是真正高举马克思列宁主义、毛泽东思想和邓小平理论的旗帜。"

2. 加强和改进党的建设、推进社会主义自我完善和发展的强大理论武器

"三个代表"重要思想不仅在理论上实现了马克思主义的又一次与时俱进，更重要的是对实践面临的课题作出了充满时代精神的回答，因而，对我们党和中国特色社会主义事业的发展具有重要的指导意义，是加强和改进党的建设、推进我国社会主义自我完善和发展的强大理论武器。

从党的建设来说，"三个代表"重要思想在科学判断党的历史方位的基础上，把党的建设新的伟大工程同中国特色社会主义伟大事业联系起来，创造性地回答了"建设什么样的党、怎样建设党"的问题，赋予党的性质、宗旨、指导思想和任务以丰富的时代内容，确定了党的建设的总体部署。

从中国特色社会主义事业来说，"三个代表"重要思想在邓小平理论的基础上，进一步回答了"什么是社会主义、怎样建设社会主义"的基本问题，深化了对中国特色社会主义的认识。因此，不仅对党的建设起着重要的指导作用，而且对党和国家的所有工作，对中国特色社会主义的事业都起着重要的指导作用。

党的十一届三中全会以来，我们党通过改革开放，不断对社会主义制度进行自我完善和发展，社会主义怎么发展、完善，各方面的体制怎样改革、朝着什么方向改革等，邓小平理论都作出了科学的回答，"三个代表"重要思想做出了进一步的回答。新世纪新阶段，社会主义要完善和发展，改革开放要深入，就要按"三个代表"

的要求继续不断地下工夫。制度，要按照这样的思路和方向来设计、改进；体制，要按照这样的方向和思路来创新、完善；改革，要按照这样的思路和方向来推进、深化。从这样的意义上来说，"三个代表"重要思想既是党的建设的纲领，也是我们发展和完善社会主义的强大理论武器。

3. 党必须长期坚持的指导思想

把"三个代表"重要思想与马克思列宁主义、毛泽东思想、邓小平理论一起，作为我们党必须长期坚持的指导思想，并且写入党章，这是党的十六大的一个历史性决策。

党的指导思想是党对于整个社会历史发展规律的基本认识，是党的全部理论观点、价值体系的集中体现，因而也是党制定全部纲领、路线、方针、政策、战略、策略的理论基础，是党的建设和党的事业的行动指南。党的指导思想的正确与否，对于党的事业的发展具有极为重要的影响。

党要与时俱进，党的指导思想也要与时俱进。80多年来，我们党的指导思想随着实践的发展而不断发展。从诞生起，我们党就自觉地把马克思列宁主义作为自己的指导思想。1945年的七大，确立了毛泽东思想的指导地位。1992年的十四大，确立了邓小平理论的指导地位。1997年的十五大，明确宣布高举邓小平理论的伟大旗帜，作出了把邓小平理论确立为党的指导思想的历史性决策。

党的十三届四中全会以来，我们党坚持解放思想、实事求是的思想路线，大力倡导与时俱进、开拓创新的精神，高举邓小平理论的伟大旗帜，又从当代中国和世界的实际出发，不断研究新情况，解决新问题，对马克思主义理论做出了重要的创新，形成了"三个代表"重要思想。"三个代表"重要思想深化了我们对"三个规律"的认识，开辟了马克思主义理论发展的新境界。它是全党全国人民共同奋斗和探索的结果，是我们党和国家宝贵的精神财富，把"三个代表"重要思想确立为指导思想并写入党章，反映了党心民意，是加强和改进党的建设、不断提高党的领导水平和执政水平的根本要求，是继续推进中国特色社会主义伟大事业的客观需要。它既是对现有理论成果的总结和肯定，更是对未来发展的规划和指导，有助于全党和全国人民统一思想，有助于规范和指导各项政策的制定。归根结底，有助于我们沿着正确的道路开创中国特色社会主义事业的新局面。

指导思想是党长远起作用的理论武器。党的十六大确认"三个代表"重要思想是我们党必须长期坚持的指导思想。"长期坚持"，就要有"长期"的信念和决心，自觉地用"三个代表"重要思想"长期"指导我们的实践。"长期坚持"并不排斥继续丰富发展。十六大报告指出："'三个代表'重要思想是发展的、前进的。全党必须在思想上不断有新解放，理论上不断有新发展，实践上不断有新创造，把'三个代表'重要思想贯彻到社会主义现代化建设的各个领域，体现在党的建设的各个方面，使我们党始终与时代发展同步伐，与人民群众共命运。"这一论断体现了彻底的辩证唯物主义和历史唯物主义精神。长期坚持同与时俱进相辅相成，辩证统一，我们党就能始终保持蓬勃旺盛的生机和活力，不断开创中国特色社会主义事业的新局面。

4. 党的立党之本、执政之基、力量之源

"三个代表"重要思想提出以后，江泽民同志多次强调：始终做到"三个代表"，是我们党的立党之本、执政之基、力量之源。这三个"之"，深刻地说明了始终坚持"三个代表"的重大意义。

从立党之本来说。我们党是适应于历史发展的要求而诞生的。党的历史使命、地位和作用是什么？党的先进性表现在哪里？最根本的，就是集中在代表中国先进生产力的发展要求、代表中国先进文化的前进方向、代表中国最广大人民的根本利益上。我们党的一切活动、一切事业，甚至赖以生存和发展的基础，都在于这"三个代表"。什么时候坚持并做到了"三个代表"，我们党就兴旺发达，就得到人民群众的拥护，就经得起任何风浪的冲击。新的世纪，我们面临着复杂的形势，既有难得的机遇，又有尖锐的挑战。党要固本强基，就必须始终坚持"三个代表"，当好"三个代表"，在不断解决新课题、完成新任务中始终走在时代的前列。

从执政之基来说。中国共产党已经从一个领导人民为夺取全国政权而奋斗的党，成为一个领导人民掌握着全国政权并长期执政的党。党的执政地位是历史赋予的、人民赋予的。我们党能够执政、并且能够执好政的基础，从根本上来说，就在于能够坚持"三个代表"。我们党执政的内容和任务，就是要不断解放和发展中国社会的生产力，增强综合国力，推进社会发展；就是要不断建设和发展面向现代化、面向世界、面向未来的，民族的科学的大众的社会主义文化，培育"四有"公民，弘扬民族精神；就是要全心全意为人民服务，维护最广大人民的根本利益，不断满足人民群众日益增长的物质文化生活需要。新世纪，我们党治国理政的任务更加艰巨，所要解决的问题也更多、更复杂。只有坚持"三个代表"，当好"三个代表"，才能始终用好人民赋予的执政权力，无愧于历史赋予的执政地位；才能不断提高我们的执政水平，巩固党的执政基础。

从力量之源来说。我们党建党之初，只有几十个党员。为什么能够不断发展壮大，成为今天拥有6700多万党员的世界第一大党；为什么能够战胜曾经比自己强大得多的国内外敌人，建立起社会主义的新中国；为什么能够在一穷二白的基础上，取得经济和社会发展的巨大成就，领导中国进入了小康社会；为什么始终经得起各种风浪的考验，得到人民群众的拥护和支持？所有这一切，就在于我们党能够始终从根本上促进中国社会生产力的发展，推动中国文化的进步，切切实实地为人民办实事、谋利益。这是我们党全部力量的源泉所在，也是我们党不断成功和发展的奥秘所在。新世纪，我们要继续立于不败之地，就必须始终坚持"三个代表"，当好"三个代表"，把我们党的根牢牢扎在人民群众之中，扎在社会发展的本质之中，扎在时代进步的要求之中。

"三个代表"重要思想的科学内涵

1. 代表中国先进生产力的发展要求

江泽民同志在庆祝中国共产党成立80周年大会上的讲话中指出："我们党要始终代表中国先进生产力的发展要求，就是党的理论、路线、纲领、方针、政策和各项工作，必须努力符合生产力发展的规律，体现不断推动社会生产力的解放和发展的要求，尤其要体现推动先进生产力发展的要求，通过发展生产力不断提高人民群众的生活水平。"

根据这样的要求，代表中国先进生产力的发展要求，就要把解放和发展生产力作为社会主义的根本任务，坚持以经济建设为中心，通过制定和实施正确的路线方针政策，采取切实的工作步骤，不断促进先进生产力的发展；就要敏锐地把握我国社会生产力的发展要求，关注世界科技和生产力发展的最新趋势，遵循社会生产力发展的规律和条件，认真研究和解决好解放和发展生产力的重大问题；就要牢固树立改革和发展的观点，根据经济社会发展的要求，通过改革不断完善社会主义市场经济体制，推进社会主义的自我完善和发展；就要不断提高劳动者以及全体人民的思想道德和科学文化素质，不断提高他们的劳动技能和创造才能，充分发挥他们的积极性主动性创造性；就要把科学技术作为先进生产力的集中体现和主要标志，大力推动科技进步和创新，不断用先进科技改造和提高国民经济，努力实现我国生产力发展的跨越；就要辩证地对待落后的生产方式，立足实际，创造条件加以改造、改进和提高，逐步使它们向先进适用的生产方式转变；就要坚持我们基本的经济政治等制度，不断完善社会主义的生产关系和上层建筑，为生产力的解放和发展打开更广阔的通途。

2. 代表中国先进文化的前进方向

江泽民同志在庆祝中国共产党成立80周年大会上的讲话中指出："我们党要始终代表中国先进文化的前进方向，就是党的理论、路线、纲领、方针、政策和各项工作，必须努力体现发展面向现代化、面向世界、面向未来的，民族的科学的大众的社会主义文化的要求，促进全民族思想道德素质和科学文化素质的不断提高，为我国经济发展和社会进步提供精神动力和智力支持。"

根据这样的要求，代表中国先进文化的前进方向，就要立足中国实际，着眼世界前沿，科学把握当代文化发展的趋势和要求，坚持高举中国先进文化的前进旗帜；就要以马克思列宁主义、毛泽东思想、邓小平理论和"三个代表"重要思想为指导，不断发展健康向上、丰富多彩的，具有中国风格、中国特色的社会主义文化，满足人民群众日益增长的精神文化需要；就要坚持以科学的理论武装人，以正确的舆论引导人，以高尚的精神塑造人，以优秀的作品鼓舞人，大力培养"四有"公民；就要坚持科教兴国战略，进一步普及教育，提高教育素质和全社会的教育水平，大力发展科学文化事业；就要加强社会主义思想道德建设，把依法治国同以德治国结合起来；就要继承和发扬中华民族的优秀文化传统、从五四运动以来形成的革命文化传统以及人类社会创造的一切文明成果，积极进行文化创新，充分体现时代精神。

3. 代表中国最广大人民的根本利益

江泽民同志在庆祝中国共产党成立 80 周年大会上的讲话中指出："我们党要始终代表中国最广大人民的根本利益，就是党的理论、路线、纲领、方针、政策和各项工作，必须坚持把人民的根本利益作为出发点和归宿，充分发挥人民群众的积极性主动性创造性，在社会不断发展进步的基础上，使人民群众不断获得切实的经济、政治、文化利益。"

根据这样的要求，代表中国最广大人民的根本利益，就要坚持尊重社会发展规律与尊重人民历史主体地位的一致性，把全心全意为人民服务、立党为公、执政为民，作为我们党同一切剥削阶级政党的根本区别；就要坚持人民的利益高于一切，以最广大人民的根本利益作为党的一切工作的出发点、归宿和最高标准；就要正确处理人民整体利益与各方面具体利益的关系，首先考虑并满足最大多数人的利益要求；就要把依靠人民群众的智慧和力量作为党的根本的工作路线，使各项决策和工作符合实际和群众要求，不断实现好、维护好和发展好人民利益；就要学好、用好人民赋予的权力，绝不允许以权谋私，绝不允许形成既得利益集团；就要时时刻刻把人民群众的利益挂在心上，始终保持党同人民群众的血肉联系，关心群众疾苦，努力为群众办实事办好事；特别是党员领导干部，都应该有"先天下之忧而忧，后天下之乐而乐"的精神。

【例题 1】贯彻"三个代表"重要思想的核心在于（　　　）。

A. 坚持与时俱进　　　　　　　B. 坚持党的先进性

C. 坚持党的领导　　　　　　　D. 坚持执政为民

解析：本题的正确答案是 B

十六大报告指出："贯彻'三个代表'重要思想，关键在坚持与时俱进，核心在坚持党的先进性，本质在坚持执政为民。"

【例题 2】"三个代表"重要思想的集中概括是（　　）。

A. 代表中国五千年的传统

B. 代表中国先进文化的前进方向

C. 代表中国最广大人民的根本利益

D. 代表中国先进生产力的发展要求

解析：本题的正确答案是 BCD

考查"三个代表"的含义，即代表中国先进文化的前进方向，代表中国最广大人民的根本利益，代表中国先进生产力的发展要求。

【例题 3】贯彻"三个代表"重要思想，关键在于坚持与时俱进，核心在于坚持党的先进性，本质在于坚持（　　）。

A. 科学执政　　　　　　　　　　B. 依法执政

C. 执政为民　　　　　　　　　　D. 民主执政

解析：本题的正确答案是 C

贯彻"三个代表"重要思想，关键在于坚持与时俱进，核心在于坚持党的先进性，本质在于坚持执政为民。

"三个代表"重要思想是辩证统一的科学理论

1."三个代表"的内在联系

"三个代表"中，每个"代表"都有明确的要求，但又相互联系、相互促进，构成一个统一的整体。2001 年，江泽民同志在"七一"讲话中对"三个代表"之间的关系，作了全面的论述，体现了生产力与生产关系、经济基础与上层建筑的统一，体现了物质与精神、经济政治与文化的统一，也体现了历史发展规律与历史创造主体的统一。

第一，发展先进的生产力，是发展先进文化，实现最广大人民根本利益的基础条件。生产力是社会存在和发展的最一般条件，是推动人类历史发展和进步的决定性力量。在社会生产方式中，生产力总是最活跃、最革命的因素。生产力发展了，社会财富增加了，就能为文化的发展创造基础性的条件。物质文明进步了，在一定程度上也会反映和体现在精神文明上，推动或要求精神文明的进步，进而带动上层建筑的进步，带动整个社会的进步。只有在生产力不断发展的基础上，人民群众的物质利益才能得到实现，其他各方面的利益也才能相应地不断得到改善。所以，在

"三个代表"中，代表先进生产力处于基础的地位。坚持"三个代表"，首先要代表好先进生产力的发展要求。

第二，人民群众是先进生产力和先进文化的创造主体，也是实现自身利益的根本力量。马克思主义认为，历史活动是群众的事业，人类社会的全部物质财富和精神财富，归根结底，都是人民群众创造的。人民群众作为历史的主人，作为创造先进生产力和先进文化的主体，理所当然地应该享用这种创造的成果和利益。所以，我们党从一开始就把自己的根扎在人民群众之中。一切为了群众，一切依靠群众，充分发挥人民群众的创造作用。坚持"三个代表"，必须始终坚持人民群众的这种历史主体地位，在任何时候、任何情况下，与人民群众同呼吸共命运的立场不能变，全心全意为人民服务的宗旨不能忘，坚信人民群众是真正英雄的历史唯物主义观点不能丢。

第三，不断发展先进生产力和先进文化，归根到底都是为了满足人民群众日益增长的物质文化生活需要，不断实现最广大人民的根本利益。在剥削阶级占国家统治地位的情况下，生产力和文化发展的成果往往被少数人占有，不能真正为最广大人民所利用。与这种情况相反，中国共产党是中国各族人民利益的忠实代表，始终坚持全心全意为人民服务，立党为公，执政为民，把人民的利益放在高于一切的位置。发展经济政治文化，归根到底，都是为人民服务，都是为人民谋利益，都是为人民所享用。这样一个根本的价值取向，是"三个代表"的灵魂。坚持"三个代表"，关键是代表最广大人民的根本利益。只有抓住这个灵魂和关键，其他两个"代表"才能不偏离方向，也才能真正取得成效。

2. "三个代表"重要思想是系统的科学理论

"三个代表"重要思想，围绕中国特色社会主义这个主题，全面体现党的基本理论、基本路线、基本纲领和基本经验，在建设中国特色社会主义的思想路线、发展道路、发展阶段和发展战略、根本任务、发展动力、依靠力量、国际战略、领导力量和根本目的等重大问题上，提出了一系列紧密联系、相互贯通的新思想、新观点、新论断，对马克思主义理论作出了重要的创新，构成了一个系统的科学理论。这一理论，在邓小平理论的基础上，进一步回答了"什么是社会主义、怎样建设社会主义"的问题，创造性地回答了"建设什么样的党、怎样建设党"的问题，集中起来就是深化了对中国特色社会主义的认识。"三个代表"重要思想的精髓是解放思想、实事求是、与时俱进，主题是建设中国特色社会主义，新世纪新阶段的奋斗目标是全面建设小康社会，核心是坚持党的先进性，本质是立党为公、执政为民。"三个代表"重要思想的形成，表明我们党对共产党执政规律、社会主义建设规律和人类社会发展规律的认识，达到了新的理论高度，开辟了马克思主义发展的新境界。

正因为如此，中共中央关于兴起学习贯彻"三个代表"重要思想新高潮的通知强调指出："'三个代表'重要思想内涵丰富、博大精深，涵盖了经济、政治、文化和党的建设各个领域，体现在改革发展稳定、内政外交国防、治党治国治军各个方面，是一个系统的科学理论。"

（四）科学发展观（分值比重：★★）

科学发展观

党的十六大以来，以胡锦涛为总书记的中央领导集体丰富和发展党的三代中央领导集体关于发展的重要思想，提出了科学发展观。2003 年 10 月召开的中共中央十六届三中全会明确提出了"坚持以人为本，树立全面、协调、可持续的发展观，促进经济社会和人的全面发展"的科学发展观。2007 年 6 月 25 日，胡锦涛同志在中央党校的讲话中进一步揭示了科学发展观的内涵，指出："科学发展观，第一要义是发展，核心是以人为本，基本要求是全面协调可持续，根本方法是统筹兼顾。"科学发展观是我们党坚持以邓小平理论和"三个代表"重要思想为指导，在准确把握世界发展趋势、认真总结我国发展经验、深入分析我国发展阶段性特征的基础上提出的重大战略思想。

【例题 1】党的（   ）将科学发展观写入了党章。

A. 十七大　　　　B. 十六大　　　　C. 十四大　　　　D. 十五大

解析：本题的正确答案是 A

科学发展观，是对党的三代中央领导集体关于发展的重要思想的继承和发展，是马克思主义关于发展的世界观和方法论的集中体现，是同马克思列宁主义、毛泽东思想、邓小平理论和"三个代表"重要思想既一脉相承又与时俱进的科学理论，是我国经济社会发展的重要指导方针，是发展中国特色社会主义必须坚持和贯彻的重大战略思想。将科学发展观写入党章，这是党的十七大对科学发展观做出的科学定位，也是党的十七大的一个重要历史贡献。

【例题 2】我国把科学发展观作为经济社会发展的重要指导方针，坚持把发展作为党执政兴国的第一要务，坚持以人为本，坚持（   ）发展，坚持统筹兼顾。

A. 全面　　　　B. 协调　　　　C. 均衡　　　　D. 可持续

解析：本题的正确答案是 ABD

我国构建社会主义和谐社会，必须牢固树立和深入贯彻科学发展观，真正实现经济社会全面协调可持续发展。

【例题3】 科学发展观的内涵是（　　　　）。

A. 坚持以人为本　　　　　　　B. 全面、协调发展

C. 可持续地发展　　　　　　　D. 以实现人的全面发展为目标

解析： 本题的正确答案是 ABC

科学发展观，第一要义是发展，核心是以人为本，基本要求是全面协调可持续，根本方法是统筹兼顾。

科学发展观的第一要义

科学发展观的第一要义是发展。发展才是硬道理；发展是党执政兴国的第一要务；发展是解决前进中的一切问题的根本方法。同时，必须时刻牢记发展是科学发展，实质是又好又快地发展；必须正确处理以经济建设为中心和全面发展的关系、加快发展和协调发展的关系、当前发展和可持续发展的关系。

【例题】 科学发展观的第一要义是（　　　　）。

A. 深化改革　　　　　　　　　B. 加快发展

C. 发展　　　　　　　　　　　D. 解放思想

解析： 本题的正确答案是 C

科学发展观，"第一要义"是发展，"核心"是以人为本，"基本要求"是全面协调可持续，"根本方法"是统筹兼顾。

科学发展观的核心

科学发展观的核心是以人为本。坚持以人为本，就是要以实现人的全面发展为目标，从人民群众的根本利益出发谋发展、促发展，不断满足人民群众日益增长的物质文化需要，切实保障人民群众的经济、政治和文化权益，让发展的成果惠及全体人民。坚持以人为本，就能找到发展的着眼点、出发点和落脚点。必须时刻牢记发展是为了人民，发展要依靠人民，发展成果应让人民共享，促进人的全面发展。

科学发展观的基本要求

科学发展观的基本要求是全面协调可持续。全面发展，就是以经济建设为中心，全面推进经济、政治、文化、社会建设，实现社会的全面进步。协调发展，就是要推进生产力和生产关系、经济基础和上层建筑相协调，推进经济、政治、文化、社会建设的各个环节、各个方面相协调。可持续发展，就是要促进人与自然的和谐，实现经济发展和人口、资源、环境相协调，坚持走生产发展、生活富裕、生态良好的文明发展道路，保证一代接一代地永续发展。

科学发展观的根本方法

科学发展观的根本方法是统筹兼顾。统筹，即统筹城乡发展、统筹区域发展、

统筹经济社会发展、统筹人与自然和谐发展、统筹国内发展和对外开放，使各方面的发展相适应，各个发展环节相协调。兼顾，就是兼顾各方面的利益，使全体人民共担发展代价，共享发展成果。

坚持以人为本，回答了"为谁发展"、"靠谁发展"的根本问题。科学发展观的基本要求和根本方法回答了"发展什么"、"怎样发展"的根本问题。科学发展观的实质是要实现经济社会又好又快的发展。

【例题】科学发展观的根本方法是（　　　　）。

A. 全面协调　　　　B. 统筹兼顾　　　　C. 总揽全局　　　　D. 突出重点

解析：本题的正确答案是 B

科学发展观，第一要义是发展，核心是以人为本，基本要求是全面协调可持续，根本方法是统筹兼顾。

（五）建设中国特色社会主义（分值比重：★★★）

中国特色社会主义总依据、总布局、总任务

党的十八大报告指出："建设中国特色社会主义，总依据是社会主义初级阶段，总布局是五位一体，总任务是实现社会主义现代化和中华民族伟大复兴。"这一重要论断，为中国特色社会主义的全面进步与继续发展指明了奋斗方向、明确了努力目标，规划了整体布局，规定了基本任务，对于夺取中国特色社会主义新胜利具有重要意义。

正确认识我国当今社会所处的历史阶段，是建设中国特色社会主义的首要问题，是我们制定和执行正确的路线方针政策的总依据。当前，我国改革开放进入了一个新的发展阶段，阶段性特征日益明显，社会主义初级阶段的具体特征与 30 多年前比有很大变化，但这并不影响我国仍处于社会主义初级阶段的总判断。要看到，我国经济实力虽然大大提升，但生产力水平总体上还不高，生产率较低，自主创新能力不足，还存在着一系列发展中的矛盾与问题。我国仍处于并将长期处于社会主义初级阶段的基本国情没有变，人民日益增长的物质文化需要同落后的社会生产之间的矛盾这一社会主要矛盾没有变，我国是世界上最大发展中国家的国际地位没有变。我们想问题、办事情、定政策，推进任何领域任何方面的改革发展，都要牢牢把握社会主义初级阶段这个最大国情，牢牢立足于社会主义初级阶段这个最大实际，做到既不超越阶段、又不落后现实；既尽力而为、又量力而行。

中国特色社会主义事业总体布局，是不断丰富和发展的。党的十二届六中全会确立了以经济建设为中心，坚定不移地进行经济体制改革，坚定不移地进行政治体制改革，坚定不移地加强精神文明建设的总体布局。党的十五大、十六大明确和重申了我国经济建设、政治建设、文化建设三位一体的总体布局。党的十六大以后我们党提出了构建社会主义和谐社会的重大任务，使总体布局由三位一体扩展为包括社会建设在内的四位一体。随着我国经济社会发展不断深入，生态文明建设地位和作用日益凸显。把生态文明建设提到与经济建设、政治建设、文化建设、社会建设并列的位置，从而把总体布局进一步扩展为五位一体，有利于把生态文明的建设融入经济建设、政治建设、文化建设、社会建设各方面和全过程，使中国特色社会主义事业总体布局更加完善。这反映了我们党对社会主义建设规律在实践和认识上的深化，反映了我们党对实现什么样的发展、怎样发展这一科学发展重大战略问题认识的深化，对于实现中华民族永续发展具有重大现实意义和长远指导意义。

实现中华民族伟大复兴，再创中华民族新的辉煌，是中国沦为半殖民地半封建国家以来，中华民族一切有志之士的共同理想和矢志不渝追求的目标。我们党经过长期的艰苦探索，找到了通过中国特色社会主义实现中华民族伟大复兴这样一条正确的道路。在中国特色社会主义道路上全面建成小康社会、完成社会主义现代化、实现中华民族伟大复兴，也因而成为中国共产党人的历史使命，成为我们党在整个社会主义初级阶段的总任务。我们在任何时候都要坚定社会主义和共产主义的理想信念，明确努力的方向和承担的历史责任，咬定青山不放松，以此来动员和激励全党同志，团结和凝聚全体中华儿女，万众一心、百折不挠，开创中国特色社会主义事业新局面，谱写中华民族伟大复兴和人民美好生活新篇章。

建设社会主义市场经济、民主政治、先进文化、和谐社会、生态文明

党的十八大报告进一步明确提出要"全面落实经济建设、政治建设、文化建设、社会建设、生态文明建设五位一体总体布局，促进现代化建设各方面相协调，促进生产关系与生产力、上层建筑与经济基础相协调，不断开拓生产发展、生活富裕、生态良好的文明发展道路"。从提出四位一体总体布局到提出五位一体总体布局，反映了我们党对中国特色社会主义规律认识的深化，反映了我们党对"实现什么样的发展、怎样发展"这一科学发展重大战略问题认识的深化，是党的十八大报告的一大理论创新亮点。

第一，以经济建设为中心，发展社会主义市场经济，建设社会主义物质文明，坚持走中国特色社会主义新型工业化、信息化、城镇化、农业现代化道路。要坚持发展是硬道理的战略思想，推动经济持续健康发展。要以科学发展为主题、以加快转变经济发展方式为主线，适应国内外经济形势新变化，把推动发展的立足点转到提高质量和效益上来，全面深化经济体制改革，扎扎实实抓好实施创新驱动发展战

略、推进经济结构战略性调整、推动城乡发展一体化、全面提高开放型经济水平，促进工业化、信息化、城镇化、农业现代化同步发展。打胜全面深化经济体制改革和加快转变经济发展方式这场硬仗，把我国经济发展活力和竞争力提高到新的水平。

第二，加强社会主义民主政治建设，发展人民民主，建设社会主义政治文明，走中国特色社会主义政治发展道路。坚持党的领导、人民当家做主、依法治国有机统一。社会主义政治建设说到底就是发展人民民主。社会主义民主政治建设要以保证人民当家做主为根本，以增强党和国家活力、调动人民积极性为目标，以加强党的领导为根本保证，以实行社会主义法治为基本保障，继续积极稳妥地推进政治体制改革，扩大社会主义民主，加快建设社会主义法治国家，发展社会主义政治文明。

第三，发展社会主义先进文化，构建社会主义精神文明，建设社会主义文化强国，走中国特色社会主义文化发展道路。在坚持以经济建设为中心的同时，必须始终把文化建设放在党和国家全局工作重要战略地位，坚持物质文明和精神文明两手抓，实行依法治国和以德治国相结合，促进文化事业和文化产业共同发展，推动社会主义文化大繁荣大发展。深化文化体制改革，努力推动文化建设与经济建设、政治建设、社会建设、生态文明建设协调发展，以建设社会主义核心价值体系为根本任务，以满足人民精神文化需求为出发点和落脚点，全面提高公民道德素质，丰富人民精神文化生活，增强文化整体实力和竞争力，发展面向现代化、面向世界、面向未来的，民族的科学的大众的社会主义文化，努力建设社会主义文化强国。

第四，改善民生和加强社会建设，发展社会事业，建设社会主义社会文明，走中国特色社会主义社会建设道路。必须在经济发展基础上，从维护最广大人民根本利益的高度，以保障和改善民生为重点，更加注重社会建设，加快健全基本公共服务体系，解决好人民最关心最直接最现实的利益问题，在学有所教、劳有所得、病有所医、老有所养、住有所居上持续取得新进展，使发展成果更多更公平惠及全体人民，努力让人民过上更好的生活，推动社会主义和谐社会建设。

第五，推进生态文明建设，构建资源节约型、环境友好型社会，建设生态文明，走中国特色社会主义生态文明发展道路。党的十八大报告提出建设生态文明，使全面建设小康社会目标的内涵更加丰富，使中国特色社会主义事业总体布局更加完善。推进生态文明建设，是涉及生产方式和生活方式根本性变革的战略任务。必须优化国土空间开发格局，全面促进资源节约，加大自然生态系统和环境保护力度，加强生态文明制度建设。必须把生态文明建设融入经济建设、政治建设、文化建设、社会建设各方面和全过程，坚持节约资源和保护环境的基本国策。必须把生态文明建设放在突出地位，着力推进绿色发展、循环发展、低碳发展，努力建设美丽中国，形成节约资源和保护环境的空间格局、产业结构、生产方式、生活方式。必须从源头扭转生态环境恶化趋势，为人民创造良好生产生活环境，为全球生态安全做出贡献，实现中华民族永续发展。

建设社会主义核心价值体系与核心价值观

社会主义核心价值体系是党的十六届六中全会首次明确提出的一个科学命题。社会主义核心价值体系在中国整体社会价值体系中居于核心地位，发挥着主导作用，决定着整个价值体系的基本特征和基本方向。社会主义核心价值体系包括四个方面的基本内容，即马克思主义指导思想、中国特色社会主义共同理想、以爱国主义为核心的民族精神和以改革创新为核心的时代精神、以"八荣八耻"为主要内容的社会主义荣辱观。这四个方面的基本内容相互联系、相互贯通，共同构成辩证统一的有机整体。建立社会主义核心价值体系，必须坚持马克思主义在意识形态领域的指导地位，牢牢把握社会主义先进文化的前进方向，大力弘扬民族优秀文化传统，积极借鉴人类有益文明成果，充分调动积极因素，凝聚力量、激发活力，进一步打牢全党全国各族人民团结奋斗的思想道德基础，形成全民族奋发向上的精神力量和团结和睦的精神纽带，为构建社会主义和谐社会提供精神动力支持。

党的十八大报告在谈到加强社会主义核心价值体系建设时明确指出："倡导富强、民主、文明、和谐，倡导自由、平等、公正、法治，倡导爱国、敬业、诚信、友善，积极培育和践行社会主义核心价值观。"提出"三个倡导"是我们党顺应全党和全国人民的共同期待、总结社会主义核心价值体系建设经验得出的重要结论，是党中央立足社会主义先进文化建设尤其是社会主义核心价值体系建设实践做出的重大理论创新，对进一步推进社会主义文化强国建设、促进社会主义核心价值体系教育，具有十分重要的现实意义和长远的历史意义。

1. 社会主义核心价值观的基本内涵

价值是体现主体与客体关系的一个范畴，它反映的是客体满足主体需要的关系。马克思早就说过："'价值'这个普遍的概念是从人们对待满足他们需要的外界物的关系中产生的。"从哲学意义上讲，价值体现的是现实中人的需要与事物属性之间的一种关系。我们说某种事物或现象具有价值，就是因为该事物或现象能满足人们的某种需要，成为人们的兴趣或目的所追求的对象。价值观是人们关于什么是价值、怎样评判价值、如何创造价值等问题的根本观点。价值观的内容，一方面表现为价值取向、价值追求，凝结为一定的价值目标；另一方面表现为价值尺度和准则，成为人们判断事物有无价值及价值大小的评价标准。价值观作为一种社会意识，它集中反映一定社会的经济、政治和文化精神，体现人们对生活现实的总体认识、基本理念和理想追求。价值观对人们自身行为的定向和调节起着非常重要的作用，它决定人的自我认识，并由此影响和决定一个人的理想、信念、生活目标和追求方向的性质。

我们一般把价值观分为两大类，一类是一般价值观，另一类是核心价值观。在一个国家和社会的价值观体系中，各种价值观的地位并不是完全相同的，有些价值观在整个社会价值体系中居于从属地位，它仅仅体现社会某个方面或领域的价值取向和追求，这种价值观我们就称之为一般价值观；另一种是处于主导和支配地位的价值观，它引领和统率着其他处于从属地位的价值观念，是一种社会制度和社会公民普遍遵循的基本原则，体现着这个国家或社会所特有的文化精神追求和基本价值理念。这种居于社会主导地位的价值观就叫核心价值观。

社会主义核心价值观是指那些在社会主义价值观体系中居统治地位、起决定性指导作用的价值理念，是反映社会主义基本的、稳定的社会关系及价值追求的价值观，它是社会主义价值观体系中最基础、最核心的部分，是我们民族长期秉承的反映社会主义本质和建设规律的根本原则和价值观念的结晶，是中国共产党人和全体中国人民在社会主义革命、建设和改革过程中逐步形成和发展起来的核心价值目标和价值观念，这种核心价值理念支撑着我们在建设社会主义伟大实践中的行为指向和行为准则，从更深层次影响着全体国民在建设中国特色社会主义伟大实践中的思想方法与行为方式。

社会主义核心价值观与社会主义核心价值体系是两个既有联系、又有区别的概念。从根本上来说，社会主义核心价值观与社会主义核心价值体系在本质上是一致的、统一的，它们都体现了社会主义的核心价值追求，是建设中国特色社会主义不可或缺的重要价值遵循。但从严格的意义上来说，它们又是相互区别的。社会主义核心价值体系指的是社会主义意识形态中那些反映社会主义经济、政治和文化制度要求，体现社会主义发展趋势的核心思想意识、价值观念的总和，而社会主义核心价值观则是对社会主义核心价值体系核心内容和精神实质的高度凝练及抽象概括。社会主义核心价值体系的内容比较系统全面，具有理论化、系统化的特点，而社会主义核心价值观的内容则比较抽象概括，具有高度凝练性、简洁性的特点。也正因如此，我们党虽然提出了社会主义核心价值体系，但各界人士仍然多次呼吁尽快概括出富有中国特色的社会主义核心价值观。

2. 社会主义核心价值观的基本内容

党的十八大适应当代中国社会发展需要和广大人民群众的共同期盼，以社会主义核心价值体系为基础，明确提出了以"三个倡导"为主要内容的社会主义核心价值观，从不同层面规范了我们国家、社会和公民的核心价值追求。

第一，"富强、民主、文明、和谐"体现了中国特色社会主义的价值目标，是立足国家层面概括出的社会主义核心价值观。

中国特色社会主义现代化建设的总体布局就是经济建设、政治建设、文化建设、社会建设和生态文明建设。无论是经济建设、政治建设、文化建设、社会建设和生态文明建设，都有一个共同的价值追求目标，我们党在过去曾经把这个共同价值追求表述为"民族独立，人民解放"、"国家繁荣，人民幸福"。在社会主义现代化建设时期，我们的主要任务就是要通过经济建设、政治建设、文化建设、社会建设和生态文明建设，实现全面建成小康社会和社会主义现代化的宏伟目标，这个宏伟目标从价值追求角度来说就是要达到"富强、民主、文明、和谐"，也就是说经济上要越来越富强，政治上要越来越民主，文化上要越来越文明，社会和生态上要越来越和谐。"富强、民主、文明、和谐"的核心价值观集中体现了中国特色社会主义现代化的价值目标和价值追求，符合当代中国共产党人和全体中国人民寻求民族复兴的共同愿望，是一个凝聚人心、鼓舞士气、激发活力、振奋精神的价值目标。

第二，"自由、平等、公正、法治"体现了中国特色社会主义的基本社会属性，是立足社会层面概括出的社会主义核心价值观。自由、平等、公正、法治是马克思主义的基本要求，也是中国共产党人的一贯价值追求。马克思主义追求的终极目标就是人的自由而全面的发展。我们党自成立起，就把带领人民实现自由、民主、平等写到自己的旗帜上，并为之而不懈奋斗。新中国成立后，我们党又把这些目标写到社会主义旗帜上，使之成为激励人们发愤图强建设社会主义的强大精神动力。改革开放以来，随着我国社会主义市场经济体制的建立和社会主义民主政治的深入发展，广大人民群众的民主法制意识越来越强，自由平等观念日益深入人心，维护公平正义的要求也越来越高。正是适应广大人民群众这种新期待、新要求，我们党更加自觉地把自由、平等、公正、法治等理念深入扎实地体现到党的各项理论和实践之中。党的十七大报告强调要"树立社会主义民主法治、自由平等、公平正义理念"，十八大报告则把"倡导自由、平等、公正、法治"作为"积极培育和践行社会主义核心价值观"、推进社会主义核心价值体系建设的一项重要内容。由此可以看出，自由、平等、公正、法治是当代中国共产党人坚持科学发展、坚持以人为本、坚持执政为民、坚持依法治国伟大实践的集中价值体现，也是我们坚持和发展中国特色社会主义的核心价值追求。

第三，"爱国、敬业、诚信、友善"体现了社会主义国家公民的基本价值追求和道德准则要求，是立足公民层面概括出的社会主义核心价值观。加强对全体公民的价值观、道德观教育是一项长期而紧迫的任务，尤其是面对当前社会经济利益和分配方式多样化的趋势，面对全面建成小康社会和人民群众精神文化需求的不断增长，面对世界范围各种思想文化的相互激荡，如何形成社会的主流价值观、如何把公民价值观道德观教育提高到一个新水平，成为摆在全党和全国人民面前的一个重要课题。2001年，中共中央印发的《公民道德建设实施纲要》提出，要坚持以为人民服务为核心，以集体主义为原则，以爱祖国、爱人民、爱劳动、爱科学、爱社会主义为基本要求，在全社会倡导"爱国守法、明礼诚信、团结友善、勤俭自强、敬业奉献"的基本道德规范。2006年3月，胡锦涛同志在参加全国政协讨论会时提出了以"八荣八耻"为主要内容的社会主义荣辱观，要求提倡热爱祖国、服务人民、崇尚科学、辛勤劳动、团结互助、诚实守信、遵纪守法、艰苦奋斗。2006年10月，党的十六届六中全会审议通过《中共中央关于构建社会主义和谐社会若干重大问题的决定》，明确提出了建设社会主义核心价值体系的战略任务，并对社会主义核心价值体系的基本内容作了规范性阐述。所有这些都为我们党从社会公民层面概括社会主义核心价值观奠定了坚实的理论基础。党的十八大正是在继承和发展我们党关于社会主义核心价值体系思想的基础上，紧密结合全面建成小康社会和发展中国特色社会主义的新需要，从公民层面提出了"爱国、敬业、诚信、友善"的社会主义核心价值观。"爱国、敬业、诚信、友善"的社会主义核心价值观，集中体现了中华民族传统美德、中国共产党人革命道德和社会主义道德的精华，是中国共产党人对马克思主义公民道德和价值理念的新发展。

3. 提出社会主义核心价值观的重要意义

党的十八大提出以"三个倡导"为主要内容的社会主义核心价值观，对于帮助全党和全国人民树立科学的社会主义核心价值观、进一步推进社会主义核心价值体系建设具有十分重要的理论和现实意义。

第一，"三个倡导"为主要内容的社会主义核心价值观是对马克思主义价值和道德理论的丰富和发展。马克思主义既是科学的世界观和方法论，又是科学的人生观、价值观和道德观，它不仅是帮助我们认识和改造客观世界的思想武器，而且更是指导我们改造主观世界、完善人生旅程的理论指南。无论是在马克思主义创始人的鸿篇巨作中，还是在马克思主义中国化理论成果中，都蕴含着丰富的马克思主义价值观、道德观理论。党的十八大提出的以"三个倡导"为主要内容的社会主义核心价值观，是对马克思主义价值和道德理论宝库的进一步丰富和发展，开拓了中国共产党人对社会主义核心价值理论认识的新境界。

第二，"三个倡导"为主要内容的社会主义核心价值观为我们更加有效地应对西方错误价值观的冲击提供了强大理论武器。过去许多人常常把自由、民主、平等这些概念当做资本主义的"专利品"来看待，认为它们是资本主义的价值观，其实这是一种完全错误的认识。一些西方国家也正是利用了这一点来攻击社会主义意识形态，攻击社会主义先进文化。我们在这方面的教训是非常深刻的。社会主义制度是迄今为止人类社会最先进的社会制度，它脱胎于资本主义但又与资本主义有着本质区别，社会主义先进文化是在继承和发展人类一切文明精华的基础上发展起来的。从本质意义上来讲，只有社会主义民主、自由和平等才是真正科学意义上的民主、自由和平等，而资本主义制度下的所谓民主、自由、平等是虚伪的、靠不住的。党的十八大提出的以"三个倡导"为主要内容的社会主义核心价值观，为我们更加有效地应对西方错误价值观的冲击提供了强大思想武器。

第三，"三个倡导"为主要内容的社会主义核心价值观的提出对进一步促进国家主流价值观的形成、凝聚全国人民的思想共识将产生十分巨大的作用。

当前，我国已进入全面建成小康社会的决定性阶段，由于近年来我国经济体制深刻变革，社会结构深刻变动，利益格局深刻调整，生活方式深刻变化，这给人们的价值观念和思想活动带来了巨大的冲击，人们在思想认识上的多样性、多变性日益增强，各种价值观念和社会思潮多彩纷呈。在这种思想多样、价值多元的条件下，只有大力提倡社会主义核心价值观，以此凝聚全国人民的共同价值追求，才能真正在全社会形成巨大的价值共识和思想共鸣，才能保证中国特色社会主义发展的正确方向。

促进世界和平与发展

2013年新年前夕，胡锦涛同志通过中国国际广播电台、中央人民广播电台、中央电视台，发表了题为《携手促进世界和平与共同发展》的新年贺词。

在一个和平、和谐、和美的世界中生活，是人类普遍的愿望和要求。正如胡锦涛同志指出的那样，和谐是中华文明的重要价值观念，中国主张推动建设持久和平、共同繁荣的和谐世界。"和谐世界"的内涵是：政治方面，不同社会制度和发展模式应相互借鉴，建设和谐共处、公正、民主的世界。也就是说，各国应该恪守公认的国际法和国际关系的基本准则，互相尊重主权和领土完整、互不侵犯、互不干涉内政，尊重和维护各国自主选择社会制度和发展道路的权利；应该坚持多边主义，促进国际关系民主化。经济方面，提倡进行互利合作，实现全球经济和谐发展。也就是说，应当使当前的经济全球化和科技进步有利于国际社会的共同发展，实现利益共享、互利共赢。这就需要建立更加公平合理的国际经济体制，特别需要解决发展中国家的发展问题。文明方面，提倡不同文明开展对话、取长补短，倡导开放、包容的精神。文明多样性是人类社会的基本特征，也是人类文明进步的重要动力，在人类历史上，各种文明都以自己的方式为人类文明进步做出了积极贡献，因为存在差异各种文明才能相互借鉴、共同提高。因此应该以平等开放的精神，维护文明的多样性，促进国际关系民主化，协力构建各种文明兼容并蓄的和谐世界。安全方面，提出实行全球新安全观，建立和平、稳定的世界。这里面关键有四条，一是强调实现共同安全，树立以联合国为核心的全球新安全观；二是反对侵犯别国主权的行径，反对强行干涉一国内政，反对任意使用武力或以武力相威胁，主张和平解决国际争端或冲突；三是反恐要坚持标本兼治，重在消除根源；四是应该按照公正、合理、全面、均衡的原则，实现有效裁军和军备控制，防止核扩散，积极推进国际核裁军进程，维护全球战略稳定。在新世纪新阶段，我们提出推动建设和谐世界，符合当今世界发展潮流和各国人民的共同利益与愿望，体现了中国政府和人民致力于世界和平与进步的坚定信念。建设和谐世界，就是要在政治上平等民主，经济上互利合作，文化上交流共进，通过国与国之间的友好合作，共同应对全球性的传统和非传统安全挑战，实现世界的持久和平与共同繁荣。面对复杂多变的国际形势，我们要高举和平、发展、合作的旗帜，坚定不移地走和平发展道路，坚定不移地奉行独立自主的和平外交政策，坚定不移地在和平共处五项原则基础上同世界各国和睦相处，捍卫国家的主权、安全和利益，维护我国发展的重要战略机遇期，为全面建设小康社会、加快社会主义现代化营造良好的外部环境。中国将致力于同世界各国政治上和谐相处、经济上共同发展、文化上取长补短、安全上互信协作，继续为人类和平与发展的崇高事业做出贡献。

加强党的执政能力建设、先进性和纯洁性建设

党的执政能力建设，是指按照党的执政能力建设的总体目标，通过加强党的各项建设和完善党的领导体制和工作机制不断提高党的执政能力的活动。党的执政能力建设就是要坚持用宽广的眼界观察世界，提高科学判断国际形势和进行战略思维的水平，坚定不移地贯彻执行对外方针政策，掌握处理国际事务的主动权，要不断提高同国际社会交往的本领，要坚决维护国家主权和安全。

党的先进性建设，就是推进思想建设、组织建设、作风建设和制度建设，使党的理论和路线方针政策顺应时代发展的潮流和我国社会发展进步的要求、反映全国各族人民的利益和愿望，使各级党组织不断提高创造力、凝聚力、战斗力、始终发挥领导核心作用和战斗堡垒作用，使广大党员不断提高自身素质、始终发挥先锋模范作用，使我们党保持与时俱进的品质、始终走在时代前列，不断提高执政能力、巩固执政地位、完成执政使命。

党的纯洁性建设，是指党的肌体的整体纯洁，主要体现在党的思想、政治、组织、作风、廉洁自律等方面崇高坚定、纯正完美。其中，思想纯洁是根本，我们党是以马克思主义及其中国化理论创新成果为思想武装的党，与各种非马克思主义思想格格不入；政治纯洁是前提，就是全党立场坚定，步调一致，坚决执行党的纲领、章程和路线方针政策；组织纯洁是基础，就是全党要坚决贯彻党的民主集中制原则和遵守党的组织纪律的要求；作风纯洁是关键，是保持党的纯洁性的直接体现，我们党以全心全意为人民服务为根本宗旨，立党为公、执政为民，坚持理论联系实际、密切联系群众、批评与自我批评的优良传统；廉洁自律是保证，就是坚持党要管党、从严治党，保持党员队伍整体的清正廉洁，永葆共产党人政治本色。

十八大报告指出："全党要增强紧迫感和责任感，牢牢把握加强党的执政能力建设、先进性和纯洁性建设这条主线，坚持解放思想、改革创新，坚持党要管党、从严治党，全面加强党的思想建设、组织建设、作风建设、反腐倡廉建设、制度建设，增强自我净化、自我完善、自我革新、自我提高能力，建设学习型、服务型、创新型的马克思主义执政党，确保党始终成为中国特色社会主义事业的坚强领导核心。"第一，加强党的执政能力建设、先进性和纯洁性建设是我们党正确应对面临的严峻挑战、顺利完成所肩负的历史使命的现实需要。中国共产党成为执政党，是历史的选择，是人民的选择。第二，加强党的执政能力建设、先进性和纯洁性建设是前苏联、东欧国家共产党丧失政权的惨痛教训给我们的历史启示。第三，加强党的执政能力建设、先进性和纯洁性建设，是提高党的领导水平和执政水平的迫切要求。

在新的历史条件下，我们党面临着来自三个方面的严峻考验。一是党所肩负的艰巨任务和历史使命；二是党面对的国际环境和时代要求；三是党的自身状况和存在的问题。办好中国的事情，关键在党。中国共产党能不能长期执政、科学执政，直接决定着社会主义制度和整个国家的命运。经受考验，最根本的是要加强党的自身建设，牢牢把握加强党的执政能力建设、先进性和纯洁性建设这条主线，全面推进党的伟大工程，始终坚持党的性质和宗旨，永葆共产党的政治本色。在新的历史条件下，我们党面临着更多的考验和危险，经受考验、化解危险，最根本的是要加强党的自身建设，始终保持党的先进性和纯洁性。当代中国正发生着广泛而深刻的变革，世情、国情、党情都在发生深刻变化，加强党的建设的任务，比以往任何时候都更为繁重、更为紧迫。我们必须正视现实问题和风险挑战，从保证党永不变色、保证国家长治久安的高度出发，加强和改进党的执政能力建设、先进性和纯洁性建设，这样才有利于党和国家的全面进步。

我们必须站在时代和战略的高度，从新世纪新阶段国内外环境的深刻变化和党肩负的历史使命对党的执政能力建设、先进性和纯洁性建设提出的新要求等方面，深刻认识加强党的执政能力建设、先进性和纯洁性建设的重要性和紧迫性。总之，加强党的执政能力建设、先进性和纯洁性建设，是时代的要求，是人民的要求。我们必须站在全局和时代的高度，充分认识加强党的执政能力建设、先进性和纯洁性建设的重要性和紧迫性，切实增强提高党的执政能力的自觉性和坚定性。

第一，加强党的执政能力建设，是我们党正确应对面临的严峻挑战、顺利完成所肩负的历史使命的现实需要。中国共产党成为执政党，是历史的选择，是人民的选择。中国共产党带领中国人民推翻三座大山，成立了中华人民共和国，解放 55 年特别是改革开放 26 年来，我们党团结依靠全国各族人民，把四分五裂、一穷二白的旧中国，建设成为人民生活总体上达到小康水平并正在蓬勃发展的新中国，取得了举世瞩目的成就。现在我们进入新世纪新阶段，国际形势错综复杂，国内现代化建设任务更为繁重，改革发展处在关键时期，迫切要求我们党提高执政能力和执政水平。

第二，加强党的执政能力建设，是前苏联、东欧国家共产党丧失政权的惨痛教训给我们的历史启示。前苏联、东欧国家的共产党丧失执政地位，虽然是多方面因素综合作用的结果，但重要的一个原因就是在长期执政条件下，严重脱离群众，执政体制僵化，执政能力衰退，执政成绩不能令人民满意。这表明，无产阶级政党夺取政权不容易，长期执掌好政权更不容易，党的执政地位不是与生俱来的，也不是一劳永逸的。必须增强忧患意识和执政意识，居安思危，切实加强党的执政能力建设。

第三，加强党的执政能力建设，是提高党的领导水平和执政水平的迫切要求。党的执政能力，就是党提出和运用正确的理论、路线、方针、政策和策略，领导制定和实施宪法和法律，采取科学的领导制度和领导方式，动员和组织人民依法管理国家和社会事务、经济和文化事业，有效治党治国治军，建设社会主义现代化国家的本领。在 55 年的执政实践中，我们党始终重视并从各个方面加强执政能力建设，这是我们党和国家事业发展的根本保证。我们党的执政能力同党所担负的责任和使命总体上是适应的。但面对新形势新任务，党既有思想观念和执政理念的不适应，也有领导方式和执政方式、领导体制和工作机制的不适应，还有党员干部队伍素质和能力等方面的不适应。所以，我们必须以提高党的执政能力为重点，全面加强党的自身建设，切实解决执政能力方面存在的问题，永远保持党的先进性、坚定性和纯洁性，永远保持党的创造力、凝聚力和战斗力，使我们党始终成为中国特色社会主义的坚强领导核心。

当前，全党正在开展以实践"三个代表"重要思想为主要内容的保持共产党员先进性教育活动。先进性是马克思主义政党的根本特征，也是马克思主义政党的生命所系、力量所在。党的先进性建设是马克思主义政党自身建设的根本任务。开展党的先进性建设，就是要使党的理论和路线方针政策顺应时代发展的潮流和我国社会发展进步的要求、反映全国各族人民的利益和愿望，使各级党组织不断提高创造力、凝聚力和战斗力、始终发挥领导核心作用和战斗堡垒作用，使广大党员不断提高自身素质、始终发挥先锋模范作用，使我们党保持与时俱进的品质、始终走在时代前列，不断提高执政能力、巩固执政地位、完成执政使命。

【例题 1】 2011 年 7 月 1 日，中共中央总书记胡锦涛在纪念中国共产党成立 90 周年大会上发表重要讲话，他强调，全党必须清醒地看到，我党当前面临许多前所未有的新情况、新问题、新挑战，（　　）是长期的、复杂的、严峻的。

A. 外部环境考验　　　　　　　　B. 执政考验

C. 改革开放考验　　　　　　　　D. 市场经济考验

解析： 本题的正确答案是 ABCD

2011 年 7 月 1 日，中共中央总书记胡锦涛在纪念中国共产党成立 90 周年大会上发表重要讲话，他强调，全党必须清醒地看到，在世情、国情、党情发生深刻变化的新形势下，提高党的领导水平和执政水平、提高拒腐防变和抵御风险能力，加强党的执政能力建设和先进性建设，面临许多前所未有的新情况新问题新挑战，执政考验、改革开放考验、市场经济考验、外部环境考验是长期的、复杂的、严峻的。精神懈怠的危险，能力不足的危险，脱离群众的危险，消极腐败的危险，更加尖锐地摆在全党面前，落实党要管党、从严治党的任务比以往任何时候都更为繁重、更为紧迫。

【例题 2】 中共十七届四中全会审议通过了《中共中央关于加强和改进新形势下（　　）若干重大问题的决定》。

A. 经济建设　　　B. 党的建设　　　C. 新农村建设　　　D. 党的廉洁

解析： 本题的正确答案是 B

党的十七届四中全会审议通过了《中共中央关于加强和改进新形势下党的建设若干重大问题的决定》。

【例题 3】 中共十七大报告指出，十一届三中全会以来，中国共产党坚持马克思主义的思想路线，不断探索和回答的重大理论和实际问题是（　　）。

A. 什么是社会主义、怎样建设社会主义

B. 建设什么样的党、怎样建设党

C. 实现什么样的发展、怎样发展

D. 什么是现代化、怎样建设现代化

解析：本题的正确答案是 ABC

本题出自党的十七大报告。报告指出："我们党坚持马克思主义的思想路线，不断探索和回答什么是社会主义、怎样建设社会主义，建设什么样的党、怎样建设党，实现什么样的发展、怎样发展的重大理论和实际问题。"

【例题 4】中国共产党推进党的建设新的伟大工程的重点是（　　　）。

A. 思想建设　　　B. 组织建设　　　C. 作风建设　　　D. 执政能力建设

解析：本题的正确答案是 D

推进党的建设新的伟大工程的重点是加强党的执政能力建设。

建设学习型、服务型、创新型的马克思主义执政党

党的十八大报告明确提出，要"建设学习型、服务型、创新型的马克思主义执政党，确保党始终成为中国特色社会主义事业的坚强领导核心"。从党的十七届四中全会提出建设"马克思主义学习型政党"到党的十八大提出"建设学习型、服务型、创新型的马克思主义执政党"，标志着我们党形成了"三型一体"的党的建设新目标，充分表明我们对执政党建设规律的把握更加自觉、更加全面、更加深刻，体现了党的建设与时俱进的时代特色。建设学习型、服务型、创新型马克思主义执政党，是新形势下全面加强和改进党的建设的新要求和新部署，是对党的执政理念、执政方式的新发展，是中国共产党对马克思主义执政党建设理论的新贡献，意义重大、影响深远。

什么是学习型、服务型、创新型执政党？这是必须首先明确回答的问题。我们认为，所谓学习型执政党，主要是指重视学习、善于学习，拥有不断更新知识以及获取这种知识的能力，能够把知识转换成为执政能力的政党；所谓服务型执政党，主要是指以全心全意为人民服务为宗旨，以立党为公、执政为民为根本执政理念，把服务人民作为主要职能和工作任务，通过不断提高服务人民群众能力和水平，来提高党的领导力、管理力和凝聚力的政党；所谓创新型执政党，主要是指能够适应国际国内客观形势发展变化，不断对党的纲领、路线、方针、政策进行调整、更新，以适应社会进步要求和时代发展潮流的政党。

建设学习型、服务型、创新型执政党，必须正确认识和处理学习型、服务型、创新型政党的相互关系。

第一，学习型政党是服务型、创新型政党的前提和基础。

建设服务型、创新型的马克思主义政党，前提是要把党建设成为学习型政党。

重视学习是我们党的优良传统，尤其是在知识经济时代，更是对执政党的基本要求。只有搞好学习型政党建设，才能为服务型和创新型政党建设提供正确的方向、必备的能力和持久的动力。从时代条件看，新形势下人民群众的利益诉求越来越多、群众对执政党的期望也越来越高。我们党作为执政党，为了实现最广大人民群的根本利益，巩固和扩大党的群众基础，就必须按照学习型政党建设的要求，秉持全面的学习观，把学习作为一种精神追求，深入学习和掌握中国特色社会主义理论体系，牢固树立辩证唯物主义和历史唯物主义世界观和方法论，真正做到学以立德、学以增智、学以创业。在学习的过程中，净化思想、提高党性，打牢为人民服务的思想根基；通过学习，提高为人民服务的本领，提高发展社会主义市场经济、社会主义民主政治、社会主义先进文化、社会主义和谐社会和社会主义生态文明的能力，提高理论创新、实践创新、科技创新和制度创新能力。因此，只有建设学习型执政党，服务型、创新型政党建设才具有牢固可靠的基础。改革开放以来，我们党在治国理政方面领导水平和执政水平的每一次跃升，我们党在理论创新和实践创新中取得的每一个重大进步，都与学习密不可分。

第二，服务型政党是学习型、创新型政党的根本出发点和落脚点。

为谁服务、如何服务？这是执政党必须首先解决的基本问题。建设学习型、服务型、创新型的马克思主义执政党，目的都是要践行党的宗旨，更好地为人民服务。建设服务型执政党的定位，正是学习型、创新型执政党的目的和归宿。作为一个全心全意为人民服务的政党，"服务"自然是它的本质特性，也是最重要的执政方式。党的十八大强调指出："以人为本、执政为民是检验党一切执政活动的最高标准。"这就清楚地表明，服务人民，是我们党执政为民的鲜明特色。在国内外形势和党自身状况深刻变化的形势下，在长期执政、改革开放、市场经济、外部环境四大考验面前，我们党如何履行好党的宗旨、践行党的执政理念，面临许多困惑和挑战。这其中，服务意识不强、能力不足、水平不高尤为突出。因此，通过学习型、创新型政党建设，可以促进服务型政党的建设，更好地为人民群众服务。学习型和创新型政党建设，也只有在为人民服务的实践检验中才能找到归宿和立脚点，才能互促互进不断进步。因此，十八大报告提出建设学习型、服务型、创新型的马克思主义执政党，是党的建设标准要求提升的表现，是服务好人民的宣言书，是时代赋予全党的使命和责任，必将凝聚起全党的共识，更好地履行执政使命，更广地赢得人民群众的支持。

第三，创新型政党是学习型、服务型政党的动力源泉。

无论是学习还是服务，必须解决其中的动力问题。建设学习型、服务型执政党的动力在哪儿？毫无疑问，建设创新型执政党，正是推进学习型、服务型执政党建设的动力所在。创新是学习和服务永续前进的不竭动力。一个政党如果没有创新精神，就会抱残守缺、故步自封，必然会失去生机活力、落后于时代潮流和社会发展进步的要求；一个政党如果没有创新精神，就会经不起历史、时代和世界的考验，就不可能长期执政。作为一个有着 8260 多万党员的执政党，要推动科学发展、全面建成小康社会、实现中华民族的伟大复兴，如果没有创新意识、创新精神和创新能力，那么党肩负的这些使命和责任就难以实现。只有坚持创新，才能进一步促进学习型政党建设，在全党形成人人学习、时时学习、处处学习、不断创新、不断进步的氛围和制度自觉，成为自觉贯彻落实科学发展观、构建社会主义和谐社会的领导力量。只有坚持创新，才能更新服务理念，提高服务意识，进一步提高服务人民的水平和质量，使党的建设不断适应党的事业发展要求，始终充满旺盛的生机和活力。

总之，学习型、服务型、创新型"三型"环环相扣，相辅相成，相互作用，构成了党的建设有机的整体，统一于党的建设新的伟大工程的实践中。

实现中华民族伟大复兴的中国梦

党的十八大以来，中共中央总书记、国家主席、中央军委主席习近平提出并深刻阐述了实现中华民族伟大复兴的中国梦。强调中国梦的基本内涵是国家富强、民族振兴、人民幸福；中国梦归根到底是人民的梦，人民对美好生活的向往就是我们的奋斗目标；实现中国梦，必须坚持中国道路、弘扬中国精神、凝聚中国力量；全体中华儿女要同心共圆中华民族伟大复兴的中国梦；中国梦是和平、发展、合作、共赢的梦，不仅造福中国人民，而且造福世界人民；实现中国梦需要我们每一个人付出辛勤劳动和艰苦努力，实干才能梦想成真。认真学习贯彻这些重要论述，对于我们深刻理解和全面把握中国梦的内涵和实质，坚定信心沿着中国特色社会主义道路实现中华民族伟大复兴，具有十分重要的意义。

"两个一百年"奋斗目标

"两个一百年"是党的十八大报告重申的奋斗目标，党的十八大以"两个一百年"作为奋斗目标铸就"中国梦"。第一个一百年，到中国共产党成立 100 年时全面建成小康社会的目标一定能实现；第二个一百年，到新中国成立 100 年时中华民族伟大复兴的梦想一定能实现。

新的历史条件下夺取中国特色社会主义新胜利必须牢牢把握的八个基本要求

在新的历史条件下，夺取中国特色社会主义新胜利，必须牢牢把握八个基本要求，即必须坚持人民主体地位，必须坚持解放和发展社会生产力，必须坚持推进改革开放，必须坚持维护社会公平正义，必须坚持走共同富裕道路，必须坚持促进社会和谐，必须坚持和平发展，必须坚持党的领导。

坚持和发展中国特色社会主义

道路问题是关系党的事业兴衰成败第一位的问题，道路就是党的生命。中国特色社会主义，是科学社会主义理论逻辑和中国社会发展历史逻辑的辩证统一，是根植于中国大地、反映中国人民意愿、适应中国和时代发展进步要求的科学社会主义，是全面建成小康社会、加快推进社会主义现代化、实现中华民族伟大复兴的必由之路。

中国特色社会主义不是从天上掉下来的，是党和人民历尽千辛万苦、付出各种代价取得的根本成就。改革开放前的社会主义实践探索，是党和人民在历史新时期把握现实、创造未来的出发阵地，没有它提供的正反两方面的历史经验，没有它积累的思想成果、物质成果、制度成果，改革开放也难以顺利推进。一切向前走，都不能忘记走过的路；走得再远、走到再光辉的未来，也不能忘记走过的过去。

面对党和国家事业发展新要求，重温党和人民共同走过的光辉历程，在新的历史条件下，最关键的是坚定不移走这条道路、与时俱进拓展这条道路。全党同志必须坚持以邓小平理论、"三个代表"重要思想、科学发展观为指导，毫不动摇坚持和发展中国特色社会主义，推动中国特色社会主义道路越走越宽广。为此，我们必须坚持和发展中国特色社会主义，必须坚持走自己的路，必须顺应世界大势，必须代表最广大人民根本利益，必须加强党的自身建设，必须坚定中国特色社会主义自信。

同时，在当今世界深刻复杂变化、中国同世界的联系和互动空前紧密的情况下，我们更要密切关注国际形势发展变化，把握世界大势，统筹好国内国际两个大局，在时代前进潮流中把握主动、赢得发展。

"四个全面"战略布局及相互关系

"四个全面"战略布局，即"全面建成小康社会、全面深化改革、全面依法治国、全面从严治党"，是以习近平同志为总书记的党中央从坚持和发展中国特色社会主义全局出发提出的战略布局，是党中央治国理政的总方略，是实现"两个一百年"奋斗目标、走向中华民族伟大复兴中国梦的"路线图"。

"四个全面"战略布局不是简单的并列、平行关系，而是一个有机联系、环环相扣的整体。从大的关系看，是目标引领举措。全面建成小康社会是战略目标，全面深化改革、全面依法治国、全面从严治党是一个都不能缺的三大战略举措，为全面建成小康社会提供动力源泉、法治保障和政治保证。从每一个"全面"之间的具体关系看，也都是彼此联系的。全面深化改革，既为全面建成小康社会提供强大动力，也是全面依法治国、全面从严治党的需要。全面依法治国，本身就是全面建成小康社会的重要内容，同时又为全面建成小康社会提供法治保障，无论全面深化改革、全面从严治党，都需要在法治的轨道上、框架下来进行。全面从严治党，是推进"四个全面"战略布局的关键，全面建成小康社会、全面深化改革、全面依法治国，都必须坚持党的领导。

全面建成小康社会的目标要求

党的十八大报告根据我国经济社会发展实际，根据中国特色社会主义事业五位一体总体布局，报告从以下五方面充实和完善了全面建成小康社会的目标。

一是经济持续健康发展。在全面建成小康社会的进程中，发展仍是解决我国所有问题的关键。十八大报告提出的经济持续健康发展要求体现在六方面：第一，转变经济发展方式取得重大进展；第二，在发展平衡性、协调性、可持续性明显增强的基础上，实现两个"倍增"，即国内生产总值和城乡居民人均收入比2010年翻一番；第三，通过增强创新驱动发展新动力，使科技进步对经济增长的贡献率大幅上升，进入创新型国家行列；第四，通过构建现代产业发展新体系，促进工业化、信息化、城镇化、农业现代化同步发展，使工业化基本实现，信息化水平大幅提升，城镇化质量明显提高，农业现代化和社会主义新农村建设成效显著；第五，通过继续实施区域总体发展战略，充分发挥各地区比较优势，区域协调发展机制基本形成；第六，通过培育开放型经济发展新优势，使对外开放水平进一步提高，我国经济的国际竞争力明显增强。

二是人民民主不断扩大。人民民主是我们党始终高扬的旗帜。当前和今后一个时期，推进政治体制改革、加强政治建设，总的就是要在党的领导下，发展更加广泛、更加充分、更加健全的人民民主，使民主制度更加完善、民主形式更加丰富，人民积极性、主动性、创造性进一步发挥；更加注重发挥法治在国家治理和社会管理中的重要作用，维护国家法制统一、尊严、权威，实现依法治国基本方略全面落实，法治政府基本建成，司法公信力不断提高，人权得到切实尊重和保障。

三是文化软实力显著增强。文化实力和竞争力是国家富强、民族振兴的重要标志。十八大报告从以下方面提出了增强文化软实力的目标要求：第一，社会主义核心价值体系是兴国之魂，决定着中国特色社会主义发展方向，必须使之深入人心；第二，全面提高公民道德素质是社会主义道德建设的基本任务，必须坚持依法治国和以德治国相结合，使公民文明素质和社会文明程度明显提高；第三，让人民享有健康丰富的精神文化生活，是全面建设小康社会的重要内容，必须实现文化产品更加丰富，公共文化服务体系基本建成，文化产业成为国民经济支柱性产业；第四，文化越来越成为国际竞争力的重要元素，要不断增强中华文化国际影响力，必须使中华文化走出去迈出更大步伐。

总之，要使建设社会主义文化强国的基础更加坚实。

四是人民生活水平全面提高。在经济发展基础上使人民物质文化生活水平全面提高，是改革开放和社会主义现代化的根本目的，是扩大消费、促进经济发展的根本动力，也是保持社会稳定、促进社会和谐的重要保证，体现了人民群众对美好生活的新期待。第一，基本公共服务均等化总体实现，这是人民生活水平全面、普遍提高的重要标志；第二，全民受教育程度和创新人才培育水平明显提高，进入人才强国和人力资源强国行列，教育现代化基本实现，这是实现人的全面发展的基础；第三，就业更加充分，这是民生之本得到保障的具体体现；第四，收入分配差距缩小，中等收入群体持续扩大，扶贫对象大幅减少，这是发展改革成果惠及全体人民的重要体现；第五，社会保障全民覆盖，人人享有基本医疗卫生服务，住房保障体系基本形成，这是实现老有所养、住有所居、病有所医的必然要求；第六，社会和谐稳定，这是人民安居乐业的必要前提。

五是资源节约型、环境友好型社会建设取得重大进展。生态文明建设必须在以下四方面取得明显成效：一要优化国土空间开发格局，使主体功能区布局基本形成；二要全面促进资源节约，初步建立资源循环利用体系；三要加大自然生态系统和环境保护力度，单位国内生产总值能源消耗和二氧化碳排放大幅下降，主要污染物排放总量显著减少；四要实施重大生态修复工程，实现森林覆盖率提高，生态系统稳定性增强，人居环境明显改善。

全面深化改革的总目标

党的十八届三中全会通过的《中共中央关于全面深化改革若干重大问题的决定》提出："全面深化改革的总目标是完善和发展中国特色社会主义制度，推进国家治理体系和治理能力现代化。必须更加注重改革的系统性、整体性、协同性，加快发展社会主义市场经济、民主政治、先进文化、和谐社会、生态文明，让一切劳动、知识、技术、管理、资本的活力竞相迸发，让一切创造社会财富的源泉充分涌流，让发展成果更多更公平惠及全体人民。"

深化经济体制改革的核心问题

党的十八大报告指出："经济体制改革的核心问题是处理好政府和市场的关系，必须更加尊重市场规律，更好发挥政府作用。"这就为我们深化经济体制改革指明了方向。

在现代市场经济体系中，政府和市场是相互关联的两个重要组成部分，政府是经济管理和调控主体、涉及发展全局的重大利益协调主体，市场是把政府同各类微观经济运营主体连接起来的桥梁、配置各类经济资源的基础环节、媒介产权产品和其他要素交换活动的基本场所。

政府和市场的关系决定着市场经济体制的基本走向和运行质量。发展社会主义市场经济，关键是寻求政府行为和市场功能的最佳结合点，使政府行为在调节经济、弥补市场功能失灵的同时，避免和克服自身的缺位、越位、错位。这是我国社会主义市场经济体制建立和完善过程中，必须要解决好的重大理论和实践课题。

全面推进依法治国的总目标

十八届四中全会提出，全面推进依法治国，总目标是建设中国特色社会主义法治体系，建设社会主义法治国家。这就意味着，在中国共产党领导下，坚持中国特色社会主义制度，贯彻中国特色社会主义法治理论，形成完备的法律规范体系、高效的法治实施体系、严密的法治监督体系、有力的法治保障体系，形成完善的党内法规体系，坚持依法治国、依法执政、依法行政共同推进，坚持法治国家、法治政府、法治社会一体建设，实现科学立法、严格执法、公正司法、全民守法，促进国家治理体系和治理能力现代化。

为实现全面推进依法治国的总目标，必须坚持中国共产党的领导，坚持人民主体地位，坚持法律面前人人平等，坚持依法治国和以德治国相结合，坚持从中国实际出发。

科学立法、严格执法、公正司法、全民守法的"新十六字"方针

党的十八大报告中提出"科学立法、严格执法、公正司法、全民守法"新的16字方针，是法治中国建设的衡量标准。"新十六字"方针确立了我国依法治国新阶段的四大目标，表明我国社会主义法治建设进入了新阶段。

一、坚持科学立法，构建和完善中国特色社会主义法律体系

在科学立法方面，党的十八大报告的基本要求是："完善中国特色社会主义法律体系，加强重点领域立法，拓展人民有序参与立法途径。"新阶段的立法，强调的是质量，讲究的是科学性，并且科学性要建立在民主性的基础上。充分吸收法律科学的成果，广泛听取各种利益群体的意见，是提高立法科学性的必要条件。

二、坚持严格执法，切实做到依法行政

在严格执法方面，党的十八大报告的基本要求是："推进依法行政，切实做到严格规范、公正文明执法。"依法行政的本质是有效制约和合理运用行政权力，它要求一切国家行政机关和工作人员都必须严格按照法律的规定，在法定职权范围内，运用公共资源，行使行政职能，有效地管理国家和社会事务，保障公民的合法权益。

严格规范执法，主要针对的是在履行职责、行使职权和运用资源方面的失职、渎职、滥权、越权和以权谋私等现象。公正文明执法，主要针对的是在处理涉及社

会各阶层公民利益的事务以及利益分配、违法矫正、纠纷处理的过程中的偏私、草率、疏忽、懈怠、粗暴、专断、傲慢、冷漠等行为。总之，就是要用法律界定权力边界、约束权力任性、防止权力滥用、杜绝权力异化。

三、坚持公正司法，维护社会公平正义

在公正司法方面，党的十八大报告要求："进一步深化司法体制改革，坚持和完善中国特色社会主义司法制度，确保审判机关、检察机关依法独立公正行使审判权、检察权。"实践证明，司法独立是司法公正的基本表征，也是司法公信的基本保证。诚然，在司法依法独立及不独立的情况下都可能有不公正情况出现。不公正虽然可以由司法制度本身加以救济，但却给社会带来司法公正的不确定预期，其结果只会是司法公信的流失。而深化司法体制改革、完善司法制度正是破解这一难题的关键所在。

四、坚持全民守法，形成守法光荣的良好社会氛围

在全民守法方面，党的十八大报告要求："深入开展法制宣传教育，弘扬社会主义法治精神，树立社会主义法治理念，增强全社会学法尊法守法用法意识。提高领导干部运用法治思维和法治方式深化改革、推动发展、化解矛盾、维护稳定能力。"与以往两届全国党代会的报告相比，这里有两个变化之处。一是在"学法守法用法"中增加了"尊法"，强调树立"以法为尊"的公民意识。二是对领导干部的要求落实到了实际工作层面，特别是强调在各方面工作中运用"法治思维和法治方式"的能力，显得更加具体也更加深刻。

五、在法治实践中，处理好依法治国与党的领导之间的关系

党的十八大报告重申了"依法执政"的理念，并在论述依法治国时鲜明地指出："党领导人民制定宪法和法律，党必须在宪法和法律范围内活动。任何组织或者个人都不得有超越宪法和法律的特权，绝不允许以言代法、以权压法、徇私枉法。"这段论述可以说是对长期以来推行依法治国的经验总结，也是对人们在"人治还是法治"、"党大还是法大"问题上的疑惑与争论的进一步澄清。

"新十六字"方针是法治文化的经典表达，它同原来的作为法律文化表达的法制建设十六字方针是有区别的。当然，原来的法制建设十六字方针，即"有法可依，有法必依，执法必严，违法必究"仍是重要的，十八大报告对它仍然做了强调。

党的领导是中国特色社会主义最本质的特征

2014年9月5日，在庆祝全国人民代表大会成立60周年大会上的讲话中，习近平总书记提出了一个崭新论断：中国共产党的领导是中国特色社会主义最本质特征。这是对邓小平社会主义本质论的丰富与发展，也是对中国特色社会主义实践发展的

新概括。

我们党一再强调：人民当家做主是社会主义民主政治的本质和核心；人民民主是社会主义的生命；没有民主就没有社会主义，就没有社会主义的现代化，就没有中华民族伟大复兴。要实现人民当家做主就要坚定不移地坚持中国共产党的领导。第二，中国共产党的领导是实现解放和发展生产力这一社会主义本质的最重要的核心力量，离开了党的领导，社会生产力就不会得到充分的解放与发展。第三，中国共产党的领导是实现共同富裕这一社会主义本质特征的最强有力的基石，离开了党的领导，共同富裕就是海市蜃楼。第四，中国共产党的领导是实现社会和谐这一社会主义本质属性的最切实的引导者，离开了党的领导，社会和谐就是空中楼阁。

实现中国优秀传统文化的创造性转化和创新性发展

2014年9月24日，习近平同志在纪念孔子诞辰2565周年国际学术研讨会暨国际儒学联合会第五届会员大会开幕会上发表重要讲话，强调要"努力实现传统文化的创造性转化、创新性发展，使之与现实文化相融相通，共同服务以文化人的时代任务"。

在大力弘扬中华优秀传统文化，积极培育社会主义核心价值观的重要时期，习近平同志提出"两创"方针，标志着我们党在新的历史条件下对文化发展规律和文化发展责任、使命、路径的认识达到一个新高度。

"两创"方针坚持辩证唯物主义和历史唯物主义的基本立场，尊重传统而不盲从传统，坚持从历史走向未来，从延续民族文化血脉中开拓前进，是纠正对待传统文化各种错误倾向的有力武器，具有很强的现实针对性。

中国特色社会主义"新五化"发展战略

2015年3月24日习近平主持召开中央政治局会议，审议通过《关于加快推进生态文明建设的意见》，并在会议上首次提出"绿色化"的概念，这是十八大提出的"新四化"概念的提升——在"新型工业化、城镇化、信息化、农业现代化"之外，又加入了"绿色化"，并且将其定性为"政治任务"。

"一带一路"战略构想

"一带一路"战略分别指的是丝绸之路经济带和21世纪海上丝绸之路，是中国首倡、高层推动的国家战略，对我国现代化建设和屹立于世界的领导地位具有深远的战略意义。

2013年9月和10月，中国国家主席习近平在出访中亚和东南亚国家期间，先后提出共建"丝绸之路经济带"和"21世纪海上丝绸之路"（以下简称"一带一路"）的重大倡议，得到国际社会高度关注。中国国务院总理李克强参加2013年中国-东盟博览会时强调，铺就面向东盟的海上丝绸之路，打造带动腹地发展的战略支点。2014 年 5 月 21 日，习近平在亚信峰会上做主旨发言时指出：中国将同各国一道，加快推进"一带一路"建设，尽早启动亚洲基础设施投资银行，更加深入参与区域合作进程，推动亚洲发展和安全相互促进、相得益彰。2014 年 11 月 8 日在加强互联互通伙伴关系对话会上，习近平指出共同建设"一带一路"与互联互通相融相近、相辅相成。

"一带一路"战略构想的提出，契合沿线国家的共同需求，为沿线国家优势互补、开放发展开启了新的机遇之窗，是国际合作的新平台。"一带一路"战略在平等的文化认同框架下谈合作，是国家的战略性决策，体现的是和平、交流、理解、包容、合作、共赢的精神。

发展 21 世纪中国的马克思主义

中共中央政治局 1 月 23 日下午就辩证唯物主义基本原理和方法论进行第二十次集体学习。中共中央总书记习近平在主持学习时强调，要学习掌握认识和实践辩证关系的原理，坚持实践第一的观点，不断推进实践基础上的理论创新。我们推进各项工作，要靠实践出真知。理论必须同实践相统一。必须高度重视理论的作用，增强理论自信和战略定力，对经过反复实践和比较得出的正确理论，要坚定不移坚持。要根据时代变化和实践发展，不断深化认识，不断总结经验，不断实现理论创新和实践创新良性互动，在这种统一和互动中发展 21 世纪中国的马克思主义。

第二部分

法律基础知识与相关法律法规

一、法律基础知识

（分值比重：★★）

中国特色社会主义法律体系的构成

中国特色社会主义法律体系大体由在宪法统领下的宪法及宪法相关法、民法商法、行政法、经济法、社会法、刑法、诉讼与非诉讼程序法等七个部分构成，包括法律、行政法规、地方性法规三个层次。

宪法及宪法相关法

宪法是国家的根本法。宪法相关法是与宪法配套、直接保障宪法实施的宪法性法律规范的总和，包括《全国人民代表大会组织法》、《民族区域自治法》、《香港特别行政区基本法》、《澳门特别行政区基本法》、《立法法》、《全国人民代表大会和地方各级人民代表大会选举法》、《全国人民代表大会和地方各级人民代表大会代表法》、《国旗法》、《国徽法》等。

民法商法

我国目前尚无一部较完整的民法典，而是以《民法通则》为基本法律，辅之以其他单行民事法律，包括《物权法》、《合同法》、《担保法》、《拍卖法》、《商标法》、《专利法》、《著作权法》、《婚姻法》、《继承法》、《收养法》等。目前我国商法主要有《公司法》、《保险法》、《票据法》、《证券法》等。

行政法

一般行政法是指有关行政主体、行政行为、行政程序、行政责任等一般规定的法律法规，如《公务员法》、《行政处罚法》、《行政复议法》。特别行政法是指适用于各专门行政职能部门管理活动的法律法规，包括国防、外交、人事、民政、公安、国家安全、民族、宗教、侨务、教育、科学技术、文化、体育、医药卫生、城市建设、环境保护等行政管理方面的法律法规。

经济法

创造平等竞争环境、维护市场秩序方面的法律，我国现已制定《反不正当竞争法》、《消费者权益保护法》、《产品质量法》、《广告法》等。国家宏观调控和经济管理方面的法律，我国现已制定《预算法》、《审计法》、《会计法》、《中国人民银行法》、《价格法》、《税收征收管理法》、《个人所得税法》、《城市房地产管理法》、《土地管理法》等。

社会法

包括《劳动法》、《劳动合同法》、《工会法》、《未成年人保护法》、《老年人权益保障法》、《妇女权益保障法》、《残疾人保障法》、《矿山安全法》、《红十字会法》、《公益事业捐赠法》等。

刑法

包括1997年3月14日修订后的《刑法》和此后的刑法修正案以及全国人民代表大会常务委员会制定的有关惩治犯罪的决定等。

诉讼与非诉讼程序法

主要有《刑事诉讼法》、《民事诉讼法》、《行政诉讼法》、《海事诉讼特别程序法》、《仲裁法》等。

宪法

宪法是国家的根本大法，是国家政治、经济、文化生活的总章程，具有最高的法律效力，是制定其他法律、法规的依据。现行《中华人民共和国宪法》是1982年第五届全国人大第五次会议正式通过的，1988年、1993年、1999年、2004年进行了修订。

【**例题 1**】宪法规定的我国公民的政治权利和自由，具体包括两大方面：第一，选举权和被选举权；第二，（　　　）。

A. 宗教信仰自由　　　　　　　　B. 人身自由权利

C. 社会经济权利 　　　　　　　　D. 政治自由

解析：本题的正确答案是 D

政治权利和自由，具体包括两大方面：第一，选举权和被选举权。第二，政治自由，包括言论、出版、集会、结社、游行、示威的自由。

【**例题 2**】根据《宪法》规定，人民代表大会主要行使（　　）。

A. 司法权　　　　B. 立法权　　　　C. 审判权　　　　D. 行政权

解析：本题的正确答案是 B

中国最高权力机关是全国人民代表大会，因此主要行使立法权，全国人大的国家立法是最高立法。司法权的执行机关是法院、检察院，最高审判机关是最高人民法院，最高检察机关是最高人民检察院，最高行政机关是国务院。

【**例题 3**】我国《宪法》第十三条第二款规定：国家依照法律规定保护公民的私有财产权和（　　）。

A. 支配权　　　　B. 所有权　　　　C. 处分权　　　　D. 继承权

解析：本题的正确答案是 D

我国《宪法》第十三条第二款规定："国家依照法律规定保护公民的私有财产权和继承权。"

我国公民的基本权利和义务

公民的基本权利和义务，是指由宪法规定的公民享有的最主要的权利和履行的最主要的义务，又称宪法权利和宪法义务。《宪法》第二章集中规定了公民的基本权利和义务。

《宪法》规定的我国公民的基本权利具体有：

1. 政治权利和自由。具体包括两大方面：第一，选举权和被选举权。第二，政治自由，包括言论、出版、集会、结社、游行、示威的自由。

2. 宗教信仰自由。

3. 人身自由权利。广义的人身自由权包括公民的人身、人格尊严和住宅不受侵犯，以及与人身自由密切联系的通信自由和通信秘密受法律保护。狭义的人身自由是指公民的人身不受非法限制、搜查、拘留和逮捕。

4. 社会经济权利。主要包括：财产权、继承权、劳动权、休息权、物质帮助权、离退休人员的生活保障权。

5. 教育、科学、文化权利和自由。

6. 特定人的权利。所谓特定人是指包括妇女、母亲、儿童、老人、离退休人员、烈军属、华侨、归侨和侨眷在内的人员。

7. 监督权利。宪法规定公民有对国家机关和工作人员提出批评和建议的权利；对其违法失职行为有向国家机关提出申诉、控告或者检举的权利。同时规定，公民不得捏造或者歪曲事实诬告陷害；国家机关对于公民的申诉、控告和检举要认真查处，不得压制和打击报复。公民因国家工作人员侵犯公民权利而受到损失有要求赔偿的权利，对诬告陷害别人构成犯罪的，要追究刑事责任。

公民的基本义务是国家对公民最重要、最基本的法律要求，是公民必须履行的最低限度的、也是最主要的责任。我国宪法规定的公民的基本义务主要有以下五个方面：

1. 维护国家统一和各民族团结。

2. 遵守宪法和法律，保守国家秘密，爱护公共财产，遵守劳动纪律，遵守公共秩序，尊重社会公德。

3. 维护祖国的安全、荣誉和利益。

4. 保卫祖国、依法服兵役和参加民兵组织。

5. 依法纳税。

人民代表大会制度

人民代表大会制度是根据民主集中制的原则，通过民主选举的方式产生全国人民代表大会和地方各级人民代表大会，以人民代表大会为基础，组成整个国家机构，实现人民当家做主的制度。人民代表大会制度，不仅包括国家权力机关——人民代表大会的各项制度，而且还包括国家权力机关与人民的关系的制度，国家权力机关与其他国家机关的关系的制度，以及中央与地方国家机构职权划分的制度。《宪法》第二条规定："人民行使权力的机关是全国人民代表大会和地方各级人民代表大会。"

人民代表大会制度主要包括以下几个方面：

1. 全国人民代表大会和地方各级人民代表大会都由民主选举产生，对人民负责，受人民监督。民主选举是人民代表大会的首要特征。这种选举实质上是一种委托，把本来属于人民的权力委托给自己选出的代表，由这些代表去代表他们行使国家权力。人民代表大会的权力来源于人民，必须代表人民的利益和意志行使权力，对人民负责，受人民监督。选民或选举单位可以依照法定程序，罢免自己选出的代表。

2. 国家行政机关、审判机关、检察机关都由人民代表大会产生，对它负责，受它监督。人民代表大会主要行使立法权、监督权、重大事项决定权和选举任免权等具有决定性意义的国家权力，而通过选举产生人民政府、人民法院和人民检察院，把国家的行政权、审判权、检察权分别授予人民政府、人民法院、人民检察院行使。这些国家机关的合法性由人民代表大会确认，它们不能脱离或违背人民代表大会的意志。

3. 中央和地方国家机构职权的划分，遵循在中央的统一领导下，充分发挥地方主动性、积极性的原则。实行适当分权，发挥中央和地方两个积极性。全国人大及其常委会与地方人大及其常委会不是领导关系，而是法律监督关系、工作联系关系和一定的指导关系。国务院对地方各级人民政府是领导关系。全国人大及其常委会、国务院决定的事情，地方必须遵照执行，同时给地方充分自主权。

4. 人民代表大会及其常委会集体行使职权，按照少数服从多数的原则，民主决定问题。

【例题 1】 我国人民代表大会制度不仅包括国家权力机关的各项制度，而且包括（　　）。

A. 人民代表与领导之间关系的制度

B. 国家权力与人民之间关系的制度

C. 国家权力机关与其他国家机关之间关系的制度

D. 中央与地方国家机构职权划分的制度

解析： 本题的正确答案是 BCD

人民代表大会制度是根据民主集中制的原则，通过民主选举的方式产生全国人民代表大会和地方各级人民代表大会，以人民代表大会为基础，组成整个国家机构，实现人民当家做主的制度。人民代表大会制度，不仅包括国家权力机关——人民代表大会的各项制度，而且还包括国家权力机关与人民的关系的制度，国家权力机关与其他国家机关的关系的制度，以及中央与地方国家机构职权划分的制度。

【例题 2】 全国人民代表大会及其常委会与地方人民代表大会及其常委会之间的关系是（　　）。

A. 领导关系　　　　　　　　　B. 法律监督关系

C. 工作联系关系　　　　　　　D. 一定的指导关系

解析： 本题的正确答案是 BCD

全国人民代表大会和地方各级人民代表大会都由民主选举产生，对人民负责，受人民监督。全国人大及其常委会与地方人大及其常委会不是领导关系，而是法律监督关系、工作联系关系和一定的指导关系。

【例题3】中国人民政治协商会议是（　　　）。

A. 群众团体 　　　　　　　　　　B. 国家政权机关

C. 国家权力机关的常设机构 　　　D. 有广泛代表性的统一战线组织

解析：本题的正确答案是 D

中国人民政治协商会议，简称人民政协，是中国人民爱国统一战线的组织，是中国共产党领导的多党合作和政治协商的重要机构，是中国政治生活中发扬社会主义民主的一种重要形式。

【例题4】（　　　）是我国国家性质的具体体现。

A. 人民民主专政 　　　　　　　　B. 生产资料公有制

C. 按劳分配 　　　　　　　　　　D. 人民代表大会制度

解析：本题的正确答案是 A

中华人民共和国是工人阶级领导的、以工农联盟为基础的人民民主专政的社会主义国家。人民民主专政是我国国家性质的具体体现。

【例题5】我国的（　　　）都由人民代表大会产生。

A. 政协组织 　　　　　　　　　　B. 行政机关

C. 审判机关 　　　　　　　　　　D. 检察机关

解析：本题的正确答案是 BCD

国家行政机关、审判机关、检察机关都由人民代表大会产生，对它负责，受它监督。人民代表大会主要行使立法权、监督权、重大事项决定权和选举任免权等具有决定性意义的国家权力，而通过选举产生人民政府、人民法院和人民检察院，把国家的行政权、审判权、检察权分别授予人民政府、人民法院、人民检察院行使。这些国家机关的合法性由人民代表大会确认，它们不能脱离或违背人民代表大会的意志。

多党合作和政治协商制度

中国共产党领导的多党合作和政治协商制度，是我国宪法确立的一项基本政治制度，也是一种符合中国国情、具有中国特色的社会主义政党制度。《宪法》序言规定："中国共产党领导的多党合作和政治协商制度将长期存在和发展。"

中国是一个多党派的国家。除了执政的中国共产党外，还有八个民主党派（中国国民党革命委员会、中国民主同盟、中国民主建国会、中国民主促进会、中国农工民主党、中国致公党、九三学社、台湾民主自治同盟）。

中国共产党领导的多党合作和政治协商制度是在长期革命与建设中形成和发展起来的。包括以下几个方面的基本内容：（1）坚持中国共产党的领导，坚持四项基本原则是多党合作的政治基础。中国共产党是社会主义事业的领导核心，是执政党；各民主党派是各自所联系的一部分社会主义劳动者和一部分拥护社会主义的爱国者的政治联盟，是同中国共产党通力合作、共同致力于社会主义事业的友党，是参政党。（2）"长期共存、互相监督，肝胆相照、荣辱与共"，是多党合作的基本方针。（3）坚持社会主义初级阶段的基本路线，把我国建设成为富强、民主、文明的社会主义现代化国家和统一祖国、振兴中华是各政党的共同奋斗目标。（4）各政党都必须在宪法和法律的范围内活动，并负有维护宪法和法律尊严、保证宪法实施的职责。宪法和法律是各政党的根本活动准则。

在国家采取重大措施或决定国计民生的重大问题时，中国共产党都事先同民主党派和无党派民主人士进行协商，取得统一认识，然后再形成决策；民主党派和无党派人士在国家权力机关人民代表大会及其常委会、常设专门委员会中，在地方各级人大中，均有一定比例的代表，以更好地参政、议政并发挥监督作用；在人民政协中充分发挥民主党派和无党派人士的作用；举荐民主党派和无党派人士在各级政府及司法机关担任领导职务。

【例题】 中国共产党领导的多党合作和政治协商的基本方针包括（　　）。

A. 长期共存　　　B. 相互监督　　　C. 肝胆相照　　　D. 荣辱与共

解析： 本题的正确答案是 ABCD

中国共产党领导的多党合作和政治协商制度，是我国《宪法》确立的一项基本政治制度，也是一种符合中国国情、具有中国特色的社会主义政党制度。"长期共存、互相监督，肝胆相照、荣辱与共"，是多党合作的基本方针。

我国的文化制度

文化制度是指一国通过宪法和法律调整以社会意识形态为核心的各种基本文化关系的规则、原则和政策的总和。文化制度主要包括教育事业，科技事业，文学艺术事业，广播电影电视事业，医疗、卫生、体育事业，新闻出版事业，文物事业，图书馆事业以及社会意识形态等方面。不同性质的国家，其基本文化制度各不相同，文化制度从一个侧面反映着国家性质。

文化建设是我国社会主义现代化建设的重要内容。《宪法》第十九条、二十条、二十二条、二十四条等条款规定，国家发展教育事业、科学事业、医疗卫生体育事业、文学艺术和其他文化事业；普及理想教育、道德教育、文化教育和法制教育，国家提倡爱祖国、爱人民、爱劳动、爱科学、爱社会主义的公德，在人民中进行爱国主义、集体主义和国际主义、共产主义教育，进行辩证唯物主义和历史唯物主义教育，反对资本主义、封建主义和其他的腐朽思想。

使用语言文字的原则

《宪法》第十九条规定："国家推广全国通用的普通话。"依据《宪法》，《中华人民共和国国家通用语言文字法》做出相关细致明确的规定：国家推广普通话，推行规范汉字；同时各民族都有使用和发展自己的语言文字的自由，少数民族语言文字的使用依据《宪法》、民族区域自治法及其他法律的有关规定。

除法律另有规定外，国家机关以普通话和规范汉字为公务用语用字。广播电台、电视台以普通话为基本的播音用语。需要使用外国语言为播音用语的，须经国务院广播电视部门批准。

《宪法》第一百三十四条规定，各民族公民都有用本民族语言文字进行诉讼的权利。人民法院和人民检察院对于不通晓当地通用的语言文字的诉讼参与人，应当为他们翻译。在少数民族聚居或者多民族共同居住的地区，应当用当地通用的语言进行审理；起诉书、判决书、布告和其他文书应当根据实际需要使用当地通用的一种或者几种文字。

二、相关法律法规

（一）刑法（分值比重：★★）

刑法

刑法是关于犯罪和刑罚法律规范的总称。现行的《中华人民共和国刑法》是1979年第五届全国人民代表大会第二次会议通过，1997年第八届全国人民代表大会第五次会议修订的。

【例题】（　　　）不是我国《刑法》规定的刑罚种类中的附加刑。

A. 罚金

B. 剥夺政治权利

C. 没收财产

D. 拘役

解析：本题的正确答案是 D

附加刑，指刑法规定，补充主刑适用的刑罚方法。其特点是既能独立适用，也能附加适用。附加刑包括：罚金；剥夺政治权利；没收财产；驱逐出境。

为境外窃取、刺探、收买、非法提供国家秘密、情报罪

为境外窃取、刺探、收买、非法提供国家秘密、情报罪，是指为境外的机构、组织、人员窃取、刺探、收买、非法提供国家秘密或情报的行为。

本罪侵犯的客体是国家的安全即人民民主专政的政权和社会主义制度。保守国家秘密是宪法规定的中国公民的一项基本权利和义务。本罪在客观方面表现为：为境外机构、组织、人员窃取、刺探、收买、非法提供国家秘密或者情报的行为。

本罪主体为一般主体。凡达到刑事责任年龄具备刑事责任能力的中国公民均可构成，外国人、无国籍人不构成本罪。本罪在主观方面表现为故意。

犯本罪的，处五年以上十年以下有期徒刑；情节特别严重的，处十年以上有期徒刑或者无期徒刑；情节较轻的，处五年以下有期徒刑、拘役、管制或者剥夺政治权利。根据《刑法》第五十六条和第一百一十三条的规定，犯本罪的，应当附加剥夺政治权利，可以并处没收财产。对国家和人民危害特别严重、情节特别恶劣的，可以判处死刑。

破坏广播电视设施罪

破坏广播电视设施罪，是指故意破坏正在使用中的广播电视设施，危害公共安全的行为。这是一种以广播电视设施为特定破坏对象的危害公共安全罪。

本罪所侵犯的客体是广播电视领域的公共安全。本罪在客观方面表现为破坏广播电视设施，足以危害公共安全的行为。

本罪主体是一般主体，既可以是普通公民，也可以是从事广播、电视业务的人员。凡达到法定刑事责任年龄、具有刑事责任能力的人均可构成。本罪在主观方面表现为故意，包括直接故意和间接故意。故意的内容表现为，行为人明知其破坏广播电视设施的行为会危害公共安全，并且希望或者放任这种危害结果的发生。

犯本罪的，处三年以上七年以下有期徒刑；造成严重后果的，处七年以上有期徒刑。所谓严重后果，不限于致人重伤、死亡或者使公私财产遭受重大损失，应结合本罪的特点，综合案件情节，如破坏的广播电视设施的性质、严重程度，广播电视播出中断的性质、时间长短、影响面以及直接造成的危害结果等，全面考虑确定。

【例题】破坏广播电视设施罪是一种以广播电视设施为特定破坏对象的（　　　）。

A. 危害国家安全罪　　　　　　　　B. 危害公共安全罪

C. 侵犯财产罪　　　　　　　　　　D. 妨害社会管理秩序罪

解析：本题的正确答案是 B

破坏广播电视设施罪，是指故意破坏正在使用中的广播电视设施，危害公共安全的行为。这是一种以广播电视设施为特定破坏对象的危害公共安全罪。本罪所侵犯的客体是广播电视领域的公共安全。本罪在客观方面表现为破坏广播电视设施，足以危害公共安全的行为。本罪主体是一般主体，既可以是普通公民，也可以是从事广播、电视业务的人员。凡达到法定刑事责任年龄、具有刑事责任能力的人均可构成。本罪在主观方面表现为故意，包括直接故意和间接故意。故意的内容表现为，行为人明知其破坏广播电视设施的行为会危害公共安全，并且希望或者放任这种危害结果的发生。犯本罪的，处三年以上七年以下有期徒刑；造成严重后果的，处七年以上有期徒刑。

侵犯著作权罪

侵犯著作权罪，是指以营利为目的，未经著作权人许可复制发行其文字、音像、计算机软件等作品，出版他人享有专有出版权的图书，未经制作者许可复制发行其制作的音像制品，制作、出售假冒他人署名的美术作品，违法所得数额较大或者有其他严重情节的行为。

本罪侵犯的客体是国家的著作权管理制度以及他人的著作权和与著作权有关的

权益。本罪在客观方面表现为侵犯著作权和与著作权有关权益，情节严重的行为。

本罪的主体为一般主体，既包括达到刑事责任年龄，并具有刑事责任能力的自然人，也包括经国家批准和未经国家批准从事出版、发行活动的单位。单位犯本罪的，实行两罚制，即对单位判处罚金，对其直接负责的主管人员和其他直接责任人员依本条规定追究刑事责任。本罪在主观方面表现为故意，并且具有营利的目的。如果行为人出于过失，如误认为他人作品已过保护期而复制发行，或虽系故意，但由于追求名誉等非营利目的的，则不能构成本罪。

自然人犯本罪的，处三年以下有期徒刑或者拘役，并处或者单处罚金；违法所得数额巨大或者有其他特别严重情节的，处三年以上七年以下有期徒刑，并处罚金。情节特别严重，是指违法所得数额巨大或者具有其他特别严重的情节。所谓违法所得数额巨大，根据有关司法解释的规定，是指个人违法所得数额即获利数额在 10 万元以上，或单位违法所得数额在 50 万元以上。所谓其他特别严重情节，是指具有下列情形之一者：（1）因侵犯著作权被追究刑事责任，又犯侵犯著作权罪的；（2）个人非法经营数额在 100 万元以上，单位非法经营数额在 500 万元以上的；（3）造成其他特别严重后果或者具有其他特别严重情节的。单位犯本罪的，对单位判处罚金，对其直接负责的主管人员和其他直接责任人员，依本条规定追究刑事责任。

损害商业信誉、商品声誉罪

损害商业信誉、商品声誉罪，是指捏造并散布虚伪事实，损害他人的商业信誉、商品声誉，给他人造成重大损失或者有其他严重情节的行为。

本罪侵犯的客体既包括商业信誉和商品声誉的权利人的合法权益，又包括正常的社会主义市场秩序。本罪在客观上表现为捏造并散布虚伪事实，损害他人的商业信誉、商品信誉，给他人造成重大损失或者有其他严重情节的行为。

本罪的主体为一般主体，凡达到刑事责任年龄且具备刑事责任能力的自然人均能构成本罪。单位亦能成为本罪主体，单位犯本罪的，实行两罚制，对单位判处罚金，对其直接负责的主管人员和其他直接责任人员依本条之规定追究刑事责任。不过，本罪的主体多为经营者，为在市场上占据位置，以诽谤的方式毁损竞争对手。本罪在主观方面表现为直接故意，并且以损害他人的商业信誉和商品声誉为目的，间接故意与过失不构成本罪。

自然人犯本罪的，处二年以下有期徒刑或者拘役，并处或者单处罚金。单位犯本罪的，对单位判处罚金，并对单位直接负责的主管人员和其他直接责任人员依上述规定追究刑事责任。

虚假广告罪

虚假广告罪，是指广告主、广告经营者、广告发布者违反国家规定，利用广告对商品或服务做虚假宣传，情节严重的行为。

本罪侵犯的客体是社会主义市场经济条件下商品正当的交易活动和竞争活动。本罪在客观方面表现为广告主、广告经营者和广告发布者违反国家关于广告管理法律、法规，实施了情节严重的虚假广告行为。

本罪的主体为特殊主体，即广告主、广告经营者和广告发布者。本罪在主观方面只能是故意，而不能是过失。

自然人犯本罪的，处二年以下有期徒刑或者拘役，并处或者单处罚金。单位犯本罪的，对单位判处罚金，对其直接负责的主管人员和其他直接责任人员依上述规定追究刑事责任。

【例题1】虚假广告罪的犯罪主体包括（　　　）。

A. 广告主　　　　　　　　　　B. 广告经营者

C. 广告审批者　　　　　　　　D. 广告发布者

解析：本题的正确答案是 ABD

虚假广告罪，是指广告主、广告经营者、广告发布者违反国家规定，利用广告对商品或服务做虚假宣传，情节严重的行为。本罪侵犯的客体是社会主义市场经济条件下商品正当的交易活动和竞争活动。本罪在客观方面表现为广告主、广告经营者和广告发布者违反国家关于广告管理法律、法规，实施了情节严重的虚假广告行为。本罪的主体为特殊主体，即广告主、广告经营者和广告发布者。本罪在主观方面只能是故意，而不能是过失。自然人犯本罪的，处二年以下有期徒刑或者拘役，并处或者单处罚金。单位犯本罪的，对单位判处罚金，对其直接负责的主管人员和其他直接责任人员依上述规定追究刑事责任。

【例题2】药品、医疗器械广告不得有下列内容：（　　　）。

A. 含有不科学的表示功效的断言或者保证的

B. 说明治愈率或者有效率的

C. 与其他商品、医疗器械的功效和安全性比较的

D. 利用医药科研单位、学术机构、医疗机构或者专家、医生、患者的名义和形象做证明的

解析：本题的正确答案是 ABCD

《中华人民共和国广告法》第十四条规定，药品、医疗器械广告不得有下列内容：（1）含有不科学的表示功效的断言或者保证的；（2）说明治愈率或者有效率的；

（3）与其他商品、医疗器械的功效和安全性比较的；（4）利用医药科研单位、学术机构、医疗机构或者专家、医生、口才的名义和形象做证明的；（5）法律、行政法规禁止的其他内容。

诬告陷害罪

诬告陷害罪，是指捏造事实诬告陷害他人，意图使他人受刑事追究，情节严重的行为。

本罪侵犯的客体是他人的人身权利和司法机关的正常活动。本罪在客观上表现为捏造他人犯罪的事实，向国家机关或有关单位告发，或者采取其他方法足以引起司法机关的追究活动。

本罪的主体是一般主体，只要达到法定刑事责任年龄，并且具有刑事责任能力的人即可构成，但是，如果主体是国家机关工作人员，还要从重处罚。本罪的行为人只要实施了诬告陷害他人的行为，就构成犯罪既遂。被诬告人是否因此受到刑事处罚，则不影响本罪的成立。本罪在主观方面必须出于直接故意，即明知自己在捏造事实，一向有关机关或单位告发就会产生被告发人遭受刑事追究的危害后果，但仍决意为之，并且希望这一危害结果发生。

犯本罪的，处三年以下有期徒刑、拘役或者管制；造成严重后果的，处三年以上十年以下有期徒刑。国家机关工作人员犯本罪的，从重处罚。

侮辱罪

侮辱罪，是指使用暴力或者以其他方法，公然贬损他人人格，破坏他人名誉，情节严重的行为。

本罪侵犯的客体是他人的人格尊严和名誉权。本罪的犯罪对象，只能是自然人，而非单位。侮辱法人以及其他团体、组织，不构成侮辱罪。本罪在客观方面表现为以暴力或其他方法公然贬损他人人格、破坏他人名誉，情节严重的行为。

本罪主体是一般主体，凡达到刑事责任年龄且具有刑事责任能力的自然人均能构成本罪。国家机关、企事业单位、社会团体不构成本罪主体。本罪在主观方面表现为直接故意，并且具有贬损他人人格，破坏他人名誉的目的。间接故意、过失不构成本罪。

根据本条规定，犯侮辱罪的，处三年以下有期徒刑、拘役、管制或者剥夺政治权利。同时要注意，犯侮辱罪"告诉才处理，但是严重危害社会秩序和国家利益的除外"。"告诉才处理"，是指被害人告诉才处理。如果被害人因受强制、威吓无法告诉的，人民检察院和被害人的近亲属也可以告诉。"告诉才处理"，并不是说不告诉不构成犯罪，而是说不告诉对这种犯罪就不提起诉讼。

严重危害社会秩序，是指侮辱行为引起了被害人精神失常甚至自杀身亡等后果，被害人无法告诉或失去告诉能力的情况。危害国家利益，是指侮辱国家领导人、外国元首、外交使节等特定对象，既损害被害人个体的名誉，又危害到国家利益的情况。

诽谤罪

诽谤罪，是指故意捏造并散布虚构的事实，足以贬损他人人格，破坏他人名誉，情节严重的行为。

本罪侵犯的客体与侮辱罪相同，是他人的人格尊严、名誉权。本罪侵犯的对象是自然人。本罪在客观方面表现为行为人实施捏造并散布某种虚构的事实，足以贬损他人人格、名誉，情节严重的行为。

本罪主体是一般主体，凡达到刑事责任年龄、具有刑事责任能力的自然人均能构成本罪。本罪主观上必须是故意，行为人明知自己散布的是足以损害他人名誉的虚假事实，明知自己的行为会发生损害他人名誉的危害结果，并且希望这种结果的发生。

犯本罪的，处三年以下有期徒刑、拘役、管制或者剥夺政治权利。犯本罪，告诉才处理，但是严重危害社会秩序和国家利益的除外。这里所谓"告诉才处理"，是指犯诽谤罪，被害人告发的，法院才受理，否则不受理。"严重危害社会秩序和国家利益的除外"，例如，因诽谤引起被害人死亡的；引起当地群众公愤的；诽谤外国人影响国际关系的，等等，如果受害人不告诉或不能告诉，人民检察院应提起公诉。

【例题1】（　　）是指故意捏造并散布虚构的事实，足以贬损他人人格，破坏他人名誉，情节严重的行为。

A. 诽谤罪　　　　B. 污蔑罪　　　　C. 侮辱罪　　　　D. 诬告陷害罪

解析： 本题的正确答案是 A

诽谤罪，是指故意捏造并散布虚构的事实，足以贬损他人人格，破坏他人名誉，情节严重的行为。侮辱罪，是指使用暴力或者以其他方法，公然贬损他人人格，破坏他人名誉，情节严重的行为。诬告陷害罪，是指捏造事实诬告陷害他人，意图使他人受刑事追究，情节严重的行为。B 选项污蔑罪我国法律没有规定。

【例题2】 "断章取义"可以把正确信息变成谣言，它说明了谣言产生的（　　）方式。

A. 片面化　　　　B. 简略化　　　　C. 同化　　　　D. 逻辑化

解析： 本题的正确答案是 A

断章取义指不顾全篇文章或谈话的内容，孤立地取其中的一段或一句的意思。

片面地引用可能产生谣言。

煽动民族仇恨、民族歧视罪

煽动民族仇恨、民族歧视罪,是指煽动民族仇恨、民族歧视,情节严重的行为。

本罪侵犯的客体是民族平等。本罪在客观方面表现为煽动民族仇恨、民族歧视,情节严重的行为。所谓煽动,是指以语言、文字等形式公然宣传。

本罪的主体是一般主体,凡达到刑事责任年龄且具备刑事责任能力的自然人均能构成本罪。本罪在主观方面表现为故意,且以激起民族仇恨、民族歧视为目的。

犯本罪的,处三年以下有期徒刑、拘役、管制或者剥夺政治权利;情节特别严重的,处三年以上十年以下有期徒刑。

【例题】煽动民族仇恨、民族歧视罪侵犯的客体是( )。

A. 人民的人身安全   B. 人民的财产安全

C. 各民族间的感情   D. 民族平等

解析:本题的正确答案是 D

煽动民族仇恨、民族歧视罪,是指煽动民族仇恨、民族歧视,情节严重的行为。本罪侵犯的客体是民族平等。本罪在客观方面表现为煽动民族仇恨、民族歧视,情节严重的行为。所谓煽动,是指以语言、文字等形式公然宣传。本罪的主体是一般主体,凡达到刑事责任年龄且具备刑事责任能力的自然人均能构成本罪。本罪在主观方面表现为故意,且以激起民族仇恨、民族歧视为目的。犯本罪的,处三年以下有期徒刑、拘役、管制或者剥夺政治权利;情节特别严重的,处三年以上十年以下有期徒刑。

非法获取国家秘密罪

非法获取国家秘密罪,是指以窃取、刺探、收买方法,非法获取国家秘密的行为。

本罪侵犯的客体是复杂客体,一是国家的安全和发展;二是国家保密制度。本罪在客观方面表现为以窃取、刺探、收买方法,非法获取国家秘密的行为。所谓窃取,是指采取秘密的方式,偷取属于国家秘密的文件、资料和其他物品的行为。所谓刺探,是指行为人暗中对掌有国家秘密的人,采取各种手段探听、侦察、了解国家秘密的行为。所谓非法获取,是指依法不应知悉、取得某项国家秘密的人从知悉、取得某项国家秘密的人那里知悉、取得该项国家秘密,或者可以知悉某项国家秘密的人未经办理手续取得该项国家秘密。只有以窃取、刺探、收买这三种法定方法之一"非法获取"国家秘密的,本罪才可成立。

本罪的主体是一般主体,可以是中国人,也可以是外国人或者无国籍人;可以是国家工作人员，也可以是普通公民，或者是华侨以及港、澳、台人员。本罪在主观方面表现为故意。

犯本罪的，处三年以下有期徒刑、拘役、管制或者剥夺政治权利；情节严重的，处三年以上七年以下有期徒刑。

【例题1】根据《中华人民共和国保守国家秘密法》，（　　）行为，依法给予处分；构成犯罪的，依法追究刑事责任。

A. 擅自设计涉密信息系统的安全技术程序、管理程序的

B. 擅自发布涉密信息系统的安全技术程序、管理程序的

C. 擅自转让涉密信息系统的安全技术程序、管理程序的

D. 擅自卸载、修改涉密信息系统的安全技术程序、管理程序的

解析：本题的正确答案是 D

《中华人民共和国保守国家秘密法》中第二十四条规定，机关、单位应当加强对涉密信息系统的管理，任何组织和个人不得擅自卸载、修改涉密信息系统的安全技术程序、管理程序。

【例题2】王某通过违法渠道，获得了当年某全国性考试部分试题及答案，遂在网上以高价出售，王某的行为构成了（　　）。

A. 非法获取国家秘密罪　　　　　　B. 间谍罪

C. 为境外窃取国家秘密罪　　　　　D. 背叛国家罪

解析：本题的正确答案是 A

非法获取国家秘密罪，是指以窃取、刺探、收买方法，非法获取国家秘密的行为。本罪侵犯的客体是复杂客体，一是国家的安全和发展；二是国家保密制度。本罪在客观方面表现为以窃取、刺探、收买方法，非法获取国家秘密的行为。

【例题3】《中华人民共和国刑法》规定，非法获取国家秘密罪的犯罪主体包括（　　）。

A. 中国人　　　　B. 外国人　　　　C. 无国籍人　　　　D. 华侨

解析：本题的正确答案是 ABCD

非法获取国家秘密罪，是指以窃取、刺探、收买方法，非法获取国家秘密的行为。本罪侵犯的客体是复杂客体，一是国家的安全和发展；二是国家保密制度。本罪在客观方面表现为以窃取、刺探、收买方法，非法获取国家秘密的行为。所谓窃取，是指采取秘密的方式，偷取属于国家秘密的文件、资料和其他物品的行为。所谓刺探，是指行为人暗中对掌有国家秘密的人，采取各种手段探听、侦察、了解国家秘密的行为。所谓非法获取，是指依法不应知悉、取得某项国家秘密的人从知悉、

取得某项国家秘密的人那里知悉、取得该项国家秘密，或者可以知悉某项国家秘密的人未经办理手续取得该项国家秘密。只有以窃取、刺探、收买这三种法定方法之一"非法获取"国家秘密的，本罪才可成立。本罪的主体是一般主体，可以是中国人，也可以是外国人或者无国籍人；可以是国家工作人员，也可以是普通公民，或者是华侨以及港、澳、台人员。本罪在主观方面表现为故意。犯本罪的，处三年以下有期徒刑、拘役、管制或者剥夺政治权利；情节严重的，处三年以上七年以下有期徒刑。

扰乱无线电通讯管理秩序罪

扰乱无线电通讯管理秩序罪，是指违反国家规定，擅自设置、使用无线电台（站），或者擅自占用频率，经责令停止使用后拒不停止使用，干扰无线电通讯正常运行，造成严重后果的行为。

本罪侵犯的是国家无线电管理制度。本罪在客观方面表现为违反国家规定，擅自设置、使用无线电台（站），或者擅自占用频率，经责令停止使用后拒不停止使用，干扰无线电通讯正常运行，造成严重后果的行为。

本罪的主体为一般主体，凡达到刑事责任年龄且具备刑事责任能力的自然人均能构成本罪，单位亦能成为本罪的主体。单位犯本罪时，实行两罚制，即对单位判处罚金，并对其直接负责的主管人员和其他直接责任人员判处相应的刑罚。本罪在主观方面表现为直接故意，即明知其擅自设置、使用无线电站（台），或者擅自占用频率的行为会干扰无线电通讯的正常运行。间接故意和过失均不构成本罪。

自然人犯本罪的，处三年以下有期徒刑、拘役或者管制，并处或者单处罚金。单位犯本罪的，对单位判处罚金，并对其直接负责的主管人员和其他直接责任人员，处三年以下有期徒刑、拘役或者管制，并处或者单处罚金。

传播淫秽物品罪

传播淫秽物品罪，是指不以牟利为目的，在社会上传播淫秽的书刊、影片、录像带、录音带、图片或者其他淫秽物品，情节严重的行为。

本罪侵犯的客体是国家对淫秽物品的管理秩序。本罪在客观方面表现为：传播淫秽的书刊、影片、录像带、录音带、图片或者其他淫秽物品，情节严重的行为。

本罪的主体为一般主体，即达到法定刑事责任年龄并具有刑事责任能力的自然人。单位也可构成本罪。本罪在主观方面表现为故意，但行为人不必出于牟利目的。一定情况下，间接故意也可以构成，比如行为人自己观看淫秽物品，对于他人围观不闻不问，因而造成恶劣影响的，即可按本罪论处。

犯本罪的，处二年以下有期徒刑、拘役或者管制。向不满 18 周岁的未成年人传播淫秽物品的，从重处罚。

（二）民法（分值比重：★）

民法

民法是调整平等民事主体之间的财产关系和人身关系的法律规范的总称。现行《中华人民共和国民法通则》是1986年第六届全国人民代表大会第四次会议通过的。

民事法律行为

民事法律行为是公民或者法人设立、变更、终止民事权利和民事义务的合法行为。

民事法律行为应当具备下列条件：（1）行为人具有相应的民事行为能力；（2）意思表示真实；（3）不违反法律或者社会公共利益。

民事法律行为可以采取书面形式、口头形式或者其他形式。法律规定用特定形式的，应当依照法律规定。

民事法律行为从成立时起具有法律约束力。行为人非依法律规定或者取得对方同意，不得擅自变更或者解除。

民事权利能力和民事行为能力

公民从出生时起到死亡时止，具有民事权利能力，依法享有民事权利。公民的民事权利能力一律平等。

民事行为能力是民事主体独立实施民事法律行为的资格，包括自然人的民事行为能力和法人的民事行为能力。

自然人的民事行为能力是指法律确认的自然人通过自己的行为从事民事活动，参加民事法律关系，取得民事权利和承担民事义务的能力。自然人的民事行为能力具有如下法律特征：

1. 民事行为能力由国家法律加以确认。

2. 民事行为能力与公民的年龄和智力状态直接相联系。只有达到一定年龄、智力状态正常的自然人，才能正确地理解其行为的社会意义，独立完成某一民事行为，取得民事权利，承担民事义务。因此，法律对不同年龄和智力状态的自然人规定了不同的民事行为能力。

3. 民事行为能力依法定条件和程序不受限制或取消。除非法律规定的应当限制或取消公民民事行为能力的情形出现，任何个人和组织不得限制或取消公民的民事行为能力。18周岁以上的公民是成年人，具有完全民事行为能力，可以独立进行民事活动，是完全民事行为能力人。16周岁以上不满18周岁的公民，以自己的劳动收入为主要生活来源的，视为完全民事行为能力人。10 周岁以上的未成年人是限制民事行为能力人，可以进行与他的年龄、智力相适应的民事活动；其他民事活动由他的法定代理人代理，或者征得他的法定代理人的同意。不满 10 周岁的未成年人是无民事行为能力人，由他的法定代理人代理民事活动。

不能辨认自己行为的精神病人是无民事行为能力人，由他的法定代理人代理民事活动。不能完全辨认自己行为的精神病人是限制民事行为能力人，可以进行与他的精神健康状况相适应的民事活动；其他民事活动由他的法定代理人代理，或者征得他的法定代理人的同意。

无民事行为能力人、限制民事行为能力人的监护人是他的法定代理人。

【例题 1】《中华人民共和国民法通则》规定：16 周岁以上不满 18 周岁的公民，以自己的劳动收入为主要生活来源的，被视为（　　　）。

A. 无民事行为能力人　　　　　　B. 限制民事行为能力人

C. 法律没有规定　　　　　　　　D. 完全民事行为能力人

解析： 本题的正确答案是 D

18 周岁以上的公民是成年人，具有完全民事行为能力，可以独立进行民事活动，是完全民事行为能力人。16 周岁以上不满 18 周岁的公民，以自己的劳动收入为主要生活来源的，视为完全民事行为能力人。10 周岁以上的未成年人是限制民事行为能力人，可以进行与他的年龄、智力相适应的民事活动；其他民事活动由他的法定代理人代理，或者征得他的法定代理人的同意。不满 10 周岁的未成年人是无民事行为能力人，由他的法定代理人代理民事活动。不能辨认自己行为的精神病人是无民事行为能力人，由他的法定代理人代理民事活动。不能完全辨认自己行为的精神病人是限制民事行为能力人，可以进行与他的精神健康状况相适应的民事活动；其他民事活动由他的法定代理人代理，或者征得他的法定代理人的同意。无民事行为能力人、限制民事行为能力人的监护人是他的法定代理人。

【例题 2】不能辨认自己行为的精神病人是（　　　）。

A. 限制民事行为能力人　　　　　B. 无民事行为能力人

C. 完全民事行为能力人　　　　　D. 部分民事行为能力人

解析： 本题的正确答案是 B

不能辨认自己行为的精神病人是无民事行为能力人，由他的法定代理人代理民事活动。不能完全辨认自己行为的精神病人是限制民事行为能力人，可以进行与他的精神健康状况相适应的民事活动；其他民事活动由他的法定代理人代理，或者征得他的法定代理人的同意。无民事行为能力人、限制民事行为能力人的监护人是他的法定代理人。

人身权

人身权是指法律赋予民事主体所享有的、与其人身不可分离而无直接财产内容的民事权利，是人身关系经法律调整后的结果。人身权通常分为人格权与身份权两大类。

《民法通则》规定的人身权包括：（1）公民享有生命健康权。（2）公民享有姓名权，有权决定、使用和依照规定改变自己的姓名，禁止他人干涉、盗用、假冒。法人、个体工商户、个人合伙享有名称权。企业法人、个体工商户、个人合伙有权使用、依法转让自己的名称。（3）公民享有肖像权，未经本人同意，不得以营利为目的使用公民的肖像。（4）公民、法人享有名誉权，公民的人格尊严受法律保护，禁止用侮辱、诽谤等方式损害公民、法人的名誉。（5）公民、法人享有荣誉权，禁止非法剥夺公民、法人的荣誉称号。（6）公民享有婚姻自主权，禁止买卖、包办婚姻和其他干涉婚姻自由的行为。（7）婚姻、家庭、老人、母亲和儿童受法律保护。残疾人的合法权益受法律保护。（8）妇女享有同男子平等的民事权利。

名誉权

名誉权是指公民或法人对自己在社会生活中获得的社会评价、人格尊严依法享有的不可侵犯的权利。名誉是社会或他人对特定公民、法人的品德、才干、信誉、商誉、功绩、资历和身份等方面评价的总和。《民法通则》规定：公民、法人享有名誉权，公民的人格尊严受法律保护，禁止用侮辱、诽谤等方式损害公民、法人的名誉。

名誉权主要包括公民名誉权和法人名誉权两种。公民的名誉权通常表现在如下几个方面：（1）任何新闻报道、书刊进行真人真事的报道都不得与事实不符，影响公民原有的社会评价；（2）公民的个人隐私受法律保护，任何个人和组织都无权向社会公开或传播；（3）任何人都不得以侮辱、诽谤的方法，损害他人名誉；（4）任何人不得捏造事实，陷害他人，损害其名誉。法人的名誉权虽其本身无直接经济内容，但往往对法人活动的社会效益和经济效益有重大影响。

【例题1】《中华人民共和国民法通则》规定的名誉权主要包括公民名誉权与（　　）两种。

A. 自然人名誉权　　　　　　　　B. 法人名誉权

C. 集体名誉权　　　　　　　　　D. 组织名誉权

解析：本题的正确答案是 B

《民法通则》规定：公民、法人享有名誉权，公民的人格尊严受法律保护，禁止用侮辱、诽谤等方式损害公民、法人的名誉。名誉权主要包括公民名誉权和法人名誉权两种。

【例题 2】 2004 年，杭州某媒体未经核实就以《怀着孩子为情跳楼成终生残疾　某名导演女友惊爆内幕》为题，指名道姓地报道了某导演的生活。该导演后来状告该媒体并胜诉。这家媒体的行为侵犯了该导演的（　　　）。

A. 荣誉权　　　　B. 肖像权　　　　C. 姓名权　　　　D. 名誉权

解析： 本题的正确答案是 D

《民法通则》规定：公民、法人享有名誉权，公民的人格尊严受法律保护，禁止用侮辱、诽谤等方式损害公民、法人的名誉。名誉权主要包括公民名誉权和法人名誉权两种。公民的名誉权的一个表现是：任何新闻报道、书刊进行真人真事的报道都不得与事实不符，影响公民原有的社会评价。

荣誉权

荣誉权是公民、法人和其他组织对于自己的荣誉称号获得利益而不受他人非法剥夺的一种民事权利。荣誉是特定民事主体在社会生产和生活中，有突出表现或突出贡献，政府、单位或社会团体所给予的积极的正式评价。荣誉权具有以下特征：首先，荣誉权的来源不是与生俱来的，而是基于自然人、法人和其他组织做出的贡献由有关机关或组织正式授予的。其次，荣誉可以经一定程序而撤销，荣誉一经撤销或依法剥夺，荣誉权人即丧失荣誉权，不再是荣誉权主体。

荣誉权内容包括：（1）自然人、法人和其他组织有获得和保持荣誉的权利。荣誉权并非每个自然人、法人和其他组织生而有之，只有当具备一定条件、经有关机关或组织正式授予才能获得荣誉。对获得的荣誉，自然人、法人和其他组织有维护和保持的权利；（2）自然人、法人和其他组织对于侵害荣誉权的行为，有提起诉讼的权利。

侵犯荣誉权的主要表现：（1）非法剥夺荣誉称号。一般而言，对已获得的荣誉称号，其他自然人、法人和其他组织非依法律规定不得剥夺、取消。（2）非法诋毁自然人、法人和其他组织的荣誉权。对已获得的荣誉称号，侵权人无根据地诬陷荣誉权人是用弄虚作假、谎报成绩骗取的荣誉称号，这种诽谤和诋毁行为不仅是对荣誉称号的损害，也是对名誉、信誉的损毁。

侵犯荣誉权的法律救济：自然人、法人和其他组织可以请求侵权人公开赔礼道歉和消除因侵权造成的不良影响，也可以请求侵权人赔偿损失；如果侵权人对请求置之不理，自然人、法人和其他组织还可以向人民法院起诉，要求人民法院强制侵权人立即停止侵权行为，消除影响、恢复名誉、赔礼道歉，并可以要求经济赔偿。

姓名权

姓名权是公民依法享有的决定、使用、改变自己姓名，并排除他人侵害的权利。《民法通则》规定：公民享有姓名权，有权决定、使用和依照规定改变自己的姓名，禁止他人干涉、盗用、假冒。

姓名权的内容主要体现在以下三个方面：（1）姓名决定权。每个自然人可自主决定自己的名字，以及自己的笔名、艺名、别名等其他名字。（2）姓名使用权。姓名使用权是自然人有权使用自己的名字并排除他人加以使用的权利。（3）姓名变更权。姓名变更权是指自然人有权依照法定程序对自己已登记的姓名进行改变的权利。我国户口登记条例规定：未满18周岁的人需要变更姓名的时候，由本人或者父母、收养人向户口登记机关申请变更登记；18周岁以上的人需要变更姓名的时候，由本人向户口登记机关申请变更登记。对于笔名、艺名等非正式的姓名，其变更不受此限制。

【例题】公民姓名权的内容主要体现在三个方面，它们是（　　）。

A. 姓名决定权　　　　　　　　B. 姓名转让权

C. 姓名使用权　　　　　　　　D. 姓名变更权

解析：本题的正确答案是 ACD

姓名权是公民依法享有的决定、使用、变更自己的姓名并要求他人尊重自己姓名的一种人格权利。姓名决定权，也称命名权，即自然人决定采用何种姓、名及其组合的权利。姓名变更权，指自然人享有的依法改变自己姓或名的权利，只要不违反法律的强制性规定和公序良俗，都是允许的，只不过需要到户籍管理部门办理变更登记手续。姓名使用权，指自然人依法使用自己姓名的权利，包括积极行使：在自己的物品、作品上标示自己的姓名，作为权利主体的标志；在特定场合使用姓名，以区别于其他社会成员；消极行使：在作品上不署名；在特定行为后，拒绝透漏自己的姓名。其限制在于：在特定条件下，自然人不许使用非正式姓名，如户口登记、身份证、护照上必须使用正式姓名。

肖像权

肖像权是指公民通过造型艺术或其他形式在客观上再现自己形象所享有的专有权。

肖像权的内容有：（1）形象再现权。即公民享有通过造型艺术或其他形式来再现自己形象的专有权，通常表现为肖像的决定权和实施权。公民有权自己拥有其肖像，排除他人未经同意制作、取得其肖像，并有禁止他人侮辱、毁损其形象的权利。（2）肖像使用权。即公民有权决定是否允许将其肖像进行展出、传播、复制、用作商标或进行广告宣传。未经肖像权人同意，任何人不得以营利为目的在纸张、书籍、报刊、网络等载体中使用其肖像。

《民法通则》规定：公民享有肖像权，未经本人同意，不得以营利为目的使用公民的肖像。因此，对公民肖像权的侵犯需具备两个构成要件：其一，使用公民肖像未经其同意；其二，以营利为目的进行使用。

对公民肖像权的保护也有一定的限制。为了社会公共利益的需要，或为了科学艺术上的目的，或为了宣传报道而制作和使用公民的肖像，可以不征得公民同意，但同时不应侵害公民的合法权益。为了职务上的目的或公共利益而依法制作、使用他人肖像的，则无需通过本人同意，如通缉逃犯，张贴寻人启事等。

【例题】电视演员杨某因一部儿童电视剧而出名，某公司未经杨某许可，将印有其表演形象的宣传海报大量用于玩具、书包、文具等儿童产品的包装和装潢上。该公司的行为可以被定性为（　　　）。

A. 侵犯了制片者的发表权　　　　B. 侵犯了杨某的表演者权

C. 侵犯了杨某的肖像权　　　　　D. 侵犯了杨某的复制权

解析：本题的正确答案是 C

承担民事责任的方式

承担民事责任的方式，是指违反民事法律规范的行为人承担民事责任的具体方法或形式。

公民、法人违反合同或者不履行其他义务的，应当承担民事责任。公民、法人由于过错侵害国家的、集体的财产，侵害他人财产、人身的，应当承担民事责任。没有过错，但法律规定应当承担民事责任的，应当承担民事责任。

承担民事责任的方式主要有以下 10 种：（1）停止侵害；（2）排除妨碍；（3）消除危险；（4）返还财产；（5）恢复原状；（6）修理、重作、更换；（7）赔偿损失；（8）支付违约金；（9）消除影响、恢复名誉；（10）赔礼道歉。以上承担民事责任的方式，可以单独适用，也可以合并适用。

合同

合同是当事人之间设立、变更、终止民事关系的协议。依法成立的合同，受法律保护。

侵权责任

侵权责任是指民事主体因实施侵权行为而应承担的民事法律后果。侵权责任是任何人都对他人承担这样一种义务，即不因为自己的错误（过错）行为而侵害了他人的合法权益，否则即能构成侵权行为，要对受害方承担责任。侵权行为基本上都是违法行为。

（三）知识产权法（分值比重：★★）

知识产权法

知识产权法是指因调整知识产权的归属、行使、管理和保护等活动中产生的社会关系的法律规范的总称。知识产权法的综合性和技术性特征十分明显，在知识产权法中，既有私法规范，也有公法规范；既有实体法规范，也有程序法规范。但从法律部门的归属上讲，知识产权法仍属于民法，是民法的特别法。民法的基本原则、制度和法律规范大多适用于知识产权，并且知识产权法中的公法规范和程序法规范都是为确认和保护知识产权这一私权服务的，不占主导地位。

著作权法

著作权法是关于著作权法律规范的总称。现行的《中华人民共和国著作权法》是 1990 年第七届全国人民代表大会常务委员会第十五次会议通过的。

【例题 1】 现行《中华人民共和国著作权法》最近一次修订时间是（　　）。

A. 1988 年　　　　　B. 1989 年　　　　　C. 2010 年　　　　　D. 2001 年

解析：本题的正确答案是 C

《著作权法》于 1990 年 9 月 7 日颁布并自 1991 年 6 月 1 日起正式实施，分别于 2001 年 10 月和 2010 年 2 月进行过两次修订。

【例题 2】 著作权法不适用于（　　）。

A. 文字作品　　　B. 地图　　　　C. 时事新闻　　　D. 工程设计图

解析：本题的正确答案是 C

据《著作权法》的规定：时事新闻不适用《著作权法》的保护。因为时事新闻不具有著作权客体必须具有的独创性，只是对新闻事实的直接记录，为了满足公众的知情权而对时事新闻的著作权予以适当的界定和限制，使公众能够尽可能迅速广泛地了解时事新闻、了解国家大事和国际形势，这是符合社会发展的要求的。

著作权

著作权亦称版权，指作者对其创作的文学、科学和艺术作品依法享有的某些特殊权利。狭义的著作权，是指各类作品的作者依法享有的权利；广义的著作权还包括邻接权，即作品的传播者，如出版者、表演者、录制者，以及广播组织等对经过其加工、传播的作品所享有的相应的权利。

著作权包括两方面的权利，一是人身权，主要指在作品上署名、发表作品、确认作者身份、保护作品的完整性、修改已经发表的作品等项权利；二是财产权，主要是指以出版、表演、广播、展览、录制唱片、摄制影片、网络传播、翻译、改编、汇编等方式使用作品以及因授权他人使用作品而获得经济利益的权利。

著作权是一种知识产权。著作权是一种特殊的民事权利。著作权是一种法定的权利。著作权是一种专有权利。

【例题】《著作权法》规定的合理使用范围包括（　　）。

A. 个人学习使用

B. 将作品翻译成盲文出版

C. 为时事新闻评论而适当引用

D. 为科学研究而少量复制供研究人员使用

解析：本题的正确答案是 ABCD

《著作权法》对著作权权利规定了如下限制：在下列情况下使用作品，可以不经著作权人许可，不向其支付报酬，但应当指明作者姓名、作品名称，并且不得侵犯著作权人依照《著作权法》享有的其他权利：（1）为个人学习、研究或者欣赏，使用他人已经发表的作品；（2）为介绍、评论某一作品或者说明某一问题，在作品中适当引用他人已经发表的作品；（3）为报道时事新闻，在报纸、期刊、广播电台、电视台等媒体中不可避免地再现或者引用已经发表的作品；（4）报纸、期刊、广播电台、电视台等媒体刊登或者播放其他报纸、期刊、广播电台、电视台等媒体已经发表的关于政治、经济、宗教问题的时事性文章，但作者声明不许刊登、播放的除外；（5）报纸、期刊、广播电台、电视台等媒体刊登或者播放在公众集会上发表的讲话，但作者声明不许刊登、播放的除外；（6）为学校课堂教学或者科学研究，翻译或者少量复制已经发表的作品，供教学或者科研人员使用，但不得出版发行；（7）国家机关为执行公务在合理范围内使用已经发表的作品；（8）图书馆、档案馆、纪念馆、博物馆、美术馆等为陈列或者保存版本的需要，复制本馆收藏的作品；（9）免费表演已经发表的作品，该表演未向公众收取费用，也未向表演者支付报酬；（10）对设置或者陈列在室外公共场所的艺术作品进行临摹、绘画、摄影、录像；（11）将中国公民、法人或者其他组织已经发表的以汉语言文字创作的作品翻译成少数民族语言文字作品在国内出版发行；（12）将已经发表的作品改成盲文出版。上述规定适用于对出版者、表演者、录音录像制作者、广播电台、电视台的权利的限制。

著作权法保护的作品范围

著作权法保护的作品包括以下列形式创作的文学、艺术和自然科学、社会科学、工程技术等作品：（1）文字作品；（2）口述作品；（3）音乐、戏剧、曲艺、舞蹈、杂技艺术作品；（4）美术、建筑作品；（5）摄影作品；（6）电影作品和以类似摄制电影的方法创作的作品；（7）工程设计图、产品设计图、地图、示意图等图形作品和模型作品；（8）计算机软件；（9）法律、行政法规规定的其他作品。

依法禁止出版、传播的作品，不受著作权法保护。

《著作权法》不适用于：（1）法律、法规，国家机关的决议、决定、命令和其他具有立法、行政、司法性质的文件，及其官方正式译文；（2）时事新闻；（3）历法、通用数表、通用表格和公式。

著作权权利种类和保护期

著作权包括下列人身权和财产权：

（一）发表权，即决定作品是否公之于众的权利；

（二）署名权，即表明作者身份，在作品上署名的权利；

（三）修改权，即修改或者授权他人修改作品的权利；

（四）保护作品完整权，即保护作品不受歪曲、篡改的权利；

（五）复制权，即以印刷、复印、拓印、录音、录像、翻录、翻拍等方式将作品制作一份或者多份的权利；

（六）发行权，即以出售或者赠与方式向公众提供作品的原件或者复制件的权利；

（七）出租权，即有偿许可他人临时使用电影作品和以类似摄制电影的方法创作的作品、计算机软件的权利，计算机软件不是出租的主要标的的除外；

（八）展览权，即公开陈列美术作品、摄影作品的原件或者复制件的权利；

（九）表演权，即公开表演作品，以及用各种手段公开播送作品的表演的权利；

（十）放映权，即通过放映机、幻灯机等技术设备公开再现美术、摄影、电影和以类似摄制电影的方法创作的作品等的权利；

（十一）广播权，即以无线方式公开广播或者传播作品，以有线传播或者转播的方式向公众传播广播的作品，以及通过扩音器或者其他传送符号、声音、图像的类似工具向公众传播广播的作品的权利；

（十二）信息网络传播权，即以有线或者无线方式向公众提供作品，使公众可以在其个人选定的时间和地点获得作品的权利；

（十三）摄制权，即以摄制电影或者以类似摄制电影的方法将作品固定在载体上的权利；

（十四）改编权，即改变作品，创作出具有独创性的新作品的权利；

（十五）翻译权，即将作品从一种语言文字转换成另一种语言文字的权利；

（十六）汇编权，即将作品或者作品的片段通过选择或者编排，汇集成新作品的权利；

（十七）应当由著作权人享有的其他权利。

作者的署名权、修改权、保护作品完整权的保护期不受限制。

公民的作品，其发表权依《著作权法》第十条第一款第（五）项至第（十七）项规定，权利的保护期为作者终生及其死亡后五十年，截止于作者死亡后第五十年的 12 月 31 日；如果是合作作品，截止于最后死亡的作者死亡后第五十年的 12 月 31 日。

法人或者其他组织的作品、著作权（署名权除外）由法人或者其他组织享有的职务作品，其发表权依《著作权法》第十条第一款第（五）项至第（十七）项规定，权利的保护期为五十年，截止于作品首次发表后第五十年的 12 月 31 日，但作品自创作完成后五十年内未发表的，本法不再保护。

电影作品和以类似摄制电影的方法创作的作品、摄影作品，其发表权依《著作权法》第十条第一款第（五）项至第（十七）项规定，权利的保护期为五十年，截止于作品首次发表后第五十年的 12 月 31 日，但作品自创作完成后五十年内未发表的，本法不再保护。

【例题】我国《著作权法》规定，作者的（　　）的保护期不受限制。

A. 发表权　　　　B. 署名权　　　　C. 修改权　　　　D. 保护作品完整权

解析：本题的正确答案是 BCD

《著作权法》第二十条规定作者的署名权、修改权、保护作品完整权的保护期不受限制。

著作权权利的限制

《著作权法》对著作权权利规定了如下限制：

1. 在下列情况下使用作品，可以不经著作权人许可，不向其支付报酬，但应当指明作者姓名、作品名称，并且不得侵犯著作权人依照《著作权法》享有的其他权利：

（1）为个人学习、研究或者欣赏，使用他人已经发表的作品；

（2）为介绍、评论某一作品或者说明某一问题，在作品中适当引用他人已经发表的作品；

（3）为报道时事新闻，在报纸、期刊、广播电台、电视台等媒体中不可避免地再现或者引用已经发表的作品；

（4）报纸、期刊、广播电台、电视台等媒体刊登或者播放其他报纸、期刊、广播电台、电视台等媒体已经发表的关于政治、经济、宗教问题的时事性文章，但作者声明不许刊登、播放的除外；

（5）报纸、期刊、广播电台、电视台等媒体刊登或者播放在公众集会上发表的讲话，但作者声明不许刊登、播放的除外；

（6）为学校课堂教学或者科学研究，翻译或者少量复制已经发表的作品，供教学或者科研人员使用，但不得出版发行；

（7）国家机关为执行公务在合理范围内使用已经发表的作品；

（8）图书馆、档案馆、纪念馆、博物馆、美术馆等为陈列或者保存版本的需要，复制本馆收藏的作品；

（9）免费表演已经发表的作品，该表演未向公众收取费用，也未向表演者支付报酬；

（10）对设置或者陈列在室外公共场所的艺术作品进行临摹、绘画、摄影、录像；

（11）将中国公民、法人或者其他组织已经发表的以汉语言文字创作的作品翻译成少数民族语言文字作品在国内出版发行；

（12）将已经发表的作品改成盲文出版。

上述规定适用于对出版者、表演者、录音录像制作者、广播电台、电视台的权利的限制。

2.《著作权法》还规定了法定许可的方式。如为实施九年制义务教育和国家教育规划而编写出版教科书，除作者事先声明不许使用的外，可以不经著作权人许可，在教科书中汇编已经发表的作品片段或者短小的文字作品、音乐作品或者单幅的美术作品、摄影作品，但应当按照规定支付报酬，指明作者姓名、作品名称，并且不得侵犯著作权人依照著作权法享有的其他权利。上述规定适用于对出版者、表演者、录音录像制作者、广播电台、电视台的权利的限制。法定许可也是一种对著作权人权利的限制。

【例题1】 在 （   ） 的情况下，可不经著作权人许可、不支付报酬，仅需指明作者姓名和作品名称。

A. 在作品中适当引用他人已经发表的作品

B. 报道时事新闻时在大众媒体中不可避免地再现或者引用已经发表的作品

C. 国家机关为执行公务在合理范围内使用已经发表的作品

D. 广播电台播放他人已发表作品

解析：本题的正确答案是 ABC

《著作权法》对著作权权利规定了如下限制：在下列情况下使用作品，可以不经著作权人许可，不向其支付报酬，但应当指明作者姓名、作品名称，并且不得侵犯著作权人依照《著作权法》享有的其他权利：（1）为个人学习、研究或者欣赏，使用他人已经发表的作品；（2）为介绍、评论某一作品或者说明某一问题，在作品中适当引用他人已经发表的作品；（3）为报道时事新闻，在报纸、期刊、广播电台、电视台等媒体中不可避免地再现或者引用已经发表的作品；（4）报纸、期刊、广播电台、电视台等媒体刊登或者播放其他报纸、期刊、广播电台、电视台等媒体已经发表的关于政治、经济、宗教问题的时事性文章，但作者声明不许刊登、播放的除外；（5）报纸、期刊、广播电台、电视台等媒体刊登或者播放在公众集会上发表的讲话，但作者声明不许刊登、播放的除外；（6）为学校课堂教学或者科学研究，翻译或者少量复制已经发表的作品，供教学或者科研人员使用，但不得出版发行；（7）国家机关为执行公务在合理范围内使用已经发表的作品；（8）图书馆、档案馆、纪念馆、博物馆、美术馆等为陈列或者保存版本的需要，复制本馆收藏的作品；（9）免费表演已经发表的作品，该表演未向公众收取费用，也未向表演者支付报酬；（10）对设置或者陈列在室外公共场所的艺术作品进行临摹、绘画、摄影、录像；（11）将中国公民、法人或者其他组织已经发表的以汉语言文字创作的作品翻译成少数民族语言文字作品在国内出版发行；（12）将已经发表的作品改成盲文出版。上述规定适用于对出版者、表演者、录音录像制作者、广播电台、电视台的权利的限制。

【例题2】记者小张想在自己的报道当中引用专家李某发表在某杂志上的文章的观点。因此，记者小张（　　）。

A. 须经李某同意并支付报酬，并指明出处

B. 不必经李某同意但须支付报酬，可不指明出处

C. 须经李某同意，可不必支付报酬，也可不指明出处

D. 不必经李某同意，也无须支付报酬，但要指明出处

解析：本题的正确答案是D

《著作权法》对著作权权利规定了如下限制：在下列情况下使用作品，可以不经著作权人许可，不向其支付报酬，但应当指明作者姓名、作品名称，并且不得侵犯著作权人依照《著作权法》享有的其他权利：（1）为个人学习、研究或者欣赏，使用他人已经发表的作品；（2）为介绍、评论某一作品或者说明某一问题，在作品中适当引用他人已经发表的作品；（3）为报道时事新闻，在报纸、期刊、广播电台、电视台等媒体中不可避免地再现或者引用已经发表的作品；（4）报纸、期刊、广播电台、电视台等媒体刊登或者播放其他报纸、期刊、广播电台、电视台等媒体已经发表的关于政治、经济、宗教问题的时事性文章，但作者声明不许刊登、播放的除

外；（5）报纸、期刊、广播电台、电视台等媒体刊登或者播放在公众集会上发表的讲话，但作者声明不许刊登、播放的除外；（6）为学校课堂教学或者科学研究，翻译或者少量复制已经发表的作品，供教学或者科研人员使用，但不得出版发行；（7）国家机关为执行公务在合理范围内使用已经发表的作品；（8）图书馆、档案馆、纪念馆、博物馆、美术馆等为陈列或者保存版本的需要，复制本馆收藏的作品；（9）免费表演已经发表的作品，该表演未向公众收取费用，也未向表演者支付报酬；（10）对设置或者陈列在室外公共场所的艺术作品进行临摹、绘画、摄影、录像；（11）将中国公民、法人或者其他组织已经发表的以汉语言文字创作的作品翻译成少数民族语言文字作品在国内出版发行；（12）将已经发表的作品改成盲文出版。上述规定适用于对出版者、表演者、录音录像制作者、广播电台、电视台的权利的限制。

（四）广播电视政策法规（分值比重：★★）

表演者的权利和义务

1. 表演者的义务：使用他人作品演出，表演者（演员、演出单位）应当取得著作权人许可，并支付报酬。演出组织者组织演出，由该组织者取得著作权人许可，并支付报酬。使用改编、翻译、注释、整理已有作品而产生的作品进行演出，应当取得改编、翻译、注释、整理作品的著作权人和原作品的著作权人许可，并支付报酬。

2. 表演者对其表演享有下列权利：（1）表明表演者身份；（2）保护表演形象不受歪曲；（3）许可他人从现场直播和公开传送其现场表演，并获得报酬；（4）许可他人录音录像，并获得报酬；（5）许可他人复制、发行录有其表演的录音录像制品，并获得报酬；（6）许可他人通过信息网络向公众传播其表演，并获得报酬。被许可人以第（3）项至第（6）项规定的方式使用作品，还应当取得著作权人许可，并支付报酬。

上述第（1）项、第（2）项规定的权利的保护期不受限制，第（3）项至第（6）项规定的权利的保护期为五十年，截止于该表演发生后第五十年的 12 月 31 日。

录音录像制作者的权利和义务

1. 录音录像制作者的义务

录音录像制作者使用他人作品制作录音录像制品，应当取得著作权人许可，并支付报酬。

录音录像制作者使用改编、翻译、注释、整理已有作品而产生的作品，应当取得改编、翻译、注释、整理作品的著作权人和原作品著作权人许可，并支付报酬。

录音制作者使用他人已经合法录制为录音制品的音乐作品制作录音制品，可以不经著作权人许可，但应当按照规定支付报酬；著作权人声明不许使用的不得使用。

录音录像制作者制作录音录像制品，应当同表演者订立合同，并支付报酬。

2. 录音录像制作者的权利

录音录像制作者对其制作的录音录像制品，享有许可他人复制、发行、出租、通过信息网络向公众传播并获得报酬的权利；权利的保护期为五十年，截止于该制品首次制作完成后第五十年的 12 月 31 日。

被许可人复制、发行、通过信息网络向公众传播录音录像制品，还应当取得著作权人、表演者许可，并支付报酬。

广播电台、电视台的权利和义务

1. 广播电台、电视台的义务

广播电台、电视台播放他人未发表的作品，应当取得著作权人许可，并支付报酬。广播电台、电视台播放他人已发表的作品，可以不经著作权人许可，但应当支付报酬。

广播电台、电视台播放已经出版的录音制品，可以不经著作权人许可，但应当支付报酬。当事人另有约定的除外。具体办法由国务院规定。

电视台播放他人的电影作品和以类似摄制电影的方法创作的作品、录像制品，应当取得制片者或者录像制作者许可，并支付报酬；播放他人的录像制品，还应当取得著作权人许可，并支付报酬。

2. 广播电台、电视台的权利

广播电台、电视台有权禁止未经其许可的下列行为：（1）将其播放的广播、电视转播；（2）将其播放的广播、电视录制在音像载体上以及复制音像载体。

上述权利的保护期为五十年，截止于该广播、电视首次播放后第五十年的 12 月 31 日。

【例题 1】广播电视时政新闻及同类专题、专栏等节目只能由广播电视（　　）机构制作，其他机构即使获得节目制作的许可，也不得制作新闻类节目。

A. 发射　　　　　　B. 播出　　　　　　C. 编辑　　　　　　D. 创作

解析：本题的正确答案是 B

《广播电视节目制作经营管理规定》第二十一条：广播电视时政新闻及同类专题、专栏等节目只能由广播电视播出机构制作，其他已取得《广播电视节目制作经营许可证》的机构不得制作时政新闻及同类专题、专栏等广播电视节目。

【例题 2】广播电台、电视台对其播放的广播、电视享有以下权利（　　）。

A. 播放权

B. 许可他人转播

C. 许可他人录制在音像载体上以及复制音像载体

D. 50 年的权利保护期

解析：本题的正确答案是 ABCD

广播电台、电视台对其制作的广播、电视节目，享有下列权利：（1）播放；（2）许可他人播放，并获得报酬；（3）许可他人复制发行其制作的广播、电视节目，并获得报酬。（4）权利的保护期为五十年，截止于该节目首次播放后第五十年的 12 月 31 日。

保守国家秘密法

《中华人民共和国保守国家秘密法》于 1988 年 9 月 5 日经第七届全国人民代表大会常务委员会第三次会议审议通过，自 1989 年 5 月 1 日起施行。《保密法》的立法宗旨是为保守国家秘密，维护国家的安全和利益，保障改革开放和社会主义建设事业的顺利进行。《保密法》对立法目的、保密工作原则、保密主管机关、国家秘密的范围和密级、保密制度、法律责任等作出了规定。《保密法》是新中国成立以来我国第一部比较完备的、与形势相适应的管理保守国家秘密工作的法律，它的颁布实施对于调整和加强新时期的保密工作有着极为重要的意义和作用。1990 年 4 月 25 日，经国务院批准发布了《中华人民共和国保守国家秘密法实施办法》。

国家秘密范围

《保密法》第八条规定：国家秘密包括符合本法第二条规定的下列秘密事项：（1）国家事务的重大决策中的秘密事项；（2）国防建设和武装力量活动中的秘密事项；（3）外交和外事活动中的秘密事项以及对外承担保密义务的事项；（4）国民经济和社会发展中的秘密事项；（5）科学技术中的秘密事项；（6）维护国家安全活动和追查刑事犯罪中的秘密事项；（7）其他经国家保密工作部门确定应当保守的国家秘密事项。"政党的秘密事项中符合本法第二条规定的，属于国家秘密事项。"

《保密法》第九条规定，国家秘密的密级分为"绝密"、"机密"、"秘密"三级。这一条还规定了区分三个密级的原则标准。"绝密"是最重要的国家秘密，泄露会使国家的安全和利益遭受特别严重的损害；"机密"是重要的国家秘密，泄露会使国家的安全和利益遭受严重的损害；"秘密"是一般的国家秘密，泄露会使国家的安全和利益遭受损害。

国家秘密及其密级的具体范围，根据《保密法》规定，由国家保密工作部门分别会同外交、公安、国家安全和其他中央有关机关规定。国防方面的国家秘密及其密级的具体范围，由中央军事委员会规定。各级国家机关、单位对所产生的国家秘密事项，应当按照国家秘密及其密级具体范围的规定确定密级。

法律责任

《保密法》第四章法律责任和新《刑法》规定：（1）违反《保密法》规定，故意或者过失泄露国家秘密，情节严重的，处三年以下有期徒刑或者拘役；情节特别严重的，处三年以上七年以下有期徒刑。（2）为境外的机构、组织、人员窃取、刺探、收买、非法提供国家秘密或者情报的，处五年以上十年以下有期徒刑；情节特别严重的，处十年以上有期徒刑或者无期徒刑；情节较轻的，处五年以下有期徒刑、拘役、管制或者剥夺政治权利。（3）违反《保密法》规定，泄露国家秘密，不够刑事处罚的，可以酌情给予行政处分。

对泄密责任者给予行政处分的一般标准是：（1）泄露秘密级国家秘密的，应给予警告或者记过处分；（2）泄露机密级国家秘密的，应给予记过、记大过或者降级处分；（3）泄露绝密级国家秘密的，应给予记大过、降级、降职、撤职、开除、留用察看或者开除处分。

《保密法实施办法》第三十三条规定，各级保密工作部门和其他有关的保密工作机构，可以要求有关机关、单位对泄密责任者给予行政处分或者处罚；对行政处分或者处罚决定持有异议时，可以要求对作出的行政处分或者处罚进行复议。

（五）国家通用语言文字法

国家通用语言文字法

《中华人民共和国国家通用语言文字法》是 2000 年 10 月 31 日由九届全国人大常委会第十八次会议通过的法律，自 2001 年 1 月 1 日起施行。该法对国家通用语言文字（普通话和规范汉字）的使用、管理和监督等方面的内容进行了规范。

【例题】《中华人民共和国国家通用语言文字法》第十六条规定，在特定的情形下，可以使用方言，这些情形主要是指（   ）。

A. 被确认为世界非物质文化遗产的方言

B. 经国务院广播电视部门或省级广播电视部门批准的播音用语

C. 戏曲、影视等艺术形式中需要使用的

D. 经济开发区招商引资确需使用的

解析：本题的正确答案是 BC

有下列情形的，可以使用方言：（1）国家机关的工作人员执行公务时确需使用的；（2）经国务院广播电视部门或省级广播电视部门批准的播音用语；（3）戏曲、影视等艺术形式中需要使用的；（4）出版、教学、研究中确需使用的。

国家通用语言文字的基本原则

国家通用语言文字的基本原则是指在国家通用语言文字的使用过程中，应当遵循的基本准则。它对国家通用语言文字的使用具有普遍指导意义，反映了国家通用语言文字的基本特点。

根据《中华人民共和国国家通用语言文字法》的规定，国家通用语言文字的基本原则包括：

1. 国家通用语言文字的使用应当有利于维护国家主权和民族尊严，有利于国家统一和民族团结，有利于社会主义物质文明建设和精神文明建设。

这三个"有利于"是国家通用语言文字使用的总原则，是就语言文字使用的内容和形式问题作出的原则规定。

2. 各民族都有使用和发展自己的语言文字的自由。少数民族语言文字的使用依据宪法、民族区域自治法及其他法律的有关规定。

这表明国家坚持各民族语言文字地位平等的基本原则和政策。

【例题】我国宪法中关于使用语言文字的原则是（　　　）。

A. 国家以推广使用普通话为主，使用方言为辅

B. 国家推广全国通用的普通话

C. 全国一律使用普通话

D. 国家提倡使用普通话，禁止使用方言

解析：本题的正确答案是 B

使用语言文字的原则《宪法》第十九条规定："国家推广全国通用的普通话。"有下列情形的，可以使用方言：（1）国家机关的工作人员执行公务时确需使用的；（2）经国务院广播电视部门或省级广播电视部门批准的播音用语；（3）戏曲、影视等艺术形式中需要使用的；（4）出版、教学、研究中确需使用的。

国家通用语言文字的使用

国家通用语言文字的使用是指各类国家机关、社会团体和个人依法正确使用国家通用语言文字的活动。

根据《中华人民共和国国家通用语言文字法》的规定，国家通用语言文字的使用应当遵循如下规范：

1. 国家机关以普通话和规范汉字为公务用语用字。法律另有规定的除外。

2. 学校及其他教育机构以普通话和规范汉字为基本的教育教学用语用字。法律另有规定的除外。

3. 汉语文出版物应当符合国家通用语言文字的规范和标准。汉语文出版物中需

要使用外国语言文字的，应当用国家通用语言文字做必要的注释。

4. 广播电台、电视台以普通话为基本的播音用语。需要使用外国语言为播音用语的，须经国务院广播电视部门批准。

5. 公共服务行业以规范汉字为基本的服务用字。因公共服务需要，招牌、广告、告示、标志牌等使用外国文字并同时使用中文的，应当使用规范汉字。提倡公共服务行业以普通话为服务用语。

6. 下列情形，应当以国家通用语言文字为基本的用语用字：（1）广播、电影、电视用语用字；（2）公共场所的设施用字；（3）招牌、广告用字；（4）企业事业组织名称；（5）在境内销售的商品的包装、说明。

7. 信息处理和信息技术产品中使用的国家通用语言文字应当符合国家的规范和标准。

8. 有下列情形的，可以使用方言：（1）国家机关的工作人员执行公务时确需使用的；（2）经国务院广播电视部门或省级广播电视部门批准的播音用语；（3）戏曲、影视等艺术形式中需要使用的；（4）出版、教学、研究中确需使用的。

9. 有下列情形的，可以保留或使用繁体字、异体字：（1）文物古迹；（2）姓氏中的异体字；（3）书法、篆刻等艺术作品；（4）题词和招牌的手书字；（5）出版、教学、研究中需要使用的；（6）经国务院有关部门批准的特殊情况。

10. 国家通用语言文字以《汉语拼音方案》作为拼写和注音工具。《汉语拼音方案》是中国人名、地名和中文文献罗马字母拼写法的统一规范，并用于汉字不便或不能使用的领域。初等教育应当进行汉语拼音教学。

11. 凡以普通话作为工作语言的岗位，其工作人员应当具备说普通话的能力。以普通话作为工作语言的播音员、节目主持人和影视话剧演员、教师、国家机关工作人员的普通话水平，应当分别达到国家规定的等级标准；对尚未达到国家规定的普通话等级标准的，分别情况进行培训。

12. 对外汉语教学应当教授普通话和规范汉字。

（六）广播电视管理条例

广播电视管理条例

《广播电视管理条例》是1997年8月1日由国务院第六十一次常务会议通过的行政法规（国务院令第228号），自1997年9月1日起施行。该条例是全面调整广播电视相关活动的行政法规，在境内设立广播电台、电视台和采编、制作、播放、传输广播电视节目等活动，应遵守该条例。

【例题1】 以下关于广播电视新闻管理要求中正确的是（　　）。

A. 广播电视应当遵循真实、公正的原则

B. 时政新闻节目和时政新闻类栏目可以用企业或产品名称冠名

C. 有关人物专访、企业专题报道等节目中可以出现企业地址、电话、联系办法等广告宣传内容

D. 可以以新闻报道形式播放广告

解析：本题的正确答案是 A

《广播电视广告播放管理暂行办法》第十五条规定：广播电视广告应当与其他广播电视节目有明显区分，不得以新闻报道形式播放或变相播放广告。时政新闻节目及时政新闻类栏目不得以企业或产品名称冠名。有关人物专访、企业专题报道等节目中不得含有地址、电话、联系办法等广告宣传内容。

【例题2】《广播电视管理条例》的适用范围包括下列选项中的（　　）。

A. 设立广播电台电视台　　　　　B. 采编广播电视节目

C. 传输广播电视节目　　　　　　D. 设立广告公司

解析：本题的正确答案是 ABC

《广播电视管理条例》是 1997 年 8 月 1 日由国务院第六十一次常务会议通过的行政法规（国务院令第 228 号），自 1997 年 9 月 1 日起施行。该条例是全面调整广播电视相关活动的行政法规，在境内设立广播电台、电视台和采编、制作、播放、传输广播电视节目等活动，应遵守该条例。

【例题3】 根据我国的《广播电视管理条例》，下列选项正确的有（　　）。

A. 公民张三在自家房屋外安装一个卫星电视接收设备，张三认为他这样做不违反国家的有关规定

B. 广播电视发射台、转播台擅自播放自办节目和插播广告是违法行为

C. 广播电视发射台、转播台出租、转让经核准使用的频率、频段或擅自变更已经批准的各项技术参数的行为是违法的

D. 经乡、镇人民政府批准，可以设立广播电视站

解析：本题的正确答案是 BC

A 选项，《广播电视管理条例》第二十六条规定，安装和使用卫星广播电视地面接收设施，应当按照国家有关规定向省、自治区、直辖市人民政府广播电视行政部门申领许可证。进口境外卫星广播电视节目解码器、解压器及其他卫星广播电视地面接收设施，应当经国务院广播电视行政部门审查同意。D 选项，第十条规定，广播电台、电视台由县、不设区的市以上人民政府广播电视行政部门设立，其中教育

电视台可以由设区的市、自治州以上人民政府教育行政部门设立。其他任何单位和个人不得设立广播电台、电视台。

禁止制作、播放的广播电视节目

根据《广播电视管理条例》的相关规定：广播电台、电视台应当提高广播电视节目质量，增加国产优秀节目数量，禁止制作、播放载有下列内容的节目：（1）危害国家的统一、主权和领土完整的；（2）危害国家的安全、荣誉和利益的；（3）煽动民族分裂，破坏民族团结的；（4）泄露国家秘密的；（5）诽谤、侮辱他人的；（6）宣扬淫秽、迷信或渲染暴力的；（7）法律、行政法规规定禁止的其他内容。

【例题1】设立电视剧制作单位，应当经国务院（　　）行政部门批准。

A. 文化　　　　　　B. 广播电视　　　　C. 出版　　　　　　D. 音像

解析：本题的正确答案是 B

设立电视剧制作单位，应当经国务院广播电视行政部门批准。《广播电视管理条例》是1997年8月1日由国务院第六十一次常务会议通过的行政法规（国务院令第228号），自1997年9月1日起施行。该条例是全面调整广播电视相关活动的行政法规，在境内设立广播电台、电视台和采编、制作、播放、传输广播电视节目等活动，应遵守该条例。

【例题2】广播电视播出机构禁止制作、播放有（　　）内容的节目。

A. 批评上级党委和政府部门的

B. 煽动民族分裂，破坏民族团结的

C. 泄露国家秘密的

D. 宣扬淫秽、迷信或者渲染暴力的

解析：本题的正确答案是 BCD

根据《广播电视管理条例》的相关规定：广播电台、电视台应当提高广播电视节目质量，增加国产优秀节目数量，禁止制作、播放载有下列内容的节目：（1）危害国家的统一、主权和领土完整的；（2）危害国家的安全、荣誉和利益的；（3）煽动民族分裂，破坏民族团结的；（4）泄露国家秘密的；（5）诽谤、侮辱他人的；（6）宣扬淫秽、迷信或渲染暴力的；（7）法律、行政法规规定禁止的其他内容。

【例题3】未经广电总局批准，电视台不得在晚间（　　）播出境外影视剧。

A. 6点　　　　　　B. 8点　　　　　　C. 9点　　　　　　D. 11点

解析：本题的正确答案是 BC

《广电总局关于进一步加强和改进境外影视剧引进和播出管理的通知》要求进一步加强和改进境外影视剧引进和播出管理工作，境外影视剧不得在黄金时段

（19：00～22：00）播出。

广播电视新闻应当遵守的原则

广播电视新闻应当遵守真实、公正的原则。

【例题 1】广播电视法律体系不包括下列选项中的（　　）。

A. 宪法　　　　　　　　　　　B. 行政法规

C. 地方性法规　　　　　　　　D. 国家领导人的讲话文件

解析：本题的正确答案是 D

国家领导人的讲话文件不包括在法律体系中。

【例题 2】广播电台、电视台（含广播电视台）等广播电视播出机构每套节目每日公益广告播出时长不得少于商业广告时长的（　　）。

A. 3%　　　　　B. 4%　　　　　C. 5%　　　　　D. 6%

解析：本题的正确答案是 A

《广播电视广告播出管理办法》（广电总局令第 61 号）中规定播出机构每套节目每日公益广告播出时长不得少于商业广告时长的 3%。

【例题 3】广播电台、电视台每套节目中每天播放（　　）广告时长不得少于商业广告时长的 3%。

A. 烟草　　　　B. 汽车　　　　C. 公益　　　　D. 食品

解析：本题的正确答案是 C

《广播电视广告播出管理办法》第十六条规定：播出机构每套节目每日公益广告播出时长不得少于商业广告时长的 3%。

广播电台、电视台使用语言文字的原则

广播电台、电视台应当使用规范的语言文字。广播电台、电视台应当推广全国通用的普通话。

【例题】下列选项中，不属于国家通用语言文字使用总原则的一项是（　　）。

A. 有利于维护国家主权和民族尊严

B. 有利于传播本民族文化传统

C. 有利于国家统一和民族团结

D. 有利于社会主义物质和精神文明建设

解析：本题的正确答案是 B

国家通用语言文字使用的总原则是：国家通用语言文字的使用应当有利于维护国家主权和民族尊严，有利于国家统一和民族团结，有利于社会主义物质文明和精神文明建设。

广播电台、电视台审查节目的要求

广播电台、电视台对其播放的广播电视节目内容，应当依照本条例第三十二条，即禁止制作、播放的广播电视节目的规定进行播前审查，重播重审。

《广播电视管理条例》

第一章　总　则

第一条　为了加强广播电视管理，发展广播电视事业，促进社会主义精神文明和物质文明建设，制定本条例。

第二条　本条例适用于在中华人民共和国境内设立广播电台、电视台和采编、制作、播放、传输广播电视节目等活动。

第三条　广播电视事业应当坚持为人民服务、为社会主义服务的方向，坚持正确的舆论导向。

第四条　国家发展广播电视事业。县级以上人民政府应当将广播电视事业纳入国民经济和社会发展规划，并根据需要和财力逐步增加投入，提高广播电视覆盖率。国家支持农村广播电视事业的发展。国家扶持民族自治地方和边远贫困地区发展广播电视事业。

第五条　国务院广播电视行政部门负责全国的广播电视管理工作。县级以上地方人民政府负责广播电视行政管理工作的部门或者机构（以下统称广播电视行政部门）负责本行政区域内的广播电视管理工作。

第六条　全国性广播电视行业的社会团体按照其章程，实行自律管理，并在国务院广播电视行政部门的指导下开展活动。

第七条　国家对为广播电视事业发展做出显著贡献的单位和个人，给予奖励。

第二章　广播电台和电视台

第八条　国务院广播电视行政部门负责制定全国广播电台、电视台的设立规划，确定广播电台、电视台的总量、布局和结构。本条例所称广播电台、电视台是指采编、制作并通过有线或者无线的方式播放广播电视节目的机构。

第九条　设立广播电台、电视台，应当具备下列条件：（一）有符合国家规定的广播电视专业人员；（二）有符合国家规定的广播电视技术设备；（三）有必要的基本建设资金和稳定的资金保障；（四）有必要的场所。审批设立广播电台、电视台，除依照前款所列条件外，还应当符合国家的广播电视建设规划和技术发展规划。

第十条　广播电台、电视台由县、不设区的市以上人民政府广播电视行政部门设立，其中教育电视台可以由设区的市、自治州以上人民政府教育行政部门设立。其他任何单位和个人不得设立广播电台、电视台。国家禁止设立外资经营、中外合资经营和中外合作经营的广播电台、电视台。

第十一条　中央的广播电台、电视台由国务院广播电视行政部门设立。地方设立广播电台、电视台的，由县、不设区的市以上地方人民政府广播电视行政部门提出申请，本级人民政府审查同意后，逐级上报，经国务院广播电视行政部门审查批准后，方可筹建。中央的教育电视台由国务院教育行政部门设立，报国务院广播电视行政部门审查批准。地方设立教育电视台的，由设区的市、自治州以上地方人民政府教育行政部门提出申请，征得同级广播电视行政部门同意并经本级人民政府审查同意后，逐级上报，经国务院教育行政部门审核，由国务院广播电视行政部门审查批准后，方可筹建。

第十二条　经批准筹建的广播电台、电视台，应当按照国家规定的建设程序和广播电视技术标准进行工程建设。建成的广播电台、电视台，经国务院广播电视行政部门审查符合条件的，发给广播电台、电视台许可证。广播电台、电视台应当按照许可证载明的台名、台标、节目设置范围和节目套数等事项制作、播放节目。

第十三条　广播电台、电视台变更台名、台标、节目设置范围或者节目套数的，应当经国务院广播电视行政部门批准。广播电台、电视台不得出租、转让播出时段。

第十四条　广播电台、电视台终止，应当按照原审批程序申报，其许可证由国务院广播电视行政部门收回。广播电台、电视台因特殊情况需要暂时停止播出的，应当经省级以上人民政府广播电视行政部门同意；未经批准，连续停止播出超过30日的，视为终止，应当依照前款规定办理有关手续。

第十五条　乡、镇设立广播电视站的，由所在地县级以上人民政府广播电视行政部门负责审核，并按照国务院广播电视行政部门的有关规定审批。机关、部队、团体、企业事业单位设立有线广播电视站的，按照国务院有关规定审批。

第十六条　任何单位和个人不得冲击广播电台、电视台，不得损坏广播电台、电视台的设施，不得危害其安全播出。

第三章　广播电视传输覆盖网

第十七条　国务院广播电视行政部门应当对全国广播电视传输覆盖网按照国家的统一标准实行统一规划，并实行分级建设和开发。县级以上地方人民政府广播电视行政部门应当按照国家有关规定，组建和管理本行政区域内的广播电视传输覆盖网。组建广播电视传输覆盖网，包括充分利用国家现有的公用通信等各种网络资源，应当确保广播电视节目传输质量和畅通。本条例所称广播电视传输覆盖网，由广播电视发射台、转播台（包括差转台、收转台，下同）、广播电视卫星、卫星上行站、卫星收转站、微波站、监测台（站）及有线广播电视传输覆盖网等构成。

第十八条　国务院广播电视行政部门负责指配广播电视专用频段的频率，并核发频率专用指配证明。

第十九条　设立广播电视发射台、转播台、微波站、卫星上行站，应当按照国家有关规定，持国务院广播电视行政部门核发的频率专用指配证明，向国家的或者省、自治区、直辖市的无线电管理机构办理审批手续，领取无线电台执照。

第二十条　广播电视发射台、转播台应当按照国务院广播电视行政部门的有关规定发射、转播广播电视节目。广播电视发射台、转播台经核准使用的频率、频段不得出租、转让，已经批准的各项技术参数不得擅自变更。

第二十一条　广播电视发射台、转播台不得擅自播放自办节目和插播广告。

第二十二条　广播电视传输覆盖网的工程选址、设计、施工、安装，应当按照国家有关规定办理，并由依法取得相应资格证书的单位承担。广播电视传输覆盖网的工程建设和使用的广播电视技术设备，应当符合国家标准、行业标准。工程竣工后，由广播电视行政部门组织验收，验收合格的，方可投入使用。

第二十三条　区域性有线广播电视传输覆盖网，由县级以上地方人民政府广播电视行政部门设立和管理。区域性有线广播电视传输覆盖网的规划、建设方案，由县级人民政府或者设区的市、自治州人民政府的广播电视行政部门报省、自治区、直辖市人民政府广播电视行政部门批准后实施，或者由省、自治区、直辖市人民政府广播电视行政部门报国务院广播电视行政部门批准后实施。同一行政区域只能设立一个区域性有线广播电视传输覆盖网。有线电视站应当按照规划与区域性有线电视传输覆盖网联网。

第二十四条　未经批准，任何单位和个人不得擅自利用有线广播电视传输覆盖网播放节目。

第二十五条　传输广播电视节目的卫星空间段资源的管理和使用，应当符合国家有关规定。广播电台、电视台利用卫星方式传输广播电视节目，应当符合国家规定的条件，并经国务院广播电视行政部门审核批准。

第二十六条　安装和使用卫星广播电视地面接收设施，应当按照国家有关规定向省、自治区、直辖市人民政府广播电视行政部门申领许可证。进口境外卫星广播电视节目解码器、解压器及其他卫星广播电视地面接收设施，应当经国务院广播电视行政部门审查同意。

第二十七条　禁止任何单位和个人侵占、哄抢或者以其他方式破坏广播电视传输覆盖网的设施。

第二十八条　任何单位和个人不得侵占、干扰广播电视专用频率，不得擅自截传、干扰、解扰广播电视信号。

第二十九条 县级以上人民政府广播电视行政部门应当采取卫星传送、无线转播、有线广播、有线电视等多种方式，提高农村广播电视覆盖率。

第四章 广播电视节目

第三十条 广播电台、电视台应当按照国务院广播电视行政部门批准的节目设置范围开办节目。

第三十一条 广播电视节目由广播电台、电视台和省级以上人民政府广播电视行政部门批准设立的广播电视节目制作经营单位制作。广播电台、电视台不得播放未取得广播电视节目制作经营许可的单位制作的广播电视节目。

第三十二条 广播电台、电视台应当提高广播电视节目质量，增加国产优秀节目数量，禁止制作、播放载有下列内容的节目：（一）危害国家的统一、主权和领土完整的；（二）危害国家的安全、荣誉和利益的；（三）煽动民族分裂，破坏民族团结的；（四）泄露国家秘密的；（五）诽谤、侮辱他人的；（六）宣扬淫秽、迷信或者渲染暴力的；（七）法律、行政法规规定禁止的其他内容。

第三十三条 广播电台、电视台对其播放的广播电视节目内容，应当依照本条例第三十二条的规定进行播前审查，重播重审。

第三十四条 广播电视新闻应当真实、公正。

第三十五条 设立电视剧制作单位，应当经国务院广播电视行政部门批准，取得电视剧制作许可证后，方可制作电视剧。电视剧的制作和播出管理办法，由国务院广播电视行政部门规定。

第三十六条 广播电台、电视台应当使用规范的语言文字。广播电台、电视台应当推广全国通用的普通话。

第三十七条 地方广播电台、电视台或者广播电视站，应当按照国务院广播电视行政部门的有关规定转播广播电视节目。

乡、镇设立的广播电视站不得自办电视节目。

第三十八条 广播电台、电视台应当按照节目预告播放广播电视节目；确需更换、调整原预告节目的，应当提前向公众告示。

第三十九条 用于广播电台、电视台播放的境外电影、电视剧，必须经国务院广播电视行政部门审查批准。用于广播电台、电视台播放的境外其他广播电视节目，必须经国务院广播电视行政部门或者其授权的机构审查批准。向境外提供的广播电视节目，应当按照国家有关规定向省级以上人民政府广播电视行政部门备案。

第四十条 广播电台、电视台播放境外广播电视节目的时间与广播电视节目总播放时间的比例，由国务院广播电视行政部门规定。

第四十一条　广播电台、电视台以卫星等传输方式进口、转播境外广播电视节目，必须经国务院广播电视行政部门批准。

第四十二条　广播电台、电视台播放广告，不得超过国务院广播电视行政部门规定的时间。广播电台、电视台应当播放公益性广告。

第四十三条　国务院广播电视行政部门在特殊情况下，可以作出停止播出、更换特定节目或者指定转播特定节目的决定。

第四十四条　教育电视台应当按照国家有关规定播放各类教育教学节目，不得播放与教学内容无关的电影、电视片。

第四十五条　举办国际性、全国性的广播电视节目交流、交易活动，应当经国务院广播电视行政部门批准，并由指定的单位承办。举办区域性广播电视节目交流、交易活动，应当经举办地的省、自治区、直辖市人民政府广播电视行政部门批准，并由指定的单位承办。未经批准，任何单位和个人不得举办广播电视节目的交流、交易活动。

第四十六条　对享有著作权的广播电视节目的播放和使用，依照《中华人民共和国著作权法》的规定办理。

第五章　罚则

第四十七条　违反本条例规定，擅自设立广播电台、电视台、教育电视台、有线广播电视传输覆盖网、广播电视站的，由县级以上人民政府广播电视行政部门予以取缔，没收其从事违法活动的设备，并处投资总额1倍以上2倍以下的罚款。擅自设立广播电视发射台、转播台、微波站、卫星上行站的，由县级以上人民政府广播电视行政部门予以取缔，没收其从事违法活动的设备，并处投资总额1倍以上2倍以下的罚款；或者由无线电管理机构依照国家无线电管理的有关规定予以处罚。

第四十八条　违反本条例规定，擅自设立广播电视节目制作经营单位或者擅自制作电视剧及其他广播电视节目的，由县级以上人民政府广播电视行政部门予以取缔，没收其从事违法活动的专用工具、设备和节目载体，并处1万元以上5万元以下的罚款。

第四十九条　违反本条例规定，制作、播放、向境外提供含有本条例第三十二条规定禁止内容的节目的，由县级以上人民政府广播电视行政部门责令停止制作、播放、向境外提供，收缴其节目载体，并处1万元以上5万元以下的罚款；情节严重的，由原批准机关吊销许可证；违反治安管理规定的，由公安机关依法给予治安管理处罚；构成犯罪的，依法追究刑事责任。

第五十条 违反本条例规定，有下列行为之一的，由县级以上人民政府广播电视行政部门责令停止违法活动，给予警告，没收违法所得，可以并处 2 万元以下的罚款；情节严重的，由原批准机关吊销许可证：（一）未经批准，擅自变更台名、台标、节目设置范围或者节目套数的；（二）出租、转让播出时段的；（三）转播、播放广播电视节目违反规定的；（四）播放境外广播电视节目或者广告的时间超出规定的；（五）播放未取得广播电视节目制作经营许可的单位制作的广播电视节目或者未取得电视剧制作许可的单位制作的电视剧的；（六）播放未经批准的境外电影、电视剧和其他广播电视节目的；（七）教育电视台播放本条例第四十四条规定禁止播放的节目的；（八）未经批准，擅自举办广播电视节目交流、交易活动的。

第五十一条 违反本条例规定，有下列行为之一的，由县级以上人民政府广播电视行政部门责令停止违法活动，给予警告，没收违法所得和从事违法活动的专用工具、设备，可以并处 2 万元以下的罚款；情节严重的，由原批准机关吊销许可证：（一）出租、转让频率、频段，擅自变更广播电视发射台、转播台技术参数的；（二）广播电视发射台、转播台擅自播放自办节目、插播广告的；（三）未经批准，擅自利用卫星方式传输广播电视节目的；（四）未经批准，擅自以卫星等传输方式进口、转播境外广播电视节目的；（五）未经批准，擅自利用有线广播电视传输覆盖网播放节目的；（六）未经批准，擅自进行广播电视传输覆盖网的工程选址、设计、施工、安装的；（七）侵占、干扰广播电视专用频率，擅自截传、干扰、解扰广播电视信号的。

第五十二条 违反本条例规定，危害广播电台、电视台安全播出的，破坏广播电视设施的，由县级以上人民政府广播电视行政部门责令停止违法活动；情节严重的，处 2 万元以上 5 万元以下的罚款；造成损害的，侵害人应当依法赔偿损失；构成犯罪的，依法追究刑事责任。

第五十三条 广播电视行政部门及其工作人员在广播电视管理工作中滥用职权、玩忽职守、徇私舞弊，构成犯罪的，依法追究刑事责任；尚不构成犯罪的，依法给予行政处分。

第六章 附 则

第五十四条 本条例施行前已经设立的广播电台、电视台、教育电视台、广播电视发射台、转播台、广播电视节目制作经营单位，自本条例施行之日起 6 个月内，应当依照本条例的规定重新办理审核手续；不符合本条例规定的，予以撤销；已有的县级教育电视台可以与县级电视台合并，开办教育节目频道。

第五十五条 本条例自 1997 年 9 月 1 日起施行。

（七）政府信息公开条例

政府信息公开条例

2007年4月5日，国务院颁布了《政府信息公开条例》（国务院令第492号），该条例自2008年5月1日起正式施行。本条例所称政府信息，是指行政机关在履行职责过程中制作或者获取的，以一定形式记录、保存的信息。政府信息公开的主体包括：一是行政机关；二是法律、法规授权的具有管理公共事务职能的组织；三是与群众利益密切相关的公共企事业单位。

行政机关公开政府信息，应当遵循公正、公平、便民的原则，依照国家有关规定需要批准的，未经批准不得发布。行政机关应主动公开如下信息：一是涉及公民、法人或者其他组织切身利益的；二是需要社会公众广泛知晓或者参与的；三是反映本行政机关机构设置、职能、办事程序等情况的；四是其他依照法律、法规和国家有关规定应发主动公开的。

制定《政府信息公开条例》是为了保障公民、法人和其他组织依法获取政府信息，提高政府工作的透明度，促进依法行政，充分发挥政府信息对人民群众生产、生活和经济社会活动的服务作用。

【例题1】根据《中华人民共和国政府信息公开条例》第二章第九条，行政机关对符合某些基本要求的政府信息应当主动公开，这些基本要求诸如（　　　）。

A. 涉及公民、法人或者其他组织切身利益的

B. 需要社会公众广泛知晓或者参与的

C. 未经加密处理的政府文件

D. 反映本行政机关机构设置、职能、办事程序等情况的

解析：本题的正确答案是 ABD

行政机关公开政府信息，应当遵循公正、公平、便民的原则，依照国家有关规定需要批准的，未经批准不得发布。行政机关应主动公开如下信息：一是涉及公民、法人或者其他组织切身利益的；二是需要社会公众广泛知晓或者参与的；三是反映本行政机关机构设置、职能、办事程序等情况的；四是其他依照法律、法规和国家有关规定应发主动公开的。

【例题2】政府信息公开申请的内容不包括（　　　）。

A. 申请人的姓名或者名称、联系方式

B. 申请公开相关政府信息的理由

C. 申请公开的政府信息的内容描述

D. 申请公开的政府信息的形式要求

解析：本题的正确答案是 B

行政机关公开政府信息，应当遵循公正、公平、便民的原则，依照国家有关规定需要批准的，未经批准不得发布。行政机关应主动公开如下信息：一是涉及公民、法人或者其他组织切身利益的；二是需要社会公众广泛知晓或者参与的；三是反映本行政机关机构设置、职能、办事程序等情况的；四是其他依照法律、法规和国家有关规定应发主动公开的。所以内容不包括申请公开相关政府信息的理由。

信息网络传播权保护条例

《信息网络传播权保护条例》于 2006 年 5 月 18 日以中华人民共和国国务院令第 468 号公布，根据 2013 年 1 月 30 日中华人民共和国国务院令第 634 号《国务院关于修改〈信息网络传播权保护条例〉的决定》修订。该《条例》共 27 条，自 2006 年 7 月 1 日起施行。

信息网络传播权是指以有线或者无线方式向公众提供作品、表演或者录音录像制品，使公众可以在其个人选定的时间和地点获得作品、表演或者录音录像制品的权利。《条例》包括合理使用、法定许可、避风港原则、版权管理技术等一系列内容，区分了著作权人、图书馆、网络服务商、读者各自可以享受的权益，网络传播和使用都有法可依，形成一个相互依存、相互作用、相互影响的"对立统一"关系，很好地体现了产业发展与权利人利益、公众利益的平衡，为产业加速发展做好了法律准备。

第三部分

经济学、社会学、
文学常识

一、经济学常识（15%）

（分值比重：★★★★）

我国的基本经济制度

公有制为主体，多种所有制经济共同发展。

【例题1】 从 19 世纪 50 年代开始，马克思把研究的重点从哲学转向经济学领域，写出了被称为"工人阶级圣经"的（　　）一书。

A. 《德意志意识形态》　　　　　　B. 《资本论》

C. 《共产党宣言》　　　　　　　　D. 《经济学手稿》

解析： 本题的正确答案是 B

从 19 世纪 50 年代开始，马克思把研究的重点从哲学转向经济学领域，用 20 年时间，写出了被称为"工人阶级圣经"的《资本论》，第一卷于 1867 年发表。

【例题2】 我国社会主义初级阶段的基本经济制度是（　　）。

A. 全民所有制

B. 生产资料公有制

C. 股份合作制

D. 公有制为主体和多种所有制经济共同发展

解析： 本题的正确答案是 D

中国社会主义初级阶段的基本经济制度是指社会主义公有制为主体、多种所有制经济共同发展的经济制度。

【例题3】 我国经济体制的根本性创新是建立（　　）。

A. 计划经济体制　　　　　　　　B. 计划经济与市场经济相结合的体制

C. 市场经济体制　　　　　　　　D. 社会主义市场经济体制

解析： 本题的正确答案是 D

建立社会主义市场经济体制是我国经济体制的根本性创新，是实现社会主义现代化的根本途径，它具有自身质的规定性与基本特征。

【例题4】（　　　）指的是一定社会中占统治地位的生产关系的总和。

A. 经济规模　　　　B. 经济制度　　　　C. 经济模式　　　　D. 经济规范

解析：本题的正确答案是 B

经济制度是人类社会发展到一定阶段占主要地位的生产关系的总和。经济规模，又称经济总体规模，是一个反映国家或地区国家经济总量的指标。经济模式表示的是经济主体运行中带有总体性的本质性特征，按社会制度不同可分为资本主义经济模式和社会主义经济模式。

【例题5】我国社会主义初级阶段实行（　　　）的分配制度。

A. 按需分配　　　　　　　　　　B. 按生产要素分配

C. 完全的按劳分配　　　　　　　D. 按劳分配为主，多种分配方式并存

解析：本题的正确答案是 D

我国的分配制度是以按劳分配为主体、多种分配方式并存。

【例题6】社会主义公有制经济包括（　　　）。

A. 国有经济　　　　　　　　　　B. 集体经济

C. 混合经济中的国有成分　　　　D. 合资和合作经济

解析：本题的正确答案是 ABC

社会主义公有制经济包括国有经济、集体经济、混合经济中的国有成分。

【例题7】社会主义市场经济体制的基本特征包括（　　　）。

A. 以公有制为主体，多种所有制经济共同发展

B. 坚持按劳分配为主，多种分配方式并存

C. 宏观调控能更好发挥计划与市场的调节

D. 经济关系市场化

解析：本题的正确答案是 ABCD

我国社会主义市场经济是在以公有制为主体、包括私人经济在内的多种经济成分共同发展的条件下运行的市场经济。分配上，是按劳分配为主体、多种分配方式并存的分配制度。C 选项，在市场经济条件下，建立起了各种市场，形成了统一开放的市场体系，由市场形成价格，保证各种商品和生产要素的自由流动，各种经济资源由市场来发挥基础性配置作用，加之以政府的宏观调控。D 选项是一般市场经济的共性，所以不选。

【例题8】我国社会主义公有制的主体地位主要体现在（　　　）。

A. 国有经济控制国民经济命脉，对经济发展起主导作用

B. 公有资产在社会总资产中占优势

C. 国有经济在国民经济中的比重不断提高

D. 公有资产在各个地方和产业中都占优势

解析： 本题的正确答案是 AB

C 选项，国有经济在国民经济中的比重是下降的。D 选项，公有资产在社会总资产中占优势，但不是在各个地方和产业中都占优势。

【例题 9】 国有企业改革的方向是（　　　）。

A. 建立现代企业制度　　　　　　B. 落实经营责任制

C. 实现所有权与经营权分离　　　D. 建立科学的企业领导体制

解析： 本题的正确答案是 A

1993 年十四届三中全会提出，我国国有企业改革的方向是建立以股份制为核心的现代企业制度。

【例题 10】 按劳分配是社会主义的分配原则，其必然性在于（　　　）。

A. 社会主义生产资料公有制是实行按劳分配的前提条件

B. 社会主义生产力水平是实行按劳分配的物质条件

C. 劳动存在重大差别，同时劳动还是人们谋生的手段，是实行按劳分配的直接原因

D. 共同富裕的目标是实行按劳分配的直接原因

解析： 本题的正确答案是 ABC

经济体制与经济制度

经济制度是一定社会中占统治地位的生产关系的总和。经济体制则是一定社会发展阶段上特定的生产关系的具体形式和运行方式。经济制度反映生产关系的性质，经济体制反映社会经济采取的资源配置方式。经济制度是经济体制的基础，它决定着经济体制的根本性质和主要特点，规定着它的发展方向。同一种经济制度，可以采取不同的经济体制，不同的经济制度也可以采取相同的经济体制。因而，经济体制的变化并不必然意味着经济制度的改变。

【例题 1】 建立（　　　），是发展社会化大生产和市场经济的必然要求，是我国国有企业改革的方向。

A. 现代农业制度　　　　　　　　B. 现代商业制度

C. 现代金融制度　　　　　　　　D. 现代企业制度

解析：本题的正确答案是 D

现代企业制度是指以市场经济为前提，以规范和完善的企业法人制度为主体，以有限责任制度为核心，适应社会化大生产要求的一整套科学的企业组织制度和管理制度。

【例题2】经济制度不同于经济体制，经济制度是经济体制的（　　　）。

　　A. 衍生　　　　　　B. 集合　　　　　　C. 基础　　　　　　D. 呈现

解析：本题的正确答案是 C

经济制度是一定社会占统治地位的生产关系的总和，它规定着该社会生产、分配和交换的基本原则，规定着该社会生产关系的性质，是该社会的基本制度。经济体制是一定经济制度所采取的具体组织形式和管理体系，是生产关系的具体实现形式，它反映社会经济在组织生产、交换、分配过程中采取的资源配置方式。经济制度是经济体制的基础，决定经济体制的根本性质和主要特点，规定着它的发展方向，无论选择何种经济体制，都不能背离经济制度的要求；另一方面，经济制度也要通过与之相适应的经济体制反映出来，通过经济体制的运作和改革使经济制度得以巩固、发展和完善。

社会主义市场经济体制的基本特征

社会主义市场经济，是把市场经济与社会主义制度相结合，它不仅具有市场经济的一般规定和特征，同时又是与社会主义基本制度相结合的市场经济，是在积极有效的国家宏观调控下，市场对资源配置起基础性作用，能够实现效率与公平的经济体制。建立社会主义市场经济体制是我国经济体制的根本性创新，是实现社会主义现代化的根本途径，它具有自身质的规定性与基本特征。

首先，社会主义市场经济不同于传统的计划经济。社会主义市场经济体制的建立是对传统的计划经济体制的根本性变革，它已不再是传统的计划经济，而是市场经济了，具有市场经济的基本属性。

1. 市场主体的独立性、平等性。指无论是个人还是企业都是平等的、独立的经济实体，他们具有自主作出经济决策的权力，并要独立承担决策所带来的风险。这与计划经济体制下由政府部门作出经济决策并承担责任的经济模式根本不同。

2. 市场对资源发挥基础性配置作用。在市场经济条件下，建立起了各种市场，形成了统一开放的市场体系，由市场形成价格，保证各种商品和生产要素的自由流动，各种经济资源由市场来发挥基础性配置作用。这与计划经济体制下由政府来配置资源根本不同。

3. 间接的政府宏观调控体系。在市场经济条件下，政府主要是通过各种非行政手段对经济活动进行间接的宏观调控。这与传统的计划经济条件下用直接的行政手段来管理经济有根本不同。

4. 市场经济是法制经济。市场经济的各种活动主要由各种法规进行规范。

5. 在国际交往中，要遵循国际通行的惯例和准则。

其次，社会主义市场经济是与我国社会主义基本制度结合在一起的经济形态。社会主义市场经济也是市场经济。作为市场经济，它本身没有姓"社"姓"资"之分。但是，市场经济又总是与各国特有的历史条件和社会基本制度结合在一起，因而又具有自身固有的特点。我国社会主义市场经济是与社会主义公有制、中国共产党的领导、共同富裕的奋斗目标紧密相连的，与以私有制为基础的资本主义市场经济形态有根本的不同。

从经济上看，我国社会主义市场经济是在以公有制为主体、包括私人经济在内的多种经济成分共同发展的条件下运行的市场经济。现在，资本主义国家实行市场经济，都是以生产资料私有制为基础的，一些由计划经济向市场经济过渡的原来的社会主义国家，也多是和私有化同时进行的。我国则是在坚持公有制为主体的条件下实行市场经济的。既要坚持以公有制为主体，又要实行市场经济，这是一个前无古人的伟大创举。因此，在建立社会主义市场经济体制过程中，必须坚持和完善多种多样的公有制经济形式，理顺国家与企业的关系和进一步转换国有企业经营机制。这样，以公有制为主体的混合所有制结构，特别是国有及由国家控股的大中型骨干企业，将会更好地发挥自己的优势，保证国民经济的合理布局，节约资源和市场有序运行。

从政治上看，我国社会主义市场经济是由中国共产党领导、由政府有力地进行宏观调控的市场经济。在中国这样一个大国，现代化建设，国家的统一，人民的团结，社会的安定，民主的发展，都要依靠党的领导。没有共产党的领导，必然四分五裂，一事无成。改革开放以来，我国各条战线取得举世瞩目的伟大成就，都是在党的领导下取得的。在我国实行社会主义市场经济是实现社会主义现代化的必经途径，是一项艰难的开创性事业，只有在中国共产党的领导下才可能取得成功。同时，在社会主义市场经济体制建立过程中，必须有政府的强有力的宏观调控，通过经济政策、经济法规、计划指导和必要的行政管理，为市场经济创造一个稳定、安全、有序、公正的社会经济环境。

从奋斗目标上看，我国社会主义市场经济要以实现共同富裕为根本原则。资本主义市场经济以私有制为基础，财产的私人占有必然导致私人资本的无限扩张和社会的两极分化。而我国实行市场经济，虽然允许合理的收入差距，鼓励一部分人先富起来，但最终是要达到共同富裕，才不至于导致两极分化，"富的越富，贫的越贫"。这是因为：（1）公有制经济为主体会使私人资本的膨胀受到制度的限制，凭借私人资本参与分配会被限制在一定范围，避免私人资本的扩张。（2）经济技术的发展，劳动力市场的形成，劳动力的自由流动，有助于贯彻按劳分配原则，减少不同地区、不同企业之间的非劳动因素造成的个人收入差距。（3）政府为了确保市场经济社会主义性质，会通过各种宏观调控手段，来防止和纠正收入差距的过分扩大，保证共同富裕目标的实现。

【例题1】 社会主义市场经济体系的基本特征应当包括（　　）。

A. 统一　　　　　B. 开放　　　　　C. 竞争　　　　　D. 有序

解析： 本题的正确答案是 ABC

我国社会主义市场经济是在以公有制为主体、包括私人经济在内的多种经济成分共同发展的条件下运行的市场经济。分配上，是按劳分配为主体、多种分配方式并存的分配制度。C选项，在市场经济条件下，建立起了各种市场，形成了统一开放的市场体系，由市场形成价格，保证各种商品和生产要素的自由流动，各种经济资源由市场来发挥基础性配置作用，加之以政府的宏观调控。D选项是一般市场经济的共性，所以不选。

【例题2】 经济改革应该形成统一、开放、竞争、有序的大市场，其中"统一"指的是在全国范围内（　　）是统一的。

A. 产品价格　　　B. 产品质量　　　C. 生产方式　　　D. 市场体系

解析： 本题的正确答案是 D

产品价格由于各地区之间的经济状况、产品本身的供求情况不同，因此不可能统一；产品质量也不可能形成统一；生产方式是生产力和生产关系在物质资料生产过程中的统一，我国当下是社会主义的生产方式。市场体系是在社会化大生产充分发展的基础上，由各类市场组成的有机联系的整体。它包括生活资本市场、生产资料市场、劳动力市场、金融市场、技术市场、信息市场、产权市场、房地产市场等，它们相互联系、相互制约，推动整个社会经济的发展。培育和发展统一、开放、竞争、有序的市场体系，是建立社会主义市场经济体制的必要条件。简言之，市场体系就是相互联系的各类市场的有机统一体。

【例题3】 在社会主义初级阶段，非公有制经济是（　　）。

A. 社会主义公有制经济的补充　　　　B. 社会主义市场经济的重要组成部分

C. 具有公有性质经济　　　　　　　　D. 逐步向公有制过渡的经济

解析：本题的正确答案是 B

在社会主义初级阶段，非公有制经济是社会主义市场经济的重要组成部分。

【**例题 4**】经济制度的核心和基础是（　　　）。

A. 分配制度　　　　　　　　　　　　B. 生产资料所有制

C. 市场体系　　　　　　　　　　　　D. 产权制度

解析：本题的正确答案是 B

经济制度是指国家的统治阶级为了反映在社会中占统治地位的生产关系的发展要求，建立、维护和发展有利于其政治统治的经济秩序，而确认或创设的各种有关经济问题的规则和措施的总称。其核心和基础是生产资料所有制。

【**例题 5**】社会主义市场经济同其他市场经济不同的特征是（　　　）。

A. 经济活动市场化

B. 企业经营自主化

C. 以公有制为主体，多种所有制经济共同发展

D. 政府调节间接化

解析：本题的正确答案是 C

社会主义市场经济是市场经济发展的一种新的历史形式，也可以说是市场经济发展的新阶段。它包含着两个方面的规定性，一是市场经济的一般共性，二是社会主义制度本身的特性。因此，只有 C 选项是社会主义市场经济同其他市场经济不同的特征。

【**例题 6**】我国现行的分配制度是（　　　）。

A. 以按劳分配为主体，多种分配方式并存

B. 按需分配

C. 按劳分配

D. 按资分配

解析：本题的正确答案是 A

现阶段我国的分配制度是以按劳分配为主体，多种分配方式并存。

【**例题 7**】经济制度不同于经济体制，经济制度是经济体制的（　　　）。

A. 衍生　　　　B. 集合　　　　C. 基础　　　　D. 呈现

解析：本题的正确答案是 C

经济制度是指一定社会中居于统治地位的生产关系的总和，经济体制是指生产关系的具体组织形式和经济管理制度。经济制度是经济体制建立的前提和基础，经

济体制对经济制度具有反作用。

【例题8】社会主义市场经济体制的基本特征包括（　　　）。

A. 以公有制为主体，多种所有制经济共同发展

B. 坚持按劳分配为主体，多种分配方式并存

C. 宏观调控能更好发挥计划与市场的调节

D. 经济关系市场化

解析：本题的正确答案是 ABC

市场体系是在社会化大生产充分发展的基础上，由各类市场组成的有机联系的整体。它包括生活资本市场、生产资料市场、劳动力市场、金融市场、技术市场、信息市场、产权市场、房地产市场等，它们相互联系、相互制约，推动整个社会经济的发展。培育和发展统一、开放、竞争、有序的市场体系，是建立社会主义市场经济体制的必要条件。简言之，市场体系就是相互联系的各类市场的有机统一体。

社会主义市场经济的基本框架

市场化改革的主要环节是相互联系和相互制约的有机整体，构成了社会主义市场经济的基本框架。

以邓小平同志 1992 年年初重要谈话和党的十四大为标志，我国改革开放和现代化建设事业进入了一个新的发展阶段。十四大明确提出的建立社会主义市场经济体制，这是建设中国特色社会主义理论的重要组成部分，对于我国现代化建设事业具有重大而深远的意义。社会主义市场经济体制是同社会主义基本制度结合在一起的。建立社会主义市场经济体制，就是要使市场在国家宏观调控下对资源配置起基础性作用。为实现这个目标，必须坚持以公有制为主体、多种经济成分共同发展的方针，进一步转换国有企业经营机制，建立适应市场经济要求，产权清晰、权责明确、政企分开、管理科学的现代企业制度；建立全国统一开放的市场体系，实现城乡市场紧密结合，国内市场与国际市场相互衔接，促进资源的优化配置；转变政府管理经济的职能，建立以间接手段为主的完善的宏观调控体系，保证国民经济的健康运行；建立以按劳分配为主体，效率优先、兼顾公平的收入分配制度，鼓励一部分地区、一部分人先富起来，走共同富裕的道路；建立多层次的社会保障制度，为城乡居民提供同我国国情相适应的社会保障，促进经济发展和社会稳定。这些主要环节是相互联系和相互制约的有机整体，构成社会主义市场经济体制的基本框架。必须围绕这些主要环节，建立相应的法律体系，采取切实措施，积极而有步骤地全面推进改

革，促进社会生产力的发展。

【例题1】完善社会主义市场经济的主要任务包括（　　）。

A. 建立完善社会主义分配制度

B. 建立逐步改变城乡二元经济结构的体制

C. 建设统一开放有序的现代市场经济体系

D. 建立促进经济社会可持续发展的机制

解析：本题的正确答案是 ABCD

中国共产党十六届三中全会通过的《中共中央关于完善社会主义市场经济体制若干问题的决定》中指出经济体制改革的七项任务，即"完善公有制为主体、多种所有制经济共同发展的基本经济制度；建立有利于逐步改变城乡二元经济结构的体制；形成促进区域经济协调发展的机制；建设统一开放竞争有序的现代市场体系；完善宏观调控体系、行政管理体系和经济法律制度；健全就业、收入和社会保障制度；建立促进经济社会可持续发展的机制"。

【例题2】社会主义市场体系应该是（　　）的大市场。

A. 统一　　　　B. 开放　　　　C. 竞争　　　　D. 有序

解析：本题的正确答案是 ABCD

市场体系是在社会化大生产充分发展的基础上，由各类市场组成的有机联系的整体。它包括生活资本市场、生产资料市场、劳动力市场、金融市场、技术市场、信息市场、产权市场、房地产市场等，它们相互联系、相互制约，推动整个社会经济的发展。培育和发展统一、开放、竞争、有序的市场体系，是建立社会主义市场经济体制的必要条件。简言之，市场体系就是相互联系的各类市场的有机统一体。

【例题3】本世纪头 20 年我国经济建设和改革的主要任务是（　　）。

A. 完善社会主义经济体制，推动经济结构战略性调整

B. 基本实现工业化，大力推进现代化

C. 保持国民经济持续快速发展，不断提高人民生活水平

D. 消除体制性障碍，完善经济制度

解析：本题的正确答案是 ABC

十六大报告提出，本世纪头 20 年经济建设和改革的主要任务是，完善社会主义市场经济体制，推动经济结构战略性调整，基本实现工业化，大力推进信息化，加快建设现代化，保持国民经济持续快速健康发展，不断提高人民生活水平。这几项任务抓住了新世纪新阶段全面推进现代化建设的关键环节。

自由经营与政府干预

自由经营理论（或称经济自由主义）是指一种主张最大限度利用市场的机制和竞争的力量，由私人来协调一切社会经济活动，而只赋予国家以承办市场和竞争所不能有效地发挥作用的极少量的经济活动的思想和政策。国家干预理论（或称国家干预主义）是指一种主张削弱私人经济活动的范围，由国家干预和参与社会经济活动，在一定程度上，承担多种生产、交换、分配和消费经济职能的思想和政策。

这两种不同的经济理论在不同的历史时期各有发展，并交替发挥着作用。但自20世纪90年代以来，尤其是本次经济危机的出现，使得人们对这两种经济思想有了新的认识。无论是自由经营理念，还是国家干预政策，都无法保证国民经济的健康发展，只有将两者融合起来，才有更好的效果。我国所实行的宏观调控下的自由市场经济，即是国家干预和自由经营相结合的模式。

【例题1】在市场经济条件下，政府对经济活动应该（　　）。

A. 进行直接的行政干预　　　　　B. 采取不干预政策

C. 进行间接的宏观调控　　　　　D. 遵守"非调控"原则

解析：本题的正确答案是 C

党的十八届三中全会指出，要使市场在资源配置中起决定性作用。政府只是进行间接的宏观调控，减小了对资源的直接配置。

【例题2】现代企业制度的基本特征包括（　　）。

A. 产权清晰　　　　　　　　　　B. 权责明确

C. 政企分开　　　　　　　　　　D. 管理科学

解析：本题的正确答案是 ABCD

我国现代企业制度的基本特征：1. 产权清晰。主要指：（1）有具体的部门和机构代表国家对某些国有资产行使占有、使用、处置和收益等权利。（2）国有资产的边界要"清晰"，也就是通常所说的"摸清家底"。2. 权责明确。指合理区分和确定企业所有者、经营者和劳动者各自的权利和责任。3. 政企分开。指政府行政管理职能、宏观和行业管理职能与企业经营职能分开。4. 管理科学。虽然可以从企业所采取的具体管理方式的"先进性"上来判断，但最终还要从管理的经济效益上，即管理成本和管理收益的比较上做出评判。

资源配置

　　资源是指社会经济活动中人力、物力和财力的总和，是社会经济发展的基本物质条件。在社会经济发展的一定阶段上，相对于人们的需求而言，资源总是表现出相对的稀缺性，从而要求人们对有限的、相对稀缺的资源进行合理配置，以便用最少的资源耗费，生产出最适用的商品和劳务，获取最佳的效益。资源配置合理与否，对一个国家经济发展的成败有着极其重要的影响。一般来说，资源如果能够得到相对合理的配置，经济效益就显著提高，经济就能充满活力；否则，经济效益就明显低下，经济发展就会受到阻碍。

　　【例题】经济全球化本质上是（　　　），反映出经济关系国际化发展的客观趋势。

A. 生产的国际化　　　　　　　　　B. 发展的国际化

C. 资本的国际化　　　　　　　　　D. 资源配置的国际化

　　解析：本题的正确答案是 D

　　经济全球化本质上是资源配置的国际化。内容主要包括：生产全球化、贸易全球化和资本全球化。

成本与收益

　　成本是商品经济的价值范畴，是商品价值的组成部分。人们要进行生产经营活动或达到一定的目的，就必须耗费一定的资源（人力、物力和财力），其所费资源的货币表现及其对象化称之为成本。并且随着商品经济的不断发展，成本概念的内涵和外延都处于不断地变化发展之中。

　　亚当·斯密在《国富论》中，将收益定义为"那部分不侵蚀资本的可予消费的数额"，把收益看做是财富的增加。1890 年，艾·马歇尔（Alfred Maarshell）在其《经济学原理》中，把亚当·斯密的"财富的增加"这一收益观引入企业，提出区分实体资本和增值收益的经济学收益思想。20 世纪初期，美国经济学家尔文·费雪在其《资本与收益的性质》一书中，首先从收益的表现形式上分析了收益的概念，提出了三种不同形态的收益：精神收益、实际收益和货币收益。在上述三种不同形态的收益中，精神收益因主观性太强而无法计量，货币收益则因不考虑币值变化的静态概念而容易计量，因此，经济学家往往侧重于研究实际收益。

国内生产总值（GDP）

国内生产总值，Gross Domestic Product，简称 GDP，是指在一定时期内（一个季度或一年），一个国家或地区的经济中所生产出的全部最终产品和劳务的价值，常被公认为是衡量国家经济状况的最佳指标。

【例题 1】《国家中长期教育改革和发展规划纲要（2010～2020 年）》规定，到 2012 年，国家财政性教育经费支出占国内生产总值的比重将达到（　　）。

A. 3%　　　　　　　B. 4%　　　　　　　C. 5%　　　　　　　D. 6%

解析： 本题的正确答案是 B

《国家中长期教育改革和发展规划纲要（2010～2020 年）》提出：到 2012 年实现教育财政性支出占国内生产总值 4% 的目标。

【例题 2】 经济学中的简写"GDP"指的是（　　）。

A. 国内生产总值　　　　　　　　B. 国民生产总值

C. 国内总收入　　　　　　　　　D. 国民总收入

解析： 本题的正确答案是 A

国内生产总值（GDP），是指在一定时期内（一个季度或一年），一个国家或地区的经济中所生产出的全部最终产品和劳务的价值，常被公认为是衡量国家经济状况的最佳指标。国民生产总值（GNP），是指一定时期内（一个季度或一年），一个国家或地区所有常驻机构单位在收入初次分配的最终成果，是一国所拥有的生产要素所生产的最终产品价值，是一个国民概念。

居民消费价格指数（CPI）

居民消费物价指数，是根据与居民生活有关的产品及劳务价格统计出来的物价变动指标。居民消费价格指数是度量居民生活消费品和服务价格水平随着时间变动的相对数，综合反映居民购买的生活消费品和服务价格水平的变动情况。它是进行国民经济核算、宏观经济分析和预测、实施价格总水平调控的一项重要指标，并且世界各国一般用消费价格指数作为测定通货膨胀的主要指标。

【例题】 扩大和拉动国内居民的（　　）是促进经济增长的重要途径之一。

A. 储蓄能力　　　B. 投资能力　　　C. 资金需求　　　D. 消费需求

解析： 本题的正确答案是 D

拉动经济增长的三大主要方式是：扩大国内投资，刺激国内消费和扩大外贸出口。当下，世界经济全球化程度加深，金融危机造成的风险加剧，外贸出口难度加大；并且，我国工业化、城市化、现代化进程加快，市场潜力巨大。因此，扩大和拉动国内居民的消费需求是促进经济增长的重要途径。

恩格尔系数

恩格尔系数是食品支出总额占个人消费支出总额的比重。19 世纪德国统计学家恩格尔根据统计资料，对消费结构的变化得出一个规律：一个家庭收入越少，家庭收入中（或总支出中）用来购买食物的支出所占的比例就越大，随着家庭收入的增加，家庭收入中（或总支出中）用来购买食物的支出比例则会下降。推而广之，一个国家越穷，每个国民的平均收入中（或平均支出中）用于购买食物的支出所占比例就越大，随着国家的富裕，这个比例呈下降趋势。

【例题】按照恩格尔定律，我国在全面建设小康社会的过程中，恩格尔系数应该呈现（　　）趋势。

A. 上升　　　　　B. 下降　　　　　C. 稳定均衡　　　　D. 无法预测

解析：本题的正确答案是 B

国际上常用恩格尔系数（记作 n）来衡量一个国家和地区人民生活水平的状况，它的计算公式为：n＝食品消费支出总额/消费支出总额×100%。在全面建设小康社会的过程中，人民的生活水平会越来越高，食品消费占总消费的比重应该越来越小，所以恩格尔系数会下降。

基尼系数

意大利经济学家基尼（Corrado Gini）于 1912 年提出，是国际上用来综合考察居民内部收入分配差异状况的一个重要分析指标。它是一个比值，数值在 0 和 1 之间。基尼指数的数值越低，表明财富在社会成员之间的分配越均匀。一般发达国家的基尼指数在 0. 24 到 0. 36 之间。

通货膨胀与通货紧缩

从概念上讲，通货膨胀是由于纸币发行量超过商品流通中所需要的贵金属货币量所引起的纸币贬值、物价上涨现象，就叫通货膨胀。目前世界各国衡量通货膨胀程度的主要指标是物价指数。物价指数是反映两个时期物价水平变动的相对指标。如果一般物价水平在上升，说明通货膨胀的态势在加强。按物价上涨趋势来确定通货膨胀的程度，理论界一般认为，物价总指数年平均递增率在2%~3%时，叫做基本稳定；物价总指数年平均递增率在9%以内，称为温和性通货膨胀；物价总指数年平均递增在10%以上，称为恶性通货膨胀。

通货紧缩是与通货膨胀相对立的一个概念，它是指一般物价的持续下跌。一般用消费物价指数作为度量指标。通货紧缩有两个最大的特征：一个是物价连续下跌，另一个是通货量，货币供给量连续下降。与通胀相比，通缩的危害在于：消费者预期价格将持续下跌，从而延后消费，打击当前需求；投资期资金实质成本上升，回收期价格下跌，令回报下跌，从而遏制投资。其出现的原因，一是生产过剩，二是需求不振。

【例题1】金融危机的种类包括（　　）。

A. 消费危机　　　　B. 债务危机　　　　C. 银行危机　　　　D. 货币危机

解析：本题的正确答案是BCD

金融危机可以分为货币危机、债务危机、银行危机、次贷危机等类型。

【例题2】因货币供给大于货币实际需求导致货币贬值，便引起（　　），其实质是社会总需求大于社会总供给。

A. 金融泡沫　　　　　　　　　　B. 金融危机

C. 通货膨胀　　　　　　　　　　D. 通货紧缩

解析：本题的正确答案是C

通货膨胀指在纸币流通条件下，因货币供给大于货币实际需求，也即现实购买力大于产出供给，导致货币贬值，而引起的一段时间内物价持续而普遍上涨的现象。其实质是社会总需求大于社会总供给。例如，有10个人今年各自赚了100万，每人都想买辆轿车，但是生产出来的车只有8辆，由于大家都持有货币，车辆的价格会变高，而且肯定有人买不到，根本原因就在于生产出来的产品无法满足社会的需求。

充分就业与失业

充分就业，是英国经济学家J. M·凯恩斯在《就业、利息和货币通论》一书中提出的，是指在某一工资水平之下，所有愿意接受工作的人，都获得了就业机会。

充分就业并不等于全部就业或者完全就业，而是仍然存在一定的失业。但所有的失业均属于摩擦性的和季节性的，而且失业的间隔期很短。通常把失业率等于自然失业率时的就业水平称为充分就业。

财政政策与货币政策

财政政策是指国家根据一定时期政治、经济、社会发展的任务而规定的财政工作的指导原则，通过财政支出与税收政策来调节总需求。增加政府支出，可以刺激总需求，从而增加国民收入，反之则压抑总需求，减少国民收入。税收对国民收入是一种收缩性力量，因此，增加政府税收，可以抑制总需求从而减少国民收入，反之，则刺激总需求增加国民收入。它由国家制定，代表统治阶级的意志和利益，具有鲜明的阶级性，并受一定的社会生产力发展水平和相应的经济关系制约。

财政政策是国家整个经济政策的组成部分，同其他经济政策有着密切的联系。财政政策的制定和执行，要有金融政策、产业政策、收入分配政策等其他经济政策的协调配合。

货币政策是一个国家或是经济体的货币权威机构利用控制货币，来达到影响其他经济活动所采取的措施，尤指控制货币供给以及调控利率的各项措施。货币政策使用各种措施用以达到或维持特定的政策目标，如抑制通货膨胀、降低失业率或调节进出口，其最终目的是辅助经济增长和保证社会安定。当代货币政策通常依赖于利率（借钱的价格）和货币供给之间的关系来作为控制手段。通常，货币政策一般被描述为：激进的（利率被调节为促进经济增长）、中性的（保持经济稳定）、从紧的（降低通货膨胀却可能提高失业率）。

顺差和逆差

贸易顺差是指在特定年度一国出口贸易总额大于进口贸易总额，又称"出超"，表示该国当年对外贸易处于有利地位。贸易顺差的大小在很大程度上反映一国在特定年份对外贸易活动状况。通常情况下，一国不宜长期大量出现对外贸易顺差，因为此举很容易引起与有关贸易伙伴国的摩擦。与此同时，大量外汇盈余通常会致使一国市场上本币投放量随之增长，因而很可能引起通货膨胀压力，不利于国民经济持续、健康发展。

贸易逆差是指一国在特定年度内进口贸易总值大于出口总值，俗称"入超"，反映该国当年在对外贸易中处于不利地位。同样，一国政府当局应当设法避免长期出现贸易逆差，因为大量逆差将致使国内资源外流，对外债务增加。这种状况同样会影响国民经济正常运行。

【例题】所谓贸易（　　　）是指在特定年度一国出口贸易总额大于进口贸易总额，又称"出超"。

A. 顺差　　　　　B. 逆差　　　　　C. 平衡　　　　　D. 失衡

解析：本题的正确答案是 A

贸易顺差是指在特定年度一国出口贸易总额大于进口贸易总额，又称"出超"。

外汇与汇率

外汇是以外币表示的用于国际结算的支付凭证。国际货币基金组织对外汇的解释为：外汇是货币行政当局（中央银行、货币机构、外汇平准基金和财政部）以银行存款、财政部库券、长短期政府证券等形式所保有的在国际收支逆差时可以使用的债权。包括：外国货币、外币存款、外币有价证券（政府公债、国库券、公司债券、股票等）、外币支付凭证（票据、银行存款凭证、邮政储蓄凭证等）。

货币外汇汇率是一个国家的货币折算成另一个国家货币的比率、比价或价格。也可以说，是以本国货币表示的外国货币的"价格"。外汇买卖一般均集中在商业银行等金融机构。它们买卖外汇的目的是为了追求利润，方法是贱买贵卖，赚取买卖差价，其买进外汇时所依据的汇率为买入汇率，也称买入价；卖出外汇时所依据的汇率叫卖出汇率，也称卖出价。

自由贸易与保护贸易

自由贸易是指国家取消对进出口贸易的限制和障碍，取消本国进出口商品各种优待和特权，对进出口商品不加干涉和限制，使商品自由进出口，在国内市场上自由竞争的贸易政策。这并不意味着完全放弃对进出口贸易的管理和关税制度，而是根据外贸法规即有关贸易条约与协定，使国内外产品在市场上处于平等地位，展开自由竞争与交易，在关税制度上，只是不采用保护关税，但为了增加财政收入，仍可征收财政关税。

保护贸易是指国家广泛利用各种措施对进口和经营领域与范围进行限制，保护本国的产品和服务在本国市场上免受外国产品和服务的竞争，并对本国出口的产品和服务给予优待与补贴。保护贸易的实质就是国家对于贸易活动进行干预，限制外国商品、服务和有关要素参与本国市场竞争。

固定汇率制度与浮动汇率制度

固定汇率制度是货币当局把本国国币兑换其他货币的汇率加以固定，并把两国货币比价的波动幅度控制在一定的范围之内。固定汇率制度可以分为 1880 年至 1914 年金本位体系下的固定汇率制和 1944 年至 1973 年布雷顿森林体系下的固定汇率制（也称为以美元为中心的固定汇率制）两个阶段。

浮动汇率制度是指汇率完全由市场的供求决定，政府不加任何干预的汇率制度。鉴于各国对浮动汇率的管理方式和宽松程度不一样，该制度又有诸多分类。按政府是否干预，可以分为自由浮动和管理浮动。按浮动形式，可分为单独浮动和联合浮动。按被盯住的货币不同，可分为盯住单一货币浮动以及盯住合成货币。

欧盟

欧洲联盟，简称欧盟，总部设在比利时首都布鲁塞尔，是由欧洲共同体（又称欧洲共同市场）发展而来的。欧盟其实是一个集政治实体和经济实体于一身、在世界上具有举足轻重的巨大影响力的区域一体化组织，在贸易、农业、金融等方面趋近于一个统一的联邦国家，而在内政、国防、外交等其他方面则类似一个独立国家所组成的同盟。1991 年 12 月，欧洲共同体马斯特里赫特首脑会议通过《欧洲联盟条约》，通称《马斯特里赫特条约》（简称《马约》）。1993 年 11 月 1 日，《马约》正式生效，欧盟正式诞生，现拥有 28 个会员国。

区域经济一体化和经济全球化

区域经济一体化是指两个或两个以上的国家或地区，通过相互协商制定经济贸易政策和措施，并缔结经济条约或协定，在经济上结合起来形成一个区域性经济贸易联合体的过程。从 20 世纪 90 年代至今，区域经济一体化组织如雨后春笋般地在全球涌现，形成了一股强劲的新浪潮。这股新浪潮推进之迅速，合作之深入，内容之广泛，机制之灵活，形式之多样，都是前所未有的。此轮区域经济一体化浪潮不仅反映了经济全球化深入发展的新特点，而且反映了世界多极化曲折发展的新趋势。

经济全球化是指世界经济活动超越国界，通过对外贸易、资本流动、技术转移、提供服务、相互依存、相互联系而形成的全球范围的有机经济整体。经济全球化是当代世界经济的重要特征之一，也是世界经济发展的重要趋势。经济全球化是指贸易、投资、金融、生产等活动的全球化，即生产要素在全球范围内的最佳配置。从根源上说是生产力和国际分工的高度发展，要求进一步跨越民族和国家疆界的产物。

【例题1】经济全球化在本质上是（　　　）。

A. 生产的国际化　　　　　　　　　B. 贸易的国际化

C. 资本的国际化　　　　　　　　　D. 资源配置的国际化

解析：本题的正确答案是 D

其他答案是经济全球化的三方面内容。

【例题2】跨国公司对全球化的促进作用表现在（　　　）。

A. 作为对外直接的驱动力和主要载体

B. 通过"外部化"优势扩展他们在全球的驱动力和主要载体

C. 向世界各地转移将资本、技术和管理合为一体的"一揽子资源"

D. 人力资源的世界性流动

解析：本题的正确答案是 AC

跨国公司对经济全球化的促进作用表现在通过直接投资把资本、技术和管理合为一体的"合成资源"推广到世界各地。跨国公司是市场经济高度发达的产物，市场经济培育了自主经营、相互竞争的企业，这些企业最初是在一个地区范围内配置资源的手工工场，后来变为在一个民族国家范围内配置资源的机器大工厂和垄断企业，最后发展到在全球范围内配置资源的跨国公司，这个历史过程反映了生产力的不断扩张。跨国公司对全球化的促进作用表现在：一是作为对外直接的驱动力和主要载体；二是通过"内部化"优势扩展它们在全球的生产经营活动；三是向世界各地转移将资本、技术和管理合为一体的"一揽子资源"。经过几十年国际化经营，跨国公司越来越呈现出生产国际化、经营多元化、交易内部化和决策全球化的特点。从事国际性生产、销售和管理的跨国公司正逐渐成为世界经济结构的主体，发挥着日益重要的作用。B 选项错在"外部化"。D 选项错在，人力资源目前还没有实现世界性流动，并且这是经济全球化的表现，而非跨国公司的作用。

【例题3】2011 年 1 月 18 日至 21 日，应美国总统奥巴马邀请，中国国家主席胡锦涛对美国进行国事访问。两国在华盛顿发表《中美联合声明》，确定两国正在安全、经济、社会、能源、环境等领域广泛开展积极合作，并进一步深化双边接触与协调。中美之间的合作（　　　）。

A. 表明世界多极化趋势不可逆转

B. 是由两国共同的国家利益决定的

C. 有利于进一步提高我国的综合国力

D. 是消除霸权主义和强权政治的根本途径

解析：本题的正确答案是 BC

这里只提及中美两国的合作，A、D 并没有体现。

【**例题 4**】经济全球化的本质是资源配置的国际化，其内容主要包括（　　）等三个方面。

A. 生产全球化　　　　　　　　B. 贸易全球化

C. 资本全球化　　　　　　　　D. 消费全球化

解析：本题的正确答案是 ABC

经济全球化本质上是资源配置的国际化。内容主要包括：生产全球化、贸易全球化和资本全球化。

【**例题 5**】2010 年 9 月 9 日，世界经济论坛发布了《2010～2011 年全球竞争力报告》，中国排名升两位至 27。下列措施中，有利于提升国家竞争力的有（　　）。

A. 实施人才强国战略　　　　　B. 国内生产总值持续增长

C. 恩格尔系数不断提高　　　　D. 人民币汇率迅速升值

解析：本题的正确答案是 AB

恩格尔系数是食品支出总额占个人消费支出总额的比重，一个家庭收入越少，家庭收入中（或总支出中）用来购买食物的支出所占的比例就越大。因此，要提升国家的竞争力应该降低恩格尔系数。人民币汇率一般指的是人民币兑换美元的报价，即 1 元人民币或者 100 元人民币兑换成多少美元。人民币升值相应的人民币汇率升高了。但是在提升国家竞争力的时候，中国不会让人民币迅速升值，这有助于控制通货膨胀，也是对全球经济负责任的做法。

世界贸易组织

世界贸易组织（简称世贸组织或世贸，英文简写为 WTO）是负责监督成员经济体之间各种贸易协议得到执行的一个国际组织，前身是 1948 年开始实施的关税及贸易总协定的秘书处。世贸总部位于瑞士日内瓦，现任总干事是帕斯卡尔·拉米。截至 2013 年 3 月世界贸易组织共有 159 个成员。世界贸易组织是多边贸易体制的法律基础和组织基础，是众多贸易协定的管理者，是各成员贸易立法的监督者，是就贸易进行谈判和解决争端的场所。是当代最重要的国际经济组织之一，其成员间的贸易额占世界贸易额的绝大多数，被称为"经济联合国"。

【例题1】世界贸易组织（WTO）是一个（　　　）联合国的永久性国际组织。

A. 隶属于　　　　　B. 独立于　　　　　C. 辅助　　　　　D. 反对

解析：本题的正确答案是 B

世界贸易组织（WTO）是一个独立于联合国的永久性国际组织。1995 年 1 月 1 日正式开始运作，负责管理世界经济和贸易秩序，总部设在瑞士日内瓦莱蒙湖畔。1996 年 1 月 1 日，它正式取代关贸总协定临时机构。世贸组织是具有法人地位的国际组织，在调解成员争端方面具有更高的权威性。

【例题2】经过长期艰难的谈判，我国于（　　　）正式加入世界贸易组织（WTO）。

A. 1989 年　　　　　B. 1999 年　　　　　C. 2001 年　　　　　D. 2011 年

解析：本题的正确答案是 C

我国在 2001 年加入世界贸易组织。

世界银行和国际货币基金组织

世界银行集团，简称世界银行，是一个国际组织，总部设在美国首都华盛顿，是世界上主要的政府间金融机构之一。包括 5 个成员组织，即国际复兴开发银行（IBRD）、国际开发协会（IDA）、国际金融公司（IFC）、多边投资担保机构（MIGA）和解决投资争端国际中心（ICSID）。创始之初，它的使命是帮助在第二次世界大战中被破坏的国家的重建。如今，它的使命是帮助发展中国家消除贫困、促进可持续发展。在巴黎、纽约、伦敦、东京、日内瓦、肯尼亚等地设有办事处，此外还在二十多个发展中成员国设立了办事处。

国际货币基金组织（IMF）是根据 1944 年 7 月在布雷顿森林会议签订的《国际货币基金协定》，于 1945 年 12 月 27 日在华盛顿成立的。与世界银行同时成立、并列为世界两大金融机构之一，其职责是监察货币汇率和各国贸易情况，提供技术和资金协助，确保全球金融制度运作正常。其总部设在华盛顿。

【例题1】不属于西方世界三大传统国际金融市场的是（　　　）。

A. 伦敦金融市场　　　　　　　　B. 纽约金融市场

C. 卢森堡金融市场　　　　　　　D. 苏黎世金融市场

解析：本题的正确答案是 C

西方世界三大传统国际金融市场为伦敦、纽约、苏黎世。

【例题2】广义的国际金融市场包括（　　）。

A. 短期资金市场　　　　　　B. 长期资金市场

C. 外汇市场　　　　　　　　D. 黄金市场

解析：本题的正确答案是 ABCD

广义的国际金融市场指从事各种国际金融业务活动的场所。此种活动包括居民与非居民之间或非居民与非居民之间，一般指的概念是广义概念。例如，有短期资金市场、长期资金市场、外汇市场、黄金交易市场等。

二、社会学常识（15%）

（一）社会学（分值比重：★★★★）

社会化

社会化是使人们获得个性、人格，并学习其所在社会和群体的生活方式的社会相互作用过程。一个人从出生起就开始了社会化过程，并持续整整一生。社会化使人从"自然人"或"生物人"成长为社会人，使社会、文化得以维持和传承。在现代社会中，家庭、学校、同辈群体和大众传媒是四种最重要的社会化因素，任何社会化因素的缺失，都会使个人人格的形成过程受阻，造成人格缺陷。

【例题1】某一社会基本构成要素或成分之间相互关联的方式，称为（　　）。

A. 社会化　　　　　B. 社会结构　　　　C. 社会组织　　　　D. 社会形态

解析：本题的正确答案是 B

社会化是由自然人到社会人的转变过程。广义的社会组织是指人们从事共同活动的所有群体形式，包括氏族、家庭、秘密团体、政府、军队和学校等；狭义的社会组织是为了实现特定的目标而有意识地组合起来的社会群体，如企业、政府、学校、医院、社会团体和一种新型的社会组织形式。社会形态指社会经济与物质基础和上层建筑与社会活动这二者同时构成的社会模式。

【例题2】在现代社会中，最重要的社会化因素包括（　　）等。

A. 家庭　　　　　B. 学校　　　　　C. 同辈群体　　　　D. 大众传媒

解析：本题的正确答案是 ABCD

在现代社会中，家庭、学校、同辈群体和大众传媒是四种最重要的社会化因素，任何社会化因素的缺失，都会使个人人格的形成过程受阻，造成人格缺陷。

【例题3】现代社会中，家庭、学校、同辈群体和（　　）是四种最重要的社会化因素。

A. 广播　　　　　B. 电视　　　　　C. 互联网　　　　D. 大众传媒

解析： 本题的正确答案是 D

在现代社会中，家庭、学校、同辈群体和大众传媒是四种最重要的社会化因素。

【例题 4】 个体社会化的时间是（　　　）。

A. 婴幼儿期　　　　B. 青少年期　　　　C. 成年之前　　　　D. 整整一生

解析： 本题的正确答案是 D

社会化是使人们获得个性、人格，并学习其所在社会和群体的生活方式的社会相互作用过程。一个人从出生起就开始了社会化过程，并持续整整一生。

【例题 5】 社会发展的基本规律是（　　　）。

A. 生产关系一定要适合生产力发展状况

B. 上层建筑一定要适合经济基础状况

C. 社会存在决定社会意识

D. 生产力是社会发展的最终决定力量

解析： 本题的正确答案是 AB

CD 这两句话都是对的，但是不符合题意。社会发展的基本矛盾和基本动力是生产力和生产关系的矛盾、经济基础和上层建筑的矛盾，这种矛盾是贯穿社会发展始终的。

社会互动

社会互动指人们以相互的或交换的方式对别人采取行动，或对别人的行动做出反应的相互依赖性的社会交往过程。在此过程中，人们之间进行着信息传播，一个人不断地意识到自己的行动对于别人的效果，反过来，别人的期望也影响着他自己的大多数行为。虽然社会互动是人们之间的相互依赖性行为，但它并非只是在面对面的场合才发生，存在着间接社会互动。

【例题 1】 人们以相互的或交换的方式对别人采取行动，或对别人的行动做出反应的相互依赖性的社会交往过程，称为（　　　）。

A. 社会角色　　　B. 社会规范　　　C. 社会控制　　　　D. 社会互动

解析： 本题的正确答案是 D

社会角色是人们对群体或社会中拥有某一特定身份的人的行为期待，包括一整套与此身份相一致的权利、义务的规范与行为方式。它构成了社会群体或组织的基础。社会规范指人们社会行为的规矩，社会活动的准则。它是人类为了社会共同生活的需要，在社会互动过程中衍生出来，相习成风，约定俗成，或者由人们共同制定并明确施行的。其本质是对社会关系的反映，也是社会关系的具体化。社会控制指社会组织利用社会规范对其成员的社会行为实施约束的过程。

【例题2】社会舆论就是（ 　 ）对某些事物或某些人的议论和评价。

A. 大众媒介　　　B. 政府机关　　　C. 社会大众　　　D. 社会团体

解析： 本题的正确答案是 C

舆论，即在社会普遍关注的有争议的问题上社会上大多数人的意见总和。

【例题3】"入乡随俗"是一种（ 　 ）行为。

A. 和解　　　　B. 顺从　　　　C. 容忍　　　　D. 妥协

解析： 本题的正确答案是 B

顺从是指个人由于群体压力而改变自己行为或信念的现象，是个人自愿的行为，并不伴随明显的强制性和潜在的惩罚。D 选项，妥协是建立在冲突的基础上，入乡随俗并没有体现。

【例题4】（ 　 ）可以说是人际关系深度的一个敏感的"探测器"。

A. 自我表露程度　　　　　　　B. 情感卷入程度

C. 好恶评价　　　　　　　　　D. 亲密行为

解析： 本题的正确答案是 A

自我表露是个体对他人表达情感、想法与观点的窗口，因而是人际关系深度的一个敏感的"探测器"。选项 B，情感卷入程度，表明心理距离的远近和人际关系的深度。

【例题5】下面哪些古语描述了社会动机。（ 　 ）

A. 食色，性也　　　　　　　　B. 达则兼济天下，穷则独善其身

C. 王侯将相，宁有种乎　　　　D. 富贵不还乡，如锦衣夜行耳

解析： 本题的正确答案是 BCD

社会动机又称精神性动机，是由人的社会属性所引起、经学习而获得的，它与人体的经验有关，与社会文化等因素有密切联系。社会动机是社会行为的直接原因。

社会角色

社会角色是人们对群体或社会中拥有某一特定身份的人的行为期待，包括一整套与此身份相一致的权利、义务的规范与行为方式。它构成了社会群体或组织的基础。一个人可能拥有许多身份，而每一个身份都可能要涉及扮演几种角色。与某一身份相联系的所有角色的集合被称为角色集。

【例题】社会学研究的基本问题是（ 　 ）。

A. 群体与文化的关系　　　　　B. 社会与个人的关系

C. 人类行为与精神的关系　　　D. 社会结构与社会行动的关系

解析： 本题的正确答案是 B

人与社会的关系是社会学研究的基本问题。个人是组成社会的最基本单位，没有个人就没有社会；人又是社会中的人，需要学习适应社会的规则才能生存。

社会规范

社会规范是人们共同遵守的、规定在特定情境下人们应该采取哪些适当行为的准则。它将复杂的社会生活维系在一种有序的状态下。按照约束力的强弱，社会规范可分为民俗和民德。前者指不被认为具有道德重要性且不具有严格约束力的社会习惯；后者则是约束力较强、要求严格遵守的，反映了一个社会系统核心道德观的规范。法律也是一种规范，通常属于民德的范畴，是由国家颁布的用来管理人们行为的规范。

【例题1】社会规范的内容包括（　　）。

A. 民风　　　　　B. 民德　　　　　C. 民俗　　　　　D. 民情

解析：本题的正确答案是 BC

社会规范是人们共同遵守的、规定在特定情境下人们应该采取哪些适当行为的准则。它将复杂的社会生活维系在一种有序的状态下。按照约束力的强弱，社会规范可分为民俗和民德。前者指不被认为具有道德重要性且不具有严格约束力的社会习惯；后者则是约束力较强、要求严格遵守的，反映了一个社会系统核心道德观的规范。

【例题2】社会规范由（　　）构成。

A. 社会习俗　　　B. 生活规范　　　C. 民德　　　　　D. 法律

解析：本题的正确答案是 ACD

社会规范是人们共同遵守的、规定在特定情境下人们应该采取哪些适当行为的准则。它将复杂的社会生活维系在一种有序的状态下。按照约束力的强弱，社会规范可分为民俗和民德。前者指不被认为具有道德重要性且不具有严格约束力的社会习惯；后者则是约束力较强、要求严格遵守的，反映了一个社会系统核心道德观的规范。法律也是一种规范，通常属于民德的范畴，是由国家颁布的用来管理人们行为的规范。

社会控制

社会控制有广义、狭义之分。广义的社会控制是指社会组织体系运用社会规范以及与之相应的手段和方式，对社会成员（包括社会个体、社会群体和社会组织）的社会行为及价值观念进行指导和约束，对各类社会关系进行调节和制约的过程。狭义的社会控制是指对违反社会规范的社会成员施以社会惩罚和重新教育的过程。社会学研究中，一般在广义上使用社会控制这一概念。

【例题1】社会学一般把文化看做是由三个大的互相关联的部分组成。这三个部分就是（　　）。

A. 物质文化　　　　B. 精神文化　　　　C. 规范文化　　　　D. 认知文化

解析：本题的正确答案是 ABC

文化是一个社会群体的生活状态，是这个群体的人造的生活环境，包括群体生产的所有物质的和非物质的产品。社会学一般把文化看做是由三个大的互相关联的部分组成，三个部分就是物质文化、精神文化和规范文化。

【例题2】（　　）的社会控制，指对违反社会规范的社会成员施以社会惩罚和重新教育的过程。

A. 广义　　　　　　B. 狭义　　　　　　C. 一般　　　　　　D. 特殊

解析：本题的正确答案是 B

社会控制有广义、狭义之分。广义的社会控制是指社会组织体系运用社会规范以及与之相应的手段和方式，对社会成员（包括社会个体、社会群体和社会组织）的社会行为及价值观念进行指导和约束，对各类社会关系进行调节和制约的过程。狭义的社会控制是指对违反社会规范的社会成员施以社会惩罚和重新教育的过程。社会学研究中，一般在广义上使用社会控制这一概念。

社会群体

社会群体可定义为两个或更多的人通过持续互动构成的集合体，这些人有共同的认同，而且对彼此的行为有相同而确定的期望。社会群体有两种基本类型：初级群体和次级群体。初级群体的特点是规模很小，成员可以通过直接的、亲密的和个人的方式进行互动，又称为小群体。家庭、街头帮派、学校中的同伴都是典型的初级群体。次级群体可大可小，但其成员彼此进行互动时感情上没有联系。

【例题1】社会结构最重要的成分是地位、角色、制度和（　　）。

A. 集体　　　　　　B. 团体　　　　　　C. 群体　　　　　　D. 组织

解析：本题的正确答案是 C

社会结构最重要的组成部分是地位、角色、群体和制度。

【例题2】社会群体的两种基本类型是（　　）。

A. 工人群体和农民群体　　　　　　　　B. 白领群体和蓝领群体

C. 青年群体和中年群体　　　　　　　　D. 初级群体和次级群体

解析：本题的正确答案是 D

社会群体有两种基本类型：初级群体和次级群体。初级群体的特点是规模很小，成员可以通过直接的、亲密的和个人的方式进行互动，又称为小群体。家庭、街头帮派、学校中的同伴都是典型的初级群体。次级群体可大可小，但其成员彼此进行互动时感情上没有联系。

【例题3】 社会次级群体一般是正规组织，其组织特征包括（　　）。

A. 目的明确　　　　B. 权力分散　　　　C. 成员固定　　　　D. 劳动分工

解析： 本题的正确答案是 AD

社会次级群体一般都是正规组织，即人们为实现某种特定目标构建出来的社会群体。除了具有明确的目的外，组织还具有劳动分工、权力的集中、成员关系经常变化的特征。组织中的权利和责任主要与组织成员的职务联系在一起，而不是与作为个人的这个人联系在一起。因此，B、C错误。

【例题4】 社会群体有两种基本类型：初级群体和（　　），后者一般都是正规组织。

A. 中级群体　　　　B. 高级群体　　　　C. 正式群体　　　　D. 次级群体

解析： 本题的正确答案是 D

社会群体有两种基本类型：初级群体和次级群体。初级群体的特点是规模很小，成员可以通过直接的、亲密的和个人的方式进行互动，又称为小群体。家庭、街头帮派、学校中的同伴都是典型的初级群体。次级群体可大可小，但其成员彼此进行互动时感情上没有联系。

【例题5】 社会群体的基本类型包括（　　）。

A. 初级群体和高级群体　　　　　　B. 初级群体和次级群体

C. 初级群体和组织群体　　　　　　D. 高级群体和次级群体

解析： 本题的正确答案是 B

社会群体有两种基本类型：初级群体和次级群体。初级群体的特点是规模很小，成员可以通过直接的、亲密的和个人的方式进行互动，又称为小群体。家庭、街头帮派、学校中的同伴都是典型的初级群体。次级群体可大可小，但其成员彼此进行互动时感情上没有联系。

组织

次级群体一般都是正规组织，即人们为实现某种特定目标构建出来的社会群体。除了具有明确的目的外，组织还具有劳动分工、权力的集中、成员关系经常变化的特征。组织中的权利和责任主要与组织成员的职务联系在一起，而不是与作为个人的这个人联系在一起。

社区

对于社区的定义可以有两种略有不同的表述，其一是将社区理解成一个地理区域，居住其中的人们具有某些共同的行为规范和生活方式，并通过对居住地及居民的认同感强有力地联系在一起。另一种是将社区理解为居住在某一特定地理区域的一群人，他们的生活围绕着某种日常互动模式组织起来。这些模式包括工作、购物、娱乐等活动，以及教育、宗教、行政等设置。

【例题】社区的主要形式有（   ）。

A. 传统社区　　　　　　　　　　B. 城市社区

C. 农村社区　　　　　　　　　　D. 现代社区或发达社区

解析：本题的正确答案是 BCD

对于社区的定义可以有两种略有不同的表述，其一是将社区理解成一个地理区域，居住其中的人们具有某些共同的行为规范和生活方式，并通过对居住地及居民的认同感强有力地联系在一起。另一种是将社区理解为居住在某一特定地理区域的一群人，他们的生活围绕着某种日常互动模式组织起来。主要形式有城市社区、农村社区、现代社区或发达社区。

社会分层

社会分层是根据获得社会报酬的机会上的差异，决定人们在社会位置中的群体等级或类属的一种持久模式。处于同一阶层的人在获取社会报酬上，有着相似的机会。社会分层是各类人群之间的结构性不平等，研究表明社会分层有三个主要维度：财富、权力和声望。

【例题1】社会分层是各类人群之间的结构性不平等，研究表明社会分层有三个主要维度，它们是（   ）。

A. 财富　　　　B. 学历　　　　C. 权力　　　　D. 声望

解析：本题的正确答案是 ACD

社会分层是根据获得社会报酬的机会上的差异，决定人们在社会位置中的群体等级或类属的一种持久模式。处于同一阶层的人在获取社会报酬上，有着相似的机会。社会分层是各类人群之间的结构性不平等，研究表明社会分层有三个主要维度：财富、权力和声望。

【例题2】社会流动是指人们在社会空间中从一个地位、阶层向另一个地位、阶层的移动，可采取诸如（   ）等不同的形式。

A. 水平流动　　　B. 垂直流动　　　C. 代际流动　　　D. 代内流动

解析：本题的正确答案是 ABCD

社会流动是指一个社会成员或社会群体从一个社会阶级或阶层转到另一个社会阶级或阶层，从一种社会地位向另一种社会地位，从一种职业向另一种职业的转变的过程。它是社会结构自我调节的机制之一。类型有水平流动、垂直流动、代际流动、代内流动等。

现代化

现代化是指一种特殊的社会转型过程，即社会在日益分化的基础上，进入一个能够自我维持增长和自我创新，以满足整个社会日益增长的需要的全面发展过程。现代化概念通常包括三个关键要素：工业化、城市化和科层制化。工业化指的是从人力能源到非人力能源的转变，以及进行经济生产的工厂体系的兴起。城市化指的是人们从农村地区向工厂所在的城镇和城市的流动。科层制化指的是大规模的正式组织的兴起。

【例题1】文化、社会结构和社会行为方式中时时发生的变化称之为（　　　），变化的过程是普遍的，但变化速度、方式等可能不尽相同。

A. 社会失衡　　　B. 社会失控　　　C. 社会漂移　　　D. 社会变迁

解析：本题的正确答案是 D

社会变迁是一切社会现象发生变化的动态过程及其结果。在社会学中，社会变迁这一概念比社会发展、社会进化具有更广泛的含义，包括一切方面和各种意义上的变化。社会变迁既包含社会的进步和退步，又包括社会的整合和解体。

【例题2】现代化是指一种特殊的社会转型过程，现代化概念通常包括（　　　）等关键要素。

A. 工业化　　　　B. 城市化　　　　C. 科层制化　　　D. 科学化

解析：本题的正确答案是 ABC

现代化是指一种特殊的社会转型过程，即社会在日益分化的基础上，进入一个能够自我维持增长和自我创新，以满足整个社会日益增长的需要的全面发展过程。现代化概念通常包括三个关键要素：工业化、城市化和科层制化。

【例题3】现代化过程中所发生的社会变迁有（　　　）。

A. 经济关系从其他社会关系中分离出来

B. 城市出现，人口不断集中

C. 社会分层体系发生了变化，财富和职业变得比出身和血统更重要

D. 在社会流动和居住地流动的影响下，家庭关系和亲属关系减弱了，取而代之的是正式的国家机制对社会和个体的控制

解析：本题的正确答案是 ACD

社会变迁是一切社会现象发生变化的动态过程及其结果。在社会学中，社会变迁这一概念比社会发展、社会进化具有更广泛的含义，包括一切方面和各种意义上

的变化。社会变迁既包含社会的进步和退步，又包括社会的整合和解体。

社会保障

社会保障是指政府通过立法，社会团体、社区等通过政府授权，以现金、物质和服务等形式，向因精神或生理残疾、年老力衰、意外伤亡、失业、多子女负担者以及他们的家属提供旨在维持其最基本和最低生活水平的保障。社会保障与家庭保障和商业保障不同，它是一项国家责任。社会保障的形式包括社会救助、社会保险和社会福利。

【例题1】 需求层次理论是由（　　）提出的。

A. 马斯洛　　　　B. 马歇尔　　　　C. 施拉姆　　　　D. 卢因

解析： 本题的正确答案是 A

马斯洛理论把需求分成生理需求（Physiological needs）、安全需求（Safety needs）、爱和归属感（Love and belonging，亦称为社交需求）、尊重（Esteem）和自我实现（Self-actualization）五类，依次由较低层次到较高层次排列。

【例题2】 马斯洛的需求层次理论是一种影响较大的（　　）理论。

A. 认知　　　　B. 动机　　　　C. 分层　　　　D. 交往

解析： 本题的正确答案是 B

动机是促使个体发生行为的内在力量。动机产生主要有两个原因：一是需要，另一个是刺激。马斯洛把人类的需要分为五大类：生理需要、安全需要、相属与相爱的需要、受人尊重的需要、自我实现的需要。马斯洛认为人的需要是逐级增高的，较低级需要满足后，才会出现高一级的需要。

【例题3】 马斯洛的需求层次理论是一种影响较大动机理论，在这一理论中，处于最高层次的需要是（　　）。

A. 安全的需要　　　　　　　　B. 社交的需要

C. 自尊的需要　　　　　　　　D. 自我实现的需要

解析： 本题的正确答案是 D

马斯洛把人类的需要分为五大类：生理需要、安全需要、相属与相爱的需要、受人尊重的需要、自我实现的需要。马斯洛认为人的需要是逐级增高的，较低级需要满足后，才会出现高一级的需要。

（二）社会心理学（分值比重：★★★）

从众行为

从众是指人们自觉或不自觉地采取与大多数人一致的意见或行为准则，放弃自己的看法，转变原来的态度的现象。日常生活中的"随波逐流"、"人云亦云"就是典型的从众表现。从众行为是由于在群体压力下，个体采取的一种试图解除自身与群体之间冲突、增强安全感的手段。从背后的心理状态分析，从众行为可分为表面顺从和内心接受两种类型。

【例题1】 日常生活中的"随波逐流"反映的是（　　）。

A. 大众心理　　　　B. 普遍心理　　　　C. 从众心理　　　　D. 个人心理

解析： 本题的正确答案是 C

从众心理即指个人受到外界人群行为的影响，而在自己的知觉、判断、认识上表现出符合于公众舆论或多数人的行为方式。

【例题2】 从众行为可以分为（　　）两种类型。

A. 表面顺从　　　　B. 内心接受　　　　C. 人云亦云　　　　D. 随波逐流

解析： 本题的正确答案是 AB

从众是指人们自觉或不自觉地采取与大多数人一致的意见或行为准则，放弃自己的看法，转变原来的态度的现象。从背后的心理状态分析，从众行为可分为表面顺从和内心接受两种类型。

【例题3】 性别对从众行为的影响是（　　）。

A. 女性更容易从众　　　　　　B. 女性更不容易从众

C. 男性不容易从众　　　　　　D. 没有确定性的关系

解析： 本题的正确答案是 D

从众是指人们自觉或不自觉地采取与大多数人一致的意见或行为准则，放弃自己的看法，转变原来的态度的现象。日常生活中的"随波逐流"、"人云亦云"就是典型的从众表现。从众行为是由于在群体压力下，个体采取的一种试图解除自身与群体之间冲突、增强安全感的手段。性别对从众行为没有确定的影响。

大众心理

所谓大众是指以大众传媒为主要信息来源的无组织群体。大众心理就是以大众身份出现的无组织群体的心理。主要的大众心理表现包括：流行（或时尚），即在较短时间内社会上许多人都去追求某种生活方式；流言，即在人们中相互传播的没有任何确切证据的一种特定信息；舆论，即在社会普遍关注的有争议的问题上社会上大多数人的意见总和。

【例题1】 大众心理是以大众身份出现的无组织群体的心理，主要有（　　）等若干种表现形式。

A. 流行　　　　B. 意见　　　　C. 流言　　　　D. 舆论

解析：本题的正确答案是 ACD

大众是指以大众传媒为主要信息来源的无组织群体。大众心理就是以大众身份出现的无组织群体的心理。主要的大众心理表现包括：流行（或时尚），即在较短时间内社会上许多人都去追求某种生活方式。流言，即在人群中相互传播的没有任何确切证据的一种特定信息。舆论，即在社会普遍关注的有争议的问题上社会上大多数人的意见总和。

【例题 2】我们经常认为，英国人有绅士风度、聪明、因循守旧。这实际上是一种（　　）。

A. 投射作用　　　B. 晕轮效应　　　C. 刻板印象　　　D. 近因效应

解析：本题的正确答案是 C

"刻板印象"也叫"定型化效应"，是指个人受社会影响而对某些人或事持稳定不变的看法。选项 A，投射又称外射作用，是指个体将自己不喜欢或不能承受但又是自己具有的冲动、动机、态度和行为转移到他人或周围事物上，认为他人或周围事物也有这样的动机和行为。选项 B，晕轮效应指人们对他人的认知判断首先主要是根据个人的好恶得出，然后再从这个判断推论出认知对象的其他品质的现象。选项 D，近因效应是指当人们识记一系列事物时对末尾部分项目的记忆效果优于中间部分项目的现象。

【例题 3】群体心理是指群体成员在群体活动中共有的、有别于其他群体的（　　）的总和。

A. 地位　　　　B. 价值　　　　C. 态度　　　　D. 行为方式

解析：本题的正确答案是 BCD

群体心理是指一个特定群体成员在群体活动中共有的，有别于其他群体的价值、态度和行为方式的总和。

三、文学常识（10%）

（一）中国（分值比重：★★★）

《诗经》

《诗经》是我国第一部诗歌总集，原为311篇，现存诗305篇，收集了西周到春秋中叶（约公元前11世纪到公元前7世纪）约五百年的诗歌。《诗经》分"风"、"雅"、"颂"三大类。《风》又名《国风》，是相对于王畿而言的天子治下各诸侯的地方音乐，分为《周南》、《召南》、《邶风》、《秦风》、《郑风》、《卫风》、《豳风》等15国风，共160篇；《雅》分《大雅》、《小雅》，是宫廷音乐，其诗多是宴乐饮酒，朝会赠答；《颂》则是宗庙音乐，其诗多是祭颂祖先、祈求神灵。

《诗经》的产生历时五百余年，地域分布几乎遍及当时的主要国土，作者也几乎涵盖了社会的各个阶层。《诗经》中不仅有周王朝乐官制作的乐歌，也有公卿、"士"、"君子"进献的乐歌，更有流传于民间的集体作品。

《诗经》最初的用途大致可以分为三类：一是作为各种典礼、仪式的重要组成部分；二是观察政治的得失成败和表达对社会、政治的某种看法；三是一定的娱乐作用，但这种娱乐作用也包含着浓厚的政治、道德的内容。到了孔子的时代，《诗经》的作用已经发生了很大的变化。

《诗经》的形式美主要体现在艺术技巧上，这些艺术技巧虽然大多与"赋"、"比"、"兴"的艺术手法有关，但又不是这三种艺术手法所能包容的。《诗经》的艺术技巧很多，如描摹、通感、夸饰、概括、象征、叠章、叠字、排比、拟声、映衬、喻示、点染、警句、设问、反诘，等等，不一而足。需要说明的是，这些艺术技巧在绝大多数情况下都不是独立出现的，往往是几种或多种自然结合在一起，浑然一体，不可分割。

《诗经》对中国文学有着重大而深远的影响，它在审美追求、表现方式等诗歌的基本品格方面为中国诗歌奠定了基础，它是四言诗的鼻祖，后代许多题材类型的诗歌，诸如田家诗、风俗诗、讽刺诗、爱情诗、征戍诗、隐逸诗、送别诗、悼亡诗、哭挽诗、丧乱诗、宫怨诗、闺怨诗、田猎诗、俳谐诗、咏怀诗、格言诗、寓言诗、宴飨诗等，也都从中取法。总之，《诗经》是中国诗歌乃至整个中国文学的最为重要的源泉之一。

【例题1】中国文学史上常提到的"比兴"手法起源于（　　　）。

A.《诗经》　　　　B. 楚辞　　　　　C. 汉乐府　　　　D. 杜甫诗歌

解析：本题的正确答案是 A

"比"是借外物以明人事，"兴"具有更多的艺术因素而超越了伦理的范畴，它直接连接了万物与人类自我，而在自我与自然之间，也存在着"有我之境"与"无我之境"两种观照。比兴手法最早出现于《诗经》。《关雎》首章就有"关关雎鸠，在河之洲。窈窕淑女，君子好逑"的句子，以河洲上和鸣的鸟比作淑女是君子的好配偶，而二者之间多少有一些意义、气氛上的关联处，又接近于比。

【例题2】《关雎》一诗出自《诗经》中的（　　　）。

A.《周南》　　　　B.《郑风》　　　　C.《小雅》　　　　D.《周颂》

解析：本题的正确答案是 A

《关雎》一诗出自《诗经》中的《周南》。

【例题3】《诗经·关雎》这首诗属于（　　　）。

A. 国风　　　　B. 小雅　　　　　C. 大雅　　　　D. 颂

解析：本题的正确答案是 A

《关雎》一诗出自《诗经》中的国风。

《楚辞》

"楚辞"一名原来的意思应是泛指楚地的歌辞，以后才成为以屈原创作为代表的楚地新诗体的专称。西汉末年，刘向辑录了屈原、宋玉以及贾谊等人的《离骚》、《九歌》、《九章》、《招魂》等作品，定名《楚辞》。从此以后，"楚辞"就成为继《诗经》以后的又一部诗歌总集的名称。

《楚辞》主要是屈原的作品。屈原（约前340~约前277）名平，字原，是楚国的同姓贵族，官至左徒，少年得志。但由于遭受谗言，后被免去左徒之职，降为三闾大夫。大约在楚怀王二十五年，屈原被流放到汉北一带。楚怀王三十年，怀王被秦人诱骗并扣押，三年后死于秦国，其子顷襄王即位。屈原因再度遭受谗言，而再次被流放到沅、湘一带。顷襄王二十一年，秦将白起攻破楚国的郢都，屈原悲愤交加，自沉于汨罗江。

《离骚》是屈原最重要的代表作，也是《楚辞》的主体，是中国最为宏伟的抒情诗篇。《离骚》约写于屈原第一次被放逐或第二次被放逐之后，意为"离忧"。《离骚》是一部伟大的浪漫主义杰作。当屈原理想的生命状态与现实政治不相容时，他没有屈就现实，更没有畏缩逃避，而是展开了心灵的追询，通过上天入地、求神问卜、证之前圣、寄兴花草的方式，将自己的心灵层层展开，铺开了一个瑰丽浪漫、执著深情、深邃幽秘的诗性的世界。

《九歌》是祭祀诸神的巫剧，"九"代表多数，《九歌》包括《东皇太一》、《云中君》、《湘君》、《湘夫人》、《大司命》、《少司命》、《东君》、《河伯》、《山鬼》、《国殇》、《礼魂》十一篇。

与《诗经》的"中和"之美相比，《楚辞》之美首先表现在对于生命情感的自由表达。《楚辞》的着眼点不在社会秩序的稳定与和谐，而在美政理想能否实现。当污浊的现实政治与屈原理想的生命状态发生不可调和的冲突时，他不是向现实屈服，而是坚持理想，生死以之。因此，《楚辞》之美是冲破现实的理想的生命之美。同时《楚辞》的浪漫主义的想象和直指本真情感的审美追求也为后世文学提供了不竭的源泉。

【例题】 下列楚辞作品中，属于《九歌》的有（　　　）。

A.《离骚》　　　　B.《云中君》　　　　C.《国殇》　　　　D.《思美人》

解析： 本题的正确答案是 BC

《九歌》是《楚辞》篇名。原为传说中的一种远古歌曲的名称，战国时楚人屈原据民间祭神乐歌改作或加工而成。共十一篇：《东皇太一》、《云中君》、《湘君》、《湘夫人》、《大司命》、《少司命》、《东君》、《河伯》、《山鬼》、《国殇》、《礼魂》。

《史记》

《史记》是我国历史上最伟大的历史著作和杰出的文学作品，被鲁迅先生称为"史家之绝唱，无韵之《离骚》"，它的出现，标志着中国历史散文已全面成熟并取得了辉煌的成就，也标志着散文艺术的进一步发展。

史记作者司马迁（前 145～前 877），字子长，西汉夏阳人。他是"史官世家"之后，父亲司马谈也曾在汉武帝时期任太史令。

《史记》在审美品格上继承了战国至秦汉"尚悲"的传统。尤其是司马迁的遭遇与"忠而被逐"的屈原有相近之处，所以他对屈原的作品有一种天然的亲近感。对屈原的学习与继承，使司马迁在《史记》中表现出了更多的忧患意识、批判精神和慷慨悲壮的英雄气质，上述特点与其酣畅淋漓的情感表达完美地融合在一起，故而被誉为"无韵之《离骚》"。

《史记》原名《太史公书》，在隋唐以前，"史记"是史书的泛称；隋唐以降，"史记"一词才成为《太史公书》的专有名称。《史记》是中国第一部纪传体通史，它记叙了从黄帝至汉武帝太初年间大约三千年的历史。全书共一百三十篇，由八书、十表、十二本纪、三十世家、七十列传五个部分组成。"本纪"记载历代帝王的政绩，"书"是记载天文、历法、水利、经济、文化等方面情况的专史，"世家"主要记述贵族王侯的事迹，"列传"则是不同类型、不同阶层的人物传记。在这五种体例中，以本纪为中心，其他体例与之配合生发，使之成为一部"究天人之际，通古今之变，成一家之言"的伟大著作。

《史记》有一个十分重要的艺术特征，就是司马迁不是客观冷静地叙述历史，而是饱蘸了自己的情感，爱憎分明、褒贬无碍。在《史记》的所有人物传记中，我们无处不感到作者的情感在深沉地涌动。由于司马迁有着很高的思想水平和很强的认识能力，他所融入的情感才有了巨大的意义。正是由于这一特点，才使得《史记》不仅成为史家不可逾越的范本，亦跻身于中国最伟大的文学作品之列。

【例题1】《史记》中主要记载诸侯事迹的部分是（　　　）。

A. 本纪　　　　　　B. 书　　　　　　　C. 世家　　　　　　D. 列传

解析：本题的正确答案是C

《史记》是中国第一部纪传体通史，它记叙了从黄帝至汉武帝太初年间大约三千年的历史。全书共一百三十篇，由八书、十表、十二本纪、三十世家、七十列传五个部分组成。"本纪"记载历代帝王的政绩，"书"是记载天文、历法、水利、经济、文化等方面情况的专史，"世家"主要记述贵族王侯的事迹，"列传"则是不同类型、不同阶层的人物传记。

【例题2】《史记》中的"列传"共有篇章数是（　　　）。

A. 十二　　　　　　B. 三十　　　　　　C. 八　　　　　　　D. 七十

解析：本题的正确答案是D

《史记》是中国第一部纪传体通史，它记叙了从黄帝至汉武帝太初年间大约三千年的历史。全书共一百三十篇，由八书、十表、十二本纪、三十世家、七十列传五个部分组成。

汉赋

汉赋不仅是汉代重要的文学现象，实际上也是中国文学史上不可忽视的一页，它以其独特的审美形式反映着中国文学的某些特征。汉赋的前期主要是以抒情为主的骚体赋，取得较高成就的是贾谊（前201～前169），其代表作有《吊屈原赋》和《鵩鸟赋》等。枚乘（？～前140）的《七发》在铺陈等很多方面奠定了汉代大赋的基础。而司马相如（？～前118）则把汉大赋推向了鼎盛阶段，他的主要作品有《子虚赋》、《上林赋》、《大人赋》、《哀二世赋》等。另外，东方朔有《答客难》，司马迁有《悲士不遇赋》，王褒的《洞箫赋》、《甘泉宫颂》等也比较著名。

"赋"由动词演变为文体形式和创作方法，主要从所谓的"诗有六义"开始。《周礼·春官》曰："诗六教，曰风、曰赋、曰比、曰兴、曰雅、曰颂。"郑玄注云："赋之言铺，直铺陈今之政教善恶。"

汉赋作为一种艺术形式，其审美形式也是十分丰富的。与其美质相联系，汉赋在其美态上也突出地表现出了类似的理性思维的特征。归纳起来，汉赋在其美态上有三个突出的特点：文体上的类型化；时空上的完整化；描绘上的整体化。

汉赋在描绘性上力求完备的整体性特征，是汉赋之美在其形态上十分重要的表现。"象天法地"、"近取诸身，远取诸物"，是中国传统思维方式的重要特征，因此"深于取象"是中国散文的故有传统。汉赋无论在宏观、微观，还是动态、静态的描绘上都达到了登峰造极的地步。例如，描绘山、石、水，要把有关的所有名词、形容词、动词、副词集中起来，按照一定的规则进行罗列，许多字是汉赋作家为了描绘某一事物而创造出来的。这种堆砌罗列在今人看来不仅毫无美感，甚至会大惑不解，但在当时却是一种历史的需要。汉赋把描绘的完整性当成了最终目的，在这个目的的背后，隐含着汉代理性强大、包容一切的气魄。

唐诗

一般说来，诗歌意义上的"四唐"分期，是指将高祖武德时期至玄宗开元初看做初唐，玄宗开元年间至肃宗宝应年间划为盛唐，代宗广德初至穆宗长庆年间归为中唐，敬宗宝历初至唐亡视为晚唐。

从贞观后期到武则天当政时期，初唐诗坛上出现了一大批著名的诗人，其中包括"初唐四杰"、刘希夷、张若虚、陈子昂、"文章四友"等等。这些人不仅有着丰富的创作实绩，其诗歌也在不同的方面展现出了新的艺术特质和风貌，使唐诗真正从六朝的余韵中摆脱出来，成为唐诗的第一个诗潮。

"初唐四杰"是指初唐时期的四位诗人王勃、杨炯、卢照邻和骆宾王。四人之所以被合称，是因为他们在当时是一个较有影响的诗歌革新流派。

王勃（650～676），字幼安，绛州龙门（今山西省河津县）人。王勃现存诗90多首，其中多是五言、七言小诗。王勃的诗多写自然风光，表达对自然的热爱之情和对自由不羁的生活的向往，有时表达伤感惆怅的情绪，往往随感而发，清纯自然。

杨炯（650～693?），华州华阴（今陕西华阴）人。杨炯现存诗33首，多是五言和排律，他的"边塞诗"和"从军诗"写得十分出色。

卢照邻（634～689?），字升之，幽州范阳（今河北涿县）人。卢照邻存诗近百首，近体诗占了大部分，表现出其对声律的自觉追求。

骆宾王（619～684?），字务光，婺州义乌（今浙江义乌）人。出身小官僚地主家庭，少慧，七岁即因作《鹅》而才名远播。代表作有《在狱咏蝉》、《从军中行路难》等诗。

陈子昂（661～702），字伯玉，梓州射洪（今四川射洪县）人，出生于一个庶族地主家庭，少有任侠之气，后折节读书，深受儒家思想的影响。《登幽州台歌》是他的代表作。

至开元年间，随着文人阶层的进一步扩大，一大批中下层的诗人，如孟浩然、岑参、李白、杜甫等人涌向诗坛，从根本上改变了初唐诗歌的状况，形成了真正的诗歌高潮，这就是盛唐。

孟浩然（689～约740），字浩然，襄阳（今属湖北）人，其家薄有资产，父祖通晓诗文。孟浩然是唐代第一个大量写作山水诗的诗人，在现存的200多首诗中，有相当一部分是吟唱山水田园的。孟浩然与王维一起开创了山水田园诗派，将六朝以来的山水田园诗发展到了一个崭新的阶段，对后世也产生了巨大的影响。代表作有《过故人庄》、《耶溪泛舟》、《采樵作》等。

王维（701～761），字摩诘，太原祁（今山西祁县）人。幼而能诗，且擅长书画、音乐，是一位艺术全才。王维存诗400多首，题材广泛，内容丰富，不仅有著名的灌注着隐逸超脱之情和禅思哲理的山水田园诗，还有意气豪迈、情绪慷慨的游侠诗，也有抨击现实的政治诗。对于亲情友情、乡愁离愁，王维的诗中也多有表现。代表作有《少年行》（四首）、《观猎》、《送元二使安西》等诗。

盛唐时边塞诗开始勃兴。在盛唐边塞诗人中，最有代表性的，莫过于高适和岑参，另外还有王昌龄、崔颢、王之涣、李颀等人。

高适（702?～765），字达夫，渤海（今河北仓县）人。高适共有七言古诗30多首，代表作有《别董大》、《塞下曲》、《邯郸少年行》、《古大梁行》。

岑参（715～770），南阳人，汉唐的古拙与气势之美，到岑参的边塞诗发展到了一个新的高度。读岑参诗，使人倍觉形象鲜明夺目，犹如油画。岑参的边塞诗写自己的所见所得，既取法自然，又寓意于自然之中，创造出了一种奇雄孤秀的艺术风格。代表作有《白雪歌送武判官归京》、《走马川行奉送出师西征》等。

王昌龄（约698～757），字少伯，长安人。王昌龄的绝句有着鲜明而丰富的美感特质，豪迈奔放的雄浑美、隐曲婉约的含蓄美、深邃悠远的意境美和澄明超逸的清空美同在，优美与壮美，阳刚与阴柔并存，在艺术上达到很高的境界，被称为"七绝圣手"。他最著名诗歌包括《从军行七首》、《出塞》等诗。

王之涣（688～742）流传下来的边塞诗很少，但《凉州词》、《登鹳雀楼》两首诗却脍炙人口。

李白是盛唐的一个高峰，是浪漫的代表，是诗的化身。他的激情与浪漫，他的欢乐与痛苦，他的追求与思考，都带有极其浓郁的纯真而又超越的色彩，因此，他被后人称为"诗仙"。《蜀道难》、《望天门山》、《早发白帝城》、《望庐山瀑布》、《将进酒》、《梦游天姥吟留别》、《古风》（十九首）。李白在当时就享有很高的声誉。在中晚唐时期，李白、杜甫有着极高的地位。韩愈和李商隐都对李白推崇不已。

杜甫（712~770），字子美，生于河南巩县，自称少陵野老或杜陵布衣。在中国历史上，只有杜甫被尊为"诗圣"。杜诗的艺术风格是多样的，但从整体来看，沉郁顿挫是杜诗的基本审美特征，如《望岳》、《房兵曹胡马诗》、《蜀相》、《春夜喜雨》、《闻官军收河南河北》、《旅夜书怀》、《秋兴八首》、《登高》等就是这一方面的杰作。"三吏"、"三别"等诗则是反映现实的代表作。

中唐前期的诗坛在诗歌发展史上有着重要的意义。元结、顾况的新乐府诗开启了白居易的新乐府运动，并在后代的诗歌中形成了绵延不断的传统。

白居易（772~864），字乐天，号香山居士。白居易将自己在51岁以前所写的1300多首诗分为讽喻、闲适、感伤、杂律四类。最有价值的是讽喻诗，所谓新乐府运动也主要是指这类诗的创作。在揭露和抨击黑暗现实、反映民生疾苦、同情劳动人民、表现爱国热情方面，白居易的讽喻诗确实具有独特的价值。如《卖炭翁》、《上阳白发人》等就是此类诗歌的代表。另外《长恨歌》和《琵琶行》两篇叙事长诗以及《赋得古原草送别》等诗歌也是他的优秀作品。

与元、白诗派同时，中唐还出现了韩愈、孟郊诗派和柳宗元、刘禹锡、李贺等诗人，使中唐诗歌呈现出一片繁荣的局面。

韩愈不仅是杰出的散文家，还是在中唐诗坛上能够别开生面的诗人。他与孟郊诗风相近，尚险尚怪，又多联句之作，时人称之为韩孟诗派。

刘禹锡（772~824），字梦得，洛阳人。代表作有《元和十年自朗州至京，戏赠看花诸君子》、《乌衣巷》、《石头城》等。刘禹锡还在贬谪期间努力学习民歌，现存《刘梦得集》的两卷乐府诗是他这方面的成就，如《竹枝词》。

柳宗元与刘禹锡同时被贬。他不仅是古文运动的主将之一，还是优秀的诗人，《江雪》、《南涧中题》等都是他的名作。

李贺（790~816），字长吉，河南昌谷（今宜阳）人，是没落的皇族家庭的后裔。自幼才华出众，抱负颇大，但因避讳而不能参加进士试，最后只做了一个九品小官奉礼郎。身体病弱，其志不遂，又兼苦吟成癖，死时仅27岁。《苏小小墓》、《金铜仙人辞汉歌》、《李凭箜篌引》、《雁门太守行》等都是他的代表作。李贺诗的最主要的艺术特点在于他将视觉、听觉、味觉、触觉等各种感觉极为大胆而又奇妙地结合起来，这种结合有时接近于幻觉，正是这种类似幻觉的通感手法才使他创造出了瑰丽、冷艳、瘦硬、奇崛的诗境。

从文宗太和、开成至唐亡的七八十年间，文学史上一般称为晚唐时期。杜牧、李商隐、皮日休、杜荀鹤等人是这一时期的代表人物。

杜牧（803～853），字牧之，京兆万年（今陕西西安）人。杜牧与李商隐是晚唐诗坛上杰出的诗人，后人往往将二人并称为"小李杜"。他的诗具有十分丰富的艺术特质，如深情与纤细，清丽与明朗等特点，都带有晚唐的色彩，与李商隐有许多共同之处。《过华清宫绝句三首》、《赤壁》、《题乌江亭》、《泊秦淮》、《江南春绝句》、《山行》等是他的代表作。

李商隐（813～858），字义山，号玉溪生，怀州河内（今河南沁阳）人。他的诗以心象融铸物象，深情绵邈，绮丽精工。有《贾生》、《北齐二首》、《锦瑟》、《无题三首》等优秀作品。晚唐的诗多以艳体与曲笔写深情与苦调，在浓厚的感伤情绪与悲剧意识中展示精工细小、静谧深邃的诗境，李商隐是其杰出的代表。

皮日休（834？～883？）。他的《正乐府十篇》和《三羞诗》揭露了黄巢起义前夕的社会现状，具有很强的现实意义。

杜荀鹤（846～907），字彦之，进士出身，他的300多首诗对当时各种混乱黑暗的现实都有所揭露，对劳动人民表示同情，如《山中寡妇》、《再经胡城县》等。

【例题1】唐朝是中国诗歌高度发达的时期，产生过下列诗歌流派中的（　　）。

A. 山水田园诗派　　　　　　　　B. 边塞诗派

C. 江西诗派　　　　　　　　　　D. 韩孟诗派

解析：本题的正确答案是 ABD

山水田园诗派，是唐代诗歌流派，继承东晋陶渊明的山水田园派，代表人物有盛唐的王维、孟浩然、储光羲、常建等，中唐的韦应物、柳宗元等。以反映田园生活、描绘山水景物为主要内容。边塞诗派，是中国唐代诗歌流派，以高适、岑参、李颀、王昌龄最为知名。他们的诗歌主要是描写边塞战争和边塞风土人情，以及战争带来的各种矛盾，如离别、思乡、闺怨等，形式上多为七言歌行和五、七言绝句，诗风悲壮，格调雄浑，最足以表现盛唐气象。韩孟诗派，是中唐时期与新乐府运动同时崛起的一个影响较大的诗派，其代表人物是韩愈、孟郊，此外还包括贾岛、卢仝、刘叉等人。这个诗派创作的特点是通过抒写个人的不幸遭遇来揭示社会的弊病，追求深险怪僻，刻意推敲。C选项江西诗派，属北宋后期，是一个以杜甫为祖，黄庭坚、陈师道、陈与义为宗的诗歌流派。该流派崇尚黄庭坚的点铁成金、夺胎换骨之说。且诗派成员大多受黄庭坚的影响，作诗风格以吟咏书斋生活为主，重视文字的推敲技巧。

【例题2】下列诗人中，属于山水田园诗派的有（　　）。

A. 孟浩然　　　　B. 王维　　　　C. 陶渊明　　　　D. 刘禹锡

解析：本题的正确答案是 AB

山水田园诗派，是唐代诗歌流派，继承东晋陶渊明的山水田园派，代表人物有盛唐的王维、孟浩然、储光羲、常建等，中唐的韦应物、柳宗元等。以反映田园生活、描绘山水景物为主要内容。

【例题3】下列唐代诗人中，以写作新乐府诗著名的是（　　）。

A. 杜甫　　　　B. 高适　　　　C. 白居易　　　　D. 李商隐

解析：本题的正确答案是 C

"新乐府"在古代文学史上即"新题乐府"，是相对于古乐府而言的。指的是一种用新题写时事的乐府诗，不再以入乐与否做标准。新乐府诗始创于杜甫，为元结、顾况等继承，又得到白居易、元稹大力提倡。中唐时期，白居易、元稹倡导了以创作新题乐府诗为中心的诗歌革新运动。

【例题4】下列诗歌中，属于七律的是（　　）。

A. 杜甫《登高》　　　　　　　　B. 韦应物《滁州西涧》

C. 韩愈《左迁至蓝关示侄孙湘》　　D. 李商隐《锦瑟》

解析：本题的正确答案是 ACD

七言律诗是中国近体诗的一种。格律严密，发源于南朝齐永明时沈约等，讲究声律、对偶的新体诗，至初唐沈佺期、宋之问时正式定型，成熟于盛唐时期。律诗要求诗句字数整齐划一，律诗由八句组成，七字句的称七言律诗。《滁州西涧》属七言绝句。

宋词

宋代文人地位很高，政治也相对比较宽松，再加上宋初百年承平的局面，所以晚唐五代以来绮靡的词风此时有所抬头，但更多的是表现闲情逸致，而没有五代词的繁缛与感伤。晏殊、晏几道父子是这种词风的代表。

晏殊（991~1055），字同叔，抚州临川（今属江西）人，官至同平章事兼枢密使，死谥"元献"，世称晏元献。著有《珠玉词》，有词122首，绝大部分是小令。其词多表现优游的生活和幽微的心境，在艺术上既珠圆玉润，又显得清新自然。如《浣溪沙》（一曲新词酒一杯）、《踏莎行》（小径红稀，芳郊绿遍）等。

晏几道（1030?~1106?），晏殊幼子，字叔原，号小山，著有《小山词》。其词多反映歌女的生活，并表示同情。如《临江仙》（梦后楼台高锁）、《鹧鸪天》（彩袖殷勤捧玉钟）等。晏几道的词风，颇接近李煜前期的词风，但没有冲破"词为艳科"的藩篱。

较早开拓词境的是范仲淹和欧阳修。范仲淹（989～1052），字希文，苏州吴县人，为北宋著名的政治家和文学家，并不以词知名，但流传下来的为数不多的几首词却已经廓大深沉，很受重视。代表作有《苏幕遮》（碧云天）、《渔家傲》（塞下秋来风景异）等。

欧阳修存词200多首，主要收在《六一词》和《醉翁琴趣外编》中。欧词多描写爱情，受冯延巳的影响较深，但又更生动自然，富有民歌特征。代表作有《生查子》（去年元夜时，花市灯如昼）、《蝶恋花》（庭院深深深几许）等。

柳永（987?～1053?），原名三变，字耆卿，崇安（福建崇安）人，是工部侍郎柳宜的少子。著有《乐章集》，传词近200首。柳永的词在当时流传极广，叶梦得《避暑录话》说："凡有井水饮处，即能歌柳词。"柳永是北宋第一个专力写词的作家，在词的发展史上有着突出的贡献。柳永词在艺术手法上吸收了辞赋和骈文的长处，极其善于铺叙，并在铺叙中渲染情感，将情景层层展开，层层推进，渐至极境。如《雨霖铃》（寒蝉凄切）、《八声甘州》（对潇潇暮雨洒江天）等是他的代表作。柳永词在词史上的贡献首先体现在他发展了慢词。在柳永以前，词以小令为主，但这显然不适合歌女的演唱和表达丰富复杂的思想情感。柳永在扩大词的题材方面也有贡献。

苏轼（1037～1101），字子瞻，号东坡居士，眉州眉山（今四川眉山县）人。苏轼处在宋词发展的关键时期。苏轼一生作词可考者350余首，《念奴娇·赤壁怀古》、《水调歌头·明月几时有》等是他的代表作品。苏轼在词风上的贡献还在于他创立了豪放派词。苏轼扩大了词境，提高了词格，使花间词摆脱了卑俗的"艳科"地位，仅从这一点来说，就是真正的正宗。至于豪放词，实际上就是"以诗为词"，其对后世的影响，自不待言。辛弃疾词"异军突起，能于剪红刻翠之外屹然别立一宗，迄今不废"，正是苏轼豪放词影响的结果。

比苏轼稍后，北宋后期的词主要向婉约和注重声律方面发展，出现了秦观、贺铸和以周邦彦为代表的大晟派词人。

秦观（1049～1100），字少游，扬州高邮（江苏高邮）人。现共存词80多首。秦观词的内容大致有三方面。第一，表现爱情。第二，抒写迁离之苦。第三，怀古词、纪梦，此类词为数不多，只有《望海潮》（星分牛斗、秦峰苍翠、梅英疏淡）、《好事近》、《满庭芳》、《雨中花》等，但往往寄托兴亡之慨、词境俊洁，审美价值很高。

周邦彦（1056~1121），字美成，晚号清真居士，浙江钱塘人。周邦彦著有《清真词》。周邦彦的词句式整齐，格律谨严，内容基本上写艳情和羁旅之愁，间或有描写时令、景物和咏史的作品，但他的词在当时和词史上都有很大影响。如《苏幕遮》（燎沉香）、《西河·金陵怀古》等都是他的优秀作品。周邦彦"好音乐，能自度曲"（《宋史》本传），并多自创长调，在词的形式之美和表达的精工之美方面都有贡献。

词在南宋继续发展，并出现一些杰出的词作家和流派。南宋前期的词人主要有李清照、张孝祥等人，接下来便是著名的爱国词人辛弃疾和辛派词人。

李清照（1084~1155?），自号易安居士，山东济南人。著有《漱玉词》，但已散佚，现在辑录的词有70多首。李清照的词以南渡为界分为前后两期。前期主要写她天真烂漫的少女生活和夫妻间的爱情，后期则多表现国破家亡的哀痛。前期的词如《点绛唇》（蹴罢秋千）、《如梦令》（常记溪亭日暮）都极富生活情趣并且散发出清真自然的气息。后期的词在艺术上更加成熟，她以女性特有的敏感心灵，将国破家亡的沉痛、夫死流离的悲伤与孤寂表现得深切动人，如《声声慢》（寻寻觅觅）等。

姜夔（1155? ~1221?），字尧章，鄱阳（今江西波阳）人。姜夔词的内容主要以流连风景、咏物赠答、慨叹身世、歌咏恋情为主，有时也有时世之慨。姜夔的词善于运用暗喻、联想等艺术手法，吸收了婉约派词深微细腻的表现方法，还从晚唐与江西诗派的清丽而富有哲思的诗风中受到启发，从而创造出清丽幽深的意境。代表作有《扬州慢》（淮左名都）等。

辛弃疾（1140~1207），字幼安，号稼轩，出生于金国初期的济南府历城县。辛词在内容上最突出的特征是以慷慨悲歌、壮志难酬但又乐观豪放的情绪来表现其强烈的爱国热情和对投降派的憎恶。代表作有《永遇乐·京口北固亭怀古》、《水龙吟·登建康赏心亭》、《摸鱼儿》等。在艺术上，辛弃疾一扫词境尖新的旧论，创造出雄奇廓大的意境。

【例题1】"寒蝉凄切，对长亭晚"出自宋代词人柳永的作品，这首词的词牌名是（   ）。

A. 雨霖铃　　　　B. 八声甘州　　　　C. 踏莎行　　　　D. 定风波

解析：本题的正确答案是 A

"寒蝉凄切，对长亭晚"出自宋代词人柳永的作品，这首词的词牌名是雨霖铃。

【例题2】下列词人中，以风格婉约著称的是（   ）。

A. 秦观　　　　B. 晏几道　　　　C. 张元干　　　　D. 李清照

解析：本题的正确答案是 ABD

婉约派为中国宋词流派。婉约，即婉转含蓄。其特点主要是内容侧重儿女风情，结构深细缜密，音律婉转和谐，语言圆润清丽，有一种柔婉之美。婉约派的代表人物有李煜、柳永、晏殊、欧阳修、秦观、周邦彦、李清照等。张元干属豪放派诗人。

唐宋八大家

唐宋八大家中除韩愈、柳宗元生于唐代以外，其余的六人都是宋朝人。而正是他们的出现，中国散文开始了新的阶段。

韩愈（768~824），字退之，河阳（今河南孟县）人。他一生创作了丰富的散文，从题材上大致可以分为论说文、记叙文和"杂著"三类。在论说文中，著名的"五原"（《原道》、《原性》、《原毁》、《原鬼》、《原人》），以及《师说》、《马说》、《进学解》等是其代表作。记叙文以《张中丞传后序》、《柳子厚墓志铭》、《祭十二郎文》、《试大理评事王君墓志铭》、《蓝田县丞厅壁记》等为代表。在"杂著"中，以《送李愿归盘谷序》、《送董绍南序》为代表的赠序体散文，以"杂说"为代表的杂文，都是十分出色的。他的散文在当时就获得了高度的评价，到了宋代，苏轼更满怀热情地称赞他"文起八代之衰，道济天下之溺"。韩愈的散文是一种适合当时需要的自由抒写的全新的散文，不仅其内容具有进步意义，其语言也接近当时的话语实际，明白晓畅，活泼自然，使散文的应用范围扩大到了前所未有的程度，对后世散文产生了深远的影响。

柳宗元（773~819），字子厚，河东（今山西永济县）人，世称柳河东。柳宗元的创作也非常丰富，由于他的创作实绩，终于成为古文运动的主将之一。从体裁上来看，他的散文可以分成议论文、游记、传记和寓言。柳宗元的议论文最能表现他的思想，代表作是《贞符》和《封建论》。他的山水游记也十分著名，继承了郦道元的《水经注》而又有所发展，形成了自己鲜明的个性，奠定了游记散文的坚实基础，从而开创了一种较为纯粹的审美化的散文体式，为中国散文的发展做出了杰出的贡献。代表作有《永州八记》等。人物传记和揭露现实黑暗方面的代表作有《段太尉逸事状》、《捕蛇者说》等。

曾巩是"唐宋八大家"中成就较低的一个。《墨池记》、《宜黄县学记》是他的代表作。

王安石（1021~1086），字介甫，号半山居士，抚州临川（今江西抚州）人。在为文上，王安石不依古人，喜欢翻奇出新。"词简而精"是王安石散文的重要特点，为世人传颂的《答司马谏议书》也很能表现他的"笔力简而健"的文章特点。他的一些记叙、抒情散文也很有特色，如《游褒禅山记》、《祭欧阳文忠公》等。

欧阳修（1007~1072），字永叔，庐陵（今江西吉安人），号醉翁，别号六一居士。作为一位杰出的散文家，他对于散文的重要性给予了充分的重视，尤其在他的晚年更是发展了"立德"、"立功"、"立言"三不朽的观点。《朋党论》、《纵囚论》、《醉翁亭记》、《有美堂记》、《丰乐亭记》、《真州东园记》、《读李翱文》、《祭石曼卿文》、《秋声赋》等都是他的名篇佳作。

苏洵（1009~1066），字允明，号老泉，四川眉山（今四川眉山县）人，是苏轼和苏辙的父亲。苏洵的散文最为人称道传诵的是《权书》中的《六国论》，借历史教训来讥讽宋朝向北方少数民族屈膝投降，是具有现实意义的"讥时之弊"的优秀散文。

苏轼（1037~1101），字子瞻，号东坡居士，眉州眉山（今四川眉山县）人。在苏轼散文中，最优秀的是包括记、杂说、随笔、书信、题跋和抒情文在内的抒情记叙类散文。在这些文章中，有苏轼所谓"词语甚朴，无所藻饰"（《上梅龙图》）的作品，有所谓"文理自然，姿态横生"（《答谢民师书》）的作品，也有所谓"闲暇自得，清美可口"（《答毛滂书》）的作品。其中，最为人传诵的篇章是《赤壁赋》、《凌虚台记》、《超然亭记》、《放鹤亭记》等。另外，他的序跋也是很有影响的散文，如《范文正公文集序》、《六一居士集序》、《凫绎先生集序》等在评人与论学中显示出了鲜明的特色。苏轼继承了唐代的古文运动和宋代的新古文运动，使古文在与口语的接近方面、与艺术的融合方面、表现力方面和应用范围方面都达到了前所未有的高度，最后完成了唐宋两次古文运动，对后世产生了深远的影响。

苏辙（1039~1112），字子由，晚年号颍滨遗老。苏辙作文用力最大的是奏议、政论和史论等议论文，如他的《新论》三篇剖析宋朝的"冗吏"、"冗兵"、"冗费"三大弊端，被《宋史》本传称为"论事精确，修辞简严"，但能够体现他的散文风格的，还是他能够自由发挥的书信杂文，如《上枢密韩太尉书》、《答黄庭坚书》、《黄州快哉亭记》、《武昌九曲亭记》等。

【例题1】"唐宋八大家"中仅有两位唐代作家，他们是韩愈和（　　）。

A. 曾巩　　　　B. 王安石　　　　C. 欧阳修　　　　D. 柳宗元

解析：本题的正确答案是 D

其余都为宋代。"唐宋八大家"是唐宋时期八位著名的散文作家的合称，即韩柳曾王，三苏欧阳——唐代的韩愈、柳宗元，宋代的苏洵、苏轼、苏辙、欧阳修、王安石、曾巩。唐宋文坛以他们的文学成就最高，流传最广，故称"唐宋八大家"。

【例题2】下列词句中，为苏轼所作的是（　　）。

A. 今宵酒醒何处，杨柳岸，晓风残月

B. 回首向来萧瑟处，归去，也无风雨也无晴

C. 一川烟草，满城风絮，梅子黄时雨

D. 醉里挑灯看剑，梦回吹角连营

解析： 本题的正确答案是 B

A 出自柳永的《雨霖铃》，B 出自苏轼的《定风波》，C 出自贺铸的《青玉案》，D 出自辛弃疾《破阵子·为陈同甫赋壮词以寄》。

元曲

元曲包括元戏曲与散曲。它们都是中国文学史上十分重要的文学形式。

元代的戏曲主要是元杂剧和南戏。元杂剧又称元曲，它以金人院本、诸宫调为主，吸收了多种艺术词曲和表演技艺发展而成，其体制一般是一本四折，如有必要，再加一"楔子"，即所谓的"四折一楔子"。演出角色约可分为末、旦、净、杂四类，主角又分正末、正旦。由正末主唱的剧本叫"末本戏"，以正旦主唱的剧本叫"旦本戏"。元杂剧的主要内容反映了下层劳动人民的生活，赞扬了他们的反抗精神，揭露了现实的黑暗和政治的腐败，并充满了乐观精神。

元代是我国戏曲史上的黄金时代，有姓名可考的杂剧作家有 80 多人，有记载的作品有 500 多种。元杂剧的主要成就集中在前期，这一时期除产生了关汉卿、王实甫等著名杂剧作家外，还产生了白朴、马致远、郑光祖等一批优秀的杂剧作家。

白朴和马致远的杂剧以辞采见长，白朴《墙头马上》和《梧桐雨》两种，前者写青年男女大胆追求的故事，后者写唐明皇和杨贵妃的爱情故事，都很出色。马致远今存《汉宫秋》、《青衫泪》等七种杂剧，其中《汉宫秋》写昭君出塞和亲的历史故事，在语言艺术上取得了较高的成就。郑光祖有杂剧 18 种，今存 3 种，代表作是《倩女离魂》。

南戏中则出现了《拜月亭》与《白兔记》、《荆钗记》、《杀狗记》四部剧作，被合称"四大传奇"。

关汉卿，大约生于金宣宗贞祐、元光（1213~1222）年间，卒于元大德年间。关汉卿塑造的最成功的戏剧范式是悲剧。从现存的作品来看，《窦娥冤》、《哭存孝》、《蝴蝶梦》、《西蜀梦》四部是比较典型的悲剧。另外关汉卿还建构起了另一种重要的戏剧范式：正剧。《单刀会》和《鲁斋郎》是其中的代表。关汉卿的正剧对后世的影响很大。由于中国文化的特点，中国人在悲剧、喜剧和正剧中更为喜欢正剧，因此，在元代以后的剧坛上，虽然成就最大的并不是正剧，但实际上正剧一直占据着主流地位。

《西厢记》全名《崔莺莺待月西厢记》，作者王实甫，生平材料很少，除《西厢记》外，现传的还有《破窑记》、《丽堂春》两种。

元散曲不仅是元代也是中国重要的文学形式之一。散曲最初兴起于民间，是晚唐、宋代以来吸收了民间的曲词和女真、蒙古等少数民族的乐曲逐渐形成的新诗体。词在宋代被雅化以后，已经成为比较典型的雅文学，而元散曲却作为一种通俗的诗歌形式在北方流行起来。

现在一般以大德四年（公元1300年）为界把元散曲分为前后两期，前期的代表作家有元好问、关汉卿、王实甫、白朴、贯云石等人，内容多反映现实，曲风与民歌比较接近，属于本色派；后期的代表作家有马致远、乔吉、张可久、徐再思等人，内容离现实相对较远，作品风格趋向雅正典丽，文采华美，辞藻绮丽，曲风趋于文人化，属于辞采派。

元散曲之所以是一种"最自然之文学"，是由于在诗、散文、词这些文学样式被雅化以后，在元代这个以元杂剧为代表的通俗文学十分发达的时代，还需要一种更自由、更通俗的抒情形式，散曲这种与杂剧有一定联系，具有一定的诗词韵律又更加自由通俗的文学形式自然成为文人的首选。而更为重要的是，元散曲始终没有被彻底雅化，没有成为一种时代理念的代言者，在性质上，它应该是一种文人的民歌。所以，文人的"文学"与民歌的"自然"在元散曲里结合得最好，使它成为一种"最自然之文学"。

【例题1】下列戏曲作品中，属于杂剧的有（　　）。

A.《牡丹亭》　　　B.《西厢记》　　　C.《窦娥冤》　　　D.《桃花扇》

解析：本题的正确答案是 BC

《牡丹亭》是明代的汤显祖的作品，《桃花扇》是清初戏剧作家孔尚任的作品。《西厢记》和《窦娥冤》是元杂剧，作者分别为王实甫、关汉卿。

【例题2】下列戏曲作品中，产生于元代的有（　　）。

A.《西厢记》　　　B.《桃花扇》　　　C.《牡丹亭》　　　D.《窦娥冤》

解析：本题的正确答案是 AD

《桃花扇》是清初戏剧作家孔尚任的作品，《牡丹亭》是明代的汤显祖的作品。

【例题3】下列作品中，王实甫的作品是（　　）。

A.《窦娥冤》　　　B.《西厢记》　　　C.《梧桐雨》　　　D.《汉宫秋》

解析：本题的正确答案是 B

《窦娥冤》是元朝关汉卿的杂剧代表作，《梧桐雨》是白朴的杂剧代表作，《汉宫秋》是元曲四大悲剧之一，作者为马致远。

明清小说

元末明初，出现了《三国志通俗演义》和《水浒传》。这两部小说的出现，标志着中国小说发展到新的高峰。这两部小说都起源于民间说话中的"讲史"，后经过文人的加工创作而成。

关于《三国演义》的故事，在宋代就十分流行，后来罗贯中"据正史，采小说，证文辞，通好尚"（高儒《百川书志》），创作了《三国志通俗演义》。其内容从东汉灵帝到晋武帝统一中国，总共跨越了一百多年的历史。小说着重写了魏、蜀、吴三国的兴衰过程，并通过浅近的文言和曲折的情节塑造了刘备、曹操、关羽、张飞、周瑜、诸葛亮等形象鲜明的人物。

《水浒传》叙述了梁山泊108人的故事，但真正见于正史记载的只有宋江一人。南宋时期，水浒故事就已经在民间流行，其时水浒人物已有36人，后来进入话本、杂剧领域，广泛流传，在宋末元初，水浒英雄已经发展到72人，再后来到"一百单八将"。元、明之际，经施耐庵、罗贯中整理成书。《水浒传》反映了北宋时期的社会现实，皇帝昏庸，奸臣当道，政治黑暗，吏治腐败，社会混乱，民生凋敝。《水浒传》正是通过林冲、晁盖、宋江、杨志等人的经历来探寻农民起义发生的社会根源，显示了农民起义是怎样由零碎的复仇星火发展成燎原之势的，热情歌颂了不屈的反抗精神。小说艺术上有突出成就，故事性强，语言生动有力，人物性格鲜明，塑造了武松、鲁智深、林冲等英雄人物形象。

《西游记》的故事渊源来自唐朝的玄奘取经。后来明代的吴承恩（1510？~1582？）对原来的取经故事在思想和艺术上进行了很大的再创造，创作完成了《西游记》。《西游记》产生以后，神魔小说风行一时，出现了《三宝太监下西洋》、《四游记》、《西游补》等，其中较好的应数《封神演义》。

《封神演义》为许仲琳编辑，100回。这部小说以神魔幻想的方式表现出了与众不同的反抗观念。《封神演义》的基本特点是以语"怪、力、乱、神"来表达反抗意识。

《金瓶梅》作者署名兰陵笑笑生，成书大约在明万历年间。《金瓶梅》在文学史上具有独特的意义。首先，它是第一部文人独立创作的小说。《金瓶梅》的出现带来了文人创作小说的繁荣局面。其二，《金瓶梅》一改帝王将相、才子佳人为小说主角的状况，以市井人物为主角。第三，在小说结构上以家庭为中心。第四，整部小说基本上以口语、方言写成，对后来通俗小说的发展产生了很大的影响。

明代通俗文学盛行，话本大量刊行，文人便对其进行加工整理，以供人们案头阅读，是为拟话本。明代拟话本的代表作是冯梦龙广泛收集宋代和明代话本整理加工而成的"三言"（《喻世明言》、《警世通言》、《醒世恒言》），其后有凌濛初的"二拍"（《初刻拍案惊奇》、《二刻拍案惊奇》），还有几乎与之同时出现的

《型世言》。

清初至清中叶的长篇小说创作出现了十分繁荣的局面，除了《红楼梦》和《儒林外史》、《聊斋志异》之外，还有一大批优秀的作品，如《水浒后传》、《说岳全传》、《醒世姻缘传》、《西游补》、《济颠大师醉菩提全传》、《镜花缘》等。

《儒林外史》的作者是吴敬梓。吴敬梓（1701～1754），字敏轩，一字文木，安徽全椒县人。他早年曾热衷科举，但不得意，同时也在广泛的交往和社会阅历中看清了科举制度的实质。后辞去荐举，绝意仕进，专心著述，于50岁前完成了《儒林外史》。

《红楼梦》的作者曹雪芹，名霑，字梦阮，号雪芹，又号芹圃、芹溪。生卒年不详。《红楼梦》以贾、史、王、薛四大家族为背景，贾宝玉和林黛玉的爱情悲剧为线索，展现了荣、宁二府由盛转衰的过程，揭露了地主阶级贵族集团的荒淫骄奢，并赞美了真挚的爱情，塑造了贾宝玉、林黛玉、薛宝钗、王熙凤等个性鲜明的人物。

蒲松龄（1640～1715），字留仙，别号柳泉，山东淄川（今淄博市）人。蒲松龄著《聊斋志异》，从素材的搜集到创作修改，历时数十年，其间数易其稿。其中的作品继承发扬了六朝志怪小说和唐传奇的艺术传统，既把鬼怪仙狐和幽冥世界人格化、社会化，还鲜明地表达了作者的爱恨情仇和美好理想。

嘉庆年间李汝珍的《镜花缘》是一部寄寓性讽刺作品。由于受雍正年间"大开洋禁"的影响，作者借海外游历虚构了一系列异域国度，君子国、无肠国、两面国、淑士国、毛民国等，以此来讽刺现实中的败风恶俗，揭露种种不合理的现象。

明清时代还出现了一大批思想比较落后、描写比较淫秽、艺术比较粗糙的长篇小说，这也是在那个时代不可避免的现象。晚清以后，中国的文学进入了近代时期，古典小说走向衰落，主要表现为出现了一些充满封建糟粕的侠义小说和侠邪小说（鲁迅语），如俞万春专门针对《水浒传》的反抗精神而写的《荡寇志》，文康旨的《新儿女英雄传》，另外还有《施公案》、《三侠五义》、《小五义》、《青楼梦》、《海上花列传》、《品花宝鉴》、《花月痕》等。随着维新改良运动的开展，小说观念也发生了变化，出现了李伯元的《官场现形记》、吴趼人的《二十年目睹之怪现状》等谴责小说以及刘鹗的《老残游记》等。总之，中国小说的发展进入了新的历史阶段。

【例题1】下列古代小说中，以文言写成的是（　　）。

A.《三国演义》　　　　　　B.《西游记》

C.《聊斋志异》　　　　　　D.《儒林外史》

解析：本题的正确答案是C

其余都是用当时的白话文写成的。

【例题 2】《西游记》属于（　　　）。

A. 章回小说　　　　B. 历史小说　　　　C. 神魔小说　　　　D. 拟话本小说

解析：本题的正确答案是 AC

章回小说是我国古典长篇小说的一种，是分章回叙事的白话小说，是我国古典小说的主要形式，分回标目，段落整齐，首尾完整，是其主要特点。历史小说是小说的一种形式，它以历史人物和事件为题材，反映一定历史时期的生活面貌。这类作品所描写的主要人物和事件都有历史根据，但容许适当的虚构。拟话本小说是明代兴起的短篇小说的一种创作形式，它是由文人模拟宋元话本而创作的。它与话本的共同点是它们都是白话小说；其不同点是拟话本不再是说话艺人说唱的底本，而是专供人们阅读欣赏的文学作品。标志着宋元以来的讲唱文学已逐渐脱离了口头创作阶段进而发展成为作家的书面文学。《西游记》属章回小说和神魔小说。

【例题 3】《水浒传》是一部（　　　）。

A. 历史演义小说　　　　　　　　B. 英雄传奇小说

C. 神魔小说　　　　　　　　　　D. 世情小说

解析：本题的正确答案是 B

《三国演义》属于历史演义小说，《西游记》属于神魔小说，世情小说是中国古典白话小说的一种，又称为人情小说，如《金瓶梅》、《红楼梦》。

【例题 4】小说《杜十娘怒沉百宝箱》出自（　　　）。

A. "三言"　　　　B. "二拍"　　　　C.《十二楼》　　　　D.《型世言》

解析：本题的正确答案是 A

明代拟话本的代表作是冯梦龙广泛收集宋代和明代话本整理加工而成的"三言"（《喻世明言》、《警世通言》、《醒世恒言》），其后有凌濛初的"二拍"（《初刻拍案惊奇》、《二刻拍案惊奇》），《杜十娘怒沉百宝箱》出自《警世通言》。

【例题 5】《红楼梦》作为中国古代小说的顶峰之作，其主要艺术成就表现在（　　　）。

A. 展现了一幅立体式的社会生活画卷

B. 人物性格刻画得鲜明生动

C. 讽刺手法运用得出神入化

D. 语言简洁传神，蕴含浓郁的诗意

解析：本题的正确答案是 ABD

讽刺小说：主要是指以贬抑现实的态度和讽刺的表现方法而独树一帜的小说。广义的讽刺有两种：一种是寄寓性讽刺，主要从神魔小说中孕育出来；一种是写实性讽刺，主要从世情小说中孕育出来。狭义的讽刺只指后一种。通常讽刺小说带有批判意味，描写社会黑暗。因此《红楼梦》不是讽刺小说，也没有把讽刺手法运用得出神入化。

【例题6】《镜花缘》属于（　　　）。

A. 世情小说　　　　B. 历史小说　　　　C. 神魔小说　　　　D. 谴责小说

解析：本题的正确答案是 C

《镜花缘》是清代李汝珍所作的一部长篇神魔爱情小说。

新文化运动

新文化运动以 1915 年 9 月陈独秀在上海创办《青年》杂志（1916 年 9 月起改名为《新青年》，1917 年年初迁到北京）为起点和中心阵地，以民主和科学（"德先生"和"赛先生"）两面旗帜，向封建主义展开了猛烈的进攻。

运动的代表人物是：陈独秀、李大钊、鲁迅、胡适、易白沙、吴虞、钱玄同等。运动的基本内容是：提倡民主，反对封建专制和伦理道德，要求平等自由，个性解放，主张建立民主共和国；提倡科学，反对尊孔复古思想和偶像崇拜，反对迷信鬼神，要求以理性与科学判断一切；提倡新文学，反对旧文学和文言文，开展文学革命和白话文运动。陈独秀在《青年》创刊号上发表《敬告青年》一文，大声疾呼，提倡民主与科学。他指出："国人而欲脱蒙昧时代，羞为浅化之民也，则急起直追，当以科学与人权（民主）并重。"陈独秀勇猛地向封建主义的政治和文化进行冲击，成为新文化运动的领袖。

新文化运动的另一个主要倡导者李大钊，也相继发表文章，反对旧礼教、旧道德。他指出："吾人为谋新生活之便利，新道德之进展"，"虽冒毁圣非法之名，亦所不恤"。吴虞猛烈抨击封建宗法制度，高喊"吃人的就是讲礼教的！讲礼教的就是吃人的呀！"被称为"只手打倒孔家店的老英雄"。文学革命是新文化运动的一个主要内容。1917 年 1 月，胡适发表了《文学改良刍议》，首先提出文学改良的主张，提倡以白话文代替文言文，以白话文学代替仿古文学。2 月，陈独秀发表了《文学革命论》，明确提出反对封建主义的文学，并把文学革命的内容与形式统一起来。他提出文学革命军的"三大主义"，即：推倒贵族文学，建设国民文学；推倒古典文学，建设写实文学；推倒山林文学，建设社会文学，真正举起了文学革命的旗帜。1918 年 5 月，鲁迅发表的白话小说《狂人日记》，对吃人的封建礼教进行了血泪控诉和无情鞭挞，树立了把文学革命的形式和内容相结合的典范，开拓了中国新文学的道路。新文化运动是资产阶级、小资产阶级激进民主主义者发动的文化革命运动。

新文化运动是沿着两条战线展开的，一条是思想战线，一条是文学战线。两条战线交织进行，因而它既是一场思想革命，又是一场文学革命。作为思想革命，它倡导民主和科学，反对专制和愚昧、迷信，提倡新道德，反对旧道德。作为文学革命，它倡导新文学，反对旧文学。前期的新文化运动实质是资产阶级的新文化反对封建旧文化的斗争。后期极力宣传马克思主义。

新文化运动提出了民主和科学的口号："民主"是指民主思想和民主政治；"科学"主要是指近代自然科学法则和科学精神。资产阶级宣扬民主，反对封建专制，把斗争矛头直指封建专制的理论支柱儒家思想；宣扬科学，反对封建迷信和愚昧。这一口号反映了中国社会发展的要求和人民的迫切需要，有力地推动了新文化运动的发展。但这一口号仍属于资产阶级旧民主主义性质，有阶级和时代的局限性，它不能同群众运动相结合，不能用历史唯物主义观点看待中国文化和西方文化，因而不能从根本上推翻封建思想。

1917 年俄国十月革命胜利，一部分在新文化运动中思想激进的知识分子，如李大钊、陈独秀等，接受了马列主义，转变为"具有初步共产主义思想的知识分子"。他们认为共产主义才是能够令中国独立富强的方式，开始极力宣传十月革命，成为共产主义在中国被广泛了解的契机。

【例题】提出"戴着脚镣跳舞"这一诗歌美学原则的现代诗人是（　　　）。

A. 郭沫若　　　　　B. 闻一多　　　　　C. 徐志摩　　　　　D. 戴望舒

解析：本题的正确答案是 B

闻一多先生针对五四运动以来的白话诗，因废除格律而丧失了诗的最美的东西时，强调建立新诗格律的重要性，主张"戴着脚镣跳舞"。

鲁迅

鲁迅 1881 年 9 月 25 日出生于浙江省绍兴会稽县东昌坊口新台门周家，初名周樟寿，后改名周树人，是中国现代小说、中国现代文学的奠基人之一。鲁迅 1902 年考取留日官费生，后弃医从文（详见《藤野先生》一文），回到中国从事文艺工作，希望通过文学改变国民精神。1905～1907 年参加革命党人的活动，发表了《摩罗诗力说》、《文化偏至论》等论文。1909 年，与其弟周作人一起合译《域外小说集》，介绍外国文学，同年回国，先后在杭州绍兴等地担任教师。

1918 年 5 月，首次用"鲁迅"做笔名，发表中国现代文学史上第一篇白话文小说《狂人日记》，奠定了新文化运动的基石。五四运动前后，参加《新青年》杂志工作，成为"五四"新文化运动的主将。

1918 年到 1926 年间，陆续创作出版了短篇小说集《呐喊》《彷徨》，杂文集《坟》、《热风》、《华盖集》、《而已集》、《二心集》，散文诗集《野草》，回忆性散文集《朝花夕拾》（又名《旧事重提》）等专集。其中，1921 年 12 月发表中篇小说《阿 Q 正传》。从 1927 年到 1936 年，创作了历史小说集《故事新编》中的大部分作品和大量的杂文，收辑在《坟》、《而已集》、《三闲集》、《二心集》、《南腔北调集》、《伪自由书》、《准风月谈》、《花边文学》、《且介亭杂文》、《且介亭杂文二编》、《且介亭杂文末编》、《集外集》和《集外集拾遗》等专集中。

鲁迅的文学贡献主要表现在：首先，他成功地创造出中国现代文学多种崭新的样式，并使其一一臻于成熟，尤其是杂文的创制，成就非常高；其次，他为中国现代文学奠定了现实战斗精神和现代反抗意识的优秀传统。

鲁迅小说的成就主要体现在《呐喊》、《彷徨》和《故事新编》三本小说集中。小说主要塑造了农民和知识分子两类人物形象，探讨他们的内心世界。鲁迅笔下的农民形象，刻画出中国人麻木而愚昧的灵魂，在沉默和静穆中显现出具有浓黑色调的悲愤。鲁迅笔下的知识分子分为两类：一类是寄予同情但基本表示否定的假道学、酸腐文人，以及如孔乙己那样受科举制度哄骗的人；另一类是属于"梦醒之后无路可走"的现代中国最痛苦的灵魂，是真正的现代知识分子。鲁迅在后者身上寄托了自己复杂的感受。

鲁迅的小说艺术成就主要表现在：一、以剪影或速写的手法，直接画出人物的灵魂特点；二、语言丰富而精练，无论是对话还是叙述，都能做到俭省、准确；三、学习西方小说技巧，多处使用心理描写。鲁迅小说富于象征和隐喻，并且使用非常自然、贴切。

鲁迅早期杂文主要结集为《热风》和《坟》，其中包含着成熟中年人深沉激越的识力和情感；第二期杂文主要是《华盖集》及其续编、《而已集》、《三闲集》等，锋芒直指现实，同时也具有批判的深度和广度，现实激烈而丰富的思想内涵；第三期杂文主要为《二心集》、《南腔北调集》、《伪自由书》、《准风月谈》、《花边文学》等，鲁迅的杂文创作达到高峰期，思想更为深刻，笔法摇曳多姿，对文学界产生了很大的影响；鲁迅后期的杂文主要有《且介亭杂文》、《且介亭杂文二集》、《且介亭杂文末编》等，长文增多，有更多的对历史的思考，见地更加深邃。鲁迅杂文几乎包括了从古到今所有可用于现代的文章样式，形式非常自由。

鲁迅杂文的内容可谓无所不包，其中直接抨击时弊、批判腐败政府和权贵，是冒着较大的风险的，显示了鲁迅作为社会良知的勇气。鲁迅杂文对农民、妇女、儿童等社会最底层的人群抱有深切的同情，也能冷静地剖析他们身上的弱点，揭示了被压迫者灵魂上由压迫者强行植入的愚昧和奴性，揭露出社会的罪恶。鲁迅在杂文中对现代知识分子也进行了冷酷的分析，无论是传统文人的奴性、现代知识分子的投机性以及各种欺骗性的口号等，都予以无情地解剖，还其本来面貌。鲁迅的杂文实际上是对"中国的大众的灵魂"的深刻而智慧的展示，有着很高的思想和文学价值。

【例题1】下列鲁迅作品中，属于小说集的有（　　　）。

A.《呐喊》　　　B.《彷徨》　　　C.《故事新编》　　D.《朝花夕拾》

解析：本题的正确答案是 ABC

《朝花夕拾》是鲁迅唯一一部回忆性散文集。

【例题2】闰土是鲁迅小说（　　　）中的人物。

A.《药》　　　B.《风波》　　　C.《故乡》　　　D.《狂人日记》

解析：本题的正确答案是 C

闰土是鲁迅小说《故乡》中的人物。

【例题3】下列鲁迅作品中，是小说集的是（　　　）。

A.《呐喊》　　　　　　　　　B.《朝花夕拾》

C.《故事新编》　　　　　　　D.《彷徨》

解析：本题的正确答案是 ACD

郭沫若

郭沫若 1892 年 11 月 16 日出生，原名郭开贞，四川乐山人。早年赴日本留学，后接受斯宾诺沙、泰戈尔、惠特曼等人思想，决心弃医从文。1918 年春写的《牧羊哀话》是他的第一篇小说。1918 年初夏写的《死的诱惑》是他最早的新诗。1919 年五四运动爆发，他在日本福冈发起组织救国团体夏社，投身于新文化运动，写出了《凤凰涅槃》、《地球，我的母亲》、《炉中煤》等诗篇，充分反映了"五四"时代精神，在中国文学史上开一代诗风，是当代最优秀的革命浪漫主义诗作。1921 年 6 月，他和成仿吾、郁达夫等人组织创造社，编辑《创造季刊》。1923 年，他在日本帝国大学毕业，回国后继续编辑《创造周报》和《创造日》。1924 年到 1927 年间，他创作了历史剧《王昭君》、《聂嫈》、《卓文君》。1928 年流亡日本，1930 年加入中国左翼作家联盟，参加"左联"东京支部活动。1938 年任中华全国文艺界抗敌协会理事。这一时期创作了以《屈原》为代表的六个历史剧。他还写了《十批判书》、《青铜时代》等史论和大量杂文、随笔、诗歌等。新中国成立后，曾任中央人民政府委员、国务院副总理兼文化教育委员会主任、中国科学院院长、全国文联一、二、三届主席，并任中国共产党第九、十、十一届中央委员、第一至第五届全国人大常务委员会副委员长、全国政协委员、常务委员、副主席等职。作品有《新华颂》、《东风集》、《蔡文姬》、《武则天》、《李白与杜甫》等，主编《中国史稿》和《甲骨文合集》。全部作品编成《郭沫若全集》38卷。

郭沫若在中国新诗发展史上具有非常重要的地位。《女神》是创生期的中国现代诗歌的奠基之作。它的崭新的自由体形式，恢弘的想象力和强大的创造力，都标志了白话新诗已完全挣脱了旧体诗的藩篱，开始进入了创造自己的经典化成熟作品的历史阶段。《女神》中贯穿性的主题形象是一个"开辟鸿蒙的大我"，一个新世纪的巨人，他是一切的偶像的破坏者，"要把地球推翻"，也是一个新世纪的创造者，"我创造尊严的山岳，宏伟的海洋，我创造日月星辰，我驰骋风云雷电"，反映了一个极端自由而又无所不在的创造性主体。《女神》中的每一首诗都有自己独特的形式，但在内在情绪和节奏上，又有着贯通一气的统一性和整体性，显示出郭沫若奔放的个性、感情与才华。

郭沫若在历史剧创作上有着崇高的地位，从1941年年底到1943年年初，郭沫若连续写下了《棠棣之花》、《屈原》、《虎符》、《高渐离》、《孔雀胆》、《南冠草》等六部历史剧，掀起了历史剧创作的高潮。这六部历史剧从不同的侧面反映了现实社会，表达了与黑暗反动势力坚决斗争的勇气，以及维护民族和祖国的根本利益的不屈意志。《屈原》是其中最为杰出的代表。

《屈原》气势浩瀚，构思新奇，巧妙地将历史和现实融合一体，具有非常强大的艺术魅力。该剧成功地塑造了一系列鲜明的人物形象，尤其是屈原，有着顽强的斗争精神，满怀激情，胸襟坦诚，代表了敢于抵御外侮、争取自由的民族英雄形象，对抗战军民有着巨大的鼓舞作用。该剧巧妙地把握了历史和现实的关联点，强调精神的古今相通，对历史人物进行合理而自由的想象，着重刻画性格，并围绕人物命运来构造戏剧冲突，情节引人入胜，此外，始终洋溢着浓烈的抒情色彩并贯穿着一种沉郁的悲剧气氛，强化了人物性格和剧本主题，充满了诗一般的激情。

【例题】下列现代作家中，在戏剧创作中取得成就的有（　　　　）。

A. 郭沫若　　　　B. 闻一多　　　　C. 田汉　　　　D. 曹禺

解析：本题的正确答案是ACD

郭沫若在历史剧创作上有着崇高的地位，从1941年年底到1943年年初，郭沫若连续写下了《棠棣之花》、《屈原》、《虎符》、《高渐离》、《孔雀胆》、《南冠草》等六部历史剧，掀起了历史剧创作的高潮。闻一多是一位现代诗人。在创建格律体时，闻一多提出了具体的主张，就是著名的"三美"："诗的实力不独包括着音乐的美，绘画的美，并且还有建筑的美。"考生应注意的是：在复习时，应注重累积，扩展知识面，不必拘泥于大纲。

沈从文

沈从文（1902～1988），原名沈岳焕，笔名休芸芸、甲辰、上官碧、璇若等，字崇文。湖南凤凰县人，祖母刘氏是苗族，其母黄素英是土家族，祖父沈宏富是汉族。沈从文是现代著名作家、历史文物研究家、京派小说代表人物。

沈从文14岁高小毕业后入伍，15岁随军外出，曾做过上士，后来以书记名义随大军在边境剿匪，又当过城区屠宰税务员。看尽人世黑暗而产生厌恶心理。接触新文学后，于1923年寻至北京，欲入大学而不成，窘困中开始用"休芸芸"这一笔名进行创作。至30年代起他开始用小说构造他心中的"湘西世界"，完成一系列代表作，如《边城》、《长河》，散文集《湘行散记》等。他以"乡下人"的主体视角审视当时城乡对峙的现状，批判现代文明在进入中国的过程中所显露出的丑陋，这种与新文学主将们相悖反的观念大大丰富了现代小说的表现范围。

1934年完成的《边城》，是这类"牧歌"式小说的代表，也是沈从文小说创作的一个高峰。小说叙述的是湘西小镇一对相依为命的祖孙平凡宁静的人生，以及这份平凡宁静中难以抹去的寂寞和"淡淡的凄凉"。"由四川过湖南去，靠东有一条官路。这官路将近湘西边境，到了一个地方名叫"茶峒"的小山城时，有一条小溪，溪边有座白色小塔，塔下住了一户单独的人家。这家人只有一个老人，一个女孩子，一只黄狗。"小说在这种极其朴素而又娓娓动人的语调中开始叙述，一开篇就为我们展示了一个宁静古朴的湘西乡间景致。小说叙述了女主人公翠翠的一段朦胧而了无结局的爱情，但爱情却不是小说所要表现的全部。翠翠是母亲与一个士兵的私生女，父母都为这不道德的、更是无望的爱情自我惩罚而先后离开人世。翠翠自打出生，她的生活中就只有爷爷、渡船、黄狗。沈从文用平淡的语言淡化了翠翠与爷爷孤独清贫的生活，却也尽量展现他们与自然和乡人的和谐关系：近乎原始的单纯生活、淳朴自然的民风、善良敦厚的本性，与那温柔的河流、清凉的山风、满眼的翠竹、白日喧嚣夜里静谧的渡船一起，构成一幅像诗、像画、更像音乐的优美意境。

沈从文一生创作的结集约有80多部，是现代作家中成书最多的一位。早期的小说集有《蜜柑》、《雨后及其他》、《神巫之爱》等，基本主题已见端倪，但城乡两条线索尚不清晰，两性关系的描写较浅，文学的纯净度也差些。30年代后，他的创作显著成熟，主要成集的小说有《龙朱》、《旅店及其他》、《石子船》、《虎雏》、《阿黑小史》、《月下小景》、《八骏图》、《如蕤集》、《从文小说习作选》、《新与旧》、《主妇集》、《春灯集》、《黑凤集》等，中长篇《阿丽思中国游记》、《边城》、《街》、《长河》，散文《从文自传》、《记丁玲》、《湘行散记》、《湘西》，文论《废邮存底》及续集、《烛虚》、《云南看云集》等。沈从文由于其的创作风格的独特，在中国文坛中被誉为"乡土文学之父"。

【例题】沈从文小说《边城》所描写的地域是现在的（　　　）。

A. 浙江　　　　　B. 四川　　　　　C. 湖南　　　　　D. 云南

解析：本题的正确答案是 C

沈从文小说《边城》所描写的地域是现在的湖南。"边城"的原型是湖南省花垣县的茶峒镇。

茅盾

茅盾，原名沈德鸿，字雁冰。浙江嘉兴桐乡人。中国现代著名作家、文学评论家、文化活动家以及社会活动家，五四新文化运动先驱者之一，我国革命文艺奠基人之一。1913 年考入北京大学预科。1916 年毕业后进上海商务印书馆编译所任职，从此开始他的文学生涯。1920 年任《小说月报》主编。同年 12 月底，与郑振铎等发起成立文学研究会。第一次国内革命战争时期，积极从事政治活动，任国民党中央宣传部秘书，武汉的中央军事政治学校教官，《民国日报》主编。大革命失败后，东渡日本。1930 年春回到上海，加入中国左翼作家联盟。1937 年后，到武汉任中华全国文艺界抗敌协会理事，主编《文艺阵地》。1938 年冬，赴新疆任教，任新疆各族文化协会联合会主席。1940 年 5 月到延安。1940 年年底到重庆。后又到桂林、香港，担任《大众生活》编委。1946 年底，应邀赴苏联访问。1949 年后任中国文联副主席，中国作家协会主席，文化部长，第一至第五届全国人大代表、全国政协常务委员，第四、五届全国政协副主席等职。"文化大革命"时期，挨批靠边，稍稍平稳便秘密写作《霜叶红似二月花》的"续稿"和回忆录《我走过的道路》。1981 年辞世。

茅盾特别注重小说题材和主题的重大性，要追求"巨大的思想深度"和"广阔的历史内容"，追求对时代社会做一种"全景式"的描绘。在这种思想指导下，茅盾最先创造了中国式的"三部曲"的写作方式，最先是"《蚀》三部曲"——《幻灭》、《动摇》、《追求》，后来有"农村三部曲"，中间又写作了长篇巨作《子夜》、中篇《林家铺子》等，成为中国自五四以来到三四十年代社会的"编年史"和全景图，为中国小说开创了新的模式。

《子夜》描绘了 20 世纪 30 年代初期上海的各种社会景观：资本家的豪奢客厅、夜总会的光怪陆离、工厂里错综复杂的斗争、证券市场上声嘶力竭的火并，以及诗人、教授们的高谈阔论、太太小姐们的伤心爱情，都被组合到《子夜》的情节里。同时，作家又通过一些细节，侧面点染了农村的情景和正发生的中原的战争，更加扩大了作品的生活容量，从而实现了他所设定的意图："大规模地描写中国社会现象"，"使一九三〇年动荡的中国得一全面的表现"。当然，茅盾的"大规模""全面"描写，并不是把各个生活片断随意拼贴在一起。他精心结构、细密布局，通过主人公吴荪甫的事业兴衰史与性格发展史，牵动其他多重线索，从而使全篇既展示了丰富多彩的场景，又沿着一个意义指向纵深推进，最终以吴荪甫的悲剧，象征性地暗示了作家对中国社会性质的理性认识："中国没有走向资本主义发展的道路，中国在帝国主义的压迫下，是更加殖民地化了。"茅盾近乎以写史的态度创作小说。《子夜》的情节，是被镶嵌在 1930 年 5 月到 7 月这一真实的历史时空里的。小说中描写的一些情景，如公债交易、蒋冯阎大战等，都是有据可查的真实的史实。《子夜》把这类非虚构性的话语引进小说，与虚构性话语融汇、辉映，应该说是相当大胆而富有创造性的文体试验。《子夜》的史诗品格，无疑得益于"诗"与"史"两种语言巧妙调适与组合。

《子夜》在整体布局上具史诗般宏阔，但细节描写的笔触又极为委婉细致，剖析人物心理，直至其微妙颤动的波纹。这一特点，早在 30 年代，吴宓先生就曾指出过并大加赞赏，称《子夜》"笔势具如火如荼之美，酣姿喷薄，不可控搏。而其细微处复能婉委多姿，殊为难能可贵"。

【例题】 获得首届茅盾文学奖的长篇小说《李自成》的作者是（　　）。

A. 王蒙　　　　B. 魏巍　　　　C. 莫应丰　　　　D. 姚雪垠

解析： 本题的正确答案是 D

姚雪垠著长篇历史小说《李自成》共五卷，其中第二卷于 1982 年获第一届茅盾文学奖。

（二）外国（分值比重：★★）

《荷马史诗》

《荷马史诗》由两部长篇史诗《伊利亚特》和《奥德赛》组成。两部史诗最初可能只是基于古代传说的口头文学，靠着乐师的背诵流传，后经古希腊盲诗人荷马整理而成。《荷马史诗》的内容非常丰富，在西方古典文学中一直享有最高的地位。

《伊利亚特》叙述希腊联军围攻小亚细亚的城市特洛伊的故事，以希腊联军统帅阿伽门农和勇将阿喀琉斯的争吵为中心，集中地描写了战争结束前几十天发生的事件。希腊联军围攻特洛伊十年未克，而勇将阿喀琉斯愤恨统帅阿伽门农夺其女俘，不肯出战，后因其好友战死，乃复出战。特洛伊王子赫克托尔英勇地与阿喀琉斯作战身死，特洛伊国王普利安姆哀求讨回赫克托尔的尸体，举行葬礼，《伊利亚特》描写的故事至此结束。

《奥德赛》叙述伊萨卡国王奥德修斯在攻陷特洛伊后归国途中十年漂泊的故事。

它集中描写的只是这十年中最后一年零几十天的事情。奥德修斯受神明捉弄，归国途中在海上漂流了十年，到处遭难，最后受诸神怜悯始得归家。当奥德修斯流落异域时，伊萨卡及邻国的贵族们欺其妻弱子幼。向其妻皮涅罗普求婚，迫她改嫁，皮涅罗普用尽了各种方法拖延。最后奥德修斯扮成乞丐归家，与其子杀尽求婚者，恢复了他在伊萨卡的权力。

《荷马史诗》歌颂了氏族社会的战争英雄。《伊利亚特》的基调是把战争看成正当、合理、伟大的事业，但同时又描写了战争的残酷、给人民带来的灾难、人民的厌战反战情绪，并通过英雄们的凄惨结局，隐约地表达了对战争的谴责。《奥德赛》是歌颂英雄们在与大自然和社会作斗争中，表现出的勇敢机智和坚强乐观的精神。这部史诗也表现了人文主义的思想，肯定了人的尊严、价值和力量。《荷马史诗》以整个希腊及四周的汪洋大海为主要情节的背景，展现了自由主义的自由情景，并为日后希腊人的道德观念（进而为整个西方社会的道德观念）立下了典范。

《荷马史诗》在艺术上也达到了很高的水平。首先，规模宏大、构思精巧。两部史诗全面展现了处于过渡期的古希腊社会政治、经济、文化、军事等各方面的情况，再现了二十年间发生的历史事件，条理清晰、栩栩如生。其次，大量使用口头艺术的表现技巧，如夸张、烘托、比喻、固定修饰语和套语等，塑造人物形象极富表现力，如用长老们看到海伦时惊讶的表情和交头接耳的动作来烘托其惊人的姿色。诗中还多用重复套语，有利于加深印象和形成节奏感。第三，采用六音步长短短格的诗体，不押韵尾，使全诗节奏鲜明又灵活多变。

《荷马史诗》在后世有着巨大的感染力，哺育了如维吉尔、但丁、弥尔顿、歌德等杰出的作家，在欧洲文学史上有着不可磨灭的地位。

文艺复兴

文艺复兴是14世纪中叶至17世纪初在欧洲发生的思想文化运动。在中世纪晚期发源于佛罗伦萨，后扩展至欧洲各国。"文艺复兴"一词亦可粗略地指代这一历史时期，但由于欧洲各地因其引发的变化并非完全一致，故"文艺复兴"只是对这一时期的通称。

文艺复兴是欧洲生产力发展、资本主义萌芽出现的时代产物。文艺复兴的文化精神核心是弘扬人文主义，提出以人为中心而不是以神为中心，肯定人的价值和尊严。主张人生的目的是追求现实生活中的幸福，倡导个性解放，反对愚昧迷信的神学思想，认为人是现实生活的创造者和主人。文艺复兴是正在形成中的资产阶级在复兴希腊罗马古典文化的名义下发起的弘扬资产阶级思想和文化的运动。

文艺复兴对文学产生了深远的影响。

各地的作家都开始使用自己的方言而非拉丁语进行文学创作，带动了大众文学，替各种语言注入大量文学作品，包括小说、诗、散文、民谣和戏剧等。

在意大利，文艺复兴前期出现了"文学三杰"。但丁一生写下了许多学术著作和诗歌，其中著名的是《新生》和《神曲》。彼特拉克是人文主义的鼻祖，被誉为"人文主义之父"。他第一个发出复兴古典文化的号召，提出以"人学"反对"神学"。彼特拉克主要创作了许多优美的诗篇，代表作是抒情十四行诗诗集《歌集》。薄伽丘是意大利民族文学的奠基者，短篇小说集《十日谈》是他的代表作。

在法国，文艺复兴运动明显地形成两派，一是以"七星诗社"为代表的贵族派，二是以拉伯雷为代表的民主派。"七星诗社"以龙沙和杜贝莱为代表，在语言和诗歌理论方面做出了突出的贡献。他们最早提出统一民族语言的主张，促进了法国民族语言和民族文学的发展。然而，他们排斥民间诗歌，只为少数贵族服务。拉伯雷是继薄伽丘之后杰出的人文主义作家，是法国文艺复兴民主派的代表。他用20年时间创作的《巨人传》是一部现实与幻想交织的现实主义作品，在欧洲文学史和教育史上占有重要地位。

在英国，代表人物有托马斯·莫尔和莎士比亚。托马斯·莫尔是著名的人文主义思想家，也是空想社会主义的奠基人。1516年他用拉丁文写成的《乌托邦》是空想社会主义的第一部作品。莎士比亚是天才的戏剧家和诗人，他同荷马、但丁、歌德一起，被誉为欧洲划时代的四大作家。他的作品结构完整，情节生动，语言丰富精炼，人物个性突出，如《哈姆雷特》、《李尔王》等，集中地代表欧洲文艺复兴文学的最高成就，对欧洲现实主义文学的发展有深远的影响。

在西班牙，最杰出的代表人物是塞万提斯和维加。塞万提斯是现实主义作家、戏剧家和诗人。他创作了大量的诗歌、戏剧和小说，其中以长篇讽刺小说《堂·吉诃德》最著名，它对欧洲文学的发展产生了重大影响。维加是戏剧家、小说家和诗人，西班牙民族戏剧的奠基人，被誉为"西班牙戏剧之父"。他是世界上罕见的多产作家，一生共创作了两千多个剧本，留传至今的有600多个，有宗教剧、历史剧、神话剧、袍剑剧、牧歌剧等多种形式，深刻反映了西班牙的社会现实，深受广大群众的喜爱。最杰出的代表作是《羊泉村》。

【例题1】下列作品中，创作于西方文艺复兴时期的有（　　）。

A.《奥德赛》　　　B.《十日谈》　　　C.《巨人传》　　　D.《哈姆雷特》

解析：本题的正确答案是 BCD

《奥德赛》为古希腊时期的荷马所著，与另一篇长篇史诗《伊利亚特》共同组成《荷马史诗》。

【例题2】 下列作品中，属于文艺复兴文学的代表作是（　　）。

A. 薄伽丘《十日谈》　　　　　B. 塞万提斯《堂·吉诃德》

C. 歌德《浮士德》　　　　　　D. 莎士比亚《哈姆雷特》

解析： 本题的正确答案是 ABD

《浮士德》是歌德的代表作，为诗体悲剧，它根据 16 世纪一个民间传说创作而成，是歌德倾注了毕生心血写成的鸿篇巨著。它描写主人公浮士德一生探求真理的痛苦经历，反映从文艺复兴到 19 世纪初整个欧洲的历史，揭示了光明与黑暗，进步与落后，科学与迷信两种势力的不断斗争。歌德借助浮士德的抱负和追求，表达了他本人对人类未来的远大而美好的理想。

【例题3】 文艺复兴起源于意大利，它的第一个代表人物是（　　）。

A. 达·芬奇　　　B. 塞万提斯　　　C. 但丁　　　D. 拉伯雷

解析： 本题的正确答案是 C

文艺复兴起源于意大利，它的第一个代表人物是但丁，代表作为《神曲》。

莎士比亚

威廉·莎士比亚是英国文学史上最杰出的戏剧家，也是西方文艺史上最杰出的作家之一，全世界最卓越的文学家之一。16 世纪末到 17 世纪初的二十多年间，莎士比亚在伦敦作为演员、剧作家，以及宫内大臣剧团的合伙人之一，开启了自己的职业生涯，并终生从事演艺事业。他流传下来的作品包括 38 部戏剧、155 首十四行诗、两首长叙事诗和其他诗歌。他的戏剧有各种主要语言的译本，且表演次数远远超过其他任何戏剧家的作品。

莎士比亚的代表作有四大悲剧：《哈姆雷特》、《奥赛罗》、《李尔王》、《麦克白》；四大喜剧：《仲夏夜之梦》、《威尼斯商人》、《第十二夜》、《皆大欢喜》；历史剧：《亨利四世》、《亨利五世》、《理查三世》；正剧、悲剧：《罗密欧与朱丽叶》；悲喜剧（传奇剧）：《暴风雨》、《辛白林》、《冬天的故事》、《佩里克勒斯》等。

莎士比亚的戏剧创作可分为三个历史阶段。

1590 年至 1600 年，以写作历史剧、喜剧为主，有 9 部历史剧、10 部喜剧和 2 部悲剧。9 部历史剧中除 `《约翰王》是写 13 世纪初英国历史外，其他 8 部是内容相衔接的两个 4 部曲：《亨利六世》上、中、下篇与《理查三世》；《理查二世》、《亨利四世》（被称为最成功的历史剧）上、下篇与《亨利五世》。这些历史剧概括了英国历史上百余年间的动乱，塑造了一系列正、反面君主形象，反映了莎士比亚反对封建割据，拥护中央集权，谴责暴君暴政，要求开明君主进行自上而下改革，建立和谐社会关系的人文主义政治与道德理想。

10 部喜剧《错误的喜剧》、《驯悍记》、《维洛那二绅士》、《爱的徒劳》、《仲夏夜之梦》、《威尼斯商人》、《温莎的风流娘儿们》、《无事生非》、《皆大欢喜》和《第十二夜》，大都以爱情、友谊、婚姻为主题，主人公多是一些具有人文主义智慧与美德的青年男女，通过他们争取自由、幸福的斗争，歌颂进步、美好的新人新风，同时也温和地揭露和嘲讽旧事物的衰朽和丑恶，如禁欲主义的虚矫、清教徒的伪善和高利贷者的贪鄙等。莎士比亚这一时期戏剧创作的基本情调是乐观、明朗的，充满着以人文主义理想解决社会矛盾的信心，以致写在这一时期的悲喜剧《罗密欧与朱丽叶》中，也洋溢着喜剧气氛。尽管主人公殉情而死，但爱的理想战胜死亡，换来了封建世仇的和解。然而，这一时期较后的成熟喜剧《威尼斯商人》中，又带有忧郁色彩和悲剧因素，在鼓吹仁爱、友谊和真诚爱情的同时，反映了基督教社会中弱肉强食的阶级压迫、种族歧视问题，说明作者已逐渐意识到理想与现实之间存在着难以解决的矛盾。

1601 年至 1607 年，莎士比亚写作了 3 部罗马剧、5 部悲剧和 3 部"阴暗的喜剧"或"问题剧"。四大悲剧《哈姆雷特》、《奥赛罗》、《李尔王》、《麦克白》和悲剧《雅典的泰门》，标志着作者对时代、人生的深入思考，着力塑造了这样一些新时代的悲剧主人公：他们从中世纪的禁锢和蒙昧中醒来，在近代黎明照耀下，雄心勃勃地想要发展或完善自己，但又不能克服时代和自身的局限，终于在与环境和内心敌对势力的力量悬殊的斗争中，遭到不可避免的失败和牺牲。哈姆雷特为报父仇而发现"整个时代脱榫"了，决定担起"重整乾坤"的责任，结果是空怀大志，无力回天。奥赛罗正直淳朴，相信人而又疾恶如仇，在奸人摆布下杀妻自戕，为追求至善至美反遭恶报。李尔王在权势给他带来的尊荣、自豪、自信中迷失本性，失去王位而做一个普通人，经受了一番痛苦的磨难。麦克白本是有功的英雄，性格中有善和美的一面，只因王位的诱惑和野心的驱使，沦为"从血腥到血腥"、懊悔无及的罪人。这些人物的悲剧，深刻地揭示了在资本原始积累时期已开始出现的种种社会罪恶和资产阶级的利己主义，表现了人文主义理想与残酷现实之间不可调和的矛盾，具有高度的概括意义。

由于这一时期剧作思想深度和现实主义深度的增强，使《特洛伊罗斯与克瑞西达》、《终成眷属》和《一报还一报》等"喜剧"也显露出阴暗的一面，笼罩着背信弃义、尔虞我诈的罪恶阴影，因而被称为"问题剧"或"阴暗的喜剧"。

1608 年以后，莎士比亚进入创作的最后时期。这时的莎士比亚已看到人文主义的理想在现实社会中无法实现，便从写悲剧转而为写传奇剧，从揭露批判现实社会的黑暗转向写梦幻世界。因此，这一时期又称为莎士比亚的传奇剧时期。这时，他的作品往往通过神话式的幻想，借助超自然的力量来解决理想与现实之间的矛盾；作品贯穿着宽恕、和解的精神，没有前期的欢乐，也没有中期的阴郁，而是充满美丽的生活幻想，浪漫情调浓郁。《暴风雨》（1611年）最能代表这一时期的风格，被称为"用诗歌写的遗嘱"。此外，他还写有《辛白林》和《冬天的故事》等3部传奇剧和历史剧《亨利八世》。

莎士比亚的作品从生活真实出发，深刻地反映了时代风貌和社会本质。他认为，戏剧"仿佛要给自然照一面镜子：给德行看一看自己的面貌，给荒唐看一看自己的姿态，给时代和社会看一看自己的形象和印记"。马克思、恩格斯将莎士比亚推崇为现实主义的经典作家，提出戏剧创作应该更加"莎士比亚化"。这是针对戏剧创作中存在的"把个人变成时代精神的单纯的传声筒"的缺点而提出的创作原则。所谓"莎士比亚化"，就是要求作家像莎士比亚那样，善于从生活真实出发，展示广阔的社会背景，给作品中的人物和事件提供富有时代特点的典型环境；作品的情节应该生动、丰富，人物应该有鲜明个性，同时具有典型意义；作品中现实主义的刻画和浪漫主义的氛围要巧妙结合；语言要丰富，富有表现力；作家的倾向要在情节和人物的描述中隐蔽而自然地流露出来。

【例题】下列莎士比亚作品中，（　　）是喜剧。

A.《哈姆雷特》　　　　　　　　B.《奥赛罗》

C.《李尔王》　　　　　　　　　D.《威尼斯商人》

解析：本题的正确答案是 D

其余三部均为悲剧。

巴尔扎克

巴尔扎克是19世纪法国伟大的批判现实主义作家，欧洲批判现实主义文学的奠基人和杰出代表，是一位具有浓厚浪漫情调的伟大作家。在30至40年代以惊人的毅力创作了大量作品，写出了91部小说，合称《人间喜剧》。

《人间喜剧》分"风俗研究"、"哲理研究"和"分析研究"三大类，原定书名为《社会研究》。1842年，巴尔扎克受但丁《神曲》谓之"神的喜剧"的启发，遂改此名，即把资产阶级社会作为一个大舞台，把资产阶级的生活比作一部丑态百出的"喜剧"。在《导言》中巴尔扎克写道："法国社会将成为历史学家，我不过是这位历史学家的秘书而已。开列恶癖与德行的清单，搜集激情的主要事实，描绘各种性格，选择社会上主要的事件，结合若干相同性格上的特点而组成典型，在这样做的时候，我也许能够写出一部史学家忘记的历史，即风俗史。"《人间喜剧》有"社会百科全书"之称，它真实地反映了当时的社会生活，描写了贵族阶级注定灭亡，揭露了资产阶级的贪婪、掠夺和一切建立在金钱基础上社会关系，巴尔扎克注重具体、详尽的环境描写和细节描写，善于通过人物的言行揭示人物的灵魂。全书共塑造了两千四百多个人物，并且一个人物往往在多部小说中出现。其中著名的篇章有：《舒昂党人》、《高老头》、《欧也妮·葛朗台》、《高利贷者》、《古玩陈列室》、《纽沁根银行》、《幻灭》、《农民》等。

卡夫卡

兰兹·卡夫卡，奥地利小说家。18 岁入布拉格大学学习文学和法律，1904 年开始写作，主要作品为 4 部短篇小说集和 3 部未完成的长篇小说。生前大多未发表。卡夫卡是欧洲著名的表现主义作家。他生活在奥匈帝国行将崩溃的时代，又深受尼采、柏格森哲学影响，对政治事件也一直抱旁观态度，故其作品大都用变形荒诞的形象和象征直觉的手法，表现被充满敌意的社会环境所包围的孤立、绝望的个人。

卡夫卡一生的作品并不多，但对后世文学的影响却是极为深远的。美国诗人奥登认为："他与我们时代的关系最近似但丁、莎士比亚、歌德与他们时代的关系。"卡夫卡的小说揭示了一种荒诞的充满非理性色彩的景象，个人式的、忧郁的、孤独的情绪，运用的是象征式的手法。三四十年代的超现实主义余党视之为同仁，四五十年代的荒诞派以之为先驱，六十年代的美国"黑色幽默"奉之为典范。

《审判》描写银行高级职员约瑟夫·K 在 30 岁生日那天突然被一群神秘的黑衣人宣布有罪，但是他又是自由的，于是他开始了艰难的上诉之路，但是毫无结果，在 31 岁生日那天被秘密处决。《城堡》写 K 在一个冬夜要到城堡所属的一个村庄客店里投宿，K 自称是土地测量员给城堡工作，城堡在电话中证明了这一说法，K 被允许留下来过夜。其实，城堡根本没有聘请 K 来工作，却承认了他并给他派了两个助手，只是始终不允许他进入城堡。尽管城堡就在近在咫尺的小山上，可是 K 无论如何也进不了城堡。故事显得很荒诞。卡夫卡作品的最突出的艺术特点是貌似很荒诞，实则真实可信。卡夫卡笔下都是些微不足道的小人物，他们在这荒诞的世界里感到孤独和焦虑，无力反抗，看不到出路。卡夫卡实际上为我们描绘出一幅现代人的生存景观。

卡夫卡被认为是现代派文学的鼻祖、表现主义文学的先驱，其作品主题曲折晦涩，情节支离破碎，思路不连贯，跳跃性很大，语言的象征意义很强，但见识独到，思想深刻，具有很高的文学价值，在文学史上有着很大的影响。

【例题 1】 波德莱尔的《恶之花》属于（　　　）。

A. 浪漫主义　　　B. 象征主义　　　C. 表现主义　　　D. 魔幻现实主义

解析： 本题的正确答案是 B

象征主义是法国文学史上的一种流派和文学思潮。它重新回到以抒写个人感情为重点的老路，抒写的是不可捉摸的内心隐秘。象征主义的三位主将是马拉梅、魏尔伦和兰波。《恶之花》的作者波德莱尔被认为是象征主义的先驱。

【例题 2】 下列作品中，歌德的作品是（　　　）。

A.《浮士德》　　　　　　　　　B.《麦克白》

C.《拉奥孔》　　　　　　　　　D.《复活》

解析：本题的正确答案是 A

B 是莎士比亚的作品，C 是莱辛的作品，D 是列夫·托尔斯泰的作品。

【例题 3】 使老舍荣获"人民艺术家"称号的作品是（　　　）。

A.《骆驼祥子》　　　　　　　　B.《四世同堂》

C.《茶馆》　　　　　　　　　　D.《龙须沟》

解析：本题的正确答案是 D

由于创作话剧《龙须沟》，老舍被北京市人民政府授予"人民艺术家"的称号。

【例题 4】 下列诗作中，由当代女诗人舒婷创作的有（　　　）。

A.《双桅船》　　　　　　　　　B.《祖国啊，我亲爱的祖国》

C.《一代人》　　　　　　　　　D.《致橡树》

解析：本题的正确答案是 ABD

C《一代人》是顾城的作品。

【例题 5】 高尔基的自传体三部曲是（　　　）。

A.《童年》　　　　　　　　　　B.《在人间》

C.《我的大学》　　　　　　　　D.《海燕》

解析：本题的正确答案是 ABC

《海燕》是高尔基的散文诗。

【例题 6】 下列中国现代文学作家中，深受西方现代派影响的是（　　　）。

A. 李金发　　　B. 曹禺　　　C. 施蛰存　　　D. 沈从文

解析：本题的正确答案是 AC

西方现代文学是西方社会精神危机在文学上的反映。20 世纪以来，由于两次世界大战、经济萧条、劳资危机、核恐怖等等一系列世界性的灾难，使越来越多的人对个人的命运和世界的前途，抱悲观绝望的态度，心灵受到很大的创伤，从而促进了现代派文学的兴起和盛行。20 年代，在法国留学的李金发就受到象征主义文学的影响，不但读了许多象征派诗人的作品，而且将波德莱尔、魏尔兰等称为"我的名誉老师"。30 年代，象征主义诗歌出现蓬勃发展的局面。1932 年，由施蛰存、杜衡、戴望舒编的《现代》月刊和嗣后由戴望舒创办的《新诗》月刊更促进了现代派诗歌在中国的发展。当时中国的不少著名诗人都程度不同地受到现代派文学的影响。

【例题 7】下列作品属于白话小说的是 (　　)。

A.《阅微草堂笔记》　　　　　　　　B.《三国演义》

C.《红楼梦》　　　　　　　　　　　D.《聊斋志异》

解析：本题的正确答案是 BC

《三国演义》和《红楼梦》为当时的白话文小说。

实战模拟试卷与参考答案

《综合知识》实战模拟试卷（一）

一	二	总分

1. 笔试题满分为 100 分。

2. 笔试考试时间为 150 分钟。

3. 考试方式为闭卷。

4. 试题类型为选择题。

一、选择题（本大题共 60 小题，每小题 1 分，共 60 分）

在每小题列出的备选项中只有一个是符合题目要求的，请将其选出并将"答题卡"的相应代码涂黑。未涂、错涂或多涂均无分。

1. 第一次比较系统地回答了建设中国特色社会主义首要的基本理论问题的是（　　）。

 A. 毛泽东　　　　B. 邓小平　　　　　C. 江泽民　　　　　D. 胡锦涛

2. 科学技术是第一生产力，国家之间的竞争，归根到底是（　　）。

 A. 军事竞争　　　B. 经济竞争　　　　C. 人才竞争　　　　D. 政治竞争

3. 邓小平对世界大局变化和总体走向做出科学分析和判断，果断地提出当今时代的主题是（　　）。

 A. 战争与革命　　　　　　　　　B. 和平与发展

 C. 挑战与机遇　　　　　　　　　D. 友好与合作

4. 我党的执政之基是（　　）。

 A. 发展先进生产力　　　　　　　B. 提高党的执政能力

 C. 保持党的先进性　　　　　　　D. 人民群众的支持和拥护

5. 马克思主义哲学认为，世界的真正统一性在于它的（　　）。

 A. 可知性　　　B. 变化性　　　　C. 普遍性　　　　D. 物质性

6. 人民群众这个范畴，在不同国家或同一国家的不同历史时期有不同的内容，这说明它是一个（　　）。

 A. 经济范畴　　　　　　　　　　B. 政治范畴

 C. 社会范畴　　　　　　　　　　D. 历史范畴

7. 马克思主义政党的本质属性和生命所系、力量所在是（　　　）。

  A. 革命性   B. 群众性   C. 自觉性   D. 先进性

8. 第一次将毛泽东思想确立为党的指导思想并载入党章的是（　　　）。

  A. 中共六大 B. 中共七大 C. 中共八大 D. 中共十二大

9. 现行的《中华人民共和国宪法》是 1982 年第五届全国人大第五次会议正式通过的，其后进行了几次修订。我国现行宪法最近修订的时间是（　　　）。

  A. 1988 年   B. 1993 年   C. 1999 年   D. 2004 年

10. 中国共产党领导的多党合作和政治协商制度，是我国宪法确立的一项基本政治制度，是具有中国特色的（　　　）。

  A. 政党制度   B. 国家制度

  C. 政权组织形式   D. 国家结构形式

11. 捏造事实诬告陷害他人，意图使他人受刑事追究，情节严重的行为构成（　　　）。

  A. 诽谤罪   B. 侮辱罪

  C. 诬告陷害罪   D. 民族歧视罪

12. 制作、复制、出版、传播淫秽物品牟利罪侵犯的客体是（　　　）。

  A. 国家的安全和发展   B. 国家的著作权管理制度

  C. 国家对淫秽物品的管理秩序 D. 国家对文化娱乐制品的管理

13. 1997 年 8 月 1 日由国务院第 61 次常务会议通过（国务院令第 228 号）、自 1997 年 9 月 1 日起施行的、全面调整广播电视相关活动的行政法规是（　　　）。

  A.《广播电视管理条例》

  B.《广播电视设施保护条例》

  C.《有线电视管理暂行办法》

  D.《卫星电视广播地面接收设施管理规定》

14. 广播电视广告应遵循的原则有真实原则、维护国家利益原则、健康文明原则、保护特殊群体利益原则和规范文字原则。下列选项中，符合规范文字原则规定中有关繁体字使用规定的是（　　　）。

  A. 企业在企业名称中使用了繁体字

  B. 公司在产品品名中使用了繁体字

  C. 企业在企业地址介绍中使用了繁体字

  D. 公司在产品性能介绍中使用了繁体字

15. 经济体制是（　　　）。

  A. 一定社会中占统治地位的生产关系的总和

B. 一定社会发展阶段上特定的经济关系的具体形式和运行方式

C. 一定社会中占统治地位的经济关系的具体形式和运行方式

D. 一定社会发展阶段上特定的生产关系和交换关系

16. 在处理政府干预与市场机制的作用的关系上，正确的观点是（　　　）。

A. 实行"自由化"和"非调控化"

B. 实行政府对社会经济的全面管制

C. 坚持在国家宏观调控下发挥市场机制的作用

D. 坚持国家不干预经济的政策

17. 金融危机的主要类型包括（　　　）。

A. 货币危机、债务危机、银行危机等

B. 货币危机、债务危机、证券危机等

C. 货币危机、证券危机、银行危机等

D. 商业危机、证券危机、银行危机等

18. 下列《诗经》作品中属于地方音乐的是（　　　）。

A.《大雅》　　　B.《小雅》　　　C.《召南》　　　D.《颂》

19. 汉赋名篇《吊屈原赋》的作者是（　　　）。

A. 贾谊　　　　B. 枚乘　　　　C. 宋玉　　　　D. 扬雄

20. 新文学运动中提倡白话文学的核心人物是（　　　）。

A. 陈独秀　　　B. 鲁迅　　　　C. 周作人　　　D. 胡适

21. 表现了我军在解放战争时期由战略防御到战略进攻这一伟大历史转折的长篇小说是（　　　）。

A.《保卫延安》　　　　　　　B.《红日》

C.《林海雪原》　　　　　　　D.《百合花》

22. 在现代派文学的众多流派中，加缪的《西绪福斯神话》属于（　　　）。

A. 后期象征主义　　　　　　B. 魔幻现实主义

C. 表现主义　　　　　　　　D. 存在主义

23. 在当代中国，坚持（　　　），就是真正坚持马克思主义。

A. 毛泽东思想　　　　　　　B. 邓小平理论

C. "三个代表"重要思想　　　D. 中国特色社会主义理论体系

24. 国家发展战略的核心和提高综合国力的关键是（　　　）。

A. 加快转变经济发展方式，推动产业结构优化升级

B. 统筹城乡发展，推进社会主义新农村建设

C. 统筹区域发展，缩小区域发展差距

D. 提高自主创新能力，建设创新型国家

25. 发展社会主义民主政治的基础性工程是坚持和完善（　　　）。

　　A. 人民代表大会制度

　　B. 中国共产党领导的多党合作和政治协商制度

　　C. 民族区域制度

　　D. 基层群众自治制度

26. 构建社会主义和谐社会必须坚持的首要原则是（　　　）。

　　A. 以人为本　　　B. 科学发展　　　　C. 改革开放　　　D. 民主法治

27. 加快推进社会建设的重点是（　　　）。

　　A. 反腐倡廉　　　B. 改善民生　　　　C. 缩小收入差距　　D. 实现城乡一体化

28. 社会发展的决定因素是（　　　）。

　　A. 生产力　　　B. 生产关系　　　　C. 生产方式　　　D. 人民群众

29. 生产力的首要要素是（　　　）。

　　A. 劳动组织　　B. 管理　　　　C. 科学技术　　　　D. 劳动者

30. 人的解放首先是（　　　）。

　　A. 政治解放　　B. 经济解放　　　　C. 思想解放　　　D. 社会解放

31. 价值是商品的（　　　）。

　　A. 自然属性　　B. 社会属性　　　　C. 经济属性　　　D. 政治属性

32. 相对过剩人口形式不包括（　　　）。

　　A. 流动形式的过剩人口　　　　　　B. 潜在形式的过剩人口

　　C. 停滞形式的过剩人口　　　　　　D. 发展形式的过剩人口

33. 邓小平理论对社会主义本质的概括不包括（　　　）。

　　A. 解放生产力，发展生产力　　　　B. 消灭剥削，消除两极分化

　　C. 实现人的全面发展　　　　　　　D. 最终达到共同富裕

34. "三个代表"重要思想是中国特色社会主义理论的阶段性成果内容包括（　　　）。

　　A. 三句话

　　B. 13 句话

　　C. 13 年党的理论创新的全部成果

　　D. 30 年党的理论创新的全部成果

35. 人民代表大会的权力来源于（　　　）。

　　A. 宪法　　　B. 政府　　　　C. 人民　　　　D. 党中央

36. 下列单位或部门属于国家行政机关的有（　　）。

　　A. 人民法院　　　　　　　　　B. 国务院及各部委员会

　　C. 各社会团体　　　　　　　　D. 全国人民代表大会

37. 广播电视法规体系不包括（　　）。

　　A. 中共中央文件　　　　　　　B. 行政法规和部门规章

　　C. 地方性法规和地方政府规章　D. 自治条例和单行条例

38. 诬告陷害罪的犯罪主体如果是国家机关工作人员，要（　　）。

　　A. 从轻处罚　　　　　　　　　B. 酌情处罚

　　C. 从重处罚　　　　　　　　　D. 法律面前人人平等

39. 广播电台、电视台播放著名作家二月河已经发表的作品《雍正王朝》，依我国著作权法的规定，（　　）。

　　A. 可以不经二月河许可，也无须支付报酬

　　B. 必须经二月河许可，但无须支付报酬

　　C. 必须经二月河许可，并且要支付报酬

　　D. 可以不经二月河许可，但应支付报酬

40. 中国文人中第一个大力写词，并且因其开一派词风而被奉为"花间鼻祖"的是（　　）。

　　A. 苏东坡　　　　　　　　　　B. 柳永

　　C. 温庭筠　　　　　　　　　　D. 欧阳修

41. "孤舟蓑笠翁，独钓寒江雪"的作者是（　　）。

　　A，王勃　　　　　　　　　　　B. 柳宗元

　　C. 杨炯　　　　　　　　　　　D. 王维

42. 实践的最基本形式是（　　）。

　　A. 改造自然的生产实践活动　　B. 改造社会的实践活动

　　C. 一切创造性的活动　　　　　D. 科学实验活动

43. 我国战国时代哲学家荀子说："天行有常，不为尧存，不为桀亡。"荀子的这段话说明了（　　）。

　　A. 社会规律的客观性　　　　　B. 规律的平等性

　　C. 规律是可以认识的　　　　　D. 规律的能动作用

44. 矛盾的两大基本属性是（　　）。

　　A. 普遍性和特殊性　　　　　　B. 同一性和斗争性

　　C. 唯物主义和唯心主义　　　　D. 辩证法和形而上学

45. 鲁迅先生在《拿来主义》一文中认为，对待中国传统文化和外国文化要扬弃。这体现了（   ）。

    A. 辩证的发展观　　　　　　　　B. 形而上学的发展观

    C. 辩证的否定观　　　　　　　　D. 形而上学的否定观

46. 资本主义经济危机爆发的根本原因是（   ）。

    A. 消费力下降　　　　　　　　　B. 流动性偏好

    C. 边际消费倾向下降　　　　　　D. 资本主义的基本矛盾

47. 近代中国半殖民地、半封建社会最主要的矛盾是（   ）。

    A. 地主阶级与农民阶级的矛盾　　B. 帝国主义国家与中华民族的矛盾

    C. 封建统治阶级与人民大众的矛盾　D. 资产阶级与无产阶级的矛盾

48. 建设和谐文化是构建和谐社会的重要条件，建设和谐文化的根本是（   ）。

    A. 建设社会主义新农村　　　　　B. 构建社会主义核心价值体系

    C. 加强党的执政能力建设　　　　D. 建立合理的收入分配制度

49. 贯彻"三个代表"重要思想，关键在于坚持与时俱进，核心在于坚持党的先进性，本质在于坚持（   ）。

    A. 科学执政　　B. 依法执政　　　C. 执政为民　　　　D. 民主执政

50. 毛泽东在（   ）中已经摆脱了以城市为中心的思想，形成了以农村为中心的思想。

    A.《星星之火，可以燎原》　　　　B.《〈共产党人〉发刊词》

    C.《丢掉幻想，准备战斗》　　　　D.《论十大关系》

51. 从 19 世纪 50 年代开始，马克思把研究的重点从哲学转向经济学领域，写出了被称为"工人阶级圣经"的（   ）一书。

    A.《德意志意识形态》　　　　　　B.《资本论》

    C.《共产党宣言》　　　　　　　　D.《经济学手稿》

52. 价值规律的核心内容就是商品价值由（   ）决定。

    A. 个体劳动时间　　　　　　　　B. 社会必要劳动时间

    C. 社会平均劳动时间　　　　　　D. 集体劳动时间

53. 中国特色社会主义理论体系的精髓是（   ）。

    A. 改革开放、与时俱进　　　　　B. 解放思想、实事求是

    C. 和平共处、共同发展　　　　　D. 以人为本、实事求是

54. 广播电视时政新闻及同类专题、专栏等节目只能由广播电视（   ）机构制作，其他机构即使获得节目制作的许可，也不得制作新闻类节目。

    A. 发射　　　　　B. 播出　　　　　C. 编辑　　　　　D. 创作

55. 广播电台、电视台每套节目中每天播放（　　）广告时长不得少于商业广告时长的 3%。

    A. 烟草　　　　　B. 汽车　　　　　　C. 公益　　　　　　D. 食品

56. （　　）是我国国家性质的具体体现。

    A. 人民民主专政　　　　　　　　B. 生产资料公有制

    C. 按劳分配　　　　　　　　　　D. 人民代表大会制度

57. 在我国，有权对诉讼活动实行专门法律监督的机关是（　　）。

    A. 人民法院　　　B. 公安机关　　　C. 人民检察院　　　D. 仲裁委员会

58. 在社会主义初级阶段，非公有制经济是（　　）。

    A. 社会主义公有制经济的补充

    B. 社会主义市场经济的重要组成部分

    C. 具有公有性质经济

    D. 逐步向公有制过渡的经济

59. 经济制度的核心和基础是（　　）。

    A. 分配制度　　　　　　　　　　B. 生产资料所有制

    C. 市场体系　　　　　　　　　　D. 产权制度

60. 社会分层的三个维度是（　　）。

    A. 财富、学历和声望　　　　　　B. 学历、权力和声望

    C. 资历、权力和声望　　　　　　D. 财富、权力和声望

二、多项选择题（本大题共 40 小题，每小题 1 分，共 40 分）

    在每小题列出的备选项中至少有两个是符合题目要求的，请将其选出并将"答题卡"的相应代码涂黑。错涂、多涂、少涂或未涂均无分。

61. 建设社会主义新农村的基本要求是（　　）。

    A. 生产发展　　　　　B. 生活宽裕　　　　　C. 乡风文明

    D. 村容整洁　　　　　E. 管理民主

62. 科学发展观的协调发展，就是要（　　）。

    A. 统筹城乡发展　　　　　　　　B. 统筹区域发展

    C. 统筹经济社会发展　　　　　　D. 统筹人和自然和谐发展

    E. 统筹国内发展和对外开放

63. 党在社会主义初级阶段基本路线的简明概括是"一个中心，两个基本点"。"一个中心，两个基本点"是指（　　）。

    A. 以经济建设为中心　　　　　　B. 两手抓，两手都要硬

C. 防止"左"，警惕"右"　　　　D. 坚持改革开放和四项基本原则

E. 以发展为中心

64. "三个代表"重要思想回答的两个根本问题是（　　　）。

　　A. 怎样代表先进生产力的发展要求

　　B. 怎样代表先进文化的前进方向

　　C. 怎样代表最广大人民群众的根本利益

　　D. 什么是社会主义，怎样建设社会主义

　　E. 建设一个什么样的执政党，怎样建设执政党

65. 中共十六届四中全会通过的《中共中央关于加强党的执政能力建设的决定》指出，不断完善党的领导方式和执政方式，必须坚持（　　　）。

　　A. 科学执政　　　　　B. 民主执政　　　　　C. 依法执政

　　D. 廉洁执政　　　　　E. 高效执政

66. 真理的客观性是指（　　　）。

　　A. 真理是不依赖于意识的客观实在

　　B. 真理中包含了不以人的意志为转移的客观内容

　　C. 真理是不以人的意志为转移的客观规律

　　D. 真理是在实践中对客观世界的正确反映

　　E. 检验真理的标准是客观的社会实践

67. 在现代生产中，科学技术是第一生产力，其表现有（　　　）。

　　A. 科学技术渗透在生产力的各个要素之中

　　B. 科学技术对生产力的发展起着第一位的变革作用

　　C. 科学技术是生产力发展的先导

　　D. 科学技术的进步是国民经济增长诸因素中的首要因素

　　E. 科学技术的发展可以直接引起社会制度性质的改变

68. 货币有多种职能，下列各项属于货币职能的有（　　　）。

　　A. 价值尺度　　　　　B. 支付手段　　　　　C. 流通手段

　　D. 贮藏手段　　　　　E. 世界货币

69. 新民主主义社会的经济形态是（　　　）。

　　A. 社会主义性质的国营经济　　　　B. 个体经济

　　C. 私人资本主义经济　　　　　　　D. 半社会主义性质的合作经济

　　E. 国家资本主义经济

70. 保持党员队伍的先进性，关键在于完善制度和机制，因为制度更带有（　　　）。

    A. 根本性　　　　　　B. 针对性　　　　　　C. 全局性

    D. 稳定性　　　　　　E. 长期性

71. 根据《中华人民共和国宪法》和《中华人民共和国国家通用语言文字法》的相关规定，下列选项中，符合语音文字使用原则的有（　　　）。

    A. 国家推广普通话，推行规范汉字

    B. 各民族都有使用和发展自己的语言文字的自由

    C. 各民族公民都有用本民族语言文字进行诉讼的权利

    D. 需要使用外国语言为播音用语的，须经国务院广播电视部门批准

    E. 少数民族语言文字的使用依据宪法、民族区域自治法及其他法律的有关规定

72. 下列选项中，属于《中华人民共和国广告法》规范的行为人有（　　　）。

    A. 在境内从事广告活动的广告主

    B. 在境内从事广告活动的广告经营者

    C. 在境内从事广告活动的广告发布者

    D. 在境外从事广告活动的广告经营者

    E. 在境外从事广告活动的广告发布者

73. 根据《中华人民共和国广告法》规定，对特定产品的广告内容是有限制的。下列选项中，属于药品、医疗器械广告中不得包含的内容有（　　　）。

    A. 详细说明药品、医疗器械使用方法的

    B. 法律、行政法规规定禁止的有关内容

    C. 含有不科学的表示功效的断言或者保证的

    D. 说明治愈率或者有效率的；与其他药品、医疗器械的功效和安全性比较的

    E. 利用医药科研单位、学术机构、医疗机构或者专家、医生、患者的名义和形象做证明的

74. 广播电视编辑记者与播音员主持人资格考试分别举行，实行全国统一大纲、统一命题、统一组织、统一标准的制度。报名参加资格考试的人员也必须具备考试资格。下列有关条件或情形的选项中，属于不能报名参加考试的有（　　　）。

    A. 大学本科应届毕业生

    B. 具有完全民事行为能力的

    C. 有大学专科学历没有本科学历

    D. 受过党纪政纪开除处分的

    E. 因故意犯罪受过刑事处罚的

75. 全球性政府间国际金融组织主要有（　　　）。

    A. 国际货币基金组织　　　　　　　B. 世界银行

    C. 世界贸易组织　　　　　　　　　D. 国际农业发展基金组织

    E. 关税及贸易总协定

76. 见于《庄子》中的著名神话有（　　　）。

    A. 女娲补天　　　　B. 凿破混沌　　　　C. 共工触山

    D. 后羿射日　　　　E. 鲲鹏变化

77. 汉乐府民歌中表现了对美好爱情的向往和对不合理婚姻制度的抗议的有（　　　）。

    A.《东门行》　　　　B.《长歌行》　　　　C.《江南》

    D.《上邪》　　　　　E.《白头吟》

78. 改革开放以来我们取得一切成绩和进步的根本原因归结起来就是（　　　）。

    A. 开辟了中国特色社会主义道路

    B. 形成了中国特色社会主义理论体系

    C. 坚持了科学社会主义基本原则

    D. 坚持了一切从中国实际出发

79. 中国特色社会主义理论体系目前包括（　　　）。

    A. 毛泽东思想　　　　　　　　　　B. 邓小平理论

    C "三个代表" 重要思想　　　　　　D. 科学发展观等重大战略思想

80. 社会主义核心价值体系包括（　　　）。

    A. 马克思主义的指导思想

    B. 中国特色社会主义的共同理想

    C. 以爱国主义为核心的民族精神

    D. 以改革创新为核心的时代精神

    E. 以 "八荣八耻" 为主要内容的社会主义荣辱观

81. 坚持四项基本原则是立国之本，包括（　　　）。

    A. 坚持 "一个中心，两个基本点"

    B. 坚持中国共产党的领导

    C. 坚持马列主义、毛泽东思想

    D. 坚持人民民主专政政权

82. 社会保障体系包括（　　　）。

    A. 社会事业　　　　B. 社会救助　　　　C. 社会保险　　　　D. 社会福利

83. 社会分层的主要维度是（　　）。

    A. 知识　　　　B. 财富　　　　　　C. 权力　　　　　　D. 声望

84. 唯物辩证法的基本规律包括（　　）。

    A. 科学发展规律　　　　　　　　B. 对立统一规律

    C. 量变质变规律　　　　　　　　D. 否定之否定规律

85. 在价值和剩余价值形成中起作用的要素是（　　）。

    A. 劳动　　　　B. 资本　　　　　　C. 科技　　　　　　D. 管理

86. 新民主主义经济形态是多种经济成分并存，包括（　　）。

    A. 社会主义国营经济及其领导下的半社会主义性质的合作经济

    B. 私人资本主义经济

    C. 个体经济

    D. 国家和私人合作的国家资本主义经济

87. 科学技术是第一生产力主要表现在（　　）。

    A. 科学技术渗透在生产力的部分要素中

    B. 科学技术对生产力的发展起着第一位的变革作用

    C. 科学技术是生产力发展的先导

    D. 科学技术的进步是促进国民经济增长的首要因素

88. 社会充满活力就是能够使一切有利于社会进步的（　　）。

    A. 创造愿望得到尊重　　　　　　B. 创造活动得到支持

    C. 创造才能得到发挥　　　　　　D. 创造成果得到肯定

89. 关于《中华人民共和国宪法》，正确的表述是（　　）。

    A. 是国家的根本大法

    B. 是国家政治、经济、文化生活的总章程

    C. 与其他法律相比具有较高的法律效力，但是略低于党的章程

    D. 是制定其他法律、法规的依据

90. 宪法规定的我国公民的基本义务包括（　　）。

    A. 遵守宪法和法律　　　　　　　B. 维护个人的合法财产

    C. 依法服兵役　　　　　　　　　D. 依法纳税

91. 以下属于药品、医疗器械广告不得有的内容是（　　）。

    A. 某制药厂关于新药品的广告说，保证用者一年内康复

    B. 某制药厂关于新药品的广告说，经临床试验，治愈率达87%以上

    C. 某医疗器械广告说，该器械比××企业生产的同类产品安全性高28%

D. 某医疗器械商请出国内著名医学专家×××为其产品的形象代言人

92. 下列不得播放的广播电视广告是（   ）。

    A. 某杀毒软件商为强调产品的功效，在广告中把产品定名为"检察院"

    B. 某制药厂在广告中介绍自己新药品时强调本产品为"国际先进，国内最佳"

    C. 某企业强调自己生产的产品会明显提高孩子智商，能够"有效摆脱父母的啰唆"

    D. 某企业强调自己生产的红外望远镜能最清晰地看到千米之外民宅浴室内的人体

93. 电视台播放一集45分钟左右的影视剧，其间可以插播一次广告，允许的时间长度是（   ）。

    A. 4分钟   B. 3分钟   C. 2分钟   D. 1分钟

94. 下列不适用著作权法保护的作品是（   ）。

    A. 法律、法规和法院判决   B. 数学公式

    C. 时事新闻报道   D. 淫秽音像制品

95. 清初至清中叶，长篇小说创作十分繁荣，代表作品主要有（   ）。

    A. 《金瓶梅》   B. 《红楼梦》

    C. 《儒林外史》   D. 《聊斋志异》

96. 新文学泛指五四文学革命以来产生的在内容和形式上都与历史上传统文学不同的新文学。其特点是（   ）。

    A. 在语言上采用接近人民口语的白话

    B. 在内容上描写现实社会生活和斗争

    C. 在思想上具有反帝反封建的民主主义思想倾向

    D. 在形式上深婉含蓄

97. "克隆"、"转基因"等生命科学的重大突破，表明（   ）。

    A. 意识可以创造物质

    B. "世界统一于物质"有充分的自然科学依据

    C. 意识的能动性可以突破物质世界的规定

    D. "上帝造物"的观点是错误的

98. 社会发展的基本规律是（   ）。

    A. 生产关系一定要适合生产力发展状况

    B. 上层建筑一定要适合经济基础状况

    C. 社会存在决定社会意识

    D. 生产力是社会发展的最终决定力量

99. 人对物质世界的改造是在实践的运行过程中实现的，其基本环节有（　　）。

    A. 区分实践活动的主体与客体

    B. 确立实践目的和实践方案

    C. 实践主体依据目的、方案，借助手段作用于客体

    D. 完成、检验和评价实践活动的结果，进行反馈调节

100. 毛泽东在《论人民民主专政》中指出"人民"的概念包括（　　）。

    A. 工人阶级　　　　　　　　B. 农民阶级

    C. 城市小资产阶级　　　　　D. 民族资产阶级

《综合知识》实战模拟试卷（一）参考答案

一、选择题

1. B	2. C	3. B	4. C	5. D	6. D	7. D	8. B	9. D	10. A
11. C	12. C	13. A	14. B	15. A	16. C	17. A	18. C	19. A	20. D
21. A	22. D	23. D	24. D	25. D	26. A	27. B	28. A	29. D	30. C
31. B	32. D	33. C	34. C	35. C	36. B	37. A	38. C	39. D	40. C
41. B	42. A	43. A	44. B	45. C	46. D	47. B	48. B	49. C	50. A
51. B	52. B	53. B	54. B	55. C	56. A	57. C	58. B	59. B	60. D

二、多项选择题

61. ABCDE	62. ABCDE	63. AD	64. DE	65. ABC
66. BDE	67. ABCD	68. ABCDE	69. ABCDE	70. ACDE
71. ABCDE	72. ABC	73. BCDE	74. DE	75. AB
76. BE	77. DE	78. AB	79. BCD	80. ABCDE
81. BCD	82. BCD	83. BCD	84. BCD	85. ABCD
86. ABCD	87. ABCD	88. ABCD	89. ABD	90. ACD
91. ABCD	92. ABCD	93. D	94. ABCD	95. ABC
96. ABC	97. BD	98. AB	99. BCD	100. ABCD

《综合知识》实战模拟试卷（二）

一	二	总分

1. 笔试题满分为 100 分。

2. 笔试考试时间为 150 分钟。

3. 考试方式为闭卷。

4. 试题类型为选择题。

一、选择题（本大题共 60 小题，每小题 1 分，共 60 分）

在每小题列出的备选项中只有一个是符合题目要求的，请将其选出并将"答题卡"的相应代码涂黑。未涂、错涂或多涂均无分。

1. 社会群体的基本类型包括（　　）。

　　A. 初级群体和高级群体　　　　　　　B. 初级群体和次级群体

　　C. 初级群体和组织群体　　　　　　　D. 高级群体和次级群体

2. 马斯洛的需求层次理论是一种影响较大的动机理论，在这一理论中，处于最高层次的需要是（　　）。

　　A. 安全的需要　　　　　　　　　　　B. 社交的需要

　　C. 自尊的需要　　　　　　　　　　　D. 自我实现的需要

3. 我们经常认为，英国人有绅士风度，聪明、因循守旧。这实际上是一种（　　）。

　　A. 投射作用　　　　　　　　　　　　B. 晕轮效应

　　C. 刻板印象　　　　　　　　　　　　D. 近因效应

4. 我们党在长期实践中经过艰辛探索而逐步开辟出来的、实现中国繁荣富强和中国人民幸福安康的正确道路是（　　）。

　　A. 中国特色的工业化道路　　　　　　B. 中国特色社会主义道路

　　C. 改革开放之路　　　　　　　　　　D. 可持续发展之路

5. 党和国家到 2020 年的奋斗目标是（　　）。

　　A. 全国人民达到小康生活水平　　　　B. 全面建成小康社会

　　C. 建成社会主义和谐社会　　　　　　D. 建成环境友好型社会

6. 衡量党的一切工作是非得失和党的先进性的根本标准是（   ）。

A. 是否贯彻落实科学发展观

B. 是否构建社会主义和谐社会

C. 是否加强党的执政能力建设

D. 是否实现好、维护好、发展好最广大人民的根本利益

7. 两岸关系和平发展的政治基础是（   ）。

A. 坚持和平统一 B. 坚持"一国两制"

C. 坚持"一个中国"原则 D. 坚持高度自治

8. 物质的存在方式和本身固有的根本属性是（   ）。

A. 发展 B. 变化 C. 运动 D. 静止

9. 唯物辩证法与形而上学的根本分歧在于（   ）。

A. 是否承认矛盾是事物发展的动力

B. 是否用普遍联系的观点看待世界

C. 是否用发展变化的观点看待世界

D. 是否用历史的观点看待世界

10. 检验主观认识是否是真理的唯一标准是（   ）。

A. 劳动 B. 辩论 C. 实践 D. 生产力发展

11. 党在过渡时期的总路线是"主体"与"两翼"的统一，其中的"主体"是（   ）。

A. 逐步实现国家工业化

B. 逐步实现国家对农业的社会主义改造

C. 逐步实现国家对手工业的社会主义改造

D. 逐步实现国家对资本主义工商业的社会主义改造

12. 相对过剩人口形式不包括（   ）。

A. 流动形式的过剩人口 B. 潜在形式的过剩人口

C. 停滞形式的过剩人口 D. 发展形式的过剩人口

13. 源于慈善事业和救济事业的专门职业救助活动被称为（   ）。

A. 社会活动 B. 社会工作 C. 社会事业 D. 社会职业

14. 公民依法享有民事权利的起止时限，这就是（   ）。

A. 从 18 周岁开始到死亡时止 B. 从 16 周岁开始到死亡时止

C. 从出生时起到死亡时止 D. 从上小学开始到死亡时止

15. 我国刑法规定，已满（   ）周岁的人犯罪，应当负刑事责任。

A. 14 B. 16 C. 18 D. 20

16. 虚假广告罪的主体不包括（　　）。

    A. 广告主　　　　　　　　　　B. 广告经营者

    C. 广告发布者　　　　　　　　D. 广告创意者

17. 甲是国家机关工作人员，为境外某报社记者提供了尚未公布的领导人重要讲话稿，在境外刊出后影响极坏。甲的行为构成（　　）。

    A. 间谍罪

    B. 为境外非法提供国家秘密、情报罪

    C. 故意泄露国家秘密罪

    D. 滥用职权罪

18. 根据我国《民法通则》规定，除法律另有规定外，一般诉讼时效为（　　）。

    A. 二年　　　　B. 一年　　　　C. 五年　　　　D. 六个月

19. "问君能有几多愁，恰似一江春水向东流"的作者是（　　）。

    A. 李煜　　　　B. 李清照　　　　C. 李贺　　　　D. 李商隐

20. "枯藤老树昏鸦，小桥流水人家，古道西风瘦马。夕阳西下，断肠人在天涯。"这首小令的作者是著名的元代杂剧作家（　　）。

    A. 向朴　　　　B. 马致远　　　　C. 关汉卿　　　　D. 王实甫

21. 江泽民在中共十六大报告中指出，我国对外开放新阶段的重大举措是实施（　　）。

    A. "引进来"战略　　　　　　　B. "走出去"战略

    C. "以质取胜"战略　　　　　　D. "市场多元化"战略

22. 胡锦涛在"三个代表"重要思想理论研讨会上的讲话中指出，衡量有没有真正学懂、是不是真心实践"三个代表"重要思想最重要的标志，是必须牢牢把握（　　）。

    A. 立党为公，执政为民　　　　B. 以人为本，一切为了群众

    C. 与时俱进、开拓创新　　　　D. 永远保持党的先进性

23. 中共十六届五中全会提出了（　　）。

    A. 全面建设小康社会的重大历史任务

    B. 构建社会主义和谐社会的重大历史任务

    C. 促进经济社会可持续发展的重大历史任务

    D. 建设社会主义新农村的重大历史任务

24. 邓小平重新确立的党的思想路线是（　　）。

    A. 解放思想、实事求是　　　　B. 与时俱进、开拓创新

    C. 一个中心、两个基本点　　　D. 一切从实际出发，走自己的路

25. 建设社会主义民主政治，最重要的是（　　　）。

    A. 决策的科学化

    B. 决策的民主化

    C. 坚持和完善人民代表大会制度

    D. 加强基层民主建设

26. 科学发展观的本质和核心是（　　　）。

    A. 以人为本　　　　　　　　　　B. 全面发展

    C. 协调发展　　　　　　　　　　D. 可持续发展

27. 哲学的基本的问题是（　　　）

    A. 理论和实践的关系问题　　　　B. 政治和经济的关系问题

    C. 思维和存在的关系问题　　　　D. 公平和效率的关系问题

28. 人类社会的基本矛盾，是生产力和生产关系之间的矛盾，是（　　　）。

    A. 社会存在和社会意识之间的矛盾

    B. 开拓进取和因循守旧之间的矛盾

    C. 个人与社会之间的矛盾

    D. 经济基础与上层建筑之间的矛盾

29. 商品的价值是商品的（　　　）。

    A. 一般属性　　　B. 外在属性　　　　C. 社会属性　　　　D. 自然属性

30. 新民主主义革命统一战线最根本的问题是（　　　）。

    A. 正确处理同资产阶级的关系　　B. 同农民结成巩固的联盟

    C. 坚持独立自主的原则　　　　　D. 实行又联合又斗争的方针

31. 在我国，"国家推广全国通用的普通话。"这是（　　　）。

    A. 国务院的规定

    B. 国务院广播电视部门的规定

    C. 《中华人民共和国宪法》的规定

    D. 人民法院和人民检察院的规定

32. 《中华人民共和国宪法》规定了公民的基本权利和义务。下列有关公民基本权利或义务的选项中，属于公民的基本义务的是（　　　）。

    A. 依法纳税

    B. 政治自由

    C. 人身、人格尊严和住宅不受侵犯

    D. 通信自由和通信秘密受法律保护

33. 下列犯罪行为中，属于侵犯著作权罪的是（　　　）。

    A. 广告主违反国家规定，利用广告对商品或服务作虚假宣传，情节严重的行为

    B. 捏造事实诬告陷害他人，意图使他人受刑事追究，情节严重的行为

    C. 以营利为目的，未经著作权人许可复制发行其文字、图像、计算机软件，违法所得数额较大或者有其他严重情节的行为

    D. 编造并传播影响证券、期货交易的虚假信息，扰乱证券、期货交易市场，造成严重后果的行为

34. 世界贸易组织（WTO）正式开始运作是在（　　　）。

    A. 1947 年　　　　B. 1995 年　　　　C. 1996 年　　　　D. 2002 年

35. 作为当代国际范围内生产和资本运动的主要组织形式、经济全球化重要载体的企业形式是（　　　）。

    A. 股份公司　　　　　　　　　　B. 责任有限公司

    C. 跨国公司　　　　　　　　　　D. 混合联合公司

36. 《史记》中的"列传"共有篇章数是（　　　）。

    A. 十二　　　　B. 三十　　　　C. 八　　　　D. 七十

37. 下列唐代诗人中，以写作新乐府诗著名的是（　　　）。

    A. 杜甫　　　　B. 高适　　　　C. 白居易　　　　D. 李商隐

38. 表现了我军在解放战争时期由战略防御到战略进攻这一伟大历史转折的长篇小说是（　　　）。

    A. 《保卫延安》　　　　　　　　B. 《红日》

    C. 《林海雪原》　　　　　　　　D. 《百合花》

39. 下列史诗中属于冰岛史诗的是（　　　）。

    A. 《埃达》　　　　　　　　　　B. 《尼伯龙根之歌》

    C. 《伊利亚特》　　　　　　　　D. 《奥德赛》

40. 文艺复兴文学代表作《巨人传》的作者是（　　　）。

    A. 薄伽丘　　　　B. 拉伯雷　　　　C. 塞万提斯　　　　D. 莎士比亚

41. 下列命题中，体现量变引起质变观点的是（　　　）。

    A. 社稷无常奉，群臣无常位　　　　B. 城门失火，殃及池鱼

    C. 兼听则明，偏信则暗　　　　　　D. 长堤溃蚁穴，君子慎其微

42. 在新闻采访中，要注意对新闻事件背景资料的收集，这是因为（　　　）。

    A. 事物的联系具有普遍性　　　　B. 事物的联系具有特殊性

    C. 事物的联系具有多样性　　　　D. 事物的联系具有物质性

43. 社会主义制度在中国确立的主要标志是（ ）。

    A. 国民经济的恢复和调整   B. 社会主义改造的胜利完成

    C. 中国人民政治协商会议召开   D. 中华人民共和国成立

44. 新中国成立初期，毛泽东提出，在科学文化工作中正确处理人民内部矛盾的基本方针是（ ）。

    A. 和平相处，密切合作   B. 长期共存，互相监督

    C. 百花齐放，百家争鸣   D. 统筹兼顾，适当安排

45. （ ）是"一国两制"的核心。

    A. 一个中国   B. 两制并存

    C. 高度自治   D. 和平谈判

46. 关于社会主义社会矛盾问题，毛泽东于1957年在（ ）一文中作了系统的阐述。

    A. 《关于正确处理人民内部矛盾的问题》

    B. 《论人民民主专政》

    C. 《十大关系》

    D. 《矛盾论》

47. 杭州某媒体未经核实就以《怀着孩子为情跳楼成终生残疾　某名导演女友惊爆内幕》为题，指名道姓地报道了某导演的生活。该导演后来状告该媒体并胜诉。这家媒体的行为侵犯了该导演的（ ）。

    A. 荣誉权   B. 肖像权   C. 姓名权   D. 名誉权

48. 中国人民政治协商会议是（ ）。

    A. 群众团体   B. 国家政权机关

    C. 国家权力机关的常设机构   D. 有广泛代表性的统一战线组织

49. 记者小张想在自己的报道当中引用专家李某发表在某杂志上的文章的观点。因此，记者小张（ ）。

    A. 须经李某同意并支付报酬，并指明出处

    B. 不必经李某同意但须支付报酬，可不指明出处

    C. 须经李某同意，可不必支付报酬，也可不指明出处

    D. 不必经李某同意，也无须支付报酬，但要指明出处

50. 当前我国经济体制改革的中心环节是（ ）。

    A. 培育市场体系   B. 转变政府职能

    C. 价格体系改革   D. 国有企业改革

51. 国有企业改革的方向是（　　　）。

    A. 建立现代企业制度 　　　　　　　B. 落实经营责任制

    C. 实现所有权与经营权分离 　　　　D. 建立科学的企业领导体制

52. 我国现行的分配制度是（　　　）。

    A. 以按劳分配为主体，多种分配方式并存

    B. 按需分配

    C. 按劳分配

    D. 按资分配

53. 经济制度不同于经济体制，经济制度是经济体制的（　　　）。

    A. 衍生　　　　B. 集合　　　　C. 基础　　　　D. 呈现

54. 所谓贸易（　　　），是指在特定年度一国出口贸易总额大于进口贸易总额，又称"出超"。

    A. 顺差　　　　B. 逆差　　　　C. 平衡　　　　D. 失衡

55. 提出"戴着脚镣跳舞"这一诗歌美学原则的现代诗人是（　　　）。

    A. 郭沫若　　　　B. 闻一多　　　　C. 徐志摩　　　　D. 戴望舒

56. 文艺复兴起源于意大利，它的第一个代表人物是（　　　）。

    A. 达·芬奇 　　　　　　　　　　　B. 塞万提斯

    C. 但丁 　　　　　　　　　　　　　D. 拉伯雷

57. 波德莱尔《恶之花》属于（　　　）。

    A. 浪漫主义 　　　　　　　　　　　B. 象征主义

    C. 表现主义 　　　　　　　　　　　D. 魔幻现实主义

58. 消费者均衡是指消费者买进商品提供的总效用达到（　　　）。

    A. 最大化的状态 　　　　　　　　　B. 最小化的状态

    C. 平衡状态 　　　　　　　　　　　D. 不平衡状态

59. 一般认为消费者剩余最大的条件是（　　　）。

    A. 边际效用等于边际支出

    B. 边际效用大于边际支出

    C. 边际效用小于边际支出

    D. 边际效用与边际支出无关

60. 著作权是一种知识产权。下列选项中属于《中华人民共和国著作权法》保护的作品是（　　　）。

    A. 历法　　　　B. 摄影作品　　　　C. 通用数表　　　　D. 时事新闻

二、**多项选择题**（本大题共 40 小题，每小题 1 分，共 40 分）

在每小题列出的备选项中至少有两个是符合题目要求的，请将其选出并将"答题卡"的相应代码涂黑。错涂、多涂、少涂或未涂均无分。

61. 切实增强全社会的创造活力，必须全面贯彻四个"尊重"的方针，这就是（　　）。

   A. 尊重劳动　　　　　B. 尊重知识　　　　　C. 尊重人才

   D. 尊重实际　　　　　E. 尊重创造

62. "一国两制"构想的基本内容可概括为（　　）。

   A. 一个中国　　　　　B. 两制并存　　　　　C. 高度自治

   D. 和平谈判　　　　　E. 长期并存

63. 邓小平关于社会主义本质的表述，包含的内容有（　　）。

   A. 解放生产力，发展生产力　　　B. 消灭剥削，消除两极分化

   C. 以公有制为主体　　　　　　　D. 物质文明和精神文明协调发展

   E. 最终达到共同富裕

64. 江泽民在中共十六大报告中指出，贯彻"三个代表"重要思想（　　）。

   A. 力量在坚持依靠群众　　　　　B. 关键在坚持与时俱进

   C. 核心在坚持党的先进性　　　　D. 本质在坚持执政为民

   E. 源泉在坚持不断创新

65. "三个代表"重要思想深化了对（　　）。

   A. 共产党执政规律的认识　　　　B. 社会文化建设规律的认识

   C. 社会主义建设规律的认识　　　D. 人类社会发展规律的认识

   E. 世界局势变化规律的认识

66. 我国建设社会主义现代化国家的奋斗目标是（　　）。

   A. 富强　　　　B. 民主　　　　C. 文明　　　　D. 和谐

67. 构建社会主义和谐社会必须坚持的基本原则包括（　　）。

   A. 科学发展　　　　　　　　　　B. 正确处理改革发展稳定的关系

   C. 以人为本　　　　　　　　　　D. 在党的领导下全社会共同建设

68. 科学发展观回答的基本问题是（　　）。

   A. 建设什么样的党、怎样建设党　　B. 什么是社会主义、怎样建设社会主义

   C. 为谁发展、靠谁发展　　　　　　D. 实现什么样的发展、怎样发展

69. 新民主主义革命的社会主体力量是（　　）。

   A. 工人阶级　　　　　B. 农民阶级　　　　　C. 小资产阶级

   D. 民族资产阶级　　　E. 大资产阶级

70. 江泽民在中共十六大报告中指出，与时俱进就是党的全部理论和工作要（ ）。

    A. 体现时代性　　　　　　　　B. 把握规律性

    C. 富于创造性　　　　　　　　D. 坚持创新性

    E. 重视开拓性

71. 《中华人民共和国著作权法》规定了表演者的权利和义务。下列有关表演者的权利或义务的选项中，属于表演者义务的有（ ）。

    A. 表明表演者身份

    B. 保护表演形象不受歪曲

    C. 演出组织者组织演出，由该组织者取得著作权人许可，并支付报酬

    D. 使用他人作品演出，表演者（演员、演出单位）应当取得著作权人许可，并支付报酬

    E. 使用改编、翻译、注释、整理已有作品而产生的作品进行演出，应当取得改编、翻译、注释、整理作品的著作权人和原作品的著作权人许可，并支付报酬

72. 19 世纪中叶，马克思、恩格斯把社会主义由空想变为科学，奠定这一飞跃的理论基石是（ ）。

    A. 唯物史观　　　　　　　　　B. 劳动价值论

    C. 阶级斗争学说　　　　　　　D. 剩余价值理论

73. 生产方式在社会发展中的决定作用表现为（ ）。

    A. 生产方式是人类社会赖以存在和发展的基础

    B. 生产方式决定生产力的效率和效益

    C. 生产方式决定社会的性质和面貌

    D. 社会生产方式的变革决定社会形态的更替

74. 我们所要建设的社会主义和谐社会的特征是（ ）。

    A. 民主法制、公平正义　　　　B. 诚信友爱、充满活力

    C. 安定有序　　　　　　　　　D. 人与自然和谐共处

75. 发展社会主义民主政治，最根本的是要坚持三个方面的有机统一。这三个方面是（ ）。

    A. 马克思主义为指导　　　　　B. 党的领导

    C. 人民当家做主　　　　　　　D. 依法治国

76. 科学发展观的内涵是（ ）。

    A. 坚持以人为本　　　　　　　B. 全面、协调发展

    C. 可持续地发展　　　　　　　D. 以实现人的全面发展为目标

77. 2011 年 1 月 18 日至 21 日，应美国总统奥巴马邀请，中国国家主席胡锦涛对美国进行国事访问。两国在华盛顿发表《中美联合声明》，确定两国正在安全、经济、社会、能源、环境等领域广泛开展积极合作，并进一步深化双边接触与协调。中美之间的合作（　　）。

    A. 表明世界多极化趋势不可逆转

    B. 是由两国共同的国家利益决定的

    C. 有利于进一步提高我国的综合国力

    D. 是消除霸权主义和强权政治的根本途径

78. 未经国家广电总局批准，电视台不得在晚间（　　）播出境外影视剧。

    A. 六点　　　　　B. 八点　　　　　C. 九点　　　　　D. 十一点

79. 药品、医疗器械广告不得有下列内容（　　）。

    A. 含有不科学的表示功效的断言或者保证的

    B. 说明治愈率或者有效率的

    C. 与其他商品、医疗器械的功效和安全性比较的

    D. 利用医药科研单位、学术机构、医疗机构或者专家、医生、患者的名义和形象做证明的

80. 经济全球化的本质是资源配置的国际化，其内容主要包括（　　）等三个方面。

    A. 生产全球化　　　　　　　　B. 贸易全球化

    C. 资本全球化　　　　　　　　D. 消费全球化

81. 按劳分配是社会主义的分配原则，其必然性在于（　　）。

    A. 社会主义生产资料公有制是实行按劳分配的前提条件

    B. 社会主义生产力水平是实行按劳分配的物质条件

    C. 劳动存在重大差别，同时劳动还是人们谋生的手段，是实行按劳分配的直接原因

    D. 共同富裕的目标是实行按劳分配的直接原因

82. 社会规范由（　　）构成。

    A. 社会习俗　　　B. 生活规范　　　C. 民德　　　　D. 法律

83. 社区的主要形式有（　　）。

    A. 传统社区　　　　　　　　　B. 城市社区

    C. 农村社区　　　　　　　　　D. 现代社区或发达社区

84. 大众心理的表现包括（　　）。

    A. 流行　　　　B. 流言　　　　C. 偏见　　　　D. 舆论

85. 现代化过程中所发生的社会变迁有（   ）。

   A. 经济关系从其他社会关系中分离出来

   B. 城市出现，人口不断集中

   C. 社会分层体系发生了变化，财富和职业变得比出身和血统更重要

   D. 在社会流动和居住地流动的影响下，家庭关系和亲属关系减弱了，取而代之的是正式的国家机制对社会和个体的控制

86. 市场经济的基本属性包括（   ）。

   A. 市场主体的独立性和平等性

   B. 市场对资源发挥基础性配置作用

   C. 存在一个间接的政府宏观调控体系

   D. 市场经济是法制经济

   E. 在国际交往中遵循国际通行的惯例和准则

87. 按生产要素分类，可把企业划分为（   ）。

   A. 劳动密集型企业   B. 生产密集型企业

   C. 经营密集型企业   D. 资本密集型企业

   E. 技术密集型企业

88. 下列小说中描写解放后农村生活的有（   ）。

   A.《红日》   B.《山乡巨变》   C.《红旗谱》

   D.《百合花》   E.《李双双小传》

89. 党的先进性建设应当贯穿于（   ）。

   A. 党的思想建设中   B. 党的作风建设中

   C. 党的组织建设中   D. 党的制度建设中

90. 以改革创新精神推进党的建设新的伟大工程的主线是（   ）。

   A. 党的组织建设   B. 党的执政能力建设

   C. 党的先进性建设   D. 反腐倡廉建设

91. 关于建设社会主义新农村的目标，正确的说法是（   ）。

   A. 生产发展   B. 生活富裕   C. 村容整洁

   D. 乡风文明   E. 管理民主

92. 生产关系是人们在生产过程中结成的社会关系，包括（   ）。

   A. 生产资料的所有制关系

   B. 人们在生产中的地位和相互关系

   C. 产品的分配、交换和消费关系

D. 劳动者与劳动对象之间的关系

93. 任何商品都包含的两个因素是（　　　）。

    A. 价值　　　　　B. 价格　　　　　C. 使用价值　　　　D. 劳动

94. 流通中所需要的货币量取决于（　　　）。

    A. 待售商品总量　　　　　　　　B. 社会的储蓄额

    C. 商品的价格水平　　　　　　　D. 货币的流通速度

95. "三个代表"是中国共产党必须始终代表（　　　）。

    A. 中国先进生产力的发展要求

    B. 中国先进文化的前进方向

    C. 中国各族人民当家做主

    D. 中国最广大人民的根本利益

96. 《国家中长期科学和技术发展规划纲要（2006~2020年）》确定的科技创新的战略重点是（　　　）。

    A. 发展能源资源和环境保护技术

    B. 掌握装备制造业和信息产业核心技术的自主知识产权

    C. 把生物技术作为未来高技术产业的重点

    D. 加快发展空天和海洋技术

    E. 加强基础科学和前沿技术研究

97. 关于民事行为能力，正确的说法是（　　　）。

    A. 14周岁以上不满18周岁的未成年人是限制民事行为能力人

    B. 不满10周岁的未成年人是无民事行为能力人

    C. 18周岁以上的公民是成年人，具有完全民事行为能力

    D. 16周岁以上不满18周岁的公民，以自己的劳动收入为主要生活来源的，视为完全民事行为能力人

98. 下列19世纪欧洲小说家中的俄国人有（　　　）。

    A. 司汤达　　　　　B. 果戈理　　　　　C. 王尔德

    D. 普希金　　　　　E. 莱蒙托夫

99. 下列词人中，以风格婉约著称的是（　　　）。

    A. 秦观　　　　B. 晏几道　　　　C. 张元干　　　　D. 李清照

100. 下列作品属于白话小说的是（　　　）。

    A.《阅微草堂笔记》　　　　　　B.《三国演义》

    C.《红楼梦》　　　　　　　　　D.《聊斋志异》

《综合知识》实战模拟试卷（二）参考答案

一、选择题

1. B　2. D　3. C　4. B　5. B　6. D　7. C　8. C　9. A　10. C

11. A　12. D　13. B　14. C　15. B　16. D　17. C　18. A　19. A　20. B

21. B　22. A　23. D　24. A　25. C　26. A　27. C　28. D　29. C　30. B

31. C　32. A　33. C　34. B　35. C　36. D　37. C　38. A　39. A　40. B

41. D　42. A　43. B　44. C　45. A　46. A　47. D　48. D　49. D　50. D

51. A　52. A　53. C　54. A　55. B　56. C　57. B　58. A　59. A　60. B

二、多项选择题

61. ABCE　　62. ABCDE　　63. ABE　　64. BCD　　65. ACD

66. ABCD　　67. ABCD　　68. D　　69. ABCD　　70. ABC

71. CDE　　72. AD　　73. ACD　　74. ABCD　　75. BCD

76. ABC　　77. BC　　78. BC　　79. ABCD　　80. ABC

81. ABC　　82. ACD　　83. BCD　　84. ABD　　85. ACD

86. ABCDE　　87. ADE　　88. BE　　89. ABCD　　90. BC

91. ABCDE　　92. ABC　　93. AC　　94. ABCD　　95. ABD

96. AB　　97. BCD　　98. BDE　　99. ABD　　100. BC

《综合知识》实战模拟试卷（三）

一	二	总分

1. 笔试题满分为 100 分。

2. 笔试考试时间为 150 分钟。

3. 考试方式为闭卷。

4. 试题类型为选择题。

一、选择题（本大题共 60 小题，每小题 1 分，共 60 分）

在每小题列出的备选项中只有一个是符合题目要求的，请将其选出并将"答题卡"的相应代码涂黑。未涂、错涂或多涂均无分。

1. 邓小平指出，建国以后我们在社会主义建设中所经历的曲折和失误，改革开放过程中遇到的一些疑虑和困扰，归根到底，就在于没有完全搞清楚（　　）。

A. 什么是社会主义，怎样建设社会主义

B. 什么是市场经济，怎样建设社会主义市场经济

C. 革命和建设的关系

D. 改革和开放的关系

2. 一种社会制度是否具有优越性，从根本上说，就是看其能否（　　）。

　　A. 消灭剥削　　　　　　　　B. 实现社会公平

　　C. 促进生产力发展　　　　　D. 实现共同富裕

3. 贯彻"三个代表"重要思想，本质在坚持（　　）。

　　A. 解放思想　　　B. 与时俱进　　　C. 执政为民　　　D. 改革开放

4. 社会发展和变革的先导是在实践基础上的（　　）。

　　A. 理论创新　　　　　　　　B. 制度创新

　　C. 科技创新　　　　　　　　D. 文化创新

5. "三个代表"的出发点和最终归宿是（　　）。

　A. 始终代表先进生产力的发展要求

　B. 始终代表先进文化的前进方向

C. 始终代表最广大人民的根本利益

D. 始终代表共产主义理想的要求

6. 马克思一生中有两大发现，一个是发现剩余价值学说，另一个是发现（　　）。

　　A. 社会基本矛盾学说　　　　　　B. 唯物辩证法

　　C. 唯物史观　　　　　　　　　　D. 阶级斗争学说

7. 揭示事物发展的动力和源泉的规律是（　　）。

　　A. 联系和发展的规律　　　　　　B. 对立统一规律

　　C. 质量互变规律　　　　　　　　D. 否定之否定规律

8. 《中华人民共和国宪法》规定："中华人民共和国是工人阶级领导的、以工农联盟为基础的人民民主专政的社会主义国家。"这一规定，明确了我国的（　　）。

　　A. 政治制度　　　　　　　　　　B. 国家性质

　　C. 政权组织形式　　　　　　　　D. 国家结构形式

9. 中国革命的基本问题是（　　）。

　　A. 农民问题　　　　　　　　　　B. 党的领导问题

　　C. 武装斗争问题　　　　　　　　D. 统一战线问题

10. 我国国有企业改革的方向是（　　）。

　　A. 实行放权让利　　　　　　　　B. 建立股份公司

　　C. 实行承包经营　　　　　　　　D. 建立现代企业制度

11. 根据《广播电视广告播放管理暂行办法》规定，广播电台、电视台每套节目中每天播放广播电视广告的比例不得超过该套节目每天播出总量的（　　）。

　　A. 10%　　　　　B. 15%　　　　　C. 20%　　　　　D. 25%

12. 广播电视编辑记者、播音员主持人在执业活动中享有相应的权利和义务。下列有关权利或义务的选项中，是广播电视编辑记者、播音员主持人权利的是（　　）。

　　A. 人身安全、人格尊严依法不受侵犯

　　B. 恪守职业道德，坚持客观、真实、公正的原则

　　C. 严守工作纪律，服从所在机构的管理，认真履行岗位职责

　　D. 努力钻研业务，更新知识，不断提高政策理论水平和专业素养

13. 广义的国际金融市场是指（　　）。

　　A. 国际货币和资本市场　　　　　B. 国际货币、资本和外汇市场

　　C. 国际货币、资本和黄金市场　　D. 国际货币、资本、外汇和黄金市场

14. 社会总需求是指一定时期内（　　）。

　　A. 通过各种渠道形成的对产品和劳务购买力

B. 通过各种渠道形成的对消费品和生产资料的购买力

C. 市场上有支付能力的对资本品和消费品的需求总和

D. 市场上有支付能力的对物质产品和精神产品的需求总和

15. 作品具有"沉郁顿挫"这一基本审美特征的唐代诗人是（　　）。

    A. 李贺　　　　　B. 李白　　　　　C. 杜牧　　　　　D. 杜甫

16. 描写唐明皇和杨贵妃爱情故事的元杂剧是（　　）。

    A.《梧桐雨》　　B.《蝴蝶梦》　　C.《西蜀梦》　　　D.《丽堂春》

17. 新文学运动中提倡白话文学的核心人物是（　　）。

    A. 陈独秀　　　　B. 鲁迅　　　　　C. 周作人　　　　D. 胡适

18. 价值规律的作用是通过（　　）表现出来的。

    A. 商品价值的大小　　　　　　B. 商品的有用性

    C. 商品价格的运动　　　　　　D. 商品生产的多少

19. 马克思指出，剩余价值是（　　）创造的。

    A. 不变资本　　　B. 可变资本　　　C. 固定资本　　　D. 流动资本

20. 关于新民主主义革命时期党的土地改革总路线，不正确的说法是（　　）。

    A. 必须满足贫农和雇农的要求

    B. 必须坚决地团结中农

    C. 必须剥夺民族资产阶级以及地主富农经营的工商业

    D. 必须分给地主跟农民同样的土地

21. 关于中国共产党的先进性，正确的表述是（　　）。

    A. 中国共产党是中国工人阶级的先锋队

    B. 中国共产党是中华民族的先锋队

    C. 中国共产党是中国工人阶级的先锋队和中华民族的先锋队

    D. 以上说法都不准确

22. 中国共产党最根本的政治路线和工作路线是（　　）。

    A. 军事路线　　　B. 组织路线　　　C. 思想路线　　　D. 群众路线

23. 破坏广播电视设施罪所侵犯的客体是（　　）。

    A. 广大观众的收看广播电视权利　　B. 广播电视管理制度

    C. 广播电视部门利益　　　　　　　D. 广播电视领域的公共安全

24. 关于中央和地方国家机构职权的划分，说法错误的是（　　）。

    A. 遵循在中央统一领导下，充分发挥地方主动性、积极性的原则

    B. 实行适当分权，发挥中央和地方两个积极性

C. 全国人大及其常委会领导地方人大及其常委会

D. 全国人大及其常委会、国务院决定的事情，地方必须遵照执行

25. 国家对公民最重要最基本的法律要求是（　　）。

    A. 公民的基本权利　　　　　　B. 公民的基本义务

    C. 公民的自由意识　　　　　　D. 公民的法律意识

26. 被称为"史家之绝唱，无韵之《离骚》"的《史记》作者是（　　）。

    A. 司马炎　　　　B. 司马光　　　　C. 司马相如　　　　D. 司马迁

27. 甲虚构乙侮辱妇女的事实，并在众人中散布，甲的行为构成（　　）。

    A. 侮辱罪　　　　B. 诽谤罪　　　　C. 诬告陷害罪　　　　D. 报复陷害罪

28. 以涟水之战为起点，莱芜火战为过渡，孟良崮战役为重心，表现了解放战争中我军由战略防御到战略进攻的伟大历史转折的小说是（　　）。

    A.《保卫延安》　　　　　　　B.《红日》

    C.《红旗谱》　　　　　　　　D.《高山下的花环》

29. 生产方式包括生产力和（　　）。

    A. 劳动工具　　　B. 劳动对象　　　C. 生产关系　　　D. 生产方法

30. 中国共产党统一战线工作的根本经验是（　　）。

    A. 坚持无产阶级及其政党的领导权

    B. 以武装斗争为支柱

    C. 正确处理两个联盟的关系

    D. 对资产阶级又联合又斗争

31. 中国共产党推进党的建设新的伟大工程的重点是（　　）。

    A. 思想建设　　　B. 组织建设　　　C. 作风建设　　　D. 执政能力建设

32. （　　）是商品的社会属性。

    A. 交换价值　　　B. 使用价值　　　C. 价值　　　　　D. 价格

33. 马克思的剩余价值学说揭示了（　　）。

    A. 资本主义剥削的秘密

    B. 资本主义将持续发展的历史规律

    C. 劳资矛盾和对立的社会根源

    D. 资本主义社会改造的路径

34. 中国特色社会主义理论的哲学基础是（　　）。

    A. 解放思想　　　B. 实事求是　　　C. 与时俱进　　　D. 以上都是

35. 2010 年 10 月 1 日,"嫦娥二号"卫星在西昌卫星发射中心发射升空并成功"奔月",实现了我国（　　）。

    A. 深空探测"零的突破"

    B. 首次月球软着陆和自动巡视勘测

    C. 首次月球样品自动取样返回探测

    D. 运载火箭直接将卫星发射至地月转移轨道等多项技术突破

36. 破坏广播电视设施罪是一种以广播电视设施为特定破坏对象的（　　）。

    A. 危害国家安全罪　　　　　　　B. 危害公共安全罪

    C. 侵犯财产罪　　　　　　　　　D. 妨害社会管理秩序罪

37. 我国《宪法》第 13 条第 2 款规定：国家依照法律规定保护公民的私有财产权和（　　）。

    A. 支配权　　　B. 所有权　　　　C. 处分权　　　　D. 继承权

38. 不能辨认自己行为的精神病人是（　　）。

    A. 限制民事行为能力人　　　　　B. 无民事行为能力人

    C. 完全民事行为能力人　　　　　D. 部分民事行为能力人

39. 扩大和拉动国内居民的（　　），是促进经济增长的重要途径之一。

    A. 储蓄能力　　B. 投资能力　　　C. 资金需求　　　D. 消费需求

40. 社会主义市场经济同其他市场经济不同的特征是（　　）。

    A. 经济活动市场化

    B. 企业经营自主化

    C. 以公有制为主体,多种所有制经济共同发展

    D. 政府调节间接化

41. "入乡随俗"是一种（　　）行为。

    A. 和解　　　　B. 顺从　　　　　C. 容忍　　　　　D. 妥协

42. 个体社会化的时间是（　　）。

    A. 婴幼儿期　　B. 青少年期　　　C. 成年之前　　　D. 整整一生

43. 性别对从众行为的影响是（　　）。

    A. 女性更容易从众　　　　　　　B. 女性更不容易从众

    C. 男性不容易从众　　　　　　　D. 没有确定性的关系

44. （　　）可以说是人际关系深度的一个敏感的"探测器"。

    A. 自我表露程度　　　　　　　　B. 情感卷入程度

    C. 好恶评价　　　　　　　　　　D. 亲密行为

45. 《诗经·关雎》这首诗属于（   ）。

    A. 国风　　　　B. 小雅　　　　C. 大雅　　　　D. 颂

46. 下列作品中，王实甫的作品是（   ）。

    A. 《窦娥冤》　B. 《西厢记》　　C. 《梧桐雨》　　D. 《汉宫秋》

47. 《镜花缘》属于（   ）。

    A. 世情小说　　B. 历史小说　　C. 神魔小说　　D. 谴责小说

48. 1957 年毛泽东发表系统阐述社会主义矛盾问题的理论著作是（   ）。

    A. 《论十大关系》

    B. 《论人民民主专政》

    C. 《关于正确处理人民内部矛盾的问题》

    D. 《在扩大的中央工作会议上讲话》

49. 党在整个社会主义初级阶段奋斗的宏伟目标是（   ）。

    A. 把我国建设成为高度民主、高度文明的社会主义现代化国家

    B. 把我国建设成为富强、民主、文明的社会主义现代化国家

    C. 构建社会主义和谐社会，促进人的全面发展

    D. 全面建设小康社会，使全国人民的生活更加富裕

50. 现代社会中的第一生产力是（   ）。

    A. 劳动者　　　B. 科学技术　　C. 能源　　　　D. 资金

51. 邓小平在不同时间、不同场合表述过不同的"两手抓，两手都要硬"的内容，其中作为社会主义现代化建设指导方针的是（   ）。

    A. 民主法制与改革开放一起抓

    B. 改革开放与惩治腐败一起抓

    C. 改革开放与四项基本原则一起抓

    D. 物质文明与精神文明一起抓

52. 某些广播电视广告故意使用错别字或用谐音乱改成语。这违背了广播电视广告中应遵循的（   ）。

    A. 规范文字原则　　　　　　　　B. 健康文明原则

    C. 保护特殊群体利益原则　　　　D. 维护国家利益原则

53. 在我国刑法所规定的各种犯罪中，诽谤罪是指（   ）。

    A. 捏造事实诬告陷害他人，意图使他人受刑事追究，情节严重的行为

    B. 使用暴力或者以其他方法，公然贬损他人人格，破坏他人名誉，情节严重的行为

C. 故意捏造并散布虚构的事实，足以贬损他人人格，破坏他人名誉，情节严重的行为

D. 捏造并散布虚伪事实，损害他人的商业信誉、商品声誉，给他人造成重大损失或者有其他严重情节的行为

54. 侵犯著作权罪的主观方面表现为（　　）。

    A. 故意，且具有营利的目的　　　　B. 故意，且以追求名誉为目的

    C. 过失，且是过于自信的过失　　　　D. 过失，且是疏忽大意的过失

55. 广播电台在 11：00~13：00 之间，其每套节目中每小时的广告播出总量不得超过节目播出总量的（　　）。

    A. 25%　　　　B. 30%　　　　C. 20%　　　　D. 15%

56. 未经广电总局批准，不得在（　　）的时间段内播出境外影视剧。

    A. 8：00~10：00　　　　　　　　　　B. 12：00~15：00

    C. 19：00~22：00　　　　　　　　　　D. 22：00~24：00

57. 在同一地区，地面电视的发射频率数量一般不超过（　　）。

    A. 2　　　　B. 10　　　　C. . 20　　　　D. 50

58. 目前高清晰度电视系统的水平和垂直清晰度大约是常规电视的（　　）。

    A. 一倍　　　　B. 两倍　　　　C. 五倍　　　　D. 八倍

59. 微波中继传输的传播特性为（　　）。

    A. 直线视距传播，绕射能力强　　　　B. 直线视距传播，绕射能力弱

    C. 曲线超视距传播，绕射能力强　　　　D. 曲线超视距传播，绕射能力弱

60. 在模拟电视系统中，电视屏幕每秒显示电视信号的帧数为（　　）。

    A. 15　　　　B. 20　　　　C. 25　　　　D. 30

二、多项选择题（本大题共 40 小题，每小题 1 分，共 40 分）

在每小题列出的备选项中至少有两个是符合题目要求的，请将其选出并将"答题卡"的相应代码涂黑。错涂、多涂、少涂或未涂均无分。

61. 我国建设社会主义现代化国家的奋斗目标是（　　）。

    A. 富强　　　　B. 民主　　　　C. 文明　　　　D. 和谐

62. 构建社会主义和谐社会必须坚持的基本原则包括（　　）。

    A. 科学发展　　　　　　　　　　B. 正确处理改革发展稳定的关系

    C. 以人为本　　　　　　　　　　D. 在党的领导下全社会共同建设

63. 科学发展观回答的基本问题是（　　）。

    A. 建设什么样的党、怎样建设党

B. 什么是社会主义、怎样建设社会主义

C. 为谁发展、靠谁发展

D. 实现什么样的发展、怎样发展

64. 公民人身权的两个类别是（   ）。

A. 名誉权   B. 人格权   C. 肖像权   D. 身份权

65. 公民的社会经济权利主要包括（   ）。

A. 求职权   B. 继承权   C. 劳动权   D. 休息权

66. 公民承担民事责任的方式是（   ）。

A. 停止侵害   B. 赔礼道歉

C. 消除影响、恢复名誉   D. 赔偿损失

67. 健全社会主义法制，必须坚持（   ）。

A. 有法可依   B. 社会文化建设规律的认识

C. 执法必严   D. 人类社会发展规律的认识

E. 违法必究

68. 胡锦涛总书记在庆祝建党 85 周年大会上的讲话指出：构建社会主义和谐社会的着力点是（   ）。

A. 扩大就业   B. 健全社会保障体系

C. 理顺分配关系   D. 发展社会事业

E. 维护社会稳定

69. 第二次世界大战以后，垄断资本主义发生了许多新变化，下列各项属于这种新变化的有（   ）。

A. 科技成果成为劳动生产率增长的主要因素

B. 生产社会化程度进一步提高

C. 资本主义制度的本质发生了改变

D. 工人的劳动条件和生活条件有了一定改善

E. 加强了对经济生活的国家干预

70. 我国广播电视法规体系框架的构成包括（   ）。

A. 宪法、法律   B. 工作人员的自律条例

C. 部门规章、行政法规   D. 地方性法规、地方政府规章

E. 自治条例和单行条例

71. 下列各项正确表述了自然人的民事行为能力具有的法律特征的有（   ）。

A. 民事行为能力由国家法律加以确认

B. 无民事行为能力人的监护人是他的法定代理人

C. 民事行为能力与公民的年龄和智力状态直接相联系

D. 民事行为能力依法定条件和程序不受限制或取消，法律另有规定的除外

E. 限制民事行为能力的人，其任何民事活动都由法定代理人代理

72. 市场体系的最基本内容和"三大支柱"是指（　　　）。

A. 劳动力市场　　　　B. 技术市场　　　　C. 商品市场

D. 资本市场　　　　　E. 信息市场

73. 国际金融市场的作用主要有（　　　）。

A. 通过离岸金融市场为各国筹集资金提供方便

B. 加速资本国际化

C，推动世界贸易发展

D. 推动国际贸易，为跨国公司的发展提供条件

E. 资本流动自动化，使国际信贷、跨国银行业务长足发展

74. 下列唐诗名篇中作者为李贺的有（　　　）。

A.《金铜仙人辞汉歌》　　　　B.《白雪歌送武判官归京》

C.《李凭箜篌引》　　　　　　D.《邯郸少年行》

E.《古大梁行》

75. 下列唐文名篇中的论说文有（　　　）。

A.《原道》　　　　B.《进学解》　　　　C.《捕蛇者说》

D.《师说》　　　　E.《贞符》

76. 商品的市场价格发生变化（　　　）。

A. 与货币的价值量变化无关

B. 与商品的价值量变化有关

C. 与商品的生产价格变化无关

D. 与商品的供求变化有关

77. 资本主义经济危机的表现形式有（　　　）。

A. 商品积压　　　　　　　　B. 工厂减产或停工

C. 失业激增　　　　　　　　D. 金融企业倒闭

78. 货币的最基本职能是（　　　）。

A. 价值尺度　　B. 支付手段　　C. 贮藏手段　　D. 流通手段

79. 人民群众推动历史发展的作用表现在，人民群众（　　　）。

A. 是物质财富的创造者　　　　B. 是精神财富的创造者

C. 是随心所欲的造世主　　　　　D. 是实现社会变革的决定力量

80. 建设社会主义新农村，总的要求是"生产发展、生活宽裕、（　　）"。

    A. 农民增收　　　　B. 村容整洁　　　　C. 管理民主　　　　D. 乡风文明

81. 21世纪头20年我国经济建设和改革的主要任务是（　　）。

    A. 完善社会主义经济体制，推动经济结构战略性调整

    B. 基本实现工业化，大力推进现代化

    C. 保持国民经济持续快速发展，不断提高人民生活水平

    D. 消除体制性障碍，完善经济制度

82. 我国的（　　）都由人民代表大会产生。

    A. 政协组织　　　　B. 行政机关　　　　C. 审判机关　　　　D. 检察机关

83. 在委托代理行为中，书面委托代理的授权书应当载明代理人的姓名或者名称、
（　　），并由委托人签名并且盖章。

    A. 代理事项　　　　B. 代理权限　　　　C. 代理期间　　　　D. 代理原因

84. 著作权法规定的合理使用范围包括（　　）。

    A. 个人学习使用

    B. 将作品翻译成盲文出版

    C. 为时事新闻评论而适当引用

    D. 为科学研究而少量复制供研究人员使用

85. 广播电台、电视台对其播放的广播、电视享有以下权利（　　）。

    A. 播放权

    B. 许可他人转播

    C. 许可他人录制在音像载体上以及复制音像载体

    D. 50年的权利保护期

86. 2010年9月9日，世界经济论坛发布了《2010～2011年全球竞争力报告》，中国
排名升两位至第27位。下列措施中，有利于提升国家竞争力的有（　　）。

    A. 实施人才强国战略　　　　　　B. 国内生产总值持续增长

    C. 恩格尔系数不断提高　　　　　D. 人民币汇率迅速升值

87. 社会主义市场经济体制的基本特征包括（　　）。

    A. 以公有制为主体，多种所有制经济共同发展

    B. 坚持按劳分配为主体，多种分配方式并存

    C. 宏观调控能更好发挥计划与市场的调节

    D. 经济关系市场化

88. 我国对外开放格局的特点是（　　）。

　　A. 全方位　　　　B. 多层次　　　　C. 宽领域　　　　D. 多渠道

89. 建立健全同经济发展水平相适应的社会保障体系，是社会稳定和国家长治久安的重要保证。这包括（　　）。

　　A. 完善城镇职工基本养老保险制度和基本医疗保险制度

　　B. 健全失业保险制度和城市居民最低生活保障制度

　　C. 发展城乡社会救济和社会福利事业

　　D. 探索建立农村养老、医疗保险和最低生活保障制度

90. 群体心理是指群体成员在群体活动中共有的、有别于其他群体的（　　）的总和。

　　A. 地位　　　　B. 价值　　　　C. 态度　　　　D. 行为方式

91. 属于国家秘密范围的选项是（　　）。

　　A. 某集团军的军事演习计划

　　B. 酝酿中的国家领导人调整方案

　　C. 某国有企业尚未公布的新产品开发计划

　　D. 某村委会尚未公开的本村法制规划

92. 《诗经》分为（　　）类。

　　A. 风　　　　B. 赋　　　　C. 颂　　　　D. 雅

93. 宋词词境的重要开拓者欧阳修的名篇佳作有（　　）。

　　A. 《朋党论》　　　　　　　　　B. 《醉翁亭记》

　　C. 《纵囚论》　　　　　　　　　D. 《秋声赋》

94. 冯梦龙的代表作"三言"是指（　　）。

　　A. 《喻世明言》　　　　　　　　B. 《警世通言》

　　C. 《惊世恒言》　　　　　　　　D. 《醒世恒言》

95. 下列诗歌中，属于七律的是（　　）。

　　A. 杜甫《登高》

　　B. 韦应物《滁州西涧》

　　C. 韩愈《左迁至蓝关示侄孙湘》

　　D. 李商隐《锦瑟》

96. 下列中国现代文学作家中，深受西方现代派影响的是（　　）。

　　A. 李金发　　　　B. 曹禺　　　　C. 施蛰存　　　　D. 沈从文

97. 下列鲁迅作品中, 属小说集的是 (　　)。

　　A.《呐喊》　　　B.《朝花夕拾》　　　C.《故事新编》　　　D.《彷徨》

98. 下列作品中, 出自鲁迅的有 (　　)。

　　A.《沉沦》　　　　　　B.《狂人日记》　　　C.《祝福》

　　D.《阿 Q 正传》　　　　E.《故乡》

99. 19 世纪欧洲著名浪漫主义作品有 (　　)。

　　A.《巴黎圣母院》　　　　　　　B.《魔沼》

　　C.《包法利夫人》　　　　　　　D.《死魂灵》

　　E.《一个世纪儿的忏悔》

100. 下列作品中, 属于文艺复兴文学的代表作是 (　　)。

　　A. 薄伽丘《十日谈》　　　　　B. 塞万提斯《堂·吉诃德》

　　C. 歌德《浮士德》　　　　　　D. 莎士比亚《哈姆雷特》

《综合知识》实战模拟试卷（三）参考答案

一、单项选择题

1. A　2. C　3. C　4. A　5. A　6. C　7. B　8. B　9. A　10. D

11. C　12. A　13. D　14. A　15. D　16. A　17. D　18. C　19. B　20. D

21. C　22. D　23. D　24. C　25. B　26. D　27. B　28. B　29. C　30. A

31. D　32. C　33. A　34. C　35. D　36. B　37. D　38. B　39. D　40. C

41. B　42. D　43. D　44. A　45. A　46. B　47. C　48. C　49. B　50. B

51. D　52. A　53. C　54. A　55. D　56. C　57. B　58. B　59. B　60. C

二、多项选择题

61. ABCD	62. ABCD	63. D	64. BD	65. BCD
66. ABCD	67. ACE	68. ABCDE	69. ABCDE	70. ACDE
71. ABCD	72. ACD	73. ABCDE	74. AC	75. AD
76. BD	77. ABCD	78. AD	79. ABD	80. BCD
81. ABC	82. BCD	83. ABC	84. ABCD	85. ABCD
86. AB	87. ABC	88. ABC	89. ABCD	90. BCD
91. ABC	92. ACD	93. ABCD	94. ABD	95. ACD
96. AC	97. ACD	98. BCDE	99. AE	100. ABD

《综合知识》实战模拟试卷（四）

一	二	总分

1. 笔试题满分为 100 分。

2. 笔试考试时间为 150 分钟。

3. 考试方式为闭卷。

4. 试题类型为选择题。

一、单项选择题（本大题共 60 小题，每小题 1 分，共 60 分）

在每小题列出的备选项中只有一个是符合题目要求的，请将其选出并将"答题卡"的相应代码涂黑。错涂、多涂或未涂均无分。

1. 人类社会存在和发展的决定性因素是（　　）。

    A. 物质资料的生产方式　　　　　　B. 地理环境和人口因素

    C. 阶级斗争　　　　　　　　　　　D. 领袖人物的作用

2. 意识不仅反映客观世界，并且反作用于客观世界。这一命题说明意识对物质有（　　）。

    A. 决定性　　　B. 预见性　　　C. 能动性　　　D. 主动性

3. 下列表述中，体现矛盾特殊性原理的是（　　）。

    A. 对症下药，量体裁衣　　　　　　B. 欲擒故纵，声东击西

    C. 物极必反，相反相成　　　　　　D. 头痛医头，脚痛医脚

4. "因材施教"体现了哲学上的（　　）。

    A. 对立统一规律

    B. 矛盾普遍性和特殊性辩证关系的原理

    C. 否定之否定规律

    D. 质量互变规律

5. 资本主义经济危机的本质是（　　）。

    A. 生产相对过剩　　　　　　　　　B. 生产绝对过剩

    C. 两极分化　　　　　　　　　　　D. 社会矛盾不可缓和

6. 社会主义改造基本完成后，中国共产党的中心任务是（　　　）。

　A. 调动一切积极因素为社会主义事业服务

　B. 正确处理人民内部矛盾，巩固社会主义制度

　C. 集中力量发展生产力，建设社会主义现代化强国

　D. 加强和改进党的建设，巩固党的执政地位

7. 揭示事物发展的方向和道路的规律是（　　　）。

　A. 量变质变规律　　　　　　　　B. 否定之否定规律

　C. 运动发展规律　　　　　　　　D. 对立统一规律

8. 马克思认为，哲学家只是以不同的方式解释世界，而问题在于改变世界。这表明马克思主义哲学区别于其他一切旧哲学最显著的特点是（　　　）。

　A. 唯物论与辩证法的统一　　　　B. 实践性

　C. 科学性　　　　　　　　　　　D. 革命性

9. 科学发展观的根本方法是（　　　）。

　A. 全面协调　　B. 统筹兼顾　　C. 总揽全局　　D. 突出重点

10. 社会主义民主政治的本质和核心问题是（　　　）。

　A. 党的领导　　　　　　　　　　B. 人民当家做主

　C. 人民民主专政　　　　　　　　D. 民主选举

11. 邓小平同志指出："一个党，一个国家，一个民族，如果一切从本本出发，思想僵化，迷信盛行，那它就不能前进，它的生命机体就停止了，就要亡党亡国。"这段话，非常深刻地表明了（　　　）。

　A. 改革开放的重要性　　　　　　B. 唯物主义的重要性

　C. 解放思想的重要性　　　　　　D. 努力学习的重要性

12. 邓小平第一次提出坚持四项基本原则是在（　　　）。

　A. 1978 年《解放思想、实事求是、团结一致向前看》的讲话中

　B. 1979 年党的理论工作务虚会上

　C. 1980 年《目前的形势和任务》的讲话中

　D. 1980 年《党和国家领导制度的改革》的讲话中

13. 社会主义新农村建设的物质基础是（　　　）。

　A. 生产发展　　　　　　　　　　B. 乡村文明

　C. 村容整洁　　　　　　　　　　D. 管理民主

14. 中国共产党执政兴国的第一要务是（　　　）。

　A. 改革　　　　B. 发展　　　　C. 依法治国　　　　D. 以德治国

15. 我国民主党派是（   ）。

    A. 在野党   B. 参政党   C. 执政党   D. 反对党

16. 我国新民主主义革命的领导阶级是（   ）。

    A. 农民阶级   B. 工人阶级   C. 小资产阶级   D. 民族资产阶级

17. 党的十一届三中全会确立了（   ）的思想路线。

    A. 解放思想，开动机器，团结一致向前看

    B. 实事求是，一切从实际出发，理论联系实际

    C. 解放思想，实事求是，与时俱进，开拓创新

    D. 一切从实际出发，在实践中检验真理和发展真理

18. 科学发展观的第一要义是（   ）。

    A. 深化改革   B. 加快发展   C. 发展   D. 解放思想

19. （   ）是社会发展的决定力量。

    A. 物质资料生产方式   B. 精神生活的本质

    C. 思想方法   D. 宗教形态

20. 杰出人物在历史上的作用是（   ）。

    A. 决定社会历史的结局   B. 阻碍社会历史的发展

    C. 改变历史的发展趋势   D. 加速社会发展的进程

21. 《中华人民共和国刑法》规定，犯罪的时候不满（   ）的人和审判期间怀孕的妇女，不适用死刑。

    A. 十八周岁   B. 十六周岁   C. 十四周岁   D. 十周岁

22. 最重要的国家秘密，一旦泄露会使国家安全和利益遭受特别严重的损害的，在国家秘密的密级中属于（   ）。

    A. 秘密   B. 机密   C. 绝密   D. 隐秘

23. 剥夺政治权利不包括剥夺（   ）。

    A. 选举权   B. 被选举权   C. 劳动权   D. 出版权

24. 公民对通过造型艺术或其他形式在客观上再现的自身形象享有（   ）。

    A. 姓名权   B. 名誉权   C. 肖像权   D. 人身权

25. 侮辱罪的犯罪对象是（   ）。

    A. 单位   B. 自然人

    C. 既可以是单位，也可以是自然人   D. 既不是单位，也不是自然人

26. 下列不属于宪法规定的公民基本权利的是（   ）。

    A. 环境权   B. 平等权   C. 出版自由   D. 受教育权

27. 根据国家广播电视管理部门的规定，（　　）不得自办电视节目。

    A. 中央电视台　　　　　　　　B. 省市电视台

    C. 乡、镇的广播电视站　　　　D. 县级电视台

28. 下列选项中，不属于国家通用语言文字使用总原则的一项是（　　）。

    A. 有利于维护国家主权和民族尊严

    B. 有利于传播本民族文化传统

    C. 有利于国家统一和民族团结

    D. 有利于社会主义物质和精神文明建设

29. "奢靡之始，危亡之渐"，这一古语所体现的哲学原理是（　　）

    A．世界是物质的，物质是运动的

    B．量变和质变的辩证关系原理

    C．矛盾的普遍性和特殊性的对立统一

    D．现象是本质的外在表现

30. 《中华人民共和国民法通则》规定：16 周岁以上不满 18 周岁的公民，以自己的劳动收入为主要生活来源的，被视为（　　）。

    A. 无民事行为能力人　　　　　B. 限制民事行为能力人

    C. 法律没有规定　　　　　　　D. 完全民事行为能力人

31. （　　）不是我国《刑法》规定的刑罚种类中的附加刑。

    A. 罚金　　　　　　　　　　　B. 剥夺政治权利

    C. 没收财产　　　　　　　　　D. 拘役

32. 著作权法不适用于以下作品（　　）

    A. 口述作品　　　　　　　　　B. 官方正式译文

    C. 美术作品　　　　　　　　　D. 摄影作品

33. 当前国际间经济竞争的实质是（　　）。

    A. 产品质量的竞争　　　　　　B. 经济资源的竞争

    C. 产品价格的竞争　　　　　　D. 科技和人才的竞争

34. 按照恩格尔定律，我国在全面建设小康社会的过程中，恩格尔系数应该呈现（　　）趋势。

    A. 上升　　　　B. 下降　　　　C. 稳定均衡　　　　D. 无法预测

35. 经济全球化的根本原因是（　　）。

    A. 生产力的发展　　　　　　　B. 信息技术革命

    C. 跨国公司的发展　　　　　　D. 国际性经济组织的发展

36. 我国社会主义初级阶段的基本经济制度是（　　　）。

    A. 全民所有制

    B. 生产资料公有制

    C. 股份合作制

    D. 公有制为主体和多种所有制经济共同发展

37. 我国经济体制的根本性创新是建立（　　　）。

    A. 计划经济体制　　　　　　　　　B. 计划经济与市场经济相结合的体制

    C. 市场经济体制　　　　　　　　　D. 社会主义市场经济体制

38. 世界贸易组织（WTO）是一个（　　　）联合国的永久性国际组织。

    A. 隶属于　　　　B. 独立于　　　　　C. 辅助　　　　　D. 反对

39. （　　　）指的是一定社会中占统治地位的生产关系的总和。

    A. 经济规模　　　B. 经济制度　　　C. 经济模式　　　　D. 经济规范

40. 经济改革应该形成统一、开放、竞争、有序的大市场，其中"统一"指的是在全国范围内（　　　）是统一的。

    A. 产品价格　　　B. 产品质量　　　C. 生产方式　　　　D. 市场体系

41. 在市场经济条件下，政府对经济活动应该（　　　）。

    A. 进行直接的行政干预　　　　　　B. 采取不干预政策

    C. 进行间接的宏观调控　　　　　　D. 遵守"非调控"原则

42. 不属于西方世界三大传统国际金融市场的是（　　　）。

    A. 伦敦金融市场　　　　　　　　　B. 纽约金融市场

    C. 卢森堡金融市场　　　　　　　　D. 苏黎世金融市场

43. 大众心理就是以大众身份出现的（　　　）的心理。

    A. 初级群体　　　B. 次级群体　　　C. 有组织群体　　　D. 无组织群体

44. （　　　）是货币最基本的职能。

    A. 价值尺度与流通手段　　　　　　B. 世界货币与支付手段

    C. 流通手段与贮藏手段　　　　　　D. 贮藏手段与世界货币

45. 社会学把生活中常出现的"随波逐流"、"人云亦云"称为（　　　）。

    A. 认知行为　　　B. 社会态度　　　C. 从众行为　　　　D. 刺激模式

46. 某一社会基本构成要素或成分之间相互关联的方式，称为（　　　）。

    A. 社会化　　　　B. 社会结构　　　C. 社会组织　　　　D. 社会形态

47. 社会结构最重要的成分是地位、角色、制度和（　　　）。

    A. 集体　　　　　B. 团体　　　　　C. 群体　　　　　　D. 组织

48. 社会群体的两种基本类型是（　　）。

    A. 工人群体和农民群体　　　　　　B. 白领群体和蓝领群体

    C. 青年群体和中年群体　　　　　　D. 初级群体和次级群体

49. 需求层次理论是由（　　）提出的。

    A. 马斯洛　　　　B. 马歇尔　　　　C. 施拉姆　　　　D. 卢因

50. （　　）的社会控制，指对违反社会规范的社会成员施以社会惩罚和重新教育的过程。

    A. 广义　　　　B. 狭义　　　　C. 一般　　　　D. 特殊

51. 社会学的基本问题是（　　）。

    A. 群体与文化的关系　　　　　　B. 社会与个人的关系

    C. 人类行为与精神的关系　　　　D. 社会结构与社会

52. 《诗经》中主要收集民间歌谣的是（　　）。

    A. 国风　　　　B. 小雅　　　　C. 大雅　　　　D. 鲁颂

53. 中国古代山水田园诗的代表作家是（　　）。

    A. 陶渊明　　　　B. 谢灵运　　　　C. 王维　　　　D. 苏轼

54. "知否？知否？应是绿肥红瘦"一句出自（　　）。

    A.《乐章集》　　B.《尔坡词》　　C.《易安词》　　D.《稼轩词》

55. 1921年，由郭沫若等在日本发起成立的文学社团是（　　）。

    A. 文学研究会　　　　　　　　　B. 创造社

    C. 语丝社　　　　　　　　　　　D. 新月社

56. 《人间喜剧》是一组社会风俗史巨著，它的作者是（　　）。

    A. 莎士比亚　　B. 巴尔扎克　　C. 歌德　　　　D. 托尔斯泰

57. 获得首届茅盾文学奖的长篇小说《李自成》的作者是（　　）。

    A. 王蒙　　　　B. 魏巍　　　　C. 莫应丰　　　　D. 姚雪垠

58. "寒蝉凄切，对长亭晚"出自宋代词人柳永的作品，这首词的词牌名是（　　）。

    A.《雨霖铃》　　B.《八声甘州》　　C.《踏莎行》　　D.《定风波》

59. 沈从文小说《边城》所描写的地域是现在的（　　）。

    A. 浙江　　　　B. 四川　　　　C. 湖南　　　　D. 云南

60. 使老舍荣获"人民艺术家"称号的作品是（　　）。

    A.《骆驼祥子》　　　　　　　　B.《四世同堂》

    C.《茶馆》　　　　　　　　　　D.《龙须沟》

二、**多项选择题**（本大题共40小题，每小题1分，共40分）

在每小题列出的备选项中至少有两个是符合题目要求的，请将其选出并将"答题卡"的相应代码涂黑。错涂、多涂或少涂均无分。

61. 1999年，中美两国就中国加入WTO达成了"双赢"的协议，它将对两国经济产生深远影响。这在辩证法上的启示是（　　）。

    A. 矛盾的双方在相互斗争中获得发展

    B. 矛盾的双方既对立又统一，由此推动事物发展

    C. 矛盾的双方可以相互吸取有利于自身的因素而得到发展

    D. 矛盾一方的发展以另一方的某种发展为条件

62. 人类社会的基本矛盾有（　　）。

    A. 生产力与生产关系之间的矛盾

    B. 生产力与生产方式之间的矛盾

    C. 经济基础与上层建筑之间的矛盾

    D. 经济基础与文化结构之间的矛盾

63. 资本从价值形式上可以分为（　　）。

    A. 货币资本　　　B. 人力资本　　　C. 不变资本　　　D. 可变资本

64. 在社会形态中，经济基础对上层建筑起决定性作用的原因是（　　）。

    A. 上层建筑是在一定的经济基础上产生的

    B. 经济基础和上层建筑是不可分割的

    C. 经济基础的性质决定上层建筑的性质

    D. 经济基础的变化决定上层建筑的变化

65. 毛泽东思想活的灵魂，是贯穿于各个理论的立场、观点和方法，包括（　　）几个基本方面。

    A. 实事求是　　　B. 和平发展　　　C. 群众路线　　　D. 独立自主

66. 党在新民主主义革命时期统一战线的基本经验有（　　）。

    A. 同农民结成巩固的联盟　　　　B. 正确处理同资产阶级的关系

    C. 坚持党对统一战线的领导　　　D. 打倒资产阶级

67. 新中国成立后过渡时期的总路线是：要在一个相当长的时期内，逐步实现国家的社会主义工业化，并逐步实现国家对（　　）的社会主义改造。

    A. 工业　　　B. 农业　　　C. 手工业　　　D. 资本主义工商业

68. 新民主主义文化的基本特征是（　　）。

    A. 革命的　　　B. 民族的　　　C. 科学的　　　D. 大众的

69. 中国共产党在长期斗争中形成的三大优良作风包括（　　）。

   A. 理论联系实际　　　　　　　　B. 密切联系群众

   C. 为人民服务　　　　　　　　　D. 批评与自我批评

70. 中国倡导的建设和谐世界的理念主要有（　　）。

   A. 政治上平等、民主　　　　　　B. 经济上互利、合作

   C. 文化上交流、共进　　　　　　D. 安全上互信、协作

71. 加强新时期领导干部作风建设，要全面加强（　　）建设，弘扬新风正气，抵制歪风邪气。

   A. 思想作风　　　　　　　　　　B. 学风

   C. 工作作风　　　　　　　　　　D. 领导作风和干部生活作风

72. 中共十八大确立的"五位一体"总布局标志着我国社会主义现代化建设进入新的阶段，体现了中国共产党治国理政的新境界。"五位一体"包括经济建设、政治建设、文化建设及（　　）。

   A. 人才队伍建设　　　　　　　　B. 社会建设

   C. 制度建设　　　　　　　　　　D. 生态文明建设

73. 构建社会主义和谐社会的总要求包括（　　）。

   A. 民主法治、公平正义　　　　　B. 诚信友爱

   C. 安定有序、充满活力　　　　　D. 人与自然和谐相处

74. 科学发展观强调的全面发展就是要（　　）。

   A. 以经济建设为中心

   B. 全面推进经济建设、政治建设、文化建设和社会建设

   C. 实现经济发展和社会全面进步

   D. 以政治建设为中心

75. 邓小平同志指出，改革的原则是（　　）。

   A. 以公有制为主体　　　　　　　B. 阶级斗争为纲

   C. 坚持社会主义方向　　　　　　D. 共同富裕

76. 广播电视播出机构禁止制作、播放有（　　）内容的节目。

   A. 批评上级党委和政府部门的

   B. 煽动民族分裂，破坏民族团结的

   C. 泄露国家秘密的

   D. 宣扬淫秽、迷信或者渲染暴力的

77. 《广播电视管理条例》的适用范围包括下列选项中的（　　　）。

    A. 设立广播电台电视台　　　　　　B. 采编广播电视节目

    C. 传输广播电视节目　　　　　　　D. 设立广告公司

78. 《中华人民共和国国家通用语言文字法》第十六条规定，在特定的情形下，可以使用方言，这些情形主要是指（　　　）。

    A. 被确认为世界非物质文化遗产的方言

    B. 经国务院广播电视部门或省级广播电视部门批准的播音用语

    C. 戏曲、影视等艺术形式中需要使用的

    D. 经济开发区招商引资确需使用的

79. 著作权许可使用合同包括的主要内容有（　　　）。

    A. 许可使用权利种类

    B. 许可使用的权利是专有使用权或者非专有使用权

    C. 许可使用的地域范围、期间

    D. 付酬标准和办法

80. 宪法作为国家根本大法，与普通法律的主要区别有（　　　）。

    A. 规定的是国家生活中最根本、最重要的问题

    B. 是其他法律制定的依据和基础

    C. 具有更严格的制定和修改程序

    D. 效力与普通法律不同

81. 无民事行为能力或者限制民事行为能力的精神病人，可以由（　　　）担任监护人。

    A. 配偶　　　　　B. 父母　　　　　C. 成年子女　　　　　D. 上级领导

82. 诬告陷害罪在主观上的表现包括（　　　）。

    A. 捏造他人犯罪的事实

    B. 向国家机关或有关单位告发

    C. 采取其他方法足以引起司法机关的追究

    D. 达到法定刑事责任能力

83. 根据我国宪法规定，下列选项中既是权利又是义务的有（　　　）。

    A. 劳动权　　　　B. 监督权　　　　C. 受教育权　　　　D. 选举权

84. 根据我国的《广播电视管理条例》，下列选项正确的有（　　　）。

    A. 公民张三在自家房屋外安装一个卫星电视接收设备，张三认为他这样做不违反国家的有关规定

B. 广播电视发射台、转播台擅自播放自办节目和插播广告是违法行为

C. 广播电视发射台、转播台出租、转让经核准使用的频率、频段或擅自变更已经批准的各项技术参数的行为是违法的

D. 经乡、镇人民政府批准，可以设立广播电视站

85. 违反《中华人民共和国保守国家秘密法》，有可能承担（　　　）。

    A. 违宪责任　　　B. 刑事责任　　　C. 民事责任　　　D. 行政责任

86. 社会主义市场体系应该是（　　）的大市场。

    A. 统一　　　　B. 开放　　　　C. 竞争　　　　D. 有序

87. 资本主义再生产周期的阶段包括（　　　）。

    A. 危机　　　　B. 萧条　　　　C. 复苏　　　　D. 高涨

88. 某地乡村公路边有很多柿子园，金秋时节果农采摘柿子时，最后总要在树上留一些熟透的柿子。果农们说，这是留给喜鹊的食物。每到冬天，喜鹊都在果树上筑巢过冬，到春天也不飞走，整天忙着捕捉果树上的虫子，从而保证了来年柿子的丰收。从这个事例中我们受到的启示是（　　　）。

    A. 事物之间有其固有的客观联系

    B. 人们可以发现并利用规律来达到自己的目的

    C. 人与自然的关系是相互利用的关系

    D. 保持生态系统的平衡是人类生存发展的必要条件

89. 上海世界博览会的主题是"城市，让生活更美好"，并分化出五个副主题："城市多元文化的融合"、"城市经济的繁荣"以及（　　　）。

    A. "城市科技的创新"　　　　　　　B. "城市社区的重塑"

    C. "城市服务的改善"　　　　　　　D. "城市和乡村的互动"

90. 经济全球化已成为当今世界经济发展的重要趋势，其明显表现有（　　　）。

    A. 跨国公司越来越成为世界经济的主导力量

    B. 国际贸易成为各国经济发展不可缺少的组成部分

    C. 贸易自由化取代了贸易保护主义

    D. 国际直接投资迅速增长，投资格局多元化

91. 我国社会主义法制的基本要求是（　　　）

    A. 有法可依　　　　　　　　　　　B. 有法必依

    C. 执法必严　　　　　　　　　　　D. 违法必究

92. 从众行为可以分为（　　　）两种类型。

    A. 表面顺从　　　B. 内心接受　　　C. 人云亦云　　　D. 随波逐流

93. 现代化是指一种特殊的社会转型过程，现代化概念通常包括（　　）等关键要素。

　　A. 工业化　　　　B. 城市化　　　　C. 科层制化　　　　D. 科学化

94. 社会流动是指人们在社会空间中从一个地位、阶层向另一个地位、阶层的移动，可采取诸如（　　）等不同的形式。

　　A. 水平流动　　　B. 垂直流动　　　　C. 代际流动　　　　D. 代内流动

95. 社会次级群体一般是正规组织，其组织特征包括（　　）。

　　A. 目的明确　　　B. 权力分散　　　　C. 成员固定　　　　D. 劳动分工

96. 我国社会主义公有制的主体地位主要体现在（　　）。

　　A. 国有经济控制国民经济命脉，对经济发展起主导作用

　　B. 公有资产在社会总资产中占优势

　　C. 国有经济在国民经济中的比重不断提高

　　D. 公有资产在各个地方和产业中都占优势

97. 高尔基的自传体三部曲是（　　）。

　　A.《童年》　　　B.《在人间》　　　C.《我的大学》　　　D.《海燕》

98. 下列作家中，可以归入现代派的有（　　）。

　　A. 卡夫卡　　　B. 波德莱尔　　　　C. 雪莱　　　　D. 加西亚·马尔克斯

99. 下列戏曲作品中，属于杂剧的有（　　）。

　　A.《牡丹亭》　　B.《西厢记》　　　C.《窦娥冤》　　　D.《桃花扇》

100. 唐朝是中国诗歌高度发达的时期，产生过下列诗歌流派中的（　　）。

　　A. 山水田园诗派　　　　　　　　B. 边塞诗派

　　C. 江西诗派　　　　　　　　　　D. 韩孟诗派

《综合知识》实战模拟试卷（四）参考答案

一、单项选择题

1. A　　2. C　　3. A　　4. B　　5. A　　6. C　　7. B　　8. B　　9. B　　10. B

11. C　12. B　13. A　14. B　15. B　16. B　17. B　18. C　19. A　20. D

21. A　22. C　23. C　24. C　25. B　26. A　27. C　28. B　29. B　30. D

31. D　32. B　33. D　34. B　35. A　36. D　37. D　38. B　39. B　40. D

41. C　42. C　43. D　44. A　45. C　46. B　47. C　48. D　49. A　50. B

51. B　52. A　53. C　54. C　55. B　56. B　57. D　58. A　59. C　60. D

二、多项选择题

61. ABCD	62. AC	63. CD	64. ACD	65. ACD
66. ABC	67. BCD	68. BCD	69. ABD	70. ABCD
71. ABCD	72. BD	73. ABCD	74. ABC	75. ACD
76. BCD	77. ABC	78. BC	79. ABCD	80. ABCD
81. ABC	82. ABC	83. AC	84. BC	85. BD
86. ABCD	87. ABCD	88. ABD	89. ABD	90. ABD
91. ABCD	92. AB	93. ABC	94. ABCD	95. AD
96. AB	97. ABC	98. ABD	99. BC	100. ABD

《综合知识》实战模拟试卷（五）

一	二	总分

1. 笔试题满分为 100 分。

2. 笔试考试时间为 150 分钟。

3. 考试方式为闭卷。

4. 试题类型为选择题。

一、单项选择题（本大题共 60 小题，每小题 1 分，共 60 分）

在每小题列出的备选项中只有一个是符合题目要求的，请将其选出并将"答题卡"的相应代码涂黑。错涂、多涂或未涂均无分。

1. 毛泽东思想的出发点和根本点是（　　）。

    A. 实事求是   B. 群众路线

    C. 农村包围城市的革命道路   D. 党的建设

2. 中国共产党人第一篇反对教条主义的重要文献是（　　）。

    A.《实战论》   B.《新民主主义论》

    C.《〈共产党人〉发刊词》   D.《反对本本主义》

3. 中国革命的中心问题是（　　）。

    A. 无产阶级的领导权问题   B. 农民问题

    C. 革命动力问题   D. 革命道路问题

4. 中国共产党确定抗日民族统一战线策略总方针的会议是（　　）。

    A. 瓦窑堡会议   B. 洛川会议

    C. 遵义会议   D. 中共七大

5. 党的十八大把中国特色社会主义事业总体布局拓展为"五位一体"，在原来基础上增加了（　　）。

    A. 政治建设   B. 社会建设

    C. 生态文明建设   D. 文化建设

6. "发展才是硬道理"、"发展是党执政兴国的第一要务"、"发展是解决中国一切问题的总钥匙"，这是对社会主义建设历史经验的深刻总结。中国解决所有问题的关键是要靠自己的发展，而发展的根本目的是（   ）。

    A. 增强综合国力   B. 体现社会主义优越性

    C. 消灭剥削，消除两极分化   D. 使人民共享发展成果，实现共同富裕

7. 党的十一届三中全会以后，我国实行家庭联产承包责任制的直接原因是（   ）。

    A. 小农经济的落后性阻碍了生产的发展

    B. 农民被束缚在土地上

    C. 人民公社与分配中的平均主义阻碍了生产的发展

    D. 农民渴望市场经济的发展

8. 党的十八大报告提到了到 2020 年实现（   ）的宏观目标。

    A. 和谐社会   B. 全面建成小康社会

    C. 小康社会   D. 全面建设小康社会

9. 党的十八大报告明确提出建设中国特色社会主义的总依据是（   ）。

    A. 党的领导   B. 社会主义现代化

    C. 科学发展观   D. 社会主义初级阶段

10. 2013 年 8 月，中宣部等五部门联合发出通知，要求制止豪华铺张，提倡（   ）办晚会。

    A. 开门   B. 高水平   C. 节俭   D. 群众

11. 2013 年 6 月 11 日，我国神舟十号载人飞船顺利上天。与神舟九号相比，神舟十号此次飞行任务实现了（   ）。

    A. 中国女航天员首次"飞天"   B. 首次载人交会对接成功

    C. 首次手控交会对接   D. 首次开展中国航天员太空授课活动

12. 2013 年 7 月 5 日至 12 日，（   ）两国在日本海彼得大帝湾举行了"海上联合—2013"军演。

    A. 中、日   B. 中、美   C. 中、俄   D. 中、印

13. 2013 年 4 月 7 日至 8 日，博鳌亚洲论坛 2013 年年会在海南博鳌举行。本届年会的主题是（   ）。

    A. "革新、责任、合作：亚洲寻求共同发展"

    B. "革新、责任、合作：全球寻求共同发展"

    C. "和平、安全、反恐：亚洲寻求共同发展"

    D. "和平、安全、反恐：全球寻求共同发展"

14. 2013 年 7 月 6 日，中国和（   ）正式签署自由贸易协定。

    A. 瑞士   B. 瑞典   C. 德国   D. 日本

15. 国内生产总值的英文简称为（   ）。

    A. GNP   B. GDP   C. NFP   D. NNP

16. 马克思的两大发现使社会主义由空想变成了科学，这两大发现是（   ）。

    A. 唯物论和辩证法   B. 唯物史观和剩余价值学说

    C. 唯物辩证法和科学社会主义   D. 劳动价值论和科学社会主义

17. 正确发挥意识能动作用的前提是（   ）。

    A. 充分调动个人积极性   B. 充分发挥集体智慧

    C. 彻底克服保守思想   D. 正确认识客观规律

18. "只见树木，不见森林"、"一叶障目，不见泰山"，这是一种（   ）。

    A. 不可知论的观点   B. 相对主义的观点

    C. 庸俗唯物主义的观点   D. 形而上学的观点

19. "具体问题具体分析"的哲学依据是矛盾的（   ）。

    A. 特殊性原理   B. 普遍性原理

    C. 同一性原理   D. 斗争性原理

20. 恩格斯指出："社会一旦有技术上的需要，则这种需要会比十所大学更能把科学推向前进。"这句话表明（   ）。

    A. 理论研究对科学发展的作用非常小

    B. 实践是检验认识真理性的标准

    C. 实践的需要是推动认识发展的动力

    D. 任何认识都直接来自实践

21. 马克思明确指出，人的认识是否具有客观的真理性，这不是一个理论的问题，而是一个实践的问题。这说明（   ）。

    A. 实践是认识的来源   B. 实践是认识的目的

    C. 实践是认识发展的动力   D. 实践是检验认识真理性的标准

22. 对马克思主义既要坚持，又要发展。这种态度的理论依据是（   ）。

    A. 认识是主体对客观的能动反映   B. 能动的反映是摹写和创造的统一

    C. 真理既具有绝对性又具有相对性   D. 感性认识和理性认识是统一的

23. 在生产力诸要素中最活跃并起着决定作用的是（   ）。

    A. 劳动资料   B. 劳动工具

    C. 劳动者   D. 劳动对象

24. 马克思指出："手推磨产生的是封建主为首的社会，蒸汽磨产生的是工业资本家为首的社会。"这句话说明（　　）。

A. 生产工具决定生产力水平

B. 生产力状况决定生产关系的状况

C. 封建社会普遍采用手工生产

D. 社会形态的更替必然表现在生产工具的变化上

25. （　　）的发表，标志着科学社会主义的问世。

A.《资本论》　　　　　　　　B.《德意志意识形态》

C.《法兰西内战》　　　　　　D.《共产党宣言》

26. 社会生产方式是（　　）。

A. 经济基础和上层建筑的有机结合和统一

B. 劳动者和劳动资料的有机结合和统一

C. 生产力和生产关系的有机结合和统一

D. 生产资料所有权和使用全的有机结合和统一

27. 生产商品的劳动的二重性是指（　　）。

A. 简单劳动和复杂劳动　　　　B. 具体劳动和抽象劳动

C. 体力劳动与脑力劳动　　　　D. 私人劳动和社会劳动

28. 简单商品经济的基本矛盾是（　　）。

A. 价值与使用价值之间的矛盾

B. 生产的社会化与生产资料私人占有之间的矛盾

C. 劳动者与生产资料所有者之间的矛盾

D. 商品生产中私人劳动与社会劳动之间的矛盾

29. 货币的本质是（　　）。

A. 商品交换的媒介物　　　　　B. 固定充当一般等价物的商品

C. 流通手段　　　　　　　　　D. 价值的表现形式

30. 超额剩余价值是（　　）。

A. 商品的个别价值低于社会价值的差额

B. 生产率普遍提高的结果

C. 劳动强度普遍提高的结果

D. 商品的个别价值高于社会价值的差额

31. 资本的本质是（　　）。

A. 购买生产资料的货币

B. 购买劳动的货币

C. 购买商品的货

D. 带来剩余价值的价值，体现了资本主义生产关系

32. 通常，随着商品价格的提高，该商品总需求量（　　　）

  A. 增加　　　　B. 减少　　　　C. 不变　　　　D. 以上都不对

33. 下列行业中，最接近完全竞争模式的有（　　　）

  A. 航空　　　　B. 煤炭　　　　C. 食品　　　　D. 汽车

34. 资本主义再生产周期中，（　　　）是再生产周期的决定性阶段。

  A. 危机　　　　B. 萧条　　　　C. 复苏　　　　D. 高涨

35. 以下对我国社会主义市场经济体制的描述中，不正确的一项是（　　　）。

  A. 现代的市场经济

  B. 在国家宏观调控下的市场经济

  C. 以社会主义公有制为主体的市场经济

  D. 自由化的市场经济

36. 建设中国特色社会主义必须从实际出发，当前中国最大的实际是（　　　）。

  A. 生产力十分落后

  B. 人口多、社会发展缓慢

  C. 资源短缺、生态环境恶化

  D. 处于并将产期处于社会主义初级阶段

37. 通货膨胀指因货币供给（　　　）货币实际需求导致货币贬值而引起的一段时间内物价持续而普遍上涨的现象。

  A. 大于　　　　B. 小于　　　　C. 等于　　　　D. 不等于

38. CPI 是指（　　　）。

  A. 恩格尔系数　　　　　　　　B. 幸福指数

  C. 基尼系数　　　　　　　　　D. 居民消费价格指数

39. 我国经济运行中，应当充分发挥（　　　）对资源配置的基础性作用。

  A. 计划经济　　B. 市场　　　　C. 金融　　　　D. 财政

40. 资本主义经济危机的本质特征是（　　　）。

  A. 固定资本更新　　　　　　　B. 供给小于需求

  C. 生产相对过剩　　　　　　　D. 比例失调

41. 在我国法律体系中，居于核心地位、具有最高法律效力的是（　　　）。

  A.《中华人民共和国刑法》　　　B.《中华人民共和国宪法》

C. 《中华人民共和国立法法》　　　D. 《中华人民共和国行政复议法》

42. 以有线或无线方式向公众提供作品、表演或者录音录像制品，使公众能在其个人选定的时间和地点获得作品、表演或者录音录像制品的权利称为（　　）。

  A. 信息网络传播权　　　　　　　B. 广播权

  C. 许可权　　　　　　　　　　　D. 放映权

43. 下列权利中不属于著作权的是（　　）。

  A. 表演权　　　B. 姓名权　　　C. 广播权　　　D. 展览权

44. 《广播电视关高播出管理办法》规定：广播电视广告播出不得影响广播电视节目的（　　）。

  A. 技术性　　　B. 扩散性　　　C. 互动性　　　D. 完整性

45. 下列不属于我国专利权对象的是（　　）。

  A. 计算公式　　　B. 实用新型　　　C. 外观设计　　　D. 发明

46. 按照《中华人民共和国保守国家秘密法》的规定，我国国家秘密的密级自高而低分为（　　）三级。

  A. 绝密、秘密、机密　　　　　　B. 绝密、机密、秘密

  C. 机密、绝密、秘密　　　　　　D. 机密、秘密、绝密

47. 民事权利能力与民事行为能力的关系是（　　）。

  A. 有民事权利能力就有民事行为能力

  B. 有民事权利能力不一定有民事行为能力

  C. 有民事行为能力不一定有民事权利能力

  D. 民事权利能力与民事行为能力互为补充

48. 《广播电视管理条例》规定，广播电台、电视台应当推广（　　）。

  A. 汉语　　　　　　　　　　　　B. 所在地的少数民族语言

  C. 全国通用的普通话　　　　　　D. 列入教材的外语

49. 年龄不满（　　）周岁，完全不能辨认自己行为的自然人是无行为能力人。

  A. 10　　　　　B. 7　　　　　C. 14　　　　　D. 18

50. 现行的《中华人民共和国宪法》是（　　）第五届全国人大第五次会议正式通过的。

  A. 1978年　　　B. 1982年　　　C. 1988年　　　D. 1999年

51. 让"自然人"或"生物人"成长为社会人，使社会、文化得以维持和传承，这一过程称为（　　）。

  A. 社会化　　　B. 社会分层　　　C. 现代化　　　D. 社会规范

52. 记者在报道灾难新闻时，一方面他是一名新闻工作者，以满足受众的知情权为职业追求；另一方面，他又应当遵从相应的社会道德规范，体现人文关怀，避免触碰悲伤或造成再次伤害。这种情况属于（　　）。

A. 角色扮演　　　　　　　　B. 角色冲突

C. 角色中断　　　　　　　　D. 角色失败

53. 下列社会人群中，可归为次级群体的是（　　）。

A. 街头帮派　　　B. 家族　　　　C. 工会　　　　D. 同学

54. 需求层次理论是由（　　）提出的。

A. 马斯洛　　　B. 马歇尔　　　C. 施拉姆　　　D. 卢因

55. 中国社会保障制度的主体是（　　）。

A. 企业　　　B. 国家　　　C. 社区　　　D. 慈善机构

56. 《诗经》中的赋、比、兴属于（　　）。

A. 诗歌载体　　B. 音乐类别　　C. 诗歌用法　　D. 表现手法

57. 唐宋八大家中以写作山水游记最为著名的作家是（　　）。

A. 韩愈　　　B. 柳宗元　　　C. 欧阳修　　　D. 王安石

58. 茅盾的"《蚀》三部曲"包括《幻灭》、《动摇》和（　　）。

A. 《子夜》　　B. 《林家铺子》　　C. 《春蚕》　　D. 《追求》

59. 短篇小说集《十日谈》是文艺复兴时期著名作品，其作者是（　　）。

A. 彼特拉克　　B. 薄伽丘　　　C. 拉伯雷　　　D. 塞万提斯

60. 下列作家中，被认为是西方现代派文学鼻祖的是（　　）。

A. 莎士比亚　　B. 乔伊斯　　　C. 艾略特　　　D. 卡夫卡

二、多项选择题（本大题共 40 小题，每小题 1 分，共 40 分）

在每小题列出的备选项中至少有两个是符合题目要求的，请将其选出并将"答题卡"的相应代码涂黑。错涂、多涂或少涂均无分。

61. 从物质与精神的关系来看，"画饼不能充饥"，这是因为（　　）。

A. 精神与物质不具有同一性

B. 观念的东西不能代替物质的东西

C. 精神不能转化为物质

D. 事物在人脑中的反应不等同于事物自身

62. 矛盾的基本属性包括（　　）。

A. 同一性　　　B. 斗争性　　　C. 普遍性　　　D. 特殊性

63. 下列关于辩证的否定观的表述，正确的选项有（　　　）。

　　A. 辩证的否定是事物联系的环节

　　B. 辩证的否定是事物发展的环节

　　C. 辩证的否定是事物通过内部矛盾运动进行的自我否定

　　D. 辩证的否定实质是既克服又保留，是扬弃

64. 一个完整的认识过程有多次飞跃，包括（　　　）。

　　A. 从感性到理性　　　　　　　　　B. 从理性到感性

　　C. 从理性到实践　　　　　　　　　D. 从实践到理性

65. 社会意识的相对独立性表现为（　　　）。

　　A. 社会意识与社会存在发展的不平衡性

　　B. 社会意识对社会存在的能动的反作用

　　C. 社会意识对社会存在的决定作用

　　D. 社会意识内部各种形式之间的相互影响及各自具有的历史继承性

66. 以机器设备形式存在的资本，属于（　　　）。

　　A. 不变资本　　　B. 可变资本　　　C. 固定资本　　　D. 流动资本

67. 资本主义经济危机的表现为（　　　）。

　　A. 商品积压　　　　　　　　　　　B. 工厂减产或停工

　　C. 失业激增　　　　　　　　　　　D. 企业倒闭

68. 马克思的劳动价值论是（　　　）。

　　A. 对古典政治经济学劳动价值论的批判、继承和发展

　　B. 剩余价值理论的基础

　　C. 研究价值分配的理论

　　D. 为揭示资本主义生产方式的本质奠定了理论基础

69. 中国社会主义理论体系是包括（　　　）在内的科学理论体系。

　　A. 毛泽东思想　　　　　　　　　　B. 邓小平理论

　　C. "三个代表"重要思想　　　　　　D. 科学发展观

70. 毛泽东思想的主要理论来源有（　　　）。

　　A. 马克思列宁主义　　　　　　　　B. 俄国革命经验

　　C. 资产阶级民主思想　　　　　　　D. 中国优秀的传统文化

71. 毛泽东把中国共产党的优良作风概括为（　　　）。

　　A. 理论联系实际　　　　　　　　　B. 实事求是

　　C. 密切联系群众　　　　　　　　　D. 批评与自我批评

72. 近代中国社会的主要矛盾有（　　　）。

　　A. 资产阶级和工人阶级的矛盾　　　B. 工人阶级和农民阶级的矛盾

　　C. 封建主义和人民大众的矛盾　　　D. 帝国主义和中华民族的矛盾

73. 党的思想路线的基本内容包括（　　　）。

　　A. 一切从实际出发　　　　　　　　B. 理论联系实际

　　C. 实事求是　　　　　　　　　　　D. 在实践中检验和发展真理

74. 科学发展观的历史地位在于它是（　　　）。

　　A. 中国特色社会主义理论体系最新成果

　　B. 指导党和国家全部工作的强大思想武器

　　C. 中国共产党集体智慧的结晶

　　D. 党必须长期坚持的指导思想

75. 社会主义和谐社会的基本特征有（　　　）。

　　A. 民主法治　　　　　　　　　　　B. 公平正义、诚信友爱

　　C. 充满活力、安定有序　　　　　　D. 人与自然和谐相处

76. 中国特色社会主义法律体系形成是我国社会主义民主法制建设史上的重要里程碑，其意义主要表现为（　　　）。

　　A. 中国特色社会主义法律体系是中国特色社会主义永葆本色的法制根基

　　B. 中国特色社会主义法律体系是中国特色社会主义创新实践的法制体现

　　C. 中国特色社会主义法律体系是中国特色社会主义兴旺发达的法制保障

　　D. 中国特色社会主义法律体系能够保证全体公民共同意志得以体现

77. 党的十八大指出，建设社会主义核心价值体系的主要措施是：第一，推进马克思主义中国化、时代化、大众化；第二，用中国特色社会主义理论体系武装全党、教育人民；第三，深入开展爱国主义、集体主义、社会主义教育；第四，（　　　）。

　　A. 倡导富强、民主、文明、和谐

　　B. 倡导自由、平等、公正、法治

　　C. 倡导爱国、敬业、诚信、友善

　　D. 倡导忠孝、仁勇、俭让、节义

78. 贯穿党的群众路线教育实践活动全过程的总要求有（　　　）。

　　A. 照镜子　　　B. 正衣冠　　　　C. 洗洗澡　　　　D. 治治病

79. 李克强总理在2013年第十二届全国人大一次会议上答记者问时，提出了"约法三章"，其内容是（　　　）。

　　A. 政府性的楼堂馆所一律不得新建

B. 财政供养的人员只减不增

C. 公费接待、公费出国、公费购车只减不增

D. 政府官员定期公布财产

80. 习近平总书记于 2013 年 6 月 13 日在人民大会堂会见国民党荣誉主席吴伯雄时，就两岸关系提出（　　　）。

　　A. 坚持从中华民族整体利益的高度把握两岸关系大局

　　B. 坚持在认清历史发展趋势中把握两岸关系前途

　　C. 坚持增进互信、良性互动、求同存异、务实进取

　　D. 坚持稳步推进两岸关系全面发展

81. 全面建成小康社会的新的目标要求包括（　　　）。

　　A. 经济持续健康发展　　　　　　B. 人民民主不断扩大

　　C. 文化软实力显著增强　　　　　D. 人民生活水平全面提高

82. 资本主义国家实施宏观经济调控的主要手段有（　　　）。

　　A. 收入政策　　　B. 财政政策　　　C. 货币信贷政策　　　D. 产业政策

83. 下列关于自由贸易的表述，正确的有（　　　）。

　　A. 与"保护贸易"相对，是指政府不采用关税、配额或其他形式来干预国际贸易的政策

　　B. 意味着完全放弃对进出口贸易的管理和关税制度

　　C. 根据有关贸易的条约与协定，展开自由竞争与交易

　　D. 只是不采用保护关税，但仍可以征收财政关税

84. 在经济领域中，解决外部性的对策有（　　　）。

　　A. 征税　　　　　B. 补贴　　　　　C. 企业合并　　　　　D. 提高利率

85. 资源配置的方式有（　　　）。

　　A. 计划配置方式　　　　　　　　B. 市场配置方式

　　C. 政府配置方式　　　　　　　　D. 个体配置方式

86. 实行赤字财政可以（　　　）。

　　A. 短期刺激经济增长　　　　　　B. 长期刺激经济增长

　　C. 在经济萧条时使经济走出衰退　D. 使经济持久繁荣

87. 一般来说，完全垄断存在的缺点有（　　　）。

　　A. 缺乏效率

　　B. 缺乏公平

　　C. 与完全竞争或垄断竞争相比，产品价格高，产量低

D. 与完全竞争或垄断竞争相比，产品价格低，产量高

88. 以下案件中，依法应当不公开审理的有（　　）。

　　A. 十四岁以上不满十六岁未成年人犯罪的案件

　　B. 涉案金额巨大的贪污案

　　C. 涉及国家秘密的案件

　　D. 涉及个人隐私的案件

89. 《广播电视管理条例》规定：县级以上人民政府广播电视行政部门应当采取包括
　　（　　）等多种方式，提高农村广播电视覆盖率。

　　A. 卫星传送　　　　　　　　　　B. 无线转播

　　C. 有线广播　　　　　　　　　　D. 有线电视

90. 根据《中华人民共和国政府信息公开条例》，不予公开政府信息的领域
　　有（　　）。

　　A. 国民经济和社会发展统计信息　　B. 突发公共事件的应急预案

　　C. 商业秘密　　　　　　　　　　D. 个人隐私

91. 承担民事责任的方式包括：停止侵害、排除妨碍、消除危险、返还财产、恢复原
　　状等多种方式，这些方式（　　）。

　　A. 可以单独适用　　　　　　　　B. 可以合并适用

　　C. 只能单独适用　　　　　　　　D. 只有少数情况下可以合并适用

92. 下列情形中，应当以国家通用语言文字为基本用语用字的有（　　）。

　　A. 广播、电影、电视用语用字　　B. 公共场所的设施用字

　　C. 招牌、广告用字　　　　　　　D. 企业事业组织名称

93. 不受著作权法保护的作品有（　　）。

　　A. 官方文件　　　　　　　　　　B. 口述作品

　　C. 时事新闻　　　　　　　　　　D. 历法、通用数表、通用表格及公式

94. 在我国，有权制定法律的机关有（　　）。

　　A. 全国人民代表大会　　　　　　B. 全国人大常委会

　　C. 国务院　　　　　　　　　　　D. 国务院各部委

95. 社会分层体现了各类人群之间的结构性不平等，决定社会分层的主要维度有（　　）。

　　A. 财富　　　　　B. 权利　　　　　C. 教育程度　　　　　D. 声望

96. 按照约束力的强弱，社会规范可分为多个层次，主要有（　　）。

　　A. 伦理　　　　　B. 民俗　　　　　C. 民德　　　　　D. 法律

97. 下列行为方式中，能成为社区形成模式的有（　　）。

    A. 通讯　　　　　B. 工作　　　　　C. 购物　　　　　D. 娱乐

98. 下列《史记》为之作传的人物中，被列入"世家"的是（　　）。

    A. 孔子　　　　　B. 项羽　　　　　C. 陈涉　　　　　D. 屈原

99. 鲁迅的小说艺术成就主要表现在（　　）。

    A. 以剪影或速写的手法，直接画出人物灵魂的特征

    B. 整体布局具有史诗般宏阔，但细节描写又极为委婉细致

    C. 语言丰富而精练，无论是对话还是叙述，都能做到俭省、准确

    D. 学习西方小说技巧，多处使用心理描写

100. 下列莎士比亚作品中，属于喜剧的有（　　）。

    A.《雅典的泰门》　　　　　　　　B.《罗密欧与朱丽叶》

    C.《仲夏夜之梦》　　　　　　　　D.《威尼斯商人》

（更多免费模拟试题请登录传媒云学苑 www. sarftlearn. com）

《综合知识》实战模拟试卷（五）参考答案

一、单项选择题

1. A	2. D	3. A	4. A	5. C	6. D	7. C	8. B	9. D	10. C
11. D	12. C	13. A	14. A	15. B	16. B	17. D	18. D	19. A	20. C
21. D	22. C	23. C	24. B	25. D	26. C	27. B	28. D	29. B	30. A
31. D	32. B	33. C	34. A	35. D	36. D	37. A	38. D	39. B	40. C
41. B	42. A	43. B	44. D	45. A	46. B	47. B	48. C	49. A	50. B
51. A	52. B	53. C	54. A	55. B	56. D	57. B	58. D	59. B	60. D

二、多项选择题

61. BD	62. AB	63. BCD	64. AC	65. ABD
66. AC	67. ABCD	68. ABD	69. BCD	70. AD
71. ACD	72. CD	73. ABCD	74. ABCD	75. ABCD
76. ABC	77. ABC	78. ABCD	79. ABC	80. ABCD
81. ABCD	82. BC	83. ACD	84. ABC	85. AB
86. AC	87. ABC	88. ACD	89. ABCD	90. CD
91. AB	92. ABCD	93. ACD	94. AB	95. ABD
96. ABCD	97. BCD	98. AC	99. BC	100. CD

应 试 指 南

考生在广播电视基础知识部分的复习中，应注意知识掌握的深度和广度，同时掌握一些具体的备考和应试方法，这对于提高考试成绩非常重要。

一、复习方法

综合知识和基础知识是记者和播音员都需要考的两大公共部分，前者考察的是平时的积累，由于考查的绝大部分内容是大学、甚至在中学都已经了解的知识，因此这部分内容考生在答题时不会感到很吃力。

但是，基础知识这部分内容则需要考生对专业理论知识熟练地把握及运用，由于许多考生并没有进行过系统详细的理论学习，因此这部分也是考生最不容易掌握并且最容易失分的部分。不过，请广大考生不要紧张，经过我们下面的讲解，可以为大家提供基础知识部分复习的重点以及如何提高分数。

首先，我们来看一下各题型的占分比重：第一是单选题，共有 10 道题，每题 1分，共 10 分，占总分数的 10%。第二是多选题，共有 5 道题，每题 2 分，共 10 分，占总分数的 10%。第三是简答题，共有 4 道题，每题 5 分，共 20 分，占总分数的 20%。第四是辨析题，共有 3 道题，每题 12 分，共 36 分，占总分数的 36%。第五是论述题，这道题 24 分，占总分数的 24%。通过以上题型的占分比重来看，同学们应将重点放在简答题、辨析题以及论述题上，这三类大题是我们得分的关键。对于考生们的自主复习，应注意以下几点：

（一）抓住考试大纲，注重专有名词、理论的记忆

考生在复习中要全面熟悉广播电视基础考查范围，扎实掌握广播电视基本知识和基本技能。这样才能答好在试卷中分数占 80% 的简答题、辨析题和论述题，因为这三类题是要建立在对知识点理解记忆的基础上才能答得详细全面。因此，同学们一定要进行必要的背诵。

（二）卷面不要留白，重视答题格式的规范

在作答考试内容时，考生们最应该注意的大忌就是千万不要留空白，你写了不见得能得分，但是不写就一定没有分。特别是在做解答辨析题的时候，考生们一定要注意答题格式。首先一定要写下你认为题中给出的观点是否正确，之后再阐述理由。有很多考生没有记忆题中考察的知识点，索性就不写任何东西。我们一定要杜绝这种行为，如果这道题你不会做，那也要先蒙一个正确或是错误，这样就有 50%

的机会可以得到 3 分。

（三）理顺知识结构，理清知识点间的内在逻辑

在考试时，很多考生都会遇到的一个问题就是明明背了知识点，但是由于紧张或记得不熟，导致在考试时大脑空白，无从下笔。对于此类情况，我们建议各位考生建立知识框架，首先记忆大框架的标题，然后再背诵每一个大框架之下分散的知识点。这样在答题时，即使忘记背诵内容，也可以根据大框架之下的逻辑关系回想起来各个分散的知识点。

（四）结合时事，关注热点

论述题考察的内容是理论联系实际，所以在背诵记忆知识点的基础上，还需了解当前新闻宣传工作的新形势和新要求。论述题是试卷中分值最多的部分，对于该部分的复习推荐大家与本书配套出版的"传媒云学苑"的在线课堂，内有经验丰富的辅导老师会详细地为大家介绍论述题的答题技巧。

二、不同题型的应试策略

考试是一个要求考生在短时间内对所学知识点进行全面回忆、分辨、处理、综合运用的过程，这一过程中既考查考生对知识点的掌握程度，又考查考生的应试水平。一般的应试方法在其他科目中已经详细介绍，如有需要考生可以查阅，这里不再赘述。

以下部分重点结合"广播电视基础知识"自身的特点，将各种题型的答题方法和技巧列举如下：

（一）选择题

该题型强调对新闻基础知识的记忆、理解、判断、推理分析、综合比较、鉴别评价等多种能力，评分客观。在答题时，如果能及时准确地把正确答案找出来最好，假如没有把握，就应采用排除法，即从排除最明显的错误开始，把接近正确答案的备选项留下，再分析比较加以逐一否定，最终选定正确答案。

【例题 1】新闻价值要素之"显著性"的全面含义包括（　　）

A. 新闻人物的显著性

B. 新闻地点的显著性

C. 新闻事件的显著性

D. 新闻背景的复杂性

E. 报道时间的紧迫性

解析：本题的正确答案是 ABC

该题主要考查"新闻价值"这一知识点，具体涉及构成新闻价值的要素，以及新闻价值中对"显著性"的理解，属于识记性较强的题目，如果考生对新闻价值要素的"显著性"没有清晰的记忆将很难准确作答。首先我们应该回忆一下新闻价值这一概念，新闻价值是一件事实所具有的足以构成新闻的特殊因素，是衡量事实能否成为新闻的重要标准。新闻价值的要素主要包括五个方面，即：时新性、重要性、时效性、接近性、趣味性。而"显著性"主要是指人物、地点、事件的知名度高。由此可见，D、E 选项都不在选择的范围。

（二）简答题

简答题一般围绕广播电视基础知识的基本概念、原理及它们相互间的联系进行命题，着重考查考生对概念、史实、原理的掌握、辨别和理解能力。考生在作答的过程中既不能像名词解释那样简单，也不能像论述题那样长篇大论，答案要有层次性，列出要点并加以简要扩展即可。

【例题 2】简要回答新闻真实性的要求。

解析：回答本题时首先应该搞清楚新闻真实性的含义是什么（新闻真实性就是以事实为基础和依据来报道新闻，用辩证唯物主义和历史唯物主义的方法如实地反映客观事物的本来面目），然后思考坚持新闻的真实性对新闻工作者有哪些具体的要求，联系所学知识点，我们可以知道这一要求包括具体和本质要求，因此在答题的时候应该力求答案的完整性。

答题要点如下：1. 新闻真实的本质要求是要全面、完整、深刻、精彩地反映客观世界的真相。主要包括三个方面：（1）不仅要做到具体事实的真实，而且要从事实的相互联系以及事实的总和中把握事实，努力做到整体真实；（2）不仅要反映事物的外部状况，而且要反映事物的内在本质；（3）不仅要反映事物的个别现象，而且要反映事物和现象的内在联系。2. 新闻真实的具体要求是：真实地反映客观事实，信息来源真实可靠，报道事实准确元误，符合实际情况。包括新闻事件发生的时间、地点、有关人物、过程、原因、结果、数字、资料的陈述和细节描写等，都必须完全符合实际情况，不得添加主观想象，夸大、隐瞒真实情况。

（三）辨析题

辨析题是各大题型中难度较大的一种，命题者一般会针对新闻工作中常有的观念和新闻工作者常见的认识误区出题，也会针对几个容易弄混淆的史实出题，考查考生对概念的理解能力和透过现象看本质的洞察能力。辨析题的答题必须包括两部分，首先要判断命题的对错，也就是辨；其次要答出对与错的原因，这就是析。但是由于命题具有复杂性，在"辨"、"析"之后，一定要扣题，将你的观点做一下总结，这样就有头有尾，使你的答案条理清晰，结构完整。

【例题3】新闻的职业道德要求不受社会制度的限制。

解析：此题回答起来有一定的难度。考生从第一眼看到题目就可以判定，肯定是受限制的，但是再仔细想想，道德还要受限制吗？这就把握不准了。我们再来看题目，新闻职业道德要求不受社会制度限制。是在问"要求"是否受限制，很显然，不同的社会制度下对新闻职业道德的要求肯定是不一样的。原因是什么？通过本书对"新闻职业的本质特征"考点的解析就可以明白了。

答题要点如下：1. 这种说法是错误的。2. 新闻职业道德的内在规定性（本质特征）是与一般道德共同性与特殊性的辩证统一。（1）和普遍道德现象一样，新闻职业道德也是一种由经济基础决定的上层建筑，是由社会存在决定的社会意识；（2）和其他职业道德相比，新闻职业道德具有更加鲜明的阶级性和强烈的政治色彩；（3）新闻职业道德是对新闻传播活动中各方面关系的一种有效而特殊的调节规范体系，通过自律方式约束从业人员的职业行为和处理新闻工作中的各种社会关系，是一种内化的规范。3. 新闻职业道德的本质特征在于：根植于社会经济基础，决定于新闻事业的性质，依靠新闻工作者的内心信念、社会舆论和传统习俗而进行善恶评价，是用以调节新闻传播关系和规范新闻传播行为的一种社会道德现象。它反映了全社会对新闻事业健康发展的殷切希望。

（四）论述题

一般从当年新闻宣传工作的全局出发，从体现考试大纲的重点内容和基本问题的角度来命题，着重考核分析、解决实际问题的能力、综合应用能力和创见性。在答题时，要围绕题目思考，列出答案要点，然后对要点逐一展开叙述，考生应发挥自己的真知灼见，在深度、广度上下工夫。若对要点把握不准，或时间有限，建议理论联系实际，结合实际工作作答。

【例题4】党的十八大决定，围绕保持党的先进性和纯洁性，在全党开展党的群众路线教育实践活动。请结合新闻战线宣传工作实际，论述开展群众路线教育实践活动的内容和意义。

解析：看到这个题目，我们可以联系三个问题进行思考。第一，给出群众路线的定义。第二，解释群众路线在新闻工作中的体现和要求。第三，开展新闻战线群众路线教育实践活动的意义。

参考答案：

（1）解释群众路线

群众路线思想的内涵是一切为了群众，一切依靠群众，从群众中来，到群众中去。

（2）内容

群众路线思想在当前新闻工作中主要内容和表现形式有"三贴近"原则的学习和"走转改"活动落实。

①解释"三贴近"原则。2002年，胡锦涛总书记在视察人民日报社时指出，新闻宣传和新闻改革要坚持和落实"三贴近"原则，即"贴近实际、贴近生活、贴近群众"。贴近实际，就是立足于社会主义初级阶段这个最大的实际，真实反映改革开放和现代化建设的实践，使宣传思想工作更加具体实在、扎实深入；贴近生活，就是深入到人民群众的日常生活中，把握社会主流，从生活中挖掘生动事例，使宣传思想工作更加入情入理，富有生活气息；贴近群众，就是以人为本，想群众之所想，急群众之所急，使宣传报道更好地代表最广大人民群众的根本利益。

②"走转改"是"走基层、转作风、改文风"的简称，2011年8月，新闻战线发起了"走转改"活动，这是新闻战线贯彻胡锦涛总书记重要指示，进一步落实新闻报道"三贴近"要求、增强新闻宣传吸引力感染力、加强新闻队伍建设的重要举措。更加落实了群众路线在新闻工作中的贯彻。

（3）意义

①群众观点是唯物史观的基本观点，群众立场是决定我们党的性质的根本政治问题，也是决定新闻工作性质的根本政治问题。群众立场要求新闻工作始终站在人民立场上，代表最广大人民根本利益说话。坚持"三贴近"，坚持群众路线，保证新闻信息真实准确，增强新闻宣传吸引力、感染力。

②开展群众路线教育实践活动能更好地履行新闻工作服务党和国家大局、服务人民群众的宗旨，加深对基本国情的理解，加深对党和国家政策的理解，对人民群众生活状态的理解，把握正确舆论导向。

③有利于推进新闻改革创新，把镜头和话筒更多地对准基层，充分发挥新闻媒体联系党和人民的纽带作用，多用贴近群众的生动事例，多用群众生动活泼的语言，多用群众喜闻乐见的形式，真实反映社情民意。

④促进新闻工作让群众满意。把人民群众满意作为评价检验新闻工作的第一标准，把群众意见作为衡量新闻工作长短优劣的最好尺子，新闻作品的评选评比注重群众感觉，增加群众的话语权、评判权，让新闻工作经得起实践、人民和历史的检验。

备注说明：可以结合实例，对改进工作的几个方面，可酌情有所侧重。

第一部分

马克思主义新闻观和中国
社会主义新闻事业的方针原则

一、马克思主义新闻观

（分值比重：★★★）

（理解马克思主义新闻观的含义、形成及发展，了解新闻战线"三项学习教育"活动的内涵要求）

马克思主义新闻观的含义

马克思主义新闻观是指马克思主义对于新闻现象和新闻传播活动的总的看法。它涉及诸如新闻本源、新闻本质及新闻传播规律等许多根本性问题，其核心是马克思主义关于无产阶级及其政党新闻事业的工作性质、工作原则和工作规律的一系列基本观点。它是马克思主义的世界观、人生观和价值观在新闻传播领域的反映和体现。它告诉人们怎样运用辩证唯物主义和历史唯物主义的观点和方法去看待新闻现象，去回答新闻传播活动中所出现的各种问题。牢固树立马克思主义新闻观，必须重点把握以下几个方面的问题：

1. 要坚持新闻宣传工作的党性原则，这是马克思主义新闻观的根本原则。

2. 要坚持把正确舆论导向放在首位，这是新闻宣传最重要的责任。

3. 要坚持为人民服务、为社会主义服务、为全党全国工作大局服务的方针，这是社会主义新闻事业的基本方针。

4. 要坚持新闻的真实性原则，这是新闻工作必须遵循的基本原则，是党的实事求是的思想路线在新闻工作中的具体体现。

5. 要坚持政治家办报办台，这是实现党对新闻工作领导的重要保证。

【例题1】马克思主义新闻观认为，新闻的本源是（　　）。

A. 政治　　　B. 趣味　　　C. 事实　　　D. 意识

解析：本题的正确答案是 C

事实是新闻的本源，新闻的内容和形式都离不开事实。

【例题2】马克思主义新闻观认为，舆论监督本质上是（　　）利用新闻媒体对社会公共事务行使民主权利而进行的监督活动。

A. 政党组织　　　　B. 社会团体

C. 国家机关　　　　D. 人民群众

解析：本题的正确答案是 D

舆论监督的实质就是人民的监督。舆论监督作为一种特殊的社会监督机制，在整个社会监督体系中，在社会主义民主建设中具有重要的地位，是社会主义民主和法制建设的重要参与力量。舆论监督是社会主义民主建设的推动力。舆论监督提高和深化了广大人民群众的公民意识，是树立民主与法制意识的有效手段。

【例题3】"给共同的意志指出一个正确的方向"，是马克思主义新闻观关于（　　）的一个重要观点。

A. 舆论动员　　B. 舆论监督　　　C. 舆论引导　　　D. 舆论疏导

解析：本题的正确答案是 C

社会主义新闻事业的一项重要任务就是把握正确的舆论导向，坚持用正确的舆论引导人，同时做好错误舆论的转化工作。所以，"给共同的意志指出一个正确的方向"，是马克思主义新闻观关于舆论引导的一个重要观点。

马克思主义新闻观的形成与发展

马克思主义新闻观的形成是一个与时俱进，不断充实、完善和创新、发展的过程。马克思、恩格斯的新闻思想是马克思主义新闻观的重要基础，是继承、发扬马克思主义新闻观的思想宝库。马克思主义新闻观是一个开放、动态、发展的思想体系，随着时代的发展和实践的深入，马克思主义新闻观也在不断地丰富、更新和发展。马克思和恩格斯作为创立者和奠基者提出并深刻阐述了一系列基本理论和基本观点，一百多年来，其间经历了以列宁为代表的俄国布尔什维克党人和以毛泽东为代表的中国共产党人不断继承、创新和发展的长期过程，逐步形成了科学、系统的理论体系。以中国特色社会主义理论体系为代表，以党性原则为核心的当代马克思主义新闻观，其根本点是必须坚持正确舆论导向，内涵博大精深，十分丰富。

【例题】人类社会性的（　　）对新闻的产生起决定性的作用。

A. 文化活动　　　B. 生产实践　　　C. 艺术实践　　　D. 文化实践

解析：本题的正确答案是 B

新闻是一种信息传播，它是在人类的生产劳动实践中为适应人们的需要而产生的。因此，人类社会性的生产实践对新闻的产生起决定性的作用。

新闻战线"三项学习教育"活动的内涵要求

新闻战线"三项学习教育"活动的内涵：中国特色社会主义理论体系、马克思主义新闻观、职业精神职业道德。

开展"三项学习教育"活动，是中央为加强宣传思想工作队伍建设采取的重要举措。2003年10月，中共中央宣传部、广播电影电视总局、新闻出版总署、中华全国新闻工作者协会联合发出《关于在新闻战线深入开展"三个代表"重要思想、马克思主义新闻观、职业精神职业道德学习教育活动的通知》。2003年10月以来，新闻战线按照中央的统一部署，紧紧围绕党和国家工作大局，紧密结合新闻队伍的思想和工作实际，把"三项学习教育"活动作为新闻队伍建设的重中之重，采取有力措施，逐步引向深入，取得了阶段性成果。特别是2008年，在党中央的坚强领导下，新闻战线集中打了几场硬仗，为战胜自然灾害、应对突发事件做出重要贡献，为推动科学发展、促进社会和谐做出重要贡献，得到了党中央和人民群众的充分肯定，赢得了国际社会的广泛好评。实践充分证明，"三项学习教育"活动在促进新闻宣传工作围绕中心、服务大局、推动改革发展、维护社会稳定方面发挥了重要作用；在加强队伍建设、提高综合素质、引导广大新闻工作者坚持正确的舆论导向和提高舆论引导能力方面发挥了重要作用。

2009年4月9日，中共中央宣传部、中央外宣办、国家广电总局、新闻出版总署、中国记协等五部门再次联合发出通知，决定在当前和今后一段时期，新闻战线要加大力度，持之以恒，把中国特色社会主义理论体系、马克思主义新闻观、职业精神职业道德的学习教育活动长期开展下去，在解决突出问题、树立良好形象、切实改进工作方面取得更大成效。

"三项学习教育"活动的要求：深入开展"三项学习教育"活动是中央从新闻战线的实际出发做出的重要决策，是新闻战线贯彻落实科学发展观的重要任务，是正确引导社会舆论、引领社会思潮的需要，是加强新闻宣传队伍建设的需要。深入开展"三项学习教育"活动，要求新闻战线必须深刻领会"三项学习教育"活动的新内涵，把"三项学习教育"活动作为一项长期任务，把加强队伍建设作为"三项学习教育"活动的核心，用中国特色社会主义理论武装自己的头脑，用马克思主义新闻观统领新闻实践，大力弘扬职业精神，恪守职业道德，崇尚严谨细致的工作作风，坚持科学发展观，不断改革创新，增强舆论引导的针对性和实效性，拿出有力措施，切实解决新闻界存在的"害群之马"和行业不正之风，特别是有偿新闻、虚假报道、低俗之风和不良广告等四大公害，建设一支政治强、业务精、纪律严、作风正的高素质新闻队伍。

新闻战线"走基层、转作风、改文风"活动是践行马克思主义新闻观的重大战略举措。2011 年 8 月，中宣部、中央外宣办、国家广电总局、新闻出版总署、中国记协等五部门召开视频会议，对新闻战线开展"走基层、转作风、改文风"活动进行部署，广大新闻工作者广泛响应、积极参与。新闻战线开展"走基层、转作风、改文风"活动两年来，中央领导同志亲自指导，全国新闻战线共同努力，取得了显著成效，受到社会各界广泛赞誉。实践证明，深入开展"走转改"活动，是践行马克思主义新闻观、加强党的执政能力建设的重大战略举措，对于推动新闻工作者贯彻党的群众路线、落实"三贴近"要求、增强新时期新闻宣传吸引力感染力，对于教育引导广大新闻工作者深化马克思主义新闻观的认识和理解、自觉肩负起时代赋予的社会责任和历史使命，都具有十分重大的意义。

新闻战线 2013 年深入开展新闻战线"三项学习教育"活动。2013 年，是全面贯彻党的十八大精神的开局之年，新闻战线"三项学习教育"活动要站在新的起点上，扎实推进、不断创新，努力开创工作新局面。

要认真学习宣传贯彻党的十八大精神，组织广大新闻工作者深入开展中国特色社会主义学习教育活动，深入学习马克思主义新闻观，大力弘扬新闻职业道德精神，努力培养一支政治强、业务精、纪律严、作风正的新闻队伍；要进一步深化拓展"走基层、转作风、改文风"活动，认真贯彻中央政治局八项规定，扎实推进改进文风，不断提高新闻媒体传播力公信力影响力，为经济持续健康发展和社会和谐稳定提供有力舆论支持；要加强新闻行业自律和突出问题治理。结合新闻工作实际，加强新闻行业自律，注重行为规范约束。加大对有偿新闻、虚假报道、低俗之风、不良广告、强制发行等突出问题的治理力度，推动新闻行业健康发展。

【例题】 新闻战线"三项学习教育"活动的内容是马克思主义新闻观、（　　　）、职业精神和职业道德。

A. 社会主义价值观　　　　　　B. 社会主义法律

C. 中国特色社会主义理论体系　　D. 新闻业务知识

解析：本题的正确答案是 C

"三项学习教育"活动指的是开展中国特色社会主义理论体系、马克思主义新闻观、职业精神和职业道德的教育活动。

二、中国社会主义新闻事业的基本方针

（分值比重：★）

（熟悉中国社会主义新闻事业的基本方针）

为人民服务、为社会主义服务、为全党全国工作大局服务

为人民服务、为社会主义服务、为全党全国工作大局服务，是社会主义新闻事业的基本方针。党的新闻工作必须以最广大人民的根本利益为最高利益，把对党负责和对人民负责有机统一起来，坚持群众观点，走群众路线，大力讴歌人民群众的生动实践和英雄业绩，反映人民的意愿，满足人民群众的精神文化需求。

社会主义的经济基础和政治制度，决定了我国新闻事业为人民服务、为社会主义服务、为全党全国工作大局服务的基本方针。社会主义社会作为人类历史上崭新的社会制度，不同于以往任何形态下的经济基础。社会主义新闻事业作为社会的上层建筑，是在社会主义经济基础上产生和发展起来的。作为上层建筑，为经济基础服务是本身的职责。社会主义新闻事业通过各种新闻手段传播信息，传播社会主义思想，传播党的纲领、路线、方针、政策，积极地作用于其赖以产生的经济基础，并为社会主义经济制度和政治制度的巩固和发展服务。

新闻宣传工作首先要坚持为人民服务的宗旨。党领导的社会主义事业，是人民的事业，也是人民的根本利益所在。新闻舆论工具要满腔热情地鼓励和支持人民的首创精神，充分调动人民群众的积极性、主动性、创造性，发掘和传播人民群众的智慧和创造精神，促进社会的发展和进步。新闻宣传要把人民群众作为主角，充分发挥舆论引导作用，有效地为人民群众行使参政议政的民主权利创造条件。新闻工作还要坚持社会主义的政治方向。坚持社会主义制度，是我们的立国之本，是我国一切事业进步和发展的基础，也是新闻事业必须坚定不移坚持的政治方向。新闻事业要坚决捍卫社会主义国家利益，维护国家形象，热情宣传社会主义制度的优越性，

促进物质文明、精神文明、政治文明、生态文明建设，为改革开放服务。新闻工作为人民服务、为社会主义服务，最终要体现在为全党全国工作大局服务上。新闻宣传工作要围绕经济建设中心，处理好改革、稳定与发展的关系，充分认识稳定的重要性和发展的必要性。

团结稳定鼓劲、正面宣传为主

坚持团结稳定鼓劲、正面宣传为主的方针，准确及时地反映党的路线、方针、政策，实事求是地反映社会现实生活的主流，让人民群众用创造新生活的业绩教育自己，形成鼓舞人民前进的巨大精神力量，是新闻报道工作应该遵循的重要方针。社会主义新闻事业面对亿万人民群众的伟大实践，面对发展中的社会主义事业，报道的着眼点自然应当放在主流方面、主导方面。正确对待人民群众创造历史，是历史唯物主义的一个基本观点，也是以正面宣传为主方针的理论基石。

正面宣传为主，就是要着力宣传能鼓舞和推动人们奋发向前的各种光辉业绩，用伟大的成就和业绩去鼓舞和启迪人们，使人们更加深刻地认识到共产党领导的必要性和社会主义制度的优越性，进一步为国家的富强、人民的幸福和社会的进步努力奋斗。坚持正面宣传为主，还要注意处理好与批评报道的关系，新闻报道要勇于开展严肃认真的批评，批评、揭露消极的、落后的、丑恶的东西，改进工作，解决问题。

【例题】社会主义新闻事业的基本方针是（　　　）。

A. 坚持为人民服务　　　　　　　　B. 坚持为社会主义服务

C. 坚持为全党全国工作大局服务　　D. 坚持"三贴近"原则

解析：本题的正确答案是 ABC

中国社会主义新闻事业的基本方针是为人民服务、为社会主义服务、为全党全国工作大局服务、团结稳定鼓劲、正面宣传为主。

三、新闻工作的党性原则

（分值比重：★★）

（掌握党性原则的含义与基本要求，了解在新闻实践中做到对党负责和对人民负责的统一）

党性原则是马克思主义新闻观的根本原则

新闻宣传工作的党性原则是一定政党的政治主张、思想意识和组织原则在新闻活动中的体现。我们党在思想上，要以马克思主义作为新闻工作的指针，宣传党的理论基础和思想体系；在政治上要宣传党的纲领路线、方针政策，使之成为亿万群众的自觉行动；在组织上，要接受党的领导，遵守党的组织原则和新闻宣传工作的纪律。报刊、广播、电视、网络的宣传必须坚持的一个基本要求是：阐述马克思主义的基本理论观点必须准确，紧密联系社会主义现代化建设和改革开放的实际，紧密联系广大人民群众的思想实际，解决思想和理论问题，同时防止形式主义和实用主义两种倾向。在原则问题上，旗帜鲜明地宣传党中央的思想和主张，对那些一时难以全面准确地理解党的纲领、路线、方针、政策的群众，要通过耐心细致的解释、说理进行疏导和教育。我国无产阶级报刊，不论是地方的，还是中央的，都必须服从党的代表大会，服从相应的中央和地方组织。

马克思主义新闻观的核心和精髓是党性原则。坚持党性原则，就要在思想上以马克思主义为指导，政治上与党中央保持高度一致，组织上实行民主集中制。

党性原则的含义与基本要求

党性原则是一定政党的政治主张、思想意识和组织原则在新闻活动中的体现。坚持新闻工作的党性原则，就要做到以下几点：

1. 必须全面、准确、生动地宣传马克思列宁主义、毛泽东思想、中国特色社会主义理论体系。紧密联系社会主义现代化建设和改革开放的实际，紧密联系广大人民群众的思想实际，解决思想和理论问题。

2. 必须全面、准确、生动地宣传党的纲领、路线、方针和政策，使之变为广大人民群众的自觉行动。新闻工作者必须在政治上同党中央保持一致，不允许在报刊、广播、电视、网络的公开报道中发表同党的纲领、路线、方针和政策相反的言论。

3. 必须坚持党的领导，遵守党的组织原则和宣传纪律。新闻宣传是党的一条十分重要的战线，党管意识形态、党管媒体，是我们党在长期实践中形成的根本原则，是中国特色社会主义制度的重要方面，关系党的执政地位，关系事业的兴衰成败，必须始终牢牢坚持，任何时候都不能动摇。

4. 必须深刻认识社会主义新闻事业的党性与人民利益的一致性。

5. 必须深刻认识社会主义新闻自由与资本主义新闻自由的本质区别，防止滥用新闻传播自由权利的现象。

【例题】简述新闻工作党性原则的基本要求。（5分）

答：（1）思想上以马克思主义为指导，坚持党的思想路线；全面、准确、生动地宣传马克思列宁主义、毛泽东思想、邓小平理论、"三个代表"重要思想和科学发展观。（1.5分）

（2）政治上与党中央保持高度一致，全面、准确、生动地宣传党的纲领、路线、方针和政策，使之变为广大人民群众的自觉行动。（1.5分）

（3）组织上服从党的领导，遵守党的组织原则和宣传纪律。（1分）

（4）在新闻实践中做到对党负责和对人民负责的统一。（1分）

坚持党对新闻工作的领导

坚持党对新闻事业的领导，是无产阶级新闻工作的基本原则。无产阶级新闻事业要始终自觉地把自己作为党手中的舆论工具，党也要自觉加强对新闻工作的领导。在我国社会主义制度下，所有的新闻事业都必须接受党的领导。

各级党委都要始终高度重视新闻宣传工作，不断加强和改善党对新闻工作的领导，切实负起政治责任。各级党委要了解并尊重新闻工作的特点和规律，更好地实现党对新闻工作的领导。坚持党对新闻工作的领导，必须坚持民主与集中的统一，内部自由发表意见和公开报道遵守宣传纪律的统一。党报党刊一定要无条件地宣传党的主张。

党对新闻事业的领导，主要是思想上、政治上的领导，是对宣传党的思想观点、方针政策的领导。改善党对新闻事业领导的一个重点在于，按照新闻工作的特点和规律，在实行政治思想领导的同时，要鼓励新闻媒体和新闻工作者充分发挥积极性、主动性和创造性。新闻工作者服从党的领导，不仅指组织上的服从，而且还要通过自己的创造性工作，使党的思想观点、党的方针政策，迅速、广泛、准确和生动地同群众见面。在政治上同党中央保持一致的前提下，新闻工作者可以充分发挥自己的聪明才智。新闻工作要做到既有严格的组织性、纪律性，又要有高度的主动性和创造性。

在新闻实践中做到对党负责和对人民负责的统一

社会主义新闻事业的党性和人民的利益是完全一致的，在社会主义新闻事业的全部工作中，对党负责与对人民负责应当是完全统一的。人民群众的信任和支持，是党得以生存的基础和力量的源泉。党通过新闻事业同群众保持经常的、密切的联系，由于新闻事业覆盖面广，能够把党的声音广泛传递到群众中去，由于社会主义新闻事业是人民的事业，通过专业新闻工作者和非专业新闻工作者的活动，能把人民的呼声、愿望、批评及时反映出来，并且通过公开的或内部的报道形式传达给党的领导机关。这种生动活泼的联系，使党能够通过新闻事业和群众交谈，使社会主义新闻事业不但在理论上而且在实践中成为党的耳目喉舌和人民的耳目喉舌。

历史经验表明，只有坚持党的正确领导，坚持马克思主义的政治路线和思想路线，发扬党内民主和社会主义民主，才能保持和加强党和人民群众的联系，才能有效发挥社会主义新闻事业的纽带作用，做到对党负责和对人民负责的统一。

四、舆论导向

（分值比重：★★★）

（熟悉舆论导向的含义、熟练掌握坚持正确舆论导向的基本要求，坚持正确舆论导向必须把好关、把好度，其具体含义）

舆论导向的含义

舆论导向指的是新闻宣传中占主导地位的舆论导向。舆论导向直接影响广大社会成员的思想和行动，关系革命和建设事业的成败、党和人民的祸福，是新闻工作中一个需要高度重视、万万不可掉以轻心的原则性问题。能否正确把握舆论导向是检验新闻工作党性的重要标尺。社会主义新闻事业的一项重要任务就是把握正确的舆论导向，坚持用正确的舆论引导人，同时做好错误舆论的转化工作。

把握正确的舆论导向，用正确的舆论引导人，是实施社会控制的一种重要手段。舆论反映人心向背，虽然它对任何人都不发生强制作用，它不能命令人们的行动，也不能规定人们的行为，但它却能产生一种精神的、道义的力量，给人以压力。有的时候，公众的谴责甚至胜于法律和组织纪律的处理。马克思把舆论看做是一种普遍的、隐蔽的和强制的力量。

报纸、广播、电视等新闻媒介是舆论的载体，也是舆论的扩大器，在把握正确的舆论导向方面有着十分重要的作用。舆论一经新闻媒介传播，便会在社会上产生影响；一项政策、一种主张经过新闻媒介的宣传解释，就会逐渐被越来越多的人接受。经过新闻媒介广泛传播的意见，往往会成为社会舆论的主流。1996年，江泽民同志在视察人民日报社时更是把舆论导向问题提到一个新的理论和认识的高度来强调。他深刻地指出："历史经验反复证明，舆论导向正确与否，对于我们党的成长、壮大，对于人民政权的建立、巩固，对于人民的团结和国家的繁荣富强，具有重要的作用。舆论导向正确，是党和人民之福；舆论导向错误，是党和人民之祸。"这一论断以鲜明简洁的语言，深刻地阐述了舆论导向与党和人民利益的密切关系，指明了新闻宣传工作所肩负的"以正确的舆论引导人"的光荣使命和艰巨任务。

【例题】以下观点表述正确的是（　　）。

A. 舆论反映人心向背，虽然它对任何人都不发生强制作用

B. 马克思把舆论看做是一种普遍的、隐蔽的和强制的力量

C. 新闻媒介是舆论的载体，也是舆论的扩大器

D. 能否把握正确的舆论导向是检验新闻工作党性的重要标尺

解析：本题的正确答案是 ABCD

四个说法都正确，新闻宣传要把人民群众作为主角，充分发挥舆论引导作用，有效地为人民群众行使参政议政的民主权利创造条件。

坚持正确舆论导向的基本要求

社会主义新闻事业是党和人民的喉舌，肩负着宣传、教育、鼓舞、引导全党同志和全国各族人民积极投身社会主义现代化建设的光荣而艰巨的使命。正确把握舆论导向，是坚持新闻宣传工作党性原则的要求。

坚持正确的舆论导向，根本的是要以马克思列宁主义、毛泽东思想、中国特色社会主义理论体系为指针，自觉地在思想上、政治上、行动上同党中央保持一致，坚定不移地贯彻党的基本理论、基本路线、基本纲领和基本经验，认真宣传党的各项方针、政策，把人民群众的思想统一到中央的精神和工作部署上来，积极推进物质文明、精神文明、政治文明和生态文明建设，促进国民经济持续快速协调健康发展和社会全面进步。

1. 坚持正确的舆论导向，首要的是坚持正确的政治导向。新闻工作者要不断增强政治敏锐性和政治鉴别力，在事关政治方向、政治原则的问题上时刻保持清醒头脑，做到旗帜鲜明，立场坚定，大事面前不糊涂，关键时刻不动摇。

2. 坚持正确的舆论导向，必须增强政治意识、大局意识、责任意识。新闻宣传工作是党和国家工作大局的重要组成部分，从来都是为党和国家发展服务的。

3. 坚持正确的舆论导向，必须唱响主旋律，打好主动仗。在思想空前活跃，社会价值呈现多样化趋势，影响群众思想的因素和渠道越来越复杂多样，社会舆论存在不同声音甚至杂音噪音的情况下，新闻工作要积极主动地用正确的思想舆论去反对和克服错误的思想舆论，保持正确思想舆论的主导地位，巩固和发展全国人民团结奋斗的思想基础。

4. 坚持正确的舆论导向，必须贯彻团结稳定鼓劲、正面宣传为主的方针，还要善于和敢于回答广大群众面临的焦点、热点、敏感问题。

【**例题**】舆论的主体是（　　　）。

A. 媒体　　　　B. 公众　　　　C. 官员　　　　D. 学者

解析：本题的正确答案是 B

舆论的主体是公众，媒体反映的也是公众的声音。

坚持正确舆论导向必须把好关、把好度

坚持正确的舆论导向必须把好关、把好度，是马克思主义世界观和方法论的重要内容，体现了马克思主义新闻观的政治观念、责任要求，反映了马克思主义认识事物、处理矛盾的科学方法。

把好关，就是要从人民的根本利益出发，从党和国家工作大局出发，正确判断哪些应该报道，哪些不应该报道；哪些应该多报、详报，哪些应该少报、简报，从而正确地引导社会舆论。

把好度，就是要把握分寸、力度，把握报道的时机。要审时度势，了解大局、服从大局、服务大局，要因时、因人、因地、因事制宜。度能否把握得好，是对新闻工作者特别是新闻战线领导干部科学运用唯物辩证法能力的检验，是思想、政治、理论、政策、业务水平的综合检验。

只有把好关、把好度，才能确保导向正确，水平提高，阵地巩固，影响扩大。既要在政治上、政策上把好关、把好度，又要在热点引导、舆论监督等具体问题上把好关、把好度，归根结底是要在导向上把好关、把好度。

【**例题1**】坚持正确舆论导向必须把好关、把好度，其具体含义是什么？（5分）

答：（1）把好关，就是要从人民的根本利益出发，从党和国家工作大局出发，正确判断哪些应该报道，哪些不应该报道；哪些应该多报、详报，哪些应该少报、简报，从而正确地引导社会舆论。（2分）

（2）把好度，就是要把握分寸、力度，把握报道的时机。要审时度势，了解大局、服从大局、服务大局，要因时、因人、因地、因事制宜。（2分）

（3）既要在政治上、政策上把好关、把好度，又要在热点引导、舆论监督等具体问题上把好关、把好度，归根结底要在导向上把好关、把好度。（1分）

【**例题2**】都市媒体找市场，坚持导向交给党（党台、党报、党刊）。（12分）

答：这一观点是错误的。（3分）

（1）坚持正确导向是坚持新闻宣传工作党性原则的基本要求。社会主义新闻事业的一项重要任务就是把握正确的舆论导向，坚持用正确的舆论引导人，营造良好的舆论环境。坚持正确导向是各级媒体、各类媒体包括都市媒体、网络媒体共同的职责，是媒体内部从决策者到普通采编播人员共同的使命。（3分）

（2）将"正确导向"和"市场取向"对立起来是错误和危险的。坚持正确的导向不是不考虑市场需求，为人民服务、为社会主义服务、为全党全国工作大局服务是党的新闻工作的根本宗旨，只有坚持正确导向，才能实现这一宗旨。新闻媒体必须把社会效益放在首位，在此前提下努力实现社会效益和经济效益的统一，当经济效益同社会效益发生矛盾时，必须自觉服从社会效益。（3分）

（3）"都市媒体找市场，坚持导向交给党"的观点反映了部分媒体政治意识、大局意识、责任意识淡薄，办报办台理念偏差；反映了部分媒体重市场份额、轻政治导向，重经济利益、轻社会效益的错误认识。应改变观念，树立马克思主义新闻观。（3分）

五、舆论监督

（分值比重：★★★★）

（了解舆论监督的实质、熟练掌握舆论监督的社会功能，坚持建设性监督、科学监督、依法监督的原则，把握大局，提高舆论监督水平）

舆论监督的实质

舆论监督的实质就是人民的监督。舆论监督作为一种特殊的社会监督机制，在整个社会监督体系中，在社会主义民主建设中具有重要的地位，是社会主义民主和法制建设的重要参与力量。

舆论监督是社会主义民主建设的推动力。舆论监督提高和深化了广大人民群众的公民意识，是树立民主与法制意识的有效手段。民主与法制，既是舆论监督机制运行的先决条件，又是舆论监督的重要内容，舆论监督的实施与效果呈现，本身就是社会主义民主与法制的实践体现。舆论监督的进步与发展，反映了民主与法制的进步与发展。

舆论监督是人民群众参政议政的重要方式。民主制度建设的关键在于为社会公众提供有效的传达意见的渠道和参政议政的渠道，通过新闻传播媒介实行的舆论监督，是一种公众广泛参与、公开表达意见的社会监督。舆论监督对于发扬人民当家做主的精神，培育公民的法制意识，保护公众积极的参政议政热情，加强公众对国家事务、公共事务的监督，具有重要作用。

舆论监督是社会主义民主建设的重要内容。舆论监督活动实际上是与社会民主的观念和制度紧密联系在一起的，没有社会民主在观念上的认同和制度上的保证，舆论民主和舆论监督就会陷入尴尬的境地。在新的历史时期，进一步维护和保障社会公众的知情权、言论自由权、舆论行为权，是社会主义民主与法制建设的一项重要内容。

舆论监督是决策民主化、科学化的有效途径。新闻传播媒介是现代社会人们参政议政的重要渠道，通过这个渠道，社会公众可以在重大决策制定前后或实施过程中，对决策进行广泛的评议和论证，为政府部门提供可靠的民意和社情参照，从而为各项政策的制定与完善贡献力量。

舆论监督是揭露腐败、反对官僚主义的有力武器。舆论监督对社会秩序和社会风气的维护与保障作用，主要是通过对各种丑恶现象的公开报道进行的。舆论监督在惩治腐败、倡导廉政、强化执法力度、保持政令畅通、加强行政管理、提高工作效率、反对官僚主义、监督干部尽职守责方面作用重大。

【例题】舆论监督是一个动态过程，舆论监督的公正性来自操作中的（　　）手段。

A. 控制　　　　B. 监督　　　　C. 平衡　　　　D. 引导

解析：本题的正确答案是 C

舆论监督的公正性来自操作中的平衡手段。不同的意见、不同的观点、不同的结论，在机会平等的基础上，实现最终的平衡。

舆论监督的社会功能

舆论监督是一种广泛的社会监督和群众监督，是公众运用舆论手段对社会所实行的监督，而新闻舆论监督是最主要最常用最有效的一种方式。新闻舆论监督是新闻媒体运用新闻舆论手段对社会所实行的监督，实施新闻舆论监督的机构有报社、出版社、通讯社、广播电台和电视台等。

新闻舆论监督是人类文明的产物。在我国社会主义初级阶段，作为权力制约体系有机组成部分的新闻舆论监督，与立法监督、司法监督、行政监督、党内监督和群众监督一起，构成了中国特色社会主义的监督体系。马克思主义新闻观认为，舆论监督本质上是人民群众利用新闻媒体对社会公共事务行使民主权利而进行的监督活动。新闻舆论监督是新闻媒体代表人民通过对事物的评价和批评，明辨是非，维护真理，伸张正义，促进事物的转化，影响事物的进程，从而实现对国家事务、经济文化事业和社会事务的管理。因此，对社会丑恶现象和党内腐败现象实施舆论监督，是党和人民赋予新闻媒体的基本权利和义务，是新闻工作者义不容辞的社会责任，也是增强党报的战斗力、影响力的一项重要工作。

新闻事业的舆论监督主要有以下几种功能：

一是舆论监督的最大功能在于监视社会环境，推动社会发展。舆论监督对社会发展具有"晴雨表"和"候风仪"的检测作用。舆论监督能够不断地向社会及公众提供新的社会热点、焦点和社会发展的最新信息，同时引导社会公众密切注视社会发展过程中出现的新事物、新问题、新动向。舆论监督对社会的监视还表现在对社会发展过程的监视，不断跟踪社会发展进程、不断关注和评价这一进程、为社会进程的良性发展扮演守望者角色。舆论监督对社会监视还表现在对社会发展的效果评价上。

二是舆论监督具有社会调节功能。舆论监督可以对社会心态、社会意见进行调节、疏导和重新整合，充当社会的"传声筒"和"排气阀"，传达呼声，宣泄积郁，满足愿望，从而使整个社会在心态上维持在一个理想的安全值上。

三是舆论监督具有社会控制功能。舆论监督以舆论、宣传、教育的手法去影响和引导公众的价值观和行为方式，预防和制止社会越轨行为。舆论监督为社会成员提供符合社会目标的价值观念和行为模式，调节人际关系，指导和制约社会成员的社会行为，成为社会转型时期最迅速、最灵敏、最有效的反应。

四是舆论监督具有社会制衡功能。在社会主义民主政治的条件下，舆论监督所代表的是多数人的意志。这种权力在进行权力制约和权力抗衡的时候，以新闻舆论的形式出现，其监督的领域广、反应迅速、参与公众多、影响效果大。

五是舆论监督是一种动态平衡的社会监督。舆论监督积极主动地介入监督领域，许多社会问题、社会事件首先是以舆论监督形式表现出来的。舆论监督是一个动态过程，总是严密跟踪监督目标与对象行为的发生发展过程，能够做到在否定自己的基础上求得正确的监督。舆论监督的公正性来自操作中的平衡手段。不同的意见、不同的观点、不同的结论，在机会平等的基础上，实现最终的平衡。

【例题1】新闻舆论监督的主要功能有（　　）。

A. 社会制衡功能　　　　　　B. 社会控制功能

C. 社会调节功能　　　　　　D. 监视社会环境功能

解析：本题的正确答案是 ABCD

新闻事业的舆论监督主要有以下几种功能：一是舆论监督的最大功能在于监视社会环境，推动社会发展。舆论监督对社会发展具有"晴雨表"和"候风仪"的检测作用。二是舆论监督具有社会调节功能。三是舆论监督具有社会控制功能。舆论监督以舆论、宣传、教育的手法去影响和引导公众的价值观和行为方式，预防和制止社会越轨行为。四是舆论监督具有社会制衡功能。在社会主义民主政治的条件下，舆论监督所代表的是多数人的意志。这种权力在进行权力制约和权力抗衡的时候，以新闻舆论的形式出现，其监督的领域广、反应迅速、参与公众多、影响效果大。

五是舆论监督是一种动态平衡的社会监督。舆论监督积极主动地介入监督领域，许多社会问题、社会事件首先是以舆论监督形式表现出来的。

【例题2】 简述舆论监督的社会功能。（5分）

答：（1）舆论监督最大功能在于监视社会环境，推动社会发展。（1分）

（2）舆论监督具有社会调节功能，充当社会的"传声筒"和"排气阀"。（1分）

（3）舆论监督具有社会控制功能，预防和制止社会越轨行为。（1分）

（4）舆论监督具有社会制衡功能。（1分）

（5）舆论监督是一种动态平衡的社会监督。（1分）

坚持建设性监督、科学监督、依法监督的原则

开展舆论监督要重视建设性监督。舆论监督要善于处理好改革、发展与稳定的关系，把舆论监督的力度与社会、人民群众的承受程度结合起来。舆论监督效果要有利于改进工作和解决问题，有利于稳定大局和振奋民心，有利于中央的统一工作部署和维护中央的威信。开展舆论监督要注意监督的科学性。在监督过程中把握好"适时、适量、适宜"的度，注意平衡，掌握尺寸。舆论监督要对社会现实和社会发展的主流与本质有正确的判断，在科学调查的基础上，对事物的整体进行全面认识，使舆论监督达到正确的平衡。

舆论监督要遵纪守法。舆论监督的运作必须严格限定在法律、制度、政策以及社会道德规范允许的范围内。在社会主义市场经济条件下，舆论监督要遵纪守法，严格执行宣传纪律，按照相关法律、政策和规定办事。

【例题】 开展新闻舆论监督与坚持以正面宣传为主的方针是矛盾的。（12分）

答：这一观点是错误的。（3分）

（1）舆论监督与以正面宣传为主不是矛盾的，而是相辅相成、相得益彰的。二者有着共同的目的，都是为了促进社会发展，营造良好的舆论环境。没有对社会不正之风和消极腐败现象的有力批判，正面宣传难以收到满意的效果。（5分）

（2）以正面宣传为主不等于不需要舆论监督。新闻舆论监督是新闻媒体运用新闻舆论手段对社会所实行的监督，不是任意行为。新闻媒体开展舆论监督，必须树立大局意识和责任意识，必须坚持建设性监督、科学监督、依法监督的原则。（4分）

把握大局，提高舆论监督水平

加强对马克思主义新闻观中关于舆论监督思想的学习，是我们搞好新闻舆论监督工作的重要前提和根本保证。

一是要划清马克思主义新闻观的舆论监督同新闻媒体是"第四权力"等资产阶级新闻理论的界限。马克思主义的舆论监督思想与资产阶级"第四权力"的"新闻自由"观的一个根本区别在于，新闻媒体不可能独立于政党之外。新闻媒体的舆论监督，既是人民群众赋予的权利和义务，也是党和政府赋予的权利和义务。舆论监督既是党的批评与自我批评的作风通过新闻手段的反映，也是人民群众依法管理好自己的事情所行使的民主监督权利。因此，否定舆论监督的观点是极其错误的，而把舆论监督凌驾于党和人民之上的观点更是极其错误的。

二是舆论监督必须坚持党性原则。坚持党性原则，也就是坚持工人阶级和人民群众的根本利益的原则，就是要站在党的立场，站在党和人民利益的立场，在新闻宣传中体现党的纲领、路线、方针、政策。新闻媒体是党和人民的耳目喉舌，是社会舆论的代表，是真理的传播者。记者从事舆论监督报道，必须为党和人民利益鼓与呼，而绝不允许站在个人和小团体的立场，以舆论监督的名义，谋自己的私利。

三是要有大局意识和责任意识，从有利于安定团结和社会稳定出发，促进问题的解决。舆论监督从大局出发，首先要求舆论监督要有明确的目的，要有利于帮助有关方面改进工作，为党和国家的工作大局服务，不能为了别的什么目的，或图一时之快，给党和政府的工作添乱。其次，要透过错综复杂的社会现象抓住具有典型意义的事件，选准批评对象。舆论监督，监督的主要对象是干部而不是一般群众；是政治问题、政策问题、作风问题、纪律问题，而不是一般问题。舆论监督应该坚持团结、稳定、鼓劲，以正面宣传为主的方针，形成有利于推进改革开放、发展社会生产力的舆论。

四是舆论监督要客观公正、实事求是、抓住本质、打中要害。真实是新闻的生命。真实更是舆论监督报道的生命。舆论监督的力量来自于事实。事实的准确是舆论监督生命之所在。记者不仅要对事实本身负责，而且要对事实的使用的准确性负责。

五是舆论监督既然是党的一项重要工作，就要在党委领导下有序地进行。党委首先要大力支持新闻媒体搞舆论监督，对各级领导机关、领导干部也要进行马克思主义新闻观的教育。要教育各级领导机关、领导干部和广大党员正确对待舆论监督，认识舆论监督的重要作用，自觉地发扬党的批评与自我批评作风，自觉运用新闻工具指导工作，包括运用新闻媒体的批评报道，解决工作中的问题。党委加强对舆论监督的领导，还要对舆论监督给予积极引导。党委加强对舆论监督的领导，还要教育从事新闻舆论监督的记者，知法懂法，按规律办事。

【**例题**】简述胡锦涛总书记关于提高舆论引导能力"五个必须"的论述。（5分）

答：（1）必须坚持党性原则，牢牢把握正确舆论导向。（1分）

（2）必须坚持以人为本，增强新闻报道的亲和力、吸引力、感染力。（1分）

（3）必须不断改革创新，增强舆论引导的针对性和实效性。（1分）

（4）必须加强传统媒体建设和新媒体建设，形成舆论引导新格局。（1分）

（5）必须切实抓好队伍建设，增强凝聚力和战斗力。（1分）

六、政治家办报办台

（分值比重：★）

"政治家办报"的提出与发展

坚持政治家办报办台是社会主义新闻事业党性原则的要求，是社会主义新闻事业的性质决定的，是实现党对新闻事业领导的重要保证。坚持政治家办报办台，是马克思主义新闻观的一贯主张。马克思和恩格斯曾经提出，党的机关报必须由站在党的中心和斗争中心的人来编辑，党报的编辑应当具有革命思想和无产阶级思想。列宁强调党的机关报应成为政治报纸，必须由忠于无产阶级革命事业的可靠的共产党人来主持。

毛泽东首次明确提出要"政治家办报"。1957年6月间，毛泽东明确提出"政治家办报"这一概念，其核心思想是，办报的人，特别是新闻单位的领导者要有政治家的胸襟和见识，要能够从政治上总揽全局，抓住事情的要害，使新闻宣传紧密配合国内外的政治形势，为全党和全国工作的大局服务。毛泽东在吸纳列宁关于报刊党性原则思想的基础上，更多的是从无产阶级政党的性质、从革命事业发展的要求上来强调坚持党性原则的重要性。他要求党的报刊要"无条件地宣传中央的路线和政策"，在政治上和思想上与中央保持一致，组织上则应服从党的纪律，不允许任何同党闹独立的现象。为了保证党的报刊能够切实遵循党性原则，严守党的立场，毛泽东反复强调各级党的组织要重视党报工作，要把党报工作纳入党委议事日程，要严格加强对党报的领导。毛泽东关于"政治家办报"的思想其实也是其党性原则思想的重要内容。因为在毛泽东看来，唯有政治家办报，才能站得高，看得远，立得稳，保证党的报刊真正坚持党的纲领、路线、方针、政策，坚持社会主义道路，不偏离方向。毛泽东著名的"新闻、旧闻、不闻"的观点，也同他的政治家办报的思想相联系。按他的思想，一家对党和人民负责的报刊，一个对党和人民负责的新闻工作者，在新闻报道过程中应当做到该抢则抢（新闻），该压则压（旧闻）。而对那些发表后会引发不良社会后果，对党和人民不利的内容就坚决不发（不闻）。

政治家办报办台的基本要求

坚持政治家办报办台是社会主义新闻事业性质的要求；坚持政治家办报办台是社会主义新闻事业党性原则的要求；坚持政治家办报办台是社会主义新闻工作者基本素质的要求。

要做到政治家办报办台，就要做到以下几点：

一是讲政治、讲党性、提高政治素养。要善于从政治上总揽全局，抓住事情的要害。新闻工作要通过舆论导向、党性原则、宣传纪律、新闻价值取向、新闻敏感性等与讲政治的基本内容密切相关的内容和要求，来体现政治性。

二是保持清醒头脑，冷静处理问题。要保持清醒头脑，透过现象看本质，冷静、正确地分析、把握形势，从容应对可能出现的各种复杂情况，做到大局在胸，心中有数，自觉按照中央制定的政策和宣传方针组织报道，发挥新闻媒体的舆论导向作用。

三是突出宣传重点，把握政治方向。坚持政治家办报，必须把握坚定的政治方向，具有很强的政治鉴别力和政治敏锐性，树立高度的政治责任感。在大是大非问题上立场坚定，站在党和人民的立场上考虑问题，旗帜鲜明地与党中央保持高度一致。

四是增强全局观念，加强宏观意识。新闻工作讲政治绝对不是抽象的，而是十分具体的。讲政治就必须顾全大局，在处理新闻业务时要从有利于全党全国工作大局着眼，加强宏观意识。

五是讲究宣传艺术，提高引导水平。新闻工作者要做到知识广博，视野开阔，精通业务，遵纪守法，讲究宣传艺术，提高引导艺术。

在新形势下坚持政治家办报办台

在新的形势下贯彻政治家办报办台方针，要坚持党管干部、党管人才的方针，确保各级各类新闻机构的领导权牢牢掌握在忠于马克思主义、忠于党和人民的人手里。坚持政治家办报办台，就要适应新时期新闻舆论工作的需要，高标准地搞好新闻队伍建设。新闻工作者，特别是共产党员和领导干部，必须努力提高自己的思想政治素质和业务素质。

新闻工作者要打好理论路线根底。要坚持马列主义、毛泽东思想和中国特色社会主义理论体系，坚持党的基本路线，用以指导自己的思想和工作。理论路线根底打好了，不管情况多么复杂，形势怎样变化，都会保持坚定正确的政治立场和政治方向。

要打好政策法规纪律根底。要牢牢掌握中央的方针政策，牢牢掌握国家的法律法规，严守新闻工作纪律。新闻工作是政治性、政策性极强的工作，新闻工作者如果对党的方针政策和国家的法律法规不懂不熟悉，那就宣传不好，甚至出现误导，给党和人民的事业带来不应有的损失。

要打好群众观点根底。新闻工作，说到底，也是群众工作，是我们党联系群众的重要纽带。密切联系群众，是新闻工作者的必修课和基本功。大家要树立牢固的群众观点，同广大人民群众同呼吸，共命运，善于做调查研究工作，紧扣时代的脉搏，倾听群众的心声，多写反映改革开放和社会主义现代化建设的好作品。

要打好知识根底。知识就是力量。新闻工作者首先要努力掌握与自己的业务工作直接有关的知识，同时，还要博览群书，哲学、政治、经济、法律、历史、文学等方面的书籍都应读一些，科技知识也应尽可能多学一些。党的新闻队伍中应该多出一些既懂政治，学识又渊博的编辑、记者、评论员。

要打好新闻业务根底。新闻工作，无论编辑、采访，都需要有业务能力，特别是要有很好的文学修养。现在，媒体刊播的许多报道，主题好，内容好，语言也很精彩，使人在受教育的同时，也得到美的享受。但是也有一部分新闻作品，不讲究辞章文采，文字干巴巴的，翻来覆去老是那么几句套话，也有的哗众取宠，乱造概念，词句离奇，使人看不懂，这种不良文风应加以纠正。要大力提倡新闻工作者苦练基本功。

七、新闻真实性原则

（分值比重：★★★★★）

（了解真实是新闻的生命、熟练掌握新闻定义的内涵及新闻真实的具体要求与本质要求，坚持准确、公正、全面、客观的报道原则，深刻理解新闻报道必须以事实为依据）

新闻定义的内涵

新闻是新近发生的事实的报道。新闻是适应人类在社会活动中沟通信息需要的产物。事实成为新闻，需经报道者选择，并借助语言、文字、图像等符号载体及时传播。"事实"、"报道"、"新近"是构成新闻的主要因素。关于新闻定义，国内外有不同的观点和表述。我国现在普遍沿用的"新闻是对新近发生的事实的报道"，这一定义是陆定一同志在《我们对于新闻学的基本观点》一文中提出的。文章发表在1943年9月1日的《解放日报》上。

新闻定义的内涵：新闻是对新近发生的事实的报道，明确简洁地概括了新闻的特点。首先，事实是新闻的本源，新闻的内容和形式都离不开事实。从内容来说，新闻必须是以事实为根据的真实信息；从形式来说，新闻必须用事实说话。其次，具有新意。新闻必须具有新意。构成新闻的事实，要能够满足人们未知、欲知、应知的需要。第三，新闻并非事实本身，而是对事实的报道，是新闻报道者对客观事实的一种反映。第四，新闻必须是公开传播的事实，只有采用新闻手段，通过新闻渠道传播的事实，才能成为新闻。如果报道在小范围或内部传播，就不能构成新闻。第五，报道及时。新闻必须注重时效，失去时效，新闻就会成为旧闻。

【例题】简述坚持新闻真实性的内涵要求。（5分）

答：（1）新闻真实性的内涵就是以事实为基础和依据来报道新闻。坚持新闻的真实性，首先要做到具体事实真实准确，这是最起码的要求。（2分）

（2）构成新闻的基本要素准确无误；新闻所引用的材料必须准确可靠；新闻中使用的背景材料必须完全真实，而且要做到全面、客观、实事求是。（3分）

真实是新闻的生命

真实是新闻的生命。坚持新闻真实是新闻媒体取得公众信任的前提，是新闻工作者职业道德的基本要求，是新闻事业存在和发展的根本立足点。新闻是面向社会的信息传播，新闻真实不仅关系到社会成员的利益，而且关系着社会的稳定和国家的利益。失实的新闻报道是新闻工作的大敌，是社会的公害。坚持新闻真实性，是新闻事业一项不可动摇的基本原则，必须坚持不懈，持之以恒。

【例题】关于事实和新闻的关系，正确的表述是（   ）。

A. 事实是本源，新闻是派生的

B. 事实在先，新闻在后

C. 事实第一性，新闻第二性

D. 新闻是对事实的报道

解析：本题的正确答案是 ABCD

事实是新闻的本源，新闻的内容和形式都离不开事实。从内容来说，新闻必须是以事实为根据的真实信息；从形式来说，新闻必须用事实说话。

新闻真实的具体要求与本质要求

新闻真实的基本含义就是新闻报道的事实必须同客观事实相符合。

新闻真实的具体要求（一般要求）是：新闻来源必须真实可靠；报道内容必须准确无误，包括新闻事实发生的时间、地点、有关的人物、事件的过程、原因、结果以及新闻中所用的背景材料必须完全真实，包括描写细节都必须确有其事，实实在在，完全符合实际情况，不得加以主观想象、拔高、夸张或隐瞒。

由于客观事物的复杂性，要做到新闻真实，除了以上具体要求外，还有更高层次的要求，即揭示事实的本质。新闻真实的本质要求（更高要求）：本质真实。新闻事业要全面、完整、深刻、精彩地反映客观世界的真相，不仅要做到具体事实的真实，而且要从事实的相互联系以及事实的总和中把握事实，努力做到整体真实；不仅要反映事物的外部状况，而且要反映事物的内在品质和规律；不仅要反映事物的个别现象，而且要反映事物和现象的内在联系。要避免因为报道肤浅、片面而导致公众对事物的判断产生偏差或错误。

【例题】简述新闻工作者如何坚持新闻真实性原则。（5分）

答：（1）要把真实作为新闻的生命，坚持深入调查研究，报道做到真实、准确、全面、客观。（1分）

（2）要通过合法途径和方式获取新闻素材，新闻采访要出示有效的新闻记者证。认真核实新闻信息来源，确保新闻要素及情节准确。（1分）

（3）报道新闻不夸大不缩小不歪曲事实，不摆布采访报道对象，禁止虚构或制造新闻。刊播新闻报道要署作者的真名。（1分）

（4）摘转其他媒体的报道要把好事实关，不刊播违反科学和生活常识的内容。（1分）

（5）刊播了失实报道要勇于承担责任，及时更正致歉，消除不良影响。（1分）

实事求是是新闻工作的根本出发点

实事求是是马克思主义的思想基础，是中国共产党的思想路线，也是我国社会主义新闻工作的根本出发点。在新闻工作中坚持实事求是，就是要坚持党性和真实性的一致性。现实生活是复杂的，要找几个事例来证明某个观点并不难。一叶障目，不见泰山，抓住一点，不及其余，尽管这一叶、一点确实在，但从总体上来看却背离了真实性。新闻工作者要做到全面真实地反映生活，必须从整体上、大局上看问题。要防止搜奇猎异，防止捕风捉影。

【例题】我国新闻职业道德的基本原则是全心全意为人民服务和（　　　）。

A. "三贴近"　　　　　　B. 社会效益第一

C. 政治家办报办台　　　D. 从实际出发、实事求是

解析：本题的正确答案是 D

社会主义新闻工作者职业道德的基本原则可以确定为以下两点：一是社会主义新闻工作全心全意为人民服务的原则；二是社会主义新闻工作坚持从实际出发、实事求是的原则。社会主义职业道德的基本规范是新闻工作者职业道德得以贯彻和实现的重要环节。

坚持准确、公正、全面、客观的报道原则

维护新闻真实性，是新闻工作者的崇高责任和义务。新闻报道坚持准确、公正、

全面、客观，就是要用事实说话，通过事实的力量说服人、引导人；不仅要坚持事实准确无误，还要从事实的联系、事实的总和中把握事实，全面反映事实的全貌和社会生活的全貌；同时，还要深刻地反映事实，揭示事物的本质和它所反映的时代本质与历史规律。

新闻具有客观性。首先，新闻报道的内容必须是客观存在的事实，任何企图用虚构、杜撰或者背离事实本身的基本逻辑的报道来表现倾向性，不仅无法说服人，其生命力也必然是短暂的。第二，对事实的选择一定要符合新闻传播的基本规律，既不能为了表现倾向性的需要，把一件有利于自己的、微不足道的小事当做重大新闻来报道，也不能故意回避不利于自己的重大事件。因此，新闻报道只能在尊重事实的基础上表现自己的倾向性。如果故意回避或者背离事实，主观随意地在新闻中表现倾向性，结果必定受到事实的惩罚，使新闻报道者丧失信誉。

客观报道是指运用客观叙述的方式表达意见的一种新闻手法，这种手法具有较强的说服力和可信度，西方新闻界最早提出并运用，具备了较丰富的经验。

客观报道并非无倾向性。新闻报道客观、公正，不是没有立场，而是不能从个人和小团体利益出发，在大是大非面前，要明辨是非，站稳立场，不断增强政治鉴别力和政治敏锐性。客观、公正、有立场，是同准确、鲜明、生动紧密结合的。中国社会主义新闻事业，必须在准确报道事实的同时，旗帜鲜明地宣传党的主张，反映人民呼声，通过生动的报道形式取得更好的传播效果。当代，我国新闻工作者坚持准确、公正、全面、客观报道原则，要放眼全球看中国，要站位全局报道事实，要把握历史引领时代。

【例题】媒体炒作能够提高新闻价值。（12分）

答：这一观点是错误的。（3分）

（1）新闻价值具有客观性，是事实本身所具有的足以构成新闻的种种素质的总和。（3分）

（2）新闻工作者可以发现、报道新闻事实，呈现新闻事实的价值，但不能任意拔高。（3分）

（3）运用媒体进行炒作是一种违背新闻传播规律、违背新闻职业道德的不正当行为，不仅不能提高新闻价值，反而会降低媒体的公信力。（3分）

当前新闻真实性方面存在的问题

坚守新闻真实性是国际新闻界共同的"铁律"。我国新闻媒体是人民利益的代表，每个负责任的新闻机构，每个新闻从业人员，都必须坚持新闻真实性原则。但在新闻实践中，新闻失实一直伴随新闻业发展历程，新闻失实成了中外新闻界的一种顽症。当前虚假新闻成为公众强烈谴责的不正之风之一，长期困扰中国新闻界的新闻失实至今也没有得以根治，需要我们每个新闻工作者为维护新闻事业的纯洁性和新闻真实性原则而不懈努力。新闻失实是指新闻报道脱离和违背客观事实，未能反映事实真相的现象。新闻失实是导致新闻侵权、新闻犯罪的重要原因，严重损害媒体公信力。新闻失实可能制造社会矛盾，破坏社会政治、经济、文化的良性发展。

新闻失实的表现有两种：一是非故意性失实，没有主观故意，原始材料失实。二是故意性失实，主观失实。如，无中生有，凭空捏造；道听途说，以讹传讹；要件残缺，隐瞒事实；偷梁换柱，移花接木；歪曲真相，耸人听闻；添枝加叶，层层拔高；不懂装懂，因果不符等。

新闻失实的原因是多方面的。不仅有新闻工作者自身在观念、素质和作风方面的问题，更有着深刻的社会、政治、经济原因。如，传播者服务于特定政治需要，政治、经济、军事势力对新闻传媒的威逼利诱制造假新闻。媒介组织片面追求经济效益，"有偿新闻"和"有偿不闻"。社会不正风气影响，有人为了名利或报复，欺骗和利用新闻媒介和传播者。新闻工作者的专业素养和职业精神问题。采访不深入，核查不严格；思想方法片面，为突出主题不惜随意吹嘘或贬抑；"合理想象"，为抢时效，牺牲真实；知识不足，自以为是；名利思想作怪，受到钱权利诱。

当代新闻业进入互联网时代以后，虚假新闻也开始带有强烈的网络时代特征，它的发生原因、传播轨迹乃至揭发、证伪机制都具有鲜明的互联网特色。作为一种新的传播平台，互联网既为虚假新闻的制造与传播提供了许多便利，也为虚假新闻的揭发和纠错增加了可能。互联网对传统新闻业的冲击和改造之势不可逆转，这也意味着未来的虚假新闻将会更加深刻地与互联网纠缠在一起。

当前，互联网已成为虚假新闻滋生、扩散的重要场所，传统媒体不加查证地引用网络信息，也是虚假新闻生成、扩散的重要原因。互联网使得生产和发布新闻的门槛大大降低，当业余人士可以参与到新闻生产过程中时，公民得以创造真正多元和自主的新闻，而公民新闻的报道者可能只是碰巧在新闻现场，他未必愿意投入时间和精力去寻找更多的消息来源，力求公正全面地呈现事件。

目前尽管虚假新闻的表现形态不同，但一个无可回避的现实是，造成媒体虚假新闻的原因绝非无解的难题，而往往是因为一些新闻业务的基础工作没有做到位，比如媒体在采访方面的失范。现代新闻业发展的一个重要标志就是采访行为的出现，它使得新闻记者真正成为一门职业，也是新闻不断迈向专业化过程的一个重要标志。

经过上百年的新闻实践，新闻业已经形成了一套行之有效的新闻常规或惯例。互联网的出现固然便利了记者的新闻采访，但绝没有降低对新闻采访的规范标准，某种程度上反而提高了要求。新闻媒体及从业人员必须在保证速度的同时，力求信息的准确、平衡和客观。相关案例则表明，一些新闻媒体和记者有意或无意地忽略了这些最基本的要求。要么懒得采访或索性不做采访，直接将网络信息搬上报纸版面；即使做采访，也往往缺乏探求质疑和核实精神，浮于事实的表面。他们极大地依赖互联网用户提供的内容进行新闻的生产，却忘记了严谨规范的新闻采访才是区分专业与业余的核心技能。

以辩证唯物主义反映论指导新闻工作

一切新闻报道都必须如实地报道事实的真相，客观地反映事物的本来面目。内容真实是新闻存在的基本条件，也是新闻报道的基本要求。真实对于新闻发挥影响力起着决定性作用，是新闻报道所追求的重要目标，真实性自然也成为一切新闻传媒普遍提倡的一项基本原则。

新闻真实性的内涵就是以事实为基础和依据来报道新闻，其本质就是一切从实际出发，坚持唯物论的反映论，用辩证唯物主义和历史唯物主义的方法如实地反映客观事物的本来面目。坚持新闻的真实性，首先要做到具体事实真实准确，这是新闻最起码的要求，它包含三个层次的内容：构成新闻的基本要素准确无误；新闻所引用的材料必须准确可靠；新闻中使用的背景材料必须完全真实，而且要做到全面、客观、实事求是。还要做到概括性事实真实客观。对概括性事实同样要求做到真实、客观、准确、全面、符合实际，不能以点代面，以偏概全。

新闻真实性原则的更高要求：本质真实。所谓本质真实，是指新闻报道要反映出事物的内在品质和规律。社会主义的新闻报道确实有一个反映生活本质、时代本质和历史本质的问题。对本质真实论的要求是有条件的，并非所有的新闻报道都要做到反映事物的本质。其实，大量的深度报道，包括一些解释性报道、评述性报道、调查性报道以及工作通讯、事件通讯、新闻评述等，都属于将现象真实与本质真实相结合的报道。本质真实是指新闻报道要反映出事物的内在品质和规律。新闻报道不能仅仅要求所报道事物的表面的、现象的真实，而应当尽可能做到全面、深刻地反映事物的内在品质和规律，即应力求做到对所报道事物的整体上的、宏观上和本质上的把握。这既是整体真实、宏观真实的涵义，也是本质真实的涵义。

新闻报道必须以事实为依据

马克思主义世界观认为，世界是物质的，客观的物质存在决定主观的思想意识。这一基本观点体现在新闻工作中，就是要求新闻报道要坚持实事求是，一切从实际出发，把客观事实作为新闻的本源，真正做到依据现实生活，依据物质存在，依据客观事实来反映和报道新闻。新闻工作者必须贴近实际，贴近生活，贴近群众，搞好调查研究。有事实才能写新闻，没有事实就不能写新闻；有什么样的事实写什么样的新闻，按事物的本来面目进行描述；已经发生和正在发生的事实才能成为新闻报道的对象，尚未变为现实的猜测和设想不能成为新闻报道的对象。新闻的本源是事实，事实是产生新闻的根源，是构成新闻的根本因素。有了事实的发生、变动，才有新闻；没有事实，就没有新闻。新闻是通过真实地报道事实来完成自己使命的。

与事实相比，新闻是派生的。事实在先，新闻在后。事实是第一性的，新闻是第二性的。明确这一理论观点，正确处理新闻报道中事实和思想观点之间的关系，是对新闻工作者的一项基本要求。新闻工作者必须对事实采取老老实实的态度，尊重客观事实，事实是怎么样的，新闻报道就应该怎么样。如果在思想认识上颠倒了事实与新闻的关系，就会导致新闻报道的主观主义倾向，为歪曲事实、制造假新闻提供依据。

【例题1】 新闻工作的根本出发点是（　　　）。

A. 实事求是　　　　　　　　B. 本质真实

C. 理论联系实际　　　　　　D. 客观性原则

解析： 本题的正确答案是 A

真实是新闻的生命，实事求是是新闻工作的根本出发点。

【例题2】 新闻报道要求用事实说话，不表明观点。（12分）

答：这一观点是错误的。（3分）

（1）事实是新闻的本源，真实地报道事实是新闻的基本要求。（3分）

（2）用事实说话是新闻报道的基本方法。（2分）

（3）用事实说话不是不表明观点，而是表达一种无形的意见。善于在报道新闻事实中体现正确导向，在加强信息服务中开展思想教育，用事实说话，用典型说话，用数字说话，是新闻工作者的重要素质和能力。（4分）

全面把握和正确反映社会生活的本质和主流

新闻报道必须坚持辩证唯物主义和历史唯物主义的世界观、方法论，遵循新闻反映社会生活的运动规律，在把握具体事实真实的前提下，从事实的相互联系以及事实的总和中把握事实的整体真实；在反映事物外部状况的同时，反映事物的内在本质；在了解事物个别现象的过程中，深入了解事物现象的内在联系。要经过认真的分析、综合、比较、鉴别，在弄清楚事物的各个方面之后再做出判断。新闻工作者要做到全面真实地反映生活，就要从整体上、大局上看问题，正确反映社会生活的本质和主流。

发扬深入实际、调查研究、求真务实、实事求是的作风

社会主义新闻事业有责任向党和人民及时报道社会主义现代化建设中出现的新情况、新成就、新经验和新问题，及时传递世界上有关政治、经济、文化等方面的重要信息，在对客观实际情况有切实了解的基础上，新闻工作者才能提出真知灼见，才能提出正确的、有助于解决实际问题的意见和建议。

深入实际、深入生活、深入群众，认真细致地开展调查研究，是新闻工作者的一项基本功，是衡量其工作态度、成绩优劣的重要标准。坚持调查研究，有助于提高新闻工作者对社会多样性和复杂性的认识，增长对社会的全面了解，有助于提高调查研究的水平，培养求真务实、实事求是的良好工作作风。

八、新闻价值

（分值比重：★★★）

（熟练掌握新闻价值的客观性与综合性）

新闻价值的含义

新闻价值指事实所包含的足以构成新闻的种种特殊素质的总和，是新闻工作者用以衡量客观事实能否构成新闻的标准。

新闻价值的概念最早提出于资本主义社会商业性报纸大量流行的时期。20 世纪初，新闻价值的概念及其相关理论逐渐发展成熟，国际新闻界普遍把新闻事实的选择标准统一到新闻价值这一概念上。1918 年，新闻价值理论由徐宝璜、邵飘萍等引进中国。20 世纪 30 年代在我国新闻界得到普遍应用。"反右"和"文革"期间，新闻价值被列为资产阶级新闻观点遭到批判。1978 年党的十一届三中全会以后，中国新闻界重新讨论新闻价值问题，肯定这一概念对新闻工作者的重要意义，确认按新闻价值来选择新闻事实是符合新闻工作规律的。

新闻价值的要素

1. 时新性——（时间近，内容新）指事实在时间上是新近发生的，在内容上是未知的新鲜事。

2. 重要性——指事实所具有的为多数人所关心的社会意义。重要性的判断标准：与大众利害关系的密切程度；受到这一事件影响的人数；关心这一事件的人数；对社会造成影响的程度等。

3. 显著性——指新闻事实的某些要素具有显赫著名、知名度高、能见度高的特征，因而也就格外引起人们的关注。

4. 接近性——指事实因在地理上或心理上与新闻接受者十分接近，能够自然地引起受众的普遍关注。

5. 趣味性——指事实因富有新奇性或戏剧性而对受众具有特别的吸引力。

构成新闻价值的五要素是相互联系、相互制约、相互作用、相互补充的。判断新闻事实的新闻价值要综合衡量各要素情况。通常情况下，具有时新性和其他任意一种新闻价值要素的新闻事实，就值得报道。新闻价值要素越齐全、要素的程度越高，新闻价值越大。

新闻价值的客观性与综合性

新闻价值客观性指构成新闻的各种特殊素质，它寓于事实本身，是客观的，不以传播者的主观需要而增减。事实能否成为新闻并产生社会影响，是由受众而不是由传播者的主观意志所决定的。

新闻价值是一种预测，新闻价值要通过传播才能得以证实。衡量新闻价值的客观标准，是受众对新闻的选择和实践对新闻的经验。对于传播者来说，认识到新闻价值的客观性，是使新闻传播取得效果和使自己赢得受众信任的重要条件之一。

新闻价值的综合性指新闻价值作为一种社会观念，受众在选择和判断事实时所反映出来的需求欲望、价值观念、社会心理等，总是受到一定社会的经济、政治和文化制约。具体判断新闻价值，不仅包括信息价值，而且包括宣传舆论价值、文化教育价值，它是一个综合的标准。

【例题1】依据新闻价值的综合性特点，具体判断新闻价值，不仅包括（　　　），而且包括宣传舆论价值、文化教育价值等。

A. 社会价值　　　　　　　　B. 信息价值

C. 使用价值　　　　　　　　D. 需求价值

解析：本题的正确答案是 B

新闻价值的综合性指新闻价值作为一种社会观念，受众在选择和判断事实时所反映出来的需求欲望、价值观念、社会心理等，总是受到一定社会的经济、政治和文化制约。具体判断新闻价值，不仅包括信息价值，而且包括宣传舆论价值、文化教育价值，它是一个综合的标准。

【例题2】新闻价值作为一种社会观念，反映了一定的社会心理，因此新闻价值具有一定的主观性。（12分）

答：这一观点是错误的。（3分）

（1）新闻价值是指事实所包含的足以构成新闻的各种特殊素质的总和，是新闻工作者用以衡量客观事实能否构成新闻的标准。新闻价值的客观性指构成新闻的各种特殊素质，它寓于事实本身，是客观的，不以传播者的主观需要而增减。（3分）

（2）当然，对新闻价值的判断作为一种社会观念，反映了受众在选择和判断事实时的需求欲望、价值观念、社会心理等，总是受到一定社会的经济、政治和文化制约。因此，对新闻价值的判断，不仅包括信息价值，而且包括宣传舆论价值、文化教育价值，是一个综合的标准。但是，新闻价值本身是客观的。（4分）

（3）对于传播者来说，认识到新闻价值的客观性，是使新闻传播取得良好的社会效果和使自己赢得受众信任的重要条件之一。（2分）

新闻价值取向

新闻价值取向：人们对事实的新闻价值的评价尺度与标准。新闻价值作为一种社会观念，总是受到一定社会的经济条件和政治因素的制约。新闻价值既有反映新闻传播一般规律的共同标准，又有反映不同国家的经济、政治和道德思想的具体标准。在判断和衡量新闻价值的过程中，持有不同阶级立场、政治制度、学术观点、经济利益、道德观念、文化素养、喜好的新闻工作者和新闻机构，会表现出是非、褒贬、爱憎等不同的取向。处于不同新闻传播体系的新闻工作者，受到新闻传播体系的性质、构成、变化过程的制约，所持的新闻价值取向是有差别的。同时，社会政治、经济、文化的差异也为新闻价值取向的不同提供了宏观而深刻的内在依据。媒体定位不同，新闻价值观不同；传播环境不同，新闻价值观不同。

九、贴近实际、贴近生活、贴近群众
（分值比重：★）

"三贴近"原则的含义和基本要求

贴近实际，就是新闻工作要立足于社会主义初级阶段这个最大的实际，始终坚持解放思想，实事求是，与时俱进，紧跟时代步伐，适应现阶段经济、政治、文化发展的实际状况和要求，适应不断发展变化的客观现实，真实反映改革开放和现代化建设的实践，坚持把发展作为第一要务，更好地为党和国家的中心工作服务，为大局服务。要树立实践的观点，把回答和解决实践提出的重大课题作为新闻宣传工作的中心任务，从实际出发部署工作，按实际需要推进工作，以实际效果检验工作，使新闻宣传工作更加具体实在，扎实深入。

贴近生活，就是新闻工作者要深入到火热的现实生活中去，深入到社会经济、政治、文化生活和人民群众的日常生活中去，反映客观现实，把握社会主流，解决具体矛盾，更好地融入生活、服务生活、引导生活。要始终把工作视点对准火热的生活，关注朴素平凡的生活细节，聚焦丰富多彩的生活场景，从现实生活中挖掘生动事例，汲取新鲜营养，展示未来生活的美好前景，激励人民群众同心协力，奋发图强，为创造更加美好的新生活而共同奋斗，使新闻报道更加入情入理，充满生活色彩，富有生活气息。

贴近群众，就是新闻工作要深深扎根于群众之中，想群众之所想，急群众之所急，办群众之所盼，充分体现群众意愿，满足群众需求，把握群众脉搏，说群众想说的话，讲群众能懂的话，为群众提供想看爱看、健康向上的精神文化产品，更好地代表最广大人民群众的根本利益。要牢固树立群众观点，权为民所用、利为民所谋、情为民所系，以群众满意不满意、高兴不高兴、赞成不赞成、答应不答应作为根本出发点和落脚点，多联系群众身边的事例，多反映群众的切身感受，要把镜头对准基层，把版面留给群众，多运用群众熟悉的语言，多用群众喜闻乐见的形式，使新闻宣传工作更加亲切可信，深入人心。

按照"三贴近"原则加强和改进新闻宣传工作

坚持"三贴近"原则，是新世纪新阶段加强和改进新闻工作的重要突破口，是加强和改进新闻工作的主要着力点，是提高引导水平和宣传艺术的可靠途径，是新闻工作必须长期坚持的工作原则。

坚持"三贴近"原则，提高引导水平，要注意在内容上创新，改进宣传报道。落实"三贴近"的要求，改进新闻宣传工作，是实践性很强的重要工作。为此，我们必须做到：一要对长期以来积淀而成的落伍的新闻观念、新闻报道方式和新闻活动模式，进行突破与改革；二要以是否贴近实际、贴近生活、贴近群众，作为衡量我们舆论引领水平的根本标准；三要调动包括内容、表述、标题、评论、按语、图表、摄影、漫画等的"新闻全要素"，以生动活泼的方式报道新闻；四要以新科技革命的手段，提升新闻宣传的力度、强度和高度，促进新闻队伍整体素质的提高。

坚持"三贴近"原则，提高引导水平，要注意在方法上创新。新闻工作要通过反映群众呼声，满足群众的日常需求，排解群众的现实困难，为群众解疑释惑，实实在在为群众讲话来实现。新闻工作要把党的主张变为广大受众能够接受、愿意接受的观念，并且"内化"为自觉的行动，就必须按新闻规律办事，运用各种生动活泼的新闻手段，在强化与群众利益的相关性和提高受众阅听的兴趣性等方面下工夫，把党的意志转变为群众的语言、新闻的语言，使之入耳入脑。

坚持"三贴近"原则，提高引导水平，要注意在体制上创新。要积极探索建立新形势下保证正确导向、富有经营活力的微观运行机制，完善新闻宣传宏观管理体制，健全突发事件新闻报道工作的快速反应和应急协调机制。要立足长远、瞄准目标，有计划、按步骤地推进新闻工作全面、协调、可持续地发展。党报、党刊、广播电台、电视台等主流媒体必须坚持高格调、高品位，去发掘和发布鲜活生动的真新闻，以权威、深刻彰显其影响力，去影响有影响力的人群，进而引导广大人民群众认识自己的根本利益并为之不懈奋斗。

十、社会效益第一，社会效益与
经济效益统一

（分值比重：★）

坚持把社会效益放在首位，努力实现社会效益与经济效益的统一

社会主义新闻事业的基本性质、指导方针、根本任务，决定了我国新闻工作者必须始终坚持把社会效益放在首位。党的新闻事业是党、政府和人民的喉舌，党的新闻事业与党休戚与共，是党的生命的一部分。可以说，舆论工作就是思想政治工作，是党和国家的前途和命运所系的工作。党的新闻传播事业要始终为人民服务，为社会主义服务，为全党全国工作大局服务。新闻传播事业是党和国家工作大局的体现者，必须做顾全大局和维护大局的忠诚战士。

在社会主义市场经济条件下，要正确处理好新闻传播事业与社会主义现代化建设中其他各项工作的主从、轻重、缓急等具体关系，充分发挥新闻传播事业的服务功能，同时又能使新闻传播事业与其他各项工作协调发展。作为社会主义现代化建设的重要组成部分，新闻传播事业尤其在精神文明建设方面负有特殊使命。

新闻传播事业的产品是精神文化产品，它应该以社会效益为最高原则。强调和突出社会效益，就是要求新闻宣传在任何情况下都要坚持党性原则不动摇，都要始终不渝地坚持为人民服务、为社会主义服务的方向。只有坚持精神产品以社会效益为最高准则，新闻传播才能真正做到贴近实际、贴近生活、贴近群众，增强吸引力和感染力，从而使新闻事业适应社会主义市场经济的发展要求，适应社会主义精神文明和政治文明的发展要求，努力争取社会效益和经济效益的双赢局面。

坚持把社会效益放在首位，努力实现社会效益与经济效益的统一，是马克思主义新闻观的一贯主张。马克思主义的经典论述表明，新闻媒体既要积极引导舆论，保持正确导向，又要讲究成本、效益和投入、产出的经济原则。社会效益和经济效

益是良性互动、共同发展这一循环链条上的两个重要环节，一个也不能忽视。

新闻事业属于先进文化的范畴。凡先进文化，都可以促进生产力的发展，而生产力的发展，会创造大量的物质财富，满足人民的需要，也就实现了人民的利益。这是精神和物质相互转换的辩证关系所使然，无论是精神财富还是物质财富，都是满足广大人民根本利益的必需品。提高经济效益，是新闻媒体自身发展和壮大的客观需要，因此，要遵循新闻工作内在规律和社会主义市场经济体制的要求，重视经济规律的作用，逐步改善和加强媒体的经营工作。各级党委都要高度重视文化体制改革工作，根据社会主义精神文明建设的特点和规律，适应社会主义市场经济发展的要求，积极稳妥地推进。要适应发展社会主义市场经济、深化文化体制改革的新形势，立足我国国情，借鉴各国经验，加强宣传文化领域的法制建设，为宣传文化事业的健康发展创造良好的法制环境。坚持把社会效益放在首位，要科学对待和正确处理"两个效益"的矛盾。当两者发生矛盾的时候，要坚定不移地把社会效益放在首位，使经济效益服从社会效益。要树立科学发展观，推动新闻事业不断前进，努力实现社会效益与经济效益的统一。

十一、文艺方针政策

（**分值比重：★**）

（熟悉"二为"方向和"双百"方针，详细了解弘扬主旋律，提倡多样化的关系）

"二为"方向

即文艺要坚持"为人民服务、为社会主义服务"的方向。"为人民服务、为社会主义服务"和"百花齐放、百家争鸣"，是我党在社会主义建设新时期文艺的基本方针。它们深刻反映了我国文艺的发展规律，是文化艺术事业繁荣兴旺的重要保证。

文艺"为什么人"的问题，不仅决定着文艺工作的目标和方向，也决定着文艺的性质。马克思主义要求文艺为人民群众服务。列宁在《党的组织和党的出版物》中要求无产阶级文艺"为千千万万劳动人民服务"，毛泽东在延安文艺座谈会上也指出，文艺必须为"人民大众"服务。但新中国成立后一段时间，由于对"人民"的概念理解过于狭窄，以及过于强调文艺的政治功能等，出现了"文艺为工农兵服务、为政治服务"的提法，对文艺事业的发展产生了不利影响。改革开放以后，为适应新形势的发展需要，繁荣社会主义文艺事业，党中央明确了"文艺为人民服务、为社会主义服务"的方向，以取代"文艺为工农兵服务、为政治服务"的提法。1980年7月26日，《人民日报》发表《文艺为人民服务、为社会主义服务》的社论，正式提出了"二为"方向这一文艺工作的根本方针。

为人民服务、为社会主义服务，概括了文艺工作的根本目的，它不仅比较完整地反映了社会主义时期对文艺的历史要求，而且更符合文艺的发展规律。"为人民服务"着重强调文艺同人民的关系，从服务对象上指明了文艺工作的根本方向；"为社会主义服务"着重强调文艺同社会主义制度和理想之间的关系，从服务内容上指明了文艺工作的性质及其时代特点和社会功能。二者从根本上是一致的。因为人民是建设社会主义的主体，社会主义事业就是人民的事业。为人民服务也就是为人民的社会主义事业服务，为社会主义服务也就是为人民服务。在文艺工作中坚持"二为"方向，要牢固树立"人民是文艺工作者的母亲"、"人民需要艺术，艺术更需要人民"的思想，永远保持与人民群众的血肉联系，在人民的历史创造中进行艺术的创造，在人民的进步中造就艺术的进步。要满腔热情地把广大人民群众作为表现对象，努力塑造社会主义新人。要全心全意地把广大人民群众作为服务对象，为他们提供最好的精神食粮和优质的文化服务。

不提文艺为政治服务，并不是说文艺可以脱离政治。强调文艺为人民服务、为社会主义服务本身就体现了鲜明的政治倾向性。郑重地考虑作品的社会效果，把美好的精神食粮奉献给人民，是马克思主义政治对文艺工作者的基本要求。广大文艺工作者应当追求真理、反对谬误，歌颂美善、反对丑恶，崇尚科学、反对愚昧，坚持创新、反对守旧，努力成为先进文化的创造者、传播者和实践者。

"双百"方针

即"百花齐放、百家争鸣"。它作为我们党繁荣科学文化的基本方针，由毛泽东同志在《论十大关系》中最早提出，此后又在《关于正确处理人民内部矛盾的问题》和《在中国共产党全国宣传工作会议上的讲话》中，得到进一步系统论述。毛泽东指出："艺术上不同的形式和风格可以自由发展，科学上不同的学派可以自由争论。利用行政力量，强制推行一种风格，一种学派，禁止另一种风格，另一种学派，我们认为会有害于艺术和科学的发展。艺术和科学中的是非问题，应当通过艺术界科学界的自由讨论去解决，通过艺术和科学的实践去解决，而不应当采取简单的方法去解决。"（毛泽东：《关于正确处理人民内部矛盾的问题》，《毛泽东文集》第7卷，第229页）。邓小平同志强调："在艺术创作上提倡不同形式和风格的自由发展，在艺术理论上提倡不同观点和学派的自由讨论。"（邓小平：《在中国文学艺术工作者第四次代表大会上的祝辞》，《邓小平文选》第2卷，第210页）。坚持"双百"方针，就是要在宪法和法律允许的范围内，充分尊重作家、艺术家的创造性劳动，切实保障创作自由和评论自由，提倡不同学术观点、艺术流派的争鸣和切磋，提倡健康说理的文艺批评。

"双百"方针是人类科学文化发展规律的生动概括，是民主精神、群众路线在文化艺术工作中的具体体现。它是尊重文化艺术规律、促进社会主义文艺事业发展和繁荣的方针，为广大文艺工作者发挥自己的聪明才智提供了广阔天地。它有利于坚持解放思想、实事求是、与时俱进的思想路线，营造勇于探索和创新的活跃气氛，充分调动广大文艺工作者的积极性和创造性。

【例题】（　　），是坚持"二为"方向和"双百"方针的具体体现，是社会主义文艺发展的内在要求。

A. 弘扬主旋律，提倡多样化

B. 文艺为政治服务

C. 创作自由，批评自由

D. 思想性、艺术性、观赏性的统一

解析：本题的正确答案是 A

弘扬主旋律，提倡多样化，是坚持"二为"方向和"双百"方针的具体体现，是社会主义文艺发展的内在要求。

弘扬主旋律，提倡多样化

弘扬主旋律，提倡多样化，是坚持"二为"方向和"双百"方针的具体体现，是社会主义文艺发展的内在要求。主旋律是一种比喻的说法，如同一首大型交响乐一定要有主曲调和主声部。任何时代都有体现时代精神的主潮。社会主义文艺在多样化的发展中，一定要有重点，有主调，有处于主导地位的方面。社会主义是人类发展史的新阶段，社会主义文艺必然要体现社会主义社会的思想体系、价值观念、道德准则，表达新的审美理想，高扬社会主义时代精神。从文艺发展史来看，一切优秀作品，都反映了人民最深刻的心灵呼唤和时代最迫切的前进要求，都是隽永艺术魅力与现实社会进步相结合的结晶，都是作家、艺术家的思想感情与创作灵感为时代和生活深刻感召的产物。这些反映历史发展趋势、表达时代精神、渗透社会理想的文艺作品因而成为人类的文明之花，成为世界文化遗产中的精华。

在当前，弘扬主旋律就是要在文艺创作中大力倡导一切有利于发扬爱国主义、集体主义、社会主义的思想和精神，大力倡导一切有利于改革开放和现代化建设的思想和精神，大力倡导一切有利于民族团结、社会进步、人民幸福的思想和精神，大力倡导一切用诚实劳动争取美好生活的思想和精神。在弘扬主旋律的同时，要提倡多样化。社会生活丰富多彩，人民群众的精神文化需求日趋多样，文艺工作者的思想修养、审美追求、艺术风格也各不相同。这说明，文艺的多样化是由社会和文艺自身规律决定的。

主旋律和多样化是辩证的、有机的统一。主旋律是时代精神、社会正气和民族品格的集中体现。主旋律必须通过多样化的题材、形式、手法、风格去表现，它本身是丰富多彩、不断创新的。多样化不能与主旋律背道而驰，而是要与主旋律相呼应、相和谐；多样化应该健康向上，不能宣扬拜金主义、享乐主义、极端个人主义等腐朽落后的东西。要多样化地唱响主旋律，多种题材、主题、样式、风格相互促进，文艺园地才能百花盛开。弘扬主旋律需要寓教于乐，提倡多样化不能降格以求。主旋律并不是指某种题材，而是指作为我们时代社会发展主潮的，以爱国主义为核心的民族精神和以改革创新为核心的时代精神。弘扬主旋律，要注意防止和克服片面狭隘地理解主旋律的倾向。那种认为只有描写革命历史事件、英雄模范人物的题材才是主旋律的想法和做法，是对主旋律的严重误解。实际上，主旋律所包含的范围很宽广，内容很丰富。不论是现实题材、历史题材、重大题材、日常生活题材，只要选材严、开掘深、构思巧、有创新，反映出时代的思想和精神，都可以奏出主旋律的华彩乐章。我们必须坚持不懈地大力弘扬主旋律，进一步拓展主旋律的内容、题材、形式、风格，增强文艺作品的吸引力和感召力，使主旋律成为文艺创作的主流和时代的最强音。

【例题】弘扬主旋律和提倡多样化是难以调和的矛盾。（12分）

答：这一观点是错误的。（3分）

（1）主旋律和多样化是辩证的、有机的统一。（2分）

（2）主旋律是时代精神、社会正气和民族品格的集中体现。主旋律必须通过多样化的题材、形式、手法、风格去表现，它本身是丰富多彩、不断创新的。（3分）

（3）多样化不能与主旋律背道而驰，而是要与主旋律相呼应、相和谐；多样化应该健康向上，不能宣扬拜金主义、享乐主义、极端个人主义等腐朽落后的东西。（2分）

（4）要多样化地唱响主旋律，多种题材、主题、样式、风格相互促进，文艺园地才能百花盛开。弘扬主旋律需要寓教于乐，提倡多样化不能降格以求。（2分）

思想性、艺术性、观赏性三统一

把思想性、艺术性、观赏性统一起来，是艺术作品的基本要求。"三性"统一，第一位的是思想性，思想性是艺术性、观赏性的灵魂，文艺作品的艺术性和观赏性是为思想性服务的。艺术性、观赏性同样重要，如果没有艺术性和观赏性，作品的思想性就难以发挥作用，思想性就难以体现，也难以产生影响。只讲思想性，不讲艺术性、观赏性，作品会让人看不下去；只强调艺术性，不讲究观赏性，作品会让人看不明白。思想性、艺术性、观赏性是相统一的，密不可分的。只有思想性、艺术性、观赏性相统一，文艺作品才有生命力、吸引力、感染力和影响力。

十二、对外宣传工作的基本原则

（分值比重：★）

对外宣传工作，政策性和政治性都很强，要把握五点：

1. 要旗帜鲜明地维护国家利益、民族尊严和祖国统一；

2. 在涉及国家主权和国家利益、民族尊严的问题上，要坚持原则；

3. 要树立坚定的国家意识和大局意识，服从和服务于党和国家的工作大局，服从和服务于我国整体对外战略；

4. 坚持以正面宣传为主、以事实为主、以我为主的方针；

5. 考虑宣传重点内容和工作部署，一定要着眼于增进外国人对中国的理解和支持。

总之，对外宣传工作有自己的规律，要加强研究，不断提高对外宣传的本领。

十三、习近平总书记在全国宣传思想工作会议上的讲话、习近平总书记在文艺工作座谈会上的讲话

（分值比重：★）

（一）习近平总书记在全国宣传思想工作会议上的讲话

关于开展宣传思想工作的基本遵循

1. 经济建设是党的中心工作，意识形态工作是党的一项极端重要的工作

党的十一届三中全会以来，我们党始终坚持以经济建设为中心，集中精力把经济建设搞上去、把人民生活搞上去。只要国内外大势没有发生根本变化，坚持以经济建设为中心就不能也不应该改变。这是坚持党的基本路线一百年不动摇的根本要求，也是解决当代中国一切问题的根本要求。同时，只有物质文明建设和精神文明建设都搞好，国家物质力量和精神力量都增强，全国各族人民物质生活和精神生活都改善，中国特色社会主义事业才能顺利向前推进。

2. 巩固马克思主义在意识形态领域的指导地位，巩固全党全国人民团结奋斗的共同思想基础

党员、干部要坚定马克思主义、共产主义信仰，脚踏实地为实现党在现阶段的基本纲领而不懈努力，扎扎实实做好每一项工作，取得"接力赛"中我们这一棒的优异成绩。领导干部特别是高级干部要把系统掌握马克思主义基本理论作为看家本领，老老实实、原原本本学习马克思列宁主义、毛泽东思想、特别是邓小平理论、"三个代表"重要思想、科学发展观。党校、干部学院、社会科学院、高校、理论学习中心组等都要把马克思主义作为必修课，成为马克思主义学习、研究、宣传的重要阵地。新干部、年轻干部尤其要抓好理论学习，通过坚持不懈学习，学会运用马克思主义立场、观点、方法观察和解决问题，坚定理想信念。要深入开展中国特色社会主义宣传教育，把全国各族人民团结和凝聚在中国特色社会主义伟大旗帜之下。

要加强社会主义核心价值体系建设，积极培育和践行社会主义核心价值观，全面提高公民道德素质，培育知荣辱、讲正气、做奉献、促和谐的良好风尚。

3. 坚持团结稳定鼓劲、正面宣传为主，是宣传思想工作必须遵循的重要方针

我们正在进行具有许多新的历史特点的伟大斗争，面临的挑战和困难前所未有，必须坚持巩固壮大主流思想舆论，弘扬主旋律，传播正能量，激发全社会团结奋进的强大力量。关键是要提高质量和水平，把握好时、度、效，增强吸引力和感染力，让群众爱听爱看、产生共鸣，充分发挥正面宣传鼓舞人、激励人的作用。在事关大是大非和政治原则问题上，必须增强主动性、掌握主动权、打好主动仗，帮助干部群众划清是非界限、澄清模糊认识。

4. 认真总结经验、长期坚持，并在实践中不断丰富和发展

习近平强调，在长期实践中，我们党的宣传思想工作积累了十分丰富的经验。这些经验来之不易、弥足珍贵，是做好今后工作的重要遵循，"明者因时而变，知者随事而制"。宣传思想工作创新，重点要抓好理念创新、手段创新、基层工作创新，努力以思想认识新飞跃打开工作新局面，积极探索有利于破解工作难题的新举措新办法，把创新的重心放在基层一线。要继续推进文化体制改革，推动文化事业全面繁荣和文化产业快速发展、建设社会主义文化强国。

关于坚持当前宣传工作重点任务的重要论述

1. 坚持党性

坚持党性，核心就是坚持正确政治方向，站稳政治立场，坚定宣传党的理论和路线方针政策，坚定宣传中央重大工作部署，坚定宣传中央关于形势的重大分析判断，坚决同党中央保持高度一致，坚决维护中央权威。所有宣传思想部门和单位，所有宣传思想战线上的党员、干部都要旗帜鲜明坚持党性原则。

2. 坚持人民性

坚持人民性，就是要把实现好、维护好、发展好最广大人民根本利益作为出发点和落脚点，坚持以民为本、以人为本。要树立以人民为中心的工作导向，把服务群众同教育引导群众结合起来，把满足需求同提高素养结合起来，多宣传报道人民群众的伟大奋斗和火热生活，多宣传报道人民群众中涌现出来的先进典型和感人事迹，丰富人民精神世界，增强人民精神力量，满足人民精神需求。

关于落实讲好中国故事，传播好中国声音的宣传目标

1. 引导人们更加全面客观地认识当代中国、看待外部世界

在全面对外开放的条件下做宣传思想工作，一项重要任务是引导人们更加全面客观地认识当代中国、看待外部世界。宣传阐释中国特色，要讲清楚每个国家和民

族的历史传统、文化积淀、基本国情不同，其发展道路必然有着自己的特色；讲清楚中华文化积淀着中华民族最深沉的精神追求，是中华民族生生不息、发展壮大的丰厚滋养；讲清楚中华优秀传统文化是中华民族的突出优势，是我们最深厚的文化软实力；讲清楚中国特色社会主义植根于中华文化沃土、反映中国人民意愿、适应中国和时代发展进步要求，有着深厚历史渊源和广泛现实基础。对我国传统文化、对国外的东西，要坚持古为今用、洋为中用，去粗取精、去伪存真，经过科学的扬弃后使之为我所用。

2. 加强宣传报道世界形势变化

对世界形势发展变化，对世界上出现的新事物新情况，对各国出现的新思想新观点新知识，我们要加强宣传报道，以利于积极借鉴人类文明创造的有益成果。要精心做好对外宣传工作，创新对外宣传方式，着力打造融通中外的新概念新范畴新表述，讲好中国故事，传播好中国声音。

（二）习近平总书记在文艺工作座谈会上的讲话

2014年10月15日上午，中共中央总书记、国家主席、中央军委主席习近平在北京主持召开文艺工作座谈会并发表重要讲话。他强调，文艺是时代前进的号角，最能代表一个时代的风貌，最能引领一个时代的风气。实现"两个一百年"奋斗目标、实现中华民族伟大复兴的中国梦，文艺的作用不可替代，文艺工作者大有可为。广大文艺工作者要从这样的高度认识文艺的地位和作用，认识自己所担负的历史使命和责任，坚持以人民为中心的创作导向，努力创作更多无愧于时代的优秀作品，弘扬中国精神、凝聚中国力量，鼓舞全国各族人民朝气蓬勃迈向未来。

讲话全文主要包含以下方面。文艺事业是党和人民的重要事业，文艺战线是党和人民的重要战线。长期以来，广大文艺工作者致力于文艺创作、表演、研究、传播，在各自领域辛勤耕耘、服务人民，取得了显著成绩，作出了重要贡献。在大家共同努力下，我国文艺园地百花竞放、硕果累累，呈现出繁荣发展的生动景象。习近平向全国文艺工作者致以诚挚的问候。

推动文艺繁荣发展，最根本的是要创作生产出无愧于我们这个伟大民族、伟大时代的优秀作品。文艺工作者应该牢记，创作是自己的中心任务，作品是自己的立身之本，要静下心来、精益求精搞创作，把最好的精神食粮奉献给人民。必须把创作生产优秀作品作为文艺工作的中心环节，努力创作生产更多传播当代中国价值观念、体现中华文化精神、反映中国人审美追求，思想性、艺术性、观赏性有机统一的优秀作品。

改革开放以来，我国文艺创作迎来了新的春天，产生了大量脍炙人口的优秀作品。同时，也不能否认，在文艺创作方面，也存在着有数量缺质量、有"高原"缺"高峰"的现象，存在着抄袭模仿、千篇一律的问题，存在着机械化生产、快餐式消费的问题。文艺不能在市场经济大潮中迷失方向，不能在为什么人的问题上发生偏差，否则文艺就没有生命力。低俗不是通俗，欲望不代表希望，单纯感官娱乐不等于精神快乐。精品之所以"精"，就在于其思想精深、艺术精湛、制作精良。文艺工作者要志存高远，随着时代生活创新，以自己的艺术个性进行创新。要坚持百花齐放、百家争鸣的方针，发扬学术民主、艺术民主，营造积极健康、宽松和谐的氛围，提倡不同观点和学派充分讨论，提倡体裁、题材、形式、手段充分发展，推动观念、内容、风格、流派切磋互鉴。

繁荣文艺创作、推动文艺创新，必须有大批德艺双馨的文艺名家。我国作家艺术家应该成为时代风气的先觉者、先行者、先倡者，通过更多有筋骨、有道德、有温度的文艺作品，书写和记录人民的伟大实践、时代的进步要求，彰显信仰之美、崇高之美。文艺工作者要自觉坚守艺术理想，不断提高学养、涵养、修养，加强思想积累、知识储备、文化修养、艺术训练，认真严肃地考虑作品的社会效果，讲品位，重艺德，为历史存正气，为世人弘美德，努力以高尚的职业操守、良好的社会形象、文质兼美的优秀作品赢得人民喜爱和欢迎。

社会主义文艺，从本质上讲，就是人民的文艺。文艺要反映好人民心声，就要坚持为人民服务、为社会主义服务这个根本方向。这是党对文艺战线提出的一项基本要求，也是决定我国文艺事业前途命运的关键。要把满足人民精神文化需求作为文艺和文艺工作的出发点和落脚点，把人民作为文艺表现的主体，把人民作为文艺审美的鉴赏家和评判者，把为人民服务作为文艺工作者的天职。

随着人民生活水平不断提高，人民对包括文艺作品在内的文化产品的质量、品位、风格等的要求也更高了。文学、戏剧、电影、电视、音乐、舞蹈、美术、摄影、书法、曲艺、杂技以及民间文艺、群众文艺等各领域都要跟上时代发展、把握人民需求，以充沛的激情、生动的笔触、优美的旋律、感人的形象创作生产出人民喜闻乐见的优秀作品，让人民精神文化生活不断迈上新台阶。

人民是文艺创作的源头活水，一旦离开人民，文艺就会变成无根的浮萍、无病的呻吟、无魂的躯壳。能不能搞出优秀作品，最根本的决定于是否能为人民抒写、为人民抒情、为人民抒怀。要虚心向人民学习、向生活学习，从人民的伟大实践和丰富多彩的生活中汲取营养，不断进行生活和艺术的积累，不断进行美的发现和美的创造。要始终把人民的冷暖、人民的幸福放在心中，把人民的喜怒哀乐倾注在自己的笔端，讴歌奋斗人生，刻画最美人物，坚定人们对美好生活的憧憬和信心。

文艺工作者要想有成就，就必须自觉与人民同呼吸、共命运、心连心，欢乐着人民的欢乐，忧患着人民的忧患，做人民的孺子牛。对人民，要爱得真挚、爱得彻底、爱得持久，就要深深懂得人民是历史创造者的道理，深入群众、深入生活，诚心诚意做人民的小学生。艺术可以放飞想象的翅膀，但一定要脚踩坚实的大地。文艺创作方法有一百条、一千条，但最根本、最关键、最牢靠的办法是扎根人民、扎根生活。应该用现实主义精神和浪漫主义情怀观照现实生活，用光明驱散黑暗，用美善战胜丑恶，让人们看到美好、看到希望、看到梦想就在前方。

一部好的作品，应该是把社会效益放在首位，同时也应该是社会效益和经济效益相统一的作品。文艺不能当市场的奴隶，不要沾满了铜臭气。优秀的文艺作品，最好是既能在思想上、艺术上取得成功，又能在市场上受到欢迎。

每个时代都有每个时代的精神。文艺是铸造灵魂的工程，文艺工作者是灵魂的工程师。好的文艺作品就应该像蓝天上的阳光、春季里的清风一样，能够启迪思想、温润心灵、陶冶人生，能够扫除颓废萎靡之风。广大文艺工作者要高扬社会主义核心价值观的旗帜，把社会主义核心价值观生动活泼、活灵活现地体现在文艺创作之中，用栩栩如生的作品形象告诉人们什么是应该肯定和赞扬的，什么是必须反对和否定的，做到春风化雨、润物无声。要把爱国主义作为文艺创作的主旋律，引导人民树立和坚持正确的历史观、民族观、国家观、文化观，增强做中国人的骨气和底气。

追求真善美是文艺的永恒价值。艺术的最高境界就是让人动心，让人们的灵魂经受洗礼，让人们发现自然的美、生活的美、心灵的美。我们要通过文艺作品传递真善美，传递向上向善的价值观，引导人们增强道德判断力和道德荣誉感，向往和追求讲道德、尊道德、守道德的生活。只要中华民族一代接着一代追求真善美的道德境界，我们的民族就永远健康向上、永远充满希望。

中华优秀传统文化是中华民族的精神命脉，是涵养社会主义核心价值观的重要源泉，也是我们在世界文化激荡中站稳脚跟的坚实根基。要结合新的时代条件传承和弘扬中华优秀传统文化，传承和弘扬中华美学精神。我们社会主义文艺要繁荣发展起来，必须认真学习借鉴世界各国人民创造的优秀文艺。只有坚持洋为中用、开拓创新，做到中西合璧、融会贯通，我国文艺才能更好发展繁荣起来。

各级党委要把文艺工作纳入重要议事日程，贯彻好党的文艺方针政策，把握文艺发展正确方向。要选好配强文艺单位领导班子，把那些德才兼备、能同文艺工作者打成一片的干部放到文艺工作领导岗位上来。要尊重文艺工作者的创作个性和创造性劳动，政治上充分信任，创作上热情支持，营造有利于文艺创作的良好环境。要通过深化改革、完善政策、健全体制，形成不断出精品、出人才的生动局面。要高度重视和切实加强文艺评论工作，运用历史的、人民的、艺术的、美学的观点评判和鉴赏作品，倡导说真话、讲道理，营造开展文艺批评的良好氛围。

第二部分

新闻工作者职业道德

一、新闻工作者责任
（分值比重：★★★）

（熟练掌握新闻工作者的职业特征）

新闻工作的地位与作用

职业是指社会分工中以特定手段和技艺向公众提供专业服务的工作和岗位。新闻职业是以新闻传播手段向社会提供信息服务的职业，在社会分工中担负着特殊的社会职责。新闻工作在促进社会的有序发展、推动社会的全面进步方面发挥着巨大的作用，这种社会功能，是通过新闻工作者的职业行为体现的。

新闻从业者，广义上讲，是指以采集、制作、传播新闻信息及其相关活动为专门职业的工作人员。从狭义上讲，则是指从事新闻采编一线的人员。其范围包括：新闻信息采编播的业务人员；新闻产品的技术处理人员；新闻产品的发行推销人员；新闻教育和学术研究人员；新闻传播的管理人员。

【例题】 新闻工作者的采写活动，本质上是一种（　　）的工作。

A. 艺术加工　　　B. 有闻必录　　　C. 资料筛选　　　D. 调查研究

解析： 本题的正确答案是 D

新闻工作者的采写活动，本质上是一种调查研究的工作。

新闻工作者的职业特征

新闻工作者在其产生和发展的历史过程中，形成了不同于其他职业的鲜明特征：

一是能够及时、敏锐地反映社会和时局的变化；

二是新闻工作以全社会为其工作对象，也以全社会为其服务对象，新闻工作者能够与社会生活和人民群众保持着十分广泛的联系；

三是新闻工作者要具有坚定的政治信念，具有很强的政治洞察力，作为喉舌、工具具有很强的政治性；

四是新闻媒介在反映舆论、引导舆论方面具有权威性，新闻工作者作为舆论的代表具有很高的权威性，被称为"社会公正的法官"；

五是新闻工作者的职业是一种快节奏、高强度的创造性劳动；

六是新闻工作者往往是以最快的速度把所发生的事件报道出去，使得新闻工作者所反映的生活会同复杂的实际生活产生一定的距离，因而新闻职业具有浮光掠影的弱点。

【例题】简述新闻工作者的职业特征。（5分）

答：（1）新闻工作能够及时、敏锐地反映社会和时局的变化。

（2）新闻工作以全社会为其工作对象，也以全社会为其服务对象，新闻工作者能够与社会生活和人民群众保持着十分广泛的联系。

（3）新闻工作者要具有坚定的政治信念，具有很强的政治洞察力，作为喉舌、工具具有很强的政治性。

（4）新闻媒介在反映舆论、引导舆论方面具有很高的权威性，被称为"社会公正的法官"。

（5）新闻工作者的职业是一种快节奏、高强度的创造性劳动。

（6）新闻工作者往往是在事后在最短时间里把所发生的事件报道出去，使得新闻工作者所反映的生活会同复杂的实际生活产生一定的距离，因而新闻职业具有浮光掠影的弱点。（每1点为1分，回答其中的任何5点，即得5分）

新闻工作者的社会责任

新闻工作者的社会责任，是指从事新闻职业活动的人员对其职业行为所产生的社会作用和社会意义所应承担的责任。社会责任是构成新闻传播活动的基础，是新闻工作者基于一定的政治立场、思想意识、价值观念和业务水平，在内心信念和道德责任感的驱使下，自觉履行对事实、对社会应尽的职责、使命和任务，也是社会对新闻工作者提出的最基本的道德要求。

新闻工作者的职业修养

主要包括四个方面：

一是政治修养。新闻工作者在政治上要求高，要讲党性，讲政治，把政治坚定性、政治洞察力和政治责任感作为第一位修养。

二是思想修养。不唯上，不唯书，只唯实，把做坚定的唯物主义者、坚持实事求是的思想路线作为根本的思想修养。

三是法制观念和职业道德修养。新闻工作者对自己的基本要求有六项：全心全意为人民服务；坚持正确的舆论导向；遵守宪法、法律和纪律；维护新闻的真实性；保持清正廉洁的作风；发扬团结协作精神。

四是业务能力修养。包括：政治判断力和新闻敏感性；社会交往与活动能力；调查研究能力；文字表达能力；身体和环境适应能力。

二、新闻工作者职业道德
（分值比重：★★）

（熟练掌握新闻工作者职业道德的本质特征、掌握新闻工作者职业道德的基本原则和规范）

新闻工作者职业道德的本质特征

新闻工作者职业道德主要是针对新闻工作者职业行为的道德原则和规范。新闻工作者职业道德是约束新闻从业者的职业行为、调节新闻传播活动中各方社会关系的一种最基本、最有效的规范形式。随着近代新闻事业的产生以及新闻传播活动成为一种稳定的社会职业，作为规范从业人员的职业行为以及调整它所涉及的各种社会关系的新闻职业道德才逐渐系统、完善起来。

首先，新闻工作者职业道德同普遍的道德现象一样，是一种由经济基础决定的上层建筑，由社会存在决定的社会意识形态，因而它的内容和形式，最终都取决于社会存在，取决于社会的物质生产方式。

其次，新闻工作者职业道德较之其他职业道德，具有更为鲜明的阶级性和更为强烈的政治色彩。新闻事业在传播和发布新闻信息时所显示的社会教化功能和舆论导向功能，决定了它在社会生活中所处的特殊地位。

第三，新闻工作者职业道德是对新闻传播活动的一种特殊的调节规范体系。它反映了人们对新闻事业的健康发展及其对社会产生积极影响的殷切期望。

【例题】简述新闻职业道德与一般职业道德的相同点与不同点。

答：（1）新闻工作职业道德是约束新闻从业者的职业行为、调节新闻传播活动中各方社会关系的一种最基本、最有效的规范形式。（1分）

（2）和其他职业道德一样，新闻工作者职业道德是一种由经济基础决定的上层建筑，由社会存在决定的社会意识形态，因而它的内容和形式，最终都取决于社会存在，取决于社会的物质生产方式。同时，职业道德与该职业的特性相关联。（2分）

（3）由于新闻事业在采集和传播新闻信息时所显示的社会教化功能和舆论导向功能，决定了新闻职业道德较之其他职业道德，具有更鲜明的阶级性和更强烈的政治色彩。（2分）

新闻工作者职业道德的基本原则和规范

社会主义新闻工作者职业道德的基本原则可以确定为以下两点：一是社会主义新闻工作全心全意为人民服务的原则，二是社会主义新闻工作坚持从实际出发、实事求是的原则。

社会主义职业道德的基本规范是新闻工作者职业道德得以贯彻和实现的重要环节。新中国成立后，我国社会主义新闻事业第一个成文的新闻职业道德的规范条例是在1981年由中宣部新闻局和中央新闻单位共同商拟制定的《记者守则》（试行草案）。1991年1月19日，中华全国新闻工作者协会第四届理事会第一次全体会议一致通过了《中国新闻工作者职业道德准则》，这是中华人民共和国成立以后第一个正式颁布的新闻职业道德规范。1994年4月，中华全国新闻工作者协会第四届第二次全体会议又对《准则》进行了修订，使其更全面、更系统。

【例题】不符合广播电视工作者职业道德要求的表现包括（　　）等。

A. 为塑造典型人物，进行拔高、想象和夸张

B. 有偿新闻，有偿不闻

C. 报道违法犯罪的未成年人时，回避其真实姓名

D. 利用新闻报道顺便拉赞助、拉广告

解析：本题的正确答案是ABD

报道违法犯罪的未成年人时，应回避其真实姓名，只有这一项不违背广播电视工作者职业道德。

新闻工作者职业道德建设的意义

新闻工作者职业道德建设的意义主要表现在：

1. 继承和发扬党的新闻工作优良传统，树立新闻工作者良好的职业道德，维护新闻工作的严肃性和声誉；

2. 充分发挥新闻工作的正确舆论导向作用，保持媒体的公信力；

3. 促进新闻队伍建设，保证新闻事业健康发展。

三、广播电视工作者职业道德

（分值比重：★★★★）

（熟悉 2009 年新修订的《中国新闻工作者职业道德准则》所增加内容，熟练掌握《中国广播电视编辑记者职业道德准则》、《中国广播电视播音员主持人职业道德准则》）

《中国新闻工作者职业道德准则》(2009 年修订)

2009 年 11 月 9 日，中华全国新闻工作者协会第七届理事会第二次全体会议通过了新修订的《中国新闻工作者职业道德准则》（1991 年制定，1994 年、1997 年、2009 年修订），新华社 11 月 27 日受权播发了这一条例。与 1997 年版《准则》相比，新版《准则》把原有六个方面的要求调整为现在的七条 28 款，虽然只增加了 185字，但新增内容非常丰富，体现了时代特征。

一是在指导思想上，把"三个代表"重要思想为指导、"深入贯彻落实科学发展观"、"高举旗帜、围绕大局、服务人民、改革创新"和"三贴近"原则等写入《准则》；

二是在基本要求上，把新闻职业道德细化为"全心全意为人民服务"、"坚持正确舆论导向"、"坚持新闻真实性原则"、"发扬优良作风"、"坚持改革创新"、"遵纪守法"、"促进国际新闻同行的交流与合作"等七项要求。

三是在规范条款上，更加贴近新闻工作实际。比如，采访报道突发事件时应遵守的原则和注意事项，善于利用新载体、新技术收集信息、发布新闻等。

中国新闻工作者职业道德准则（全文）

（2009 年 11 月 9 日修订）

中国新闻事业是中国特色社会主义事业的重要组成部分。新闻工作者要坚持以马克思列宁主义、毛泽东思想、邓小平理论和"三个代表"重要思想为指导，深入贯彻落实科学发展观，高举旗帜、围绕大局、服务人民、改革创新，贴近实际、贴近生活、贴近群众，用马克思主义新闻观指导新闻实践，学习宣传贯彻党的理论、路线、方针、政策，继承和发扬党的新闻工作优良传统，积极传播社会主义核心价值体系，努力践行社会主义荣辱观，恪守新闻职业道德，自觉承担社会责任，敬业奉献、诚实公正、清正廉洁、团结协作、严守法纪，做到政治强、业务精、纪律严、作风正。

第一条　全心全意为人民服务。要忠于党、忠于祖国、忠于人民，把体现党的主张与反映人民心声统一起来，把坚持正确导向与通达社情民意统一起来，把坚持正面宣传为主与加强和改进舆论监督统一起来，发挥党和政府联系人民群众的桥梁纽带作用。

1. 积极宣传党和政府的重大决策部署，及时传播国内外各领域的信息，满足人民群众日益增长的新闻信息需求，保证人民群众的知情权、参与权、表达权、监督权；

2. 牢固树立群众观点，把人民群众作为报道主体和服务对象，多宣传基层群众的先进典型，多挖掘群众身边的具体事例，多反映平凡人物的工作生活，多运用群众的生动语言，使新闻报道为人民群众喜闻乐见；

3. 积极反映人民群众的正确意见和呼声，批评侵害人民利益的现象和行为，依法保护人民群众的正当权益。

第二条　坚持正确舆论导向。要坚持团结稳定鼓劲、正面宣传为主，唱响主旋律，不断巩固和壮大积极健康向上的舆论。

1. 始终坚持以经济建设为中心，服从服务于改革发展稳定大局不动摇，着力推动科学发展、促进社会和谐；

2. 宣传科学理论、传播先进文化、塑造美好心灵、弘扬社会正气，增强社会责任感，坚决抵制格调低俗、有害人们身心健康的内容；

3. 加强和改进舆论监督，着眼于解决问题、推动工作，坚持准确监督、科学监督、依法监督、建设性监督；

4. 采访报道突发事件要坚持导向正确、及时准确、公开透明，全面客观报道事件动态及处置进程，推动事件的妥善处理，维护社会稳定和人心安定。

第三条　坚持新闻真实性原则。要把真实作为新闻的生命，坚持深入调查研究，报道做到真实、准确、全面、客观。

1. 要通过合法途径和方式获取新闻素材，新闻采访要出示有效的新闻记者证。认真核实新闻信息来源，确保新闻要素及情节准确；

2. 报道新闻不夸大不缩小不歪曲事实，不摆布采访报道对象，禁止虚构或制造新闻。刊播新闻报道要署作者的真名；

3. 摘转其他媒体的报道要把好事实关，不刊播违反科学和生活常识的内容；

4. 刊播了失实报道要勇于承担责任，及时更正致歉，消除不良影响。

第四条　发扬优良作风。要树立正确的世界观、人生观、价值观，加强品德修养，提高综合素质，抵制不良风气，接受社会监督。

1. 强化学习意识，养成学习习惯，不断提高政治和业务素质，增强政治意识、大局意识、责任意识，努力成为专家型新闻工作者；

2. 深入基层、贴近群众、体验生活，在深入中了解社情民意，增进与群众的感情；

3. 坚决反对和抵制各种有偿新闻和有偿不闻行为，不利用职业之便谋取不正当利益，不利用新闻报道发泄私愤，不以任何名义索取、接受采访报道对象或利害关系人的财物或其他利益，不向采访报道对象提出工作以外的要求；

4. 尊重新闻同行，反对不正当竞争。尊重他人的著作权益，引用他人的作品要注明出处，反对抄袭和剽窃行为；

5. 严格执行新闻报道与经营活动分开的规定，不以新闻报道形式做任何广告性质的宣传，编辑记者不得从事创收等经营性活动。

第五条　坚持改革创新。要遵循新闻传播规律，提高舆论引导能力，创新观念、创新内容、创新形式、创新方法、创新手段，做到体现时代性、把握规律性、富于创造性。

1. 深入研究不同传播对象的接受习惯和信息需求，主动设置议题，善于因势利导，不断提高舆论引导能力和传播能力；

2. 认真研究传播艺术，利用现代传播手段，采用受众听得懂、易接受的方式，增强新闻报道的亲和力、吸引力、感染力；

3. 善于利用新载体、新技术收集信息、发布新闻，提高时效性，扩大覆盖面。

第六条　遵纪守法。要增强法治观念，遵守宪法和法律法规，遵守党的新闻工作纪律，维护国家利益和安全，保守国家秘密。

1. 严格遵守和正确宣传国家的民族区域自治制度、各民族平等团结和宗教信仰自由政策，维护国家主权和社会稳定；

2. 维护采访报道对象的合法权益，尊重采访报道对象的正当要求，不揭个人隐私，不诽谤他人；

3. 维护未成年人、妇女、老年人和残疾人等特殊人群的合法权益，注意保护其身心健康；

4. 维护司法尊严，依法做好案件报道，不干预依法进行的司法审判活动，在法庭判决前不做定性、定罪的报道和评论；

5. 涉外报道要遵守我国涉外法律、对外政策和我国加入的国际条约。

第七条　促进国际新闻同行的交流与合作。要努力培养世界眼光和国际视野，积极搭建中国与世界交流沟通的桥梁。

1. 在国际交往中维护祖国尊严和国家利益，维护中国新闻工作者的形象；

2. 积极传播中华民族的优秀文化，增进世界各国人民对中华文化的了解；

3. 尊重各国主权、民族传统、宗教信仰和文化多样性，报道各国经济社会发展变化和优秀民族文化；

4. 积极参加有组织开展的与各国媒体和国际（区域）新闻组织的交流合作，增进了解、加深友谊，为推动建设持久和平、共同繁荣的和谐世界多做工作。

附则：对本《准则》，中国记协各级会员单位要结合实际制定相应实施细则，认真组织落实；全国新闻工作者要自觉执行；各级各专业记协要积极宣传和推动，欢迎社会各界监督。

【例题1】2009 年 11 月，（　　）颁布新修订的《中国新闻工作者职业道德准则》。

A. 新闻出版总署　　　　　　　B. 中华全国新闻工作者协会

C. 国家广播电影电视总局　　　D. 中国广播电视协会

解析：本题的正确答案是 B

1991 年 1 月 19 日，中华全国新闻工作者协会第四届理事会第一次全体会议一致通过了《中国新闻工作者职业道德准则》，这是中华人民共和国成立以后第一个正式颁布的新闻职业道德规范。1994 年 4 月，中华全国新闻工作者协会第四届第二次全体会议又对《准则》进行了修订，使其更全面、更系统。

【例题2】2009 年新修订的《中国新闻工作者职业道德准则》在第一条"全心全意为人民服务"中增加了"三个统一"的内容，具体表述为（　　）。

A. 把体现党的主张与反映人民心声统一起来

B. 把坚持正确导向与通达社情民意统一起来

C. 把坚持社会效益和经济效益统一起来

D. 把坚持正面宣传为主与加强和改进舆论监督统一起来

解析：本题的正确答案是 ABD

2009 年新修订的《中国新闻工作者职业道德准则》在第一条"全心全意为人民

服务"中增加了"三个统一"的内容，具体表述为：把体现党的主张与反映人民心声统一起来、把坚持正确导向与通达社情民意统一起来、把坚持正面宣传为主与加强和改进舆论监督统一起来。

《中国广播电视编辑记者职业道德准则》

广播电视是当今最具影响力的大众传媒之一，是党、政府和人民的喉舌。为加强广播电视队伍建设，倡导良好的职业精神和职业道德，规范广播电视编辑记者的职业行为，国家广电总局于 2004 年 12 月 2 日向社会公布《中国广播电视编辑记者职业道德准则》，准则共分责任、真实、公正、导向、品格、廉洁和附则七大部分，对广播电视编辑记者的职业行为做了详细的规范，要求广播电视编辑记者切实担负起弘扬民族精神、维护国家利益、传播先进文化、推动人类文明的崇高使命和社会责任；坚持客观公正的职业理念，忠于事实，追求真理；树立政治意识，大局意识，责任意识，坚持正确的舆论导向；恪守敬业奉献、诚实公正、团结协作的职业道德；严格做到遵纪守法、清正廉洁，反对任何形式的"有偿新闻"。

中国广播电视编辑记者职业道德准则（全文）

广播电视是当今最具影响力的大众传媒之一，是党、政府和人民的喉舌。为加强广播电视队伍建设，倡导良好的职业精神和职业道德，规范广播电视编辑记者的职业行为，特制定本准则。

一、责任

第一条 广播电视编辑记者所从事的事业，担负着传播先进文化，弘扬民族精神，维护国家利益，促进经济社会发展，推动人类文明的崇高使命和社会责任。

第二条 热爱祖国和人民，珍视国家和人民赋予的权利，全心全意为人民服务，为社会主义服务，为党和国家工作的大局服务。

第三条 忠诚党的新闻事业，坚持党性原则，坚定执行党的路线、方针、政策。

第四条 自觉遵守宪法和法律、法规。

第五条 保守国家秘密。

第六条 真实报道新闻，正确引导舆论，努力传播知识，热情提供服务，不断满足广大人民群众的精神和文化需要。

二、真实

第七条 广播电视编辑记者应该对报道内容的真实和准确负责，报道必须以事实为依据，不编造新闻，不歪曲、夸大事实。

第八条　消息来源必须真实可靠。应深入新闻现场采集第一手信息，保证新闻要素准确无误；未经证实的消息，应加以说明；除需要对提供信息者保密外，报道中应指明消息来源。

第九条　认真核实报道内容，包括基本事实、背景资料、引述转述语言等。对稿件中采用的声音、图像、数据、文件摘录及其他材料，做到真实、准确、科学、统一。

第十条　报道中的细节必须真实，不加以拔高、想象和夸张。报道所采用的声音、图像均应来自新闻现场或与报道主题相关的采编活动，而非个人编造或拼接。

第十一条　报道、说明、解释和评论事实时，要全面把握和正确反映社会生活的本质和主流，避免因为报道肤浅、片面而导致公众对事物的判断产生偏差或错误。

第十二条　报道一经发布，如果发现错误，应立即公开更正。

三、公正

第十三条　广播电视编辑记者应坚持客观公正的职业理念，坚持深入实际，调查研究，忠于事实，追求真理的职业精神。

第十四条　坚持准确、公正、全面、客观的报道原则。不从个人或小团体利益出发进行影响公共利益的报道。

第十五条　区分报道事实和评价事实，不将评论或猜测作为认定的事实发表。

第十六条　不参与任何可能有损于自身公正和信誉的组织及活动；不在自己服务的媒体上发表本人及亲属涉诉事件的报道和评论；不阻挠正当的舆论监督。

第十七条　正确行使舆论监督职能，勇于批评和揭露违法违纪行为、消极腐败现象和违背社会公德的不良风气，弘扬社会正气，捍卫社会公正，维护社会稳定。

第十八条　批评性或揭露性报道要有利于问题的解决。不追求所谓"轰动效应"、哗众取宠；不以个人情绪代替政策法律、发泄私愤、中伤他人。尊重被批评者申辩的权利。

第十九条　案件报道不应影响司法公正和法律判决。不偏袒诉讼任何一方；案件判决前，不作定罪、定性报道；不针对法庭审判活动进行暗访；报道公开审理的案件，应遵守相关法律规定。

第二十条　报道中避免对种族、性别、年龄、职业、宗教信仰、教育程度、居住地等的任何歧视。

四、导向

第二十一条 广播电视编辑记者必须树立政治意识，大局意识，责任意识，坚持正确的舆论导向。

第二十二条 把好政治关、事实关、安全播出关。杜绝政治导向问题和政策性错误，不给不良言论、有害信息提供传播渠道。

第二十三条 坚持正面宣传为主的方针，及时传达党的主张，反映人民呼声，营造积极健康向上的舆论环境。

第二十四条 报道内容要符合特定的政治、经济、文化、道德、习俗等社会环境要求。

第二十五条 坚持正确的新闻价值取向，维护国家尊严、民族荣誉和社会道德规范。不宣扬利己主义、拜金主义、享乐主义的人生观、价值观和生活方式。

第二十六条 坚持把社会效益放在首位，严肃认真地考虑新闻传播的社会效果。不片面追求经济利益，不报道危害国家安全、影响社会稳定、违背社会公德、损害公共利益的内容。坚持报道的高品质、高品位，不迎合庸俗、低级趣味。

第二十七条 对重大事件、社会热点和敏感问题的报道，应注意把握分寸、时机、力度，释疑解惑，积极引导。不炒作和蓄意制造舆论"热点"，误导受众。

五、品格

第二十八条 广播电视编辑记者应恪守敬业奉献、诚实公正、团结协作、遵纪守法的职业道德。

第二十九条 尊重公民和法人的名誉权、荣誉权，尊重个人隐私权、肖像权，不揭人隐私，避免损害他人名誉的报道。

第三十条 努力营造有利于未成年人健康成长的文化环境。不传播含有恐怖、暴力、色情、封建迷信和伪科学的内容。

第三十一条 报道意外事件，应顾及受害人及家属的感受，在提问和录音、录像时应避免对其心理造成伤害。

第三十二条 尊重和保护未成年人、妇女、老人和残疾人的合法权益。报道违法犯罪的未成年人和性侵犯的受害者时，录音、图像应经过特殊处理，使之不可辨认；不公布其真实姓名，不描述犯罪过程。

第三十三条 涉及使用其他新闻来源的报道时，应尊重其他新闻来源和相关作者的知识产权。对内容的选择应忠实于原作，不断章取义。

第三十四条 尊重采访对象的声明和要求，采访时应主动出示工作证件或单位介绍信。

第三十五条 保持良好的社会形象。进行报道活动时，衣着、语言和行为要符合大众审美情趣，避免在社会上产生不良影响。

第三十六条 同行之间互相尊重，互相学习，互相支持，开展正当的业务竞争。

六、廉洁

第三十七条 广播电视编辑记者应该清正廉洁，克己奉公，反对任何形式的"有偿新闻"。

第三十八条 不利用职务之便，直接或间接地为本人、亲属及其他人谋取私利。

第三十九条 不擅自组团进行采访活动，不参加他人擅自组织的采访活动。不以任何名义索要、接受和借用报道对象的钱物。

第四十条 不以批评报道相威胁或以表扬报道相引诱，为个人和小团体谋利。不以"公开曝光"、"编发内参"等方式要挟他人以达到个人目的或其他不正当目的。

第四十一条 严格区分新闻报道与广告，不以任何形式从事广告和其他经营活动。不利用新闻报道拉赞助、拉广告；不以新闻报道形式为企业或产品做变相广告或形象宣传；广告和广告信息应有明确广告标识。

第四十二条 自觉遵守有关廉政的规章制度和财经纪律，自觉接受公众和有关部门的监督。

七、附则

第四十三条 全国各广播电视制作、播出机构的编辑记者遵守本准则。

第四十四条 违犯本准则的编辑记者，将在行业内通报批评；触犯党纪政纪的，给予党纪政纪处分；触犯法律的，移送司法机关处理。

【例题】简述《中国广播电视编辑记者职业道德准则》的主要内容。（5分）

答：（1）《中国广播电视编辑记者职业道德准则》从责任、真实、公正、导向、品格、廉洁等方面，对广播电视编辑记者的职业行为做出了详细规范。（2.5分）

（2）要求广播电视编辑记者切实担负起弘扬民族精神、维护国家利益、传播先进文化、推动人类文明的崇高使命和社会责任。（0.5分）

（3）坚持客观公正的职业理念，忠于事实，追求真理。（0.5分）

（4）树立政治意识、大局意识、责任意识，坚持正确的舆论导向。（0.5分）

（5）恪守敬业奉献、诚实公正、团结协作的职业道德。（0.5分）

（6）严格做到遵纪守法、清正廉洁，反对任何形式的"有偿新闻"。（0.5分）

《中国广播电视播音员主持人职业道德准则》

国家广电总局于2004年12月2日向社会公布《中国广播电视播音员主持人职业道德准则》，对播音员主持人队伍的道德取向、素质要求和工作方法提出明确要求。《中国广播电视播音员主持人职业道德准则》着重强调广播电视播音员主持人作为有广泛社会影响的公众人物，应时刻保持谦虚谨慎，自觉追求德艺双馨；在工作和生活中保持良好的仪表和文明举止，自尊自爱，通过严格约束日常行为，树立良好形象，维护媒体公信力；规范使用语言文字，维护祖国语言文字的纯洁。准则并规定，播音员主持人不得将自己的名字、声音、形象用于任何带有商业目的的文章、图片及音像制品中。

中国广播电视播音员主持人职业道德准则（全文）

广播电视是当今最具影响力的大众传媒之一，是党、政府和人民的喉舌。为加强广播电视队伍建设，倡导良好的职业精神和职业道德，规范广播电视播音员主持人的职业行为，特制定本准则。

一、责任

第一条 广播电视播音员主持人所从事的事业，担负着传播先进文化，弘扬民族精神，维护国家利益，促进经济社会发展，推动人类文明的崇高使命和社会责任。

第二条 热爱祖国和人民，珍视国家和人民赋予的权利，全心全意为人民服务，为社会主义服务，为党和国家工作的大局服务。

第三条 忠诚党的新闻事业，坚持党性原则，坚定执行党的路线、方针、政策。

第四条 自觉遵守宪法和法律、法规。

第五条 保守国家秘密。

第六条 真实报道新闻，正确引导舆论，努力传播知识，热情提供服务，不断满足广大人民群众的精神和文化需要。

二、品格

第七条 广播电视播音员主持人应恪守敬业奉献、诚实公正、团结协作、遵纪守法的职业道德，谦虚谨慎，追求德艺双馨。

第八条 坚持播出内容与播出形式的高品质、高品位，不迎合低级趣味，拒绝有害于民族文化、社会公德的庸俗报道。

第九条 努力营造有利于未成年人健康成长的文化环境。不动员未成年人参与可能损害他们性格和感情的节目；对有可能被未成年人模仿而导致不良后果的播出内容和播出形式要加以防范。

第十条　采访意外事件，应顾及受害人及亲属的感受，在提问和录音、录像时应避免对其心理造成伤害。

第十一条　尊重公民和法人的名誉权、荣誉权，尊重个人隐私权、肖像权。不揭人隐私，避免损害他人名誉的报道。

第十二条　尊重和保护未成年人、妇女、老人和残疾人的合法权益。报道违法犯罪的未成年人和性侵犯的受害者时，录音、图像应经过特殊处理，使之不可辨认；不公布其真实姓名，不描述犯罪过程。

第十三条　同行之间互相尊重，互相学习，互相支持，开展正当的业务竞争。

三、形象

第十四条　广播电视播音员主持人直接代表广播电台、电视台的形象，言谈举止有着广泛的社会影响和示范效应，应自觉树立良好形象，维护媒体公信力。

第十五条　树立良好的声屏形象，尊重大众审美情趣和欣赏习惯。服饰、发型、化妆、声音、举止等要与节目（栏目）定位相协调，大方、得体，避免媚俗。

第十六条　形象设计要符合中华民族的文化传统，不盲目模仿境外和外国人的形象，不用外国人的名字作艺名。

第十七条　少儿节目主持人的服饰、发型、化妆、声音、举止要充分考虑到对未成年人的影响，展示积极健康向上的形象和精神风貌。

第十八条　严格约束日常行为。在工作和生活中要保持良好仪表和文明举止；自尊自爱，不参加任何有损于媒体形象、自身形象的组织和活动；要有公众人物的自觉意识，接受社会、公众和媒体较常人更为严格的监督。

第十九条　确立正确的公众人物观念。尊重观众、听众，热情礼貌地对待观众、听众；不以个人知名度和社会影响寻求利益，谋求优惠、照顾和方便；在涉及个人的纠纷中，不以强调个人工作身份和个人知名度影响、干扰和破坏法律、法规的实施。

第二十条　努力提高政治素养、文化内涵、语言能力、心理素质，保持外在形象和内在素质的和谐统一。

四、语言

第二十一条　广播电视播音员主持人要积极推广、普及普通话，规范使用通用语言文字，维护祖国语言和文字的纯洁，发挥示范作用。

第二十二条　除特殊需要，一律使用普通话。不模仿有地域特点的发音和表达方式，不使用对规范语言有损害的口音、语调、粗俗语言、俚语、行话，不在普通话中夹杂不必要的外文。

第二十三条　用词造句要遵守现代汉语的语法规则，语序合理，修辞恰当，层次清楚。避免滥用方言词语、文言词语、简称略语或生造词语。

第二十四条　表达要通俗易懂、准确生动、富有内涵、朴素大方。避免艰涩、易生歧义的语言和煽情、夸张的表达。

第二十五条　不追求低俗的主持风格和极端个人化的主持方式。

第二十六条　与受众和嘉宾平等交流、沟通，做到相互尊重、理解、通达、友善，赢得公众信赖。

五、廉洁

第二十七条　广播电视播音员主持人应该清正廉洁，自觉抵制拜金主义、享乐主义、个人主义的侵蚀，反对任何形式的"有偿新闻"。

第二十八条　不利用工作、身份之便，直接或间接地为本人、亲属及其他人谋取私利。

第二十九条　不以任何名义索要、接受和借用采访对象的任何钱物，采访活动中不提出与工作无关的个人要求。

第三十条　严格区分新闻报道与广告。不以新闻报道形式为企业或产品做变相广告或形象宣传。

第三十一条　不从事广告和其他经营活动。不将自己的名字、声音、形象用于任何带有商业目的的文章、图片及音像制品中。

第三十二条　不私自从事未经本单位批准的节目主持、录音、录像、配音工作及以个人盈利为目的的社会活动。

第三十三条　自觉遵守有关廉政的规章制度和财经纪律，自觉接受人民群众的监督。

六、附则

第三十四条　全国各广播电视制作、播出机构的播音员主持人遵守本准则。

第三十五条　违犯本准则的播音员主持人，将在行业内通报批评；触犯党纪政纪的，给予党纪政纪处分；触犯法律的，移送司法机关处理。

【例题】某电视台某知名主持人代言某饮料品牌。这种做法违反了（　　）。

A.《广播电视管理条例》

B.《中国广播电视编辑记者职业道德准则》

C.《中国新闻工作者职业道德准则》（2009 年 11 月 9 日修订）

D.《中国广播电视播音员主持人职业道德准则》

解析：本题的正确答案是 BCD

为加强广播电视队伍建设，倡导良好的职业精神和职业道德，规范广播电视编辑记者的职业行为，国家广电总局于 2004 年 12 月 2 日向社会公布《中国广播电视编辑记者职业道德准则》，准则共分责任、真实、公正、导向、品格、廉洁和附则七大部分，对广播电视编辑记者的职业行为做了详细的规范。《中国广播电视播音员主持人职业道德准则》着重强调广播电视播音员主持人作为有广泛社会影响的公众人物，应时刻保持谦虚谨慎，自觉追求德艺双馨；在工作和生活中保持良好的仪表和文明举止，自尊自爱，通过严格约束日常行为，树立良好形象，维护媒体公信力；规范使用语言文字，维护祖国语言文字的纯洁。准则并规定，播音员主持人不得将自己的名字、声音、形象用于任何带有商业目的的文章、图片及音像制品中。A 选项是用于管理电视节目，与题目无关。

【例题 2】《中国广播电视播音员主持人职业道德准则》共分责任、（　　　）、形象、语言、廉洁和附则六大部分。

A. 真实　　　　　B. 公正　　　　　C. 品格　　　　　D. 导向

解析：本题的正确答案是 C

国家广电总局于 2004 年 12 月 2 日向社会公布《中国广播电视播音员主持人职业道德准则》，对播音员主持人队伍的道德取向、素质要求和工作方法提出明确要求。共分责任、品格、形象、语言、廉洁和附则六大部分。

《新闻从业人员职务行为信息管理办法》

改革开放以来，我国新闻队伍不断壮大，成为党和国家新闻宣传工作的主力军。但是，近年来，一些新闻从业人员滥用职务行为信息，随意传播、散布涉密信息，擅自将职务活动中获悉的信息发布在网络社交平台，有的利用职务便利或职务影响谋取不正当利益，导致违法犯罪。这些行为干扰了新闻传播秩序，损害了党和国家利益。加强新闻从业人员职务行为信息管理，是新形势下加强队伍建设、维护新闻传播秩序的迫切要求，也是推动新闻事业健康发展的重要保障。

为加强新闻从业人员职务行为信息管理，维护新闻传播秩序，推动新闻事业健康发展，国家新闻出版广电总局对照我国保密、劳动用工、著作权、新闻出版等法律法规及微博、博客等相关管理规定，于2014年6月30日，向社会公布《新闻从业人员职务行为信息管理办法》。

新闻从业人员职务行为信息管理办法（全文）

第一条 为加强新闻从业人员职务行为信息的管理，规范新闻传播秩序，根据《保守国家秘密法》、《劳动合同法》、《著作权法》等有关法律法规，制定本办法。

第二条 本办法所称新闻从业人员职务行为信息，是指新闻单位的记者、编辑、播音员、主持人等新闻采编人员及提供技术支持等辅助活动的其他新闻从业人员，在从事采访、参加会议、听取传达、阅读文件等职务活动中，获取的各类信息、素材以及所采制的新闻作品，其中包含国家秘密、商业秘密、未公开披露的信息等。

第三条 新闻单位要坚持依法依规、趋利避害、善管善用、可管可控的原则，加强职务行为信息管理，确保新闻从业人员职务行为信息使用科学合理、规范有序。

第四条 新闻单位应健全保密制度，对新闻从业人员在职务行为中接触的国家秘密信息，应明确知悉范围和保密期限，健全国家秘密载体的收发、传递、使用、复制、保存和销毁制度，禁止非法复制、记录、存储国家秘密，禁止在任何媒体以任何形式传递国家秘密，禁止在私人交往和通信中涉及国家秘密。

新闻从业人员上岗应当经过保密教育培训，并签订保密承诺书。

第五条 新闻单位应按照《劳动合同法》的有关规定，与新闻从业人员就职务行为信息中的商业秘密、未公开披露的信息、职务作品等与知识产权相关的保密事项，签订职务行为信息保密协议，建立职务行为信息统一管理制度。

保密协议须分类明确新闻从业人员职务行为信息的权利归属、使用规范、离岗离职后的义务和违约责任。

新闻从业人员不得违反保密协议的约定，向其他境内外媒体、网站提供职务行为信息，或者担任境外媒体的"特约记者"、"特约通讯员"、"特约撰稿人"或专栏作者等。

第六条 新闻从业人员不得利用职务行为信息谋取不正当利益。

第七条 新闻从业人员以职务身份开设博客、微博、微信等，须经所在新闻单位批准备案，所在单位负有日常监管职责。

新闻从业人员不得违反保密协议的约定，通过博客、微博、微信公众账号或个人账号等任何渠道，以及论坛、讲座等任何场所，透露、发布职务行为信息。

第八条 新闻从业人员离岗离职要交回所有涉密材料、文件，在法律规定或协议约定的保密期限内履行保密义务。

第九条 新闻单位须将签署保密承诺书和职务行为信息保密协议，作为新闻从业人员劳动聘用和职务任用的必要条件，未签订的不得聘用和任用。

第十条 新闻采编人员申领、换领新闻记者证，须按照《新闻记者证管理办法》的规定提交有关申报材料，申报材料中未包含保密承诺书和职务行为信息保密协议的，不予核发新闻记者证。

第十一条 新闻单位应在参加新闻记者证年度核验时，向新闻出版广电行政部门报告新闻从业人员保密承诺书和保密协议签订、执行情况。

第十二条 新闻从业人员违反保密承诺和保密协议、擅自使用职务行为信息的，新闻单位应依照合同追究违约责任，视情节作出行政处理或纪律处分，并追究其民事责任。

第十三条 新闻单位的主管主办单位应督促所属新闻单位健全保密承诺和保密协议制度，履行管理责任；新闻出版广电行政部门应加强本行政区域内新闻单位职务行为信息管理情况的日常监督检查。

第十四条 新闻从业人员擅自发布职务行为信息造成严重后果的，由新闻出版广电行政部门依法吊销新闻记者证，列入不良从业行为记录，做出禁业或限业处理。

第十五条 新闻单位对新闻从业人员职务行为信息管理混乱，造成失密泄密、敲诈勒索、侵权等严重问题的，由新闻出版广电行政部门等依法查处，责令整改，对拒不改正或整改不到位的不予通过年度核验，情节严重的撤销许可证，并依法追究新闻单位负责人和直接责任人的责任。

第十六条 新闻从业人员违反规定使用职务行为信息造成失密泄密的，依法追究相关人员责任，涉嫌违法犯罪的移送司法机关处理。

第十七条 本办法自发布之日起施行。

第三部分

广播电视常识

一、新中国广播电视发展简况

（分值比重：★★★）

延安新华广播电台

中国共产党创办的第一座人民广播电台，1940 年 12 月 30 日在延安开始播音，呼号 XNCR，是中央人民广播电台的前身。1941 年 12 月 3 日开办日语广播。1943 年春，因电子管损坏而暂停播音。1945 年 8 月中旬于抗战胜利之时恢复播出。解放战争时期，1947 年 3 月中旬迁至瓦窑堡（现子长县）继续播音，于 3 月 21 日改名为陕北新华广播电台。此后，随着战局形势的发展，曾先后转移到河北省涉县、平山县境内播音。从 1947 年 9 月起开办了英语广播节目。延安、陕北台的节目及时宣传中国共产党和人民军队的政策和主张，办有新闻、评论节目，并办有《解放区介绍》、《人民呼声》、《对国民党军广播》等专题节目。国统区听众称之为"茫茫黑夜中的灯塔"，在解放战争中起到巨大作用。

1949 年 3 月 25 日，陕北台迁进北平，改名为北平新华广播电台，开始具有中央台的性质，播音时间逐年增加。同年 9 月 27 日改名北京新华广播电台，12 月 5 日定名为中央人民广播电台。延安时期的广播发射机，1956 年被送到中国人民革命历史博物馆。

【例题】在不同历史时期，中央人民广播电台曾使用过（　　）等名称。

A. 北京新华广播电台　　　　　B. 北平新华广播电台

C. 陕北新华广播电台　　　　　D. 延安新华广播电台

解析：本题的正确答案是 ABCD

延安新华广播电台是中国共产党创办的第一座人民广播电台，1940 年 12 月 30 日在延安开始播音，呼号 XNCR；解放战争时期，1947 年 3 月中旬迁至瓦窑堡（现子长县）继续播音，于 3 月 21 日改名为陕北新华广播电台；1949 年 3 月 25 日，陕北台迁进北平，改名为北平新华广播电台，开始具有中央台的性质，播音时间逐年增加。同年 9 月 27 日改名北京新华广播电台，12 月 5 日定名为中央人民广播电台。

北平新华广播电台

中央人民广播电台的前身。陕北新华广播电台于 1949 年 3 月 25 进入北平后使用的台名，同年 9 月 1 日改名北平新华广播电台第一台，9 月 27 日又改名北京新华广播电台第一台，12 月 5 日定名为中央人民广播电台。另外也是北京人民广播电台最初的台名。

1949 年 2 月 2 日开始播音，陕北台迁进北平使用此名后，即改名北平人民广播电台。同年 9 月 1 日起，改称北平新华广播电台第二台，同年 12 月 5 日，又改称北京人民广播电台。

中央广播事业局

简称广播事业局。中华人民共和国主管广播电视工作的部门，1949 年 10 月成立，当时属中央人民政府新闻总署领导。1952 年 2 月新闻总署撤销后，由政务院文化教育委员会领导，宣传业务由中共中央宣传部领导。1954 年 11 月起为国务院直属机构，技术行政业务由国务院第二办公室（一度由文化部）领导，宣传业务仍由中宣部领导。主要职责为领导和管理全国各地的广播电台和电视台，制定广播电视事业发展规划，代表国家参与相应国际行业组织等。历任局长有：李强、梅益、邓岗、张香山等。1982 年 5 月，根据第五届全国人民代表大会常务委员会第 23 次会议决定撤销该局，其职责划归新成立的广播电视部。

国家广播电影电视总局

国家广播电影电视总局是中华人民共和国负责广播电视宣传和广播电影电视事业的国务院直属机构（正部级），是全国广播电影电视业发展和行业管理的行政主管部门。1998 年 3 月根据第九届全国人民代表大会第一次会议审议批准的国务院组成部门设置方案和经国务院第一次全体会议审议通过的国务院直属机构、办事机构、直属事业单位设置方案，由广播电影电视部改组而成。

中央人民广播电台（CNR）

创办于 1940 年 12 月 30 日，是中国国家广播电台，是中国重要的、最具影响力的综合性大型传媒之一，也是世界上最大的华语广播机构。英文译名为 China National Radio，缩写为"CNR"。中央人民广播电台现办有中国之声、经济之声、音乐之声、都市之声、中华之声、神州之声、华夏之声、民族之声、文艺之声、老年之声、藏语广播、维吾尔语广播、娱乐广播、香港之声、中国高速公路交通广播、中国乡村之声等 16 套无线广播节目，全天累计播音 339.5 小时。中央人民广播电台是目前中国唯一覆盖全国的广播电台，拥有听众超过 7 亿，是世界上拥有听众最多的广播电台之一。

中央人民广播电台以"世界眼光，开放胸怀，内合外联，多元发展"为战略思路，以"使命、创新、卓越、和谐"为价值理念，正在向全媒体集团转型。目前办有中国最大的广播音频网站"中国广播网"及"中国民族广播网"、"你好，台湾网"、网络电台"银河台"，开办了 4 套数字广播节目、2 套数字电视频道《幸福购物》和《家庭健康》、1 套手机电视频道《央广视讯》及 3 套手机广播节目。2012年，央广手机台在三大运行商平台用户总数 8600 多万，在专网手机视频业内排名第一，已成为国内目前最大的正版手机电视节目版权集成运营平台。此外，中央人民广播电台还主办了《中国广播》杂志、《音乐之声》杂志、《中国广播报》等平面媒体，设有中国广播音像出版社等机构。目前，中央人民广播电台已成为包括传统广播、报刊出版、互联网电视、手机电视、手机广播等在内的全媒体生产主体。中央人民广播电台下设的全资公司——央广传媒发展总公司，已成为中国广播产业开发的重要标志。

中央人民广播电台在中国各省、自治区、直辖市、计划单列市及香港特别行政区、澳门特别行政区设有 40 个记者站，在中国台湾地区派有驻点记者；解放军四总部、各大军区、各军兵种、武警部队等也分别设置 19 个军事记者站，为中央人民广播电台提供信息。中央人民广播电台发起成立了至今拥有全国 210 家电台的中国广播联盟和中国广播电视协会广播版权委员会，并携手世界各大华语广播机构建立了全球华语广播网，与全球大多数国家和地区的知名传媒机构建立了广泛的业务合作关系。

中央人民广播电台拥有国内领先，国际一流的数字多媒体演播厅、录音棚和音乐厅，节目制作、存储、播出、传输全面实现数字化。中央人民广播电台是中国拥有高级编辑、高级记者、播音指导、高级工程师、译审等高水平业务人才最多的广播电台，拥有强大的节目制作能力和一流的节目制作水平，节目多次获得亚广联奖、柏林未来奖等国际和国内大奖，在中国乃至世界广播界享有盛誉。

中国国际广播电台（CRI）

创办于 1941 年 12 月 3 日，是中国向全世界广播的国家广播电台，是我国唯一一家专门从事国际传播的广播传媒。其宗旨是"向世界介绍中国，向中国介绍世界，向世界报道世界，增进中国人民与世界各国人民之间的了解和友谊"。英文译名为 China Radio International，缩写为 CRI。

中国国际广播电台现使用 43 种语言向全世界传播，覆盖全球 98% 的人口，现已成为拥有"音、视、网、报、刊"及多媒体移动终端的全资质国家级综合媒体。就使用语种、播出时数和听众来信数量而言，中国国际广播电台已经成为世界主要国际广播电台之一。

2006 年 2 月 27 日，中国国际广播电台在海外开设的第一家调频电台——肯尼亚内罗毕调频台（FM91.9）开播，开创了中国对外广播在境外整频率落地的先河。截至目前，中国国际广播电台拥有 81 家境外整频率电台，覆盖世界五大洲 70 多个国家和地区。

中国国际广播电台开办了 5 套对国内广播的外宣节目，分别是"环球资讯广播"、"英语综合广播"（轻松调频 EASY FM）、"国际流行音乐广播"（劲曲调频 HIT FM）、"英语环球广播"和"外语教学广播"。分别在北京、上海、广州、深圳、合肥、乌鲁木齐、天津、重庆、厦门、烟台等国内大中城市播出。

2011 年 1 月 18 日，中国国际广播电视网络台（CIBN）正式成立，它是新媒体领域的国家广播电视播出机构，是中国国际广播电台适应当代网络、数字等新媒体技术发展趋势，实现无疆界、跨媒体综合传播做出的重大选择。中国国际广播电视网络台以多语种、多类型、多终端为特色，涵盖多语种网站集群、多语种网络电台集群、多语种网络电视频道和多语种移动服务终端等新媒体业态，致力于向全球受众提供更好的时事、政治、经济、文化、体育、旅游、社会和汉语教学等综合信息服务。

中国国际广播电台从 1999 年 10 月开始制作并向全国传送国际新闻电视节目，用户遍及全国 100 多个频道、台。数字付费频道《环球奇观》于 2006 年 5 月 8 日开播，向受众 24 小时滚动播出各类国际资讯、全球奇人奇事。主办的《世界新闻报》，以报道国际新闻为主，面向全国发行，此外还办有 35 种外文报刊，拥有中国国际广播出版社和中国国际广播音像出版社。

2007 年 12 月 6 日，中国国际广播电台成立了广播孔子学院，先后在国外兴建了十几家广播孔子课堂，开展汉语教学和中国文化推广。

中国国际广播电台在世界重要国家和地区建有 38 个海外地区总站和记者站，遍布世界主要地区，并在国内各省、市、自治区以及香港、澳门特别行政区建有记者站，拥有庞大的信息网。随时为全球受众提供快捷、丰富的资讯。

【例题】2011 年 12 月 3 日是中国国际广播电台创建（　　）周年纪念日。

A. 55　　　　　　B. 60　　　　　　C. 65　　　　　　D. 70

解析：本题的正确答案是 D

中国国际广播电台（CRI）创办于 1941 年 12 月 3 日，是中国向全世界广播的国家广播电台，是我国唯一一家专门从事国际传播的广播传媒。其宗旨是"向世界介绍中国，向中国介绍世界，向世界报道世界，增进中国人民与世界各国人民之间的了解和友谊"。英文译名为 China Radio International，缩写为 CRI。

中央电视台（CCTV）

中国国家电视台，1958 年 5 月 1 日试播，9 月 2 日正式播出。初名北京电视台，1978 年 5 月 1 日更名为中央电视台，英文译名为 China Central Television，缩写为 CCTV。

中央电视台是中国重要的新闻舆论机构，是党、政府和人民的重要喉舌，是中国重要的思想文化阵地，是当今中国最具竞争力的主流媒体之一，具有传播新闻、社会教育、文化娱乐、信息服务等多种功能，是全国公众获取信息的主要渠道，也是中国了解世界、世界了解中国的重要窗口，在国际上的影响正日益增强。

中国中央电视台现开办有 23 个开路播出的电视频道，内容几乎涵盖社会生活的各个领域。全台每天播出时长近 856 小时，其中开路 23 个频道日均播出 527.5 小时，16 个付费频道日均播出 328.5 小时。全国人口覆盖率达 90%，观众超过 11 亿人。

中央电视台节目信号覆盖全球，在 141 个国家和地区实现了落地入户。中文国际频道分为亚洲、美洲、欧洲三版播出，此外还有英语、法语、西班牙语、阿拉伯语和俄语频道，初步形成多频道、多版面、多语种、多渠道的电视外宣新格局。

中国中央电视台目前在全球设有 31 个海外记者站（2 个中心记者站，29 个记者站），常驻记者 89 人。2010 年年底，中央电视台海外站点数量达到 50 个，其中包含欧洲、美洲、亚太、中东、拉美、非洲和俄罗斯七大中心记者站，海外记者队伍规模超过 200 人。2011 年，中央电视台新建 16 个记者站，海外记者总人数达到 250 人。形成了以中心记者站为核心，海外记者站为依托的全球电视新闻采编网络。中央电视台还在全国范围建成了 30 多个应急报道点，形成新闻快速反应的报道格局。

此外，中央电视台开办有中国网络电视台、《中国电视报》和面向全国公开发行的刊物《电视研究》、《现代电视技术》等，拥有国内最大的广播影视音像资料馆（与广电总局共建）。

中央电视台正大力推进品牌化战略，加快推进国际化战略，不断提升舆论引导能力和国际传播能力，加快数字化、网络化进程，深化管理机制改革，实行规模化发展、集约化经营，推进传统优势产业与新媒体、新业务齐头并进，事业产业协调发展，实现新突破，开创新局面，"努力把中央电视台建成技术先进、信息量大、覆盖广泛、影响力强的国际一流媒体"。

中国广播网（www. cnr. cn）

中央重点新闻网站之一，是中央人民广播电台网站。1998 年 8 月 13 日注册开通，为中央人民广播电台网站（www. cnradio. com），2002 年 1 月 1 日更名为"中国广播网"。

中国广播网创建以来，致力于把中国的声音传向世界，打造全球最大中文音频网络门户。目前，中国广播网共设有新闻、财经、体育、评论、听天下等 30 个频道，700 个栏目，58 个论坛板块，网站页面总数近 1000 万。可实现中央电台 16 套无线广播节目网络直播和在线点播，全国 227 个广播电台、40 个地方记者声音采集站、19 个军事记者声音采集站、全球 40 个国家华语广播音频节目、中国 200 多所重点高校广播节目、48 万个版权声音节目、4 万小时移动有声阅读节目、200 个中文签约音乐家及音像出版社声音作品面向全球传播。中国广播网已积累中国声音数据库 20TB，作为全球最大的中文正版声音节目媒资库，覆盖中国 5 亿多中文网民、10 亿手机用户，服务全球 15 亿华人用户。同时，基于中国广播网开办的央广广播电视网络台已正式上线。中国广播网融合无线广播、网络电台、有声手机报、手机广播电视、网络广播电视等多媒体、多层次、多渠道互动的传播体系，实现了音频、视频、文字、图片等新闻信息的高速同步播发。

国际在线（www. cri. com. cn）

中央重点新闻网站之一，是中国国际广播电台网站，1998 年 12 月 26 日正式对外发布。

国际在线是中国语种最多的网络平台，用 61 种语言发布，旨在介绍中国的政治、经济、体育和文化等各个方面，主要提供新闻、文化和经济类信息，并以丰富的音频节目为特色，现已发展成为囊括了环球网络电台、网络电视和播客平台等新媒体在内的多媒体集群网站。

国际在线的访问者来自世界 180 多个国家和地区，日均页面浏览量 1900 万。此外，通过开展对外合作，转载国际在线内容的境外网站不断增加。据不完全统计，世界范围内链接国际在线各语种网站首页的网站数量已经达到近 1.5 万个。到目前为止，国际在线已经陆续开通了 18 家环球网络电台。

中国网络电视台（CNTV）

中国网络电视台（China Network Television，简称 CNTV）是中国国家网络电视播出机构，是以视听互动为核心、融网络特色与电视特色于一体的全球化、多语种、多终端的网络视频公共服务平台。2009 年 12 月 28 日正式开播，域名为 www. cntv. cn。

中国网络电视台充分发挥电视平台和网络平台的双平台优势，对国际国内重大政治、经济、社会、文化、体育等活动和事件以网络视听的形式进行快速、真实的报道和传播；同时着力为全球用户提供包括视频直播、点播、上传、搜索、分享等在内的，方便快捷的"全功能"服务，成为深受用户喜爱的公共信息娱乐网络视频平台。中国网络电视台以"参与式电视体验"为产品理念，在对传统电视节目资源再生产、再加工以及碎片化处理的同时，着力打造网络原创品牌节目，鼓励网友原创和分享。注重用户体验，不断完善服务体系，让网友在轻松体验高品质视听服务的同时，更多地参与到网络互动中来。中国网络电视台开播首期上线的内容包括首页、客户端、新闻台、体育台、综艺台、爱西柚（播客台）及爱布谷（搜视台）。从 2010 年开始，中国网络电视台还将陆续上线包括电影、电视剧、纪录片、财经、探索、健康、气象、家居、旅游、教育、民族、音乐等系列内容服务。

【例题 1】中国网络电视台（简称 CNTV）是中国国家网络电视播出机构，它以视听互动为核心，是一个融网络特色与电视台特色于一体的全球化、多语种、多终端的（　　　）。

A. 网络视频公共服务平台　　　　B. 电视节目播出与运营机构

C. 交互式电视机构　　　　　　　D. 多媒体节目视听平台

解析：本题的正确答案是 A

中国网络电视台（China Network Television，简称 CNTV）是中国国家网络电视播出机构，是以视听互动为核心、融网络特色与电视特色于一体的全球化、多语种、多终端的网络视频公共服务平台。2009 年 12 月 28 日正式开播，域名为 www. cntv. cn。中国网络电视台充分发挥电视平台和网络平台的双平台优势，对国际国内重大政治、经济、社会、文化、体育等活动和事件以网络视听的形式进行快速、真实的报道和传播；同时着力为全球用户提供包括视频直播、点播、上传、搜索、分享等在内的，方便快捷的"全功能"服务，成为深受用户喜爱的公共信息娱乐网络视频平台。

【例题 2】网络电视又称（　　　），它将电视机、个人电脑及手持设备作为显示终端，通过机顶盒或计算机接入宽带网络，给人们带来全新的电视观看方法。

A. CATV　　　　B. IPTV　　　　C. HDTV　　　　D. DTV

解析：本题的正确答案是 B

网络电视又称 IPTV（Interactive Personality TV），它基于宽带高速 IP 网，以网络视频资源为主体，将电视机、个人电脑及手持设备作为显示终端，通过机顶盒或计算机接入宽带网络，实现数字电视、时移电视、互动电视等服务，网络电视的出现给人们带来了一种全新的电视观看方法，它改变了以往被动的电视观看模式，实现了电视以网络为基础按需观看、随看随停的便捷方式。A 选项是广电有线电视网络，C 选项是高清晰度电视，D 选项是数字电视。

综合习题练习

【习题 1】中国人自己建立的第一座广播电台是（　　　）。

A. 延安新华广播电台

B. 哈尔滨广播无线电台

C. 陕北新华广播电台

D. 北平新华广播电台

解析：本题的正确答案是 B

1926 年 10 月 1 日开始广播的哈尔滨广播电台是中国人自办（官办）第一座广播电台，由我国早期著名无线电专家刘翰主持创建。

【习题2】为解决广大农民群众听广播、看电视难的问题，从1998年起党中央、国务院开始实施（　　）。

    A．"广播电视下乡工程"　　　　　　B．"四级办广播电视"

    C．"广播电视四级混合覆盖"　　　　D．"广播电视村村通工程"

解析：本题的正确答案是 D

"广播电视村村通工程"是为了解决广播电视信号覆盖"盲区"农民群众收听广播、收看电视问题而由国家组织实施的一项民心工程，从1998年开始实施。

【习题3】中国中央电视台现开办16套电视节目，其中军事和（　　）合用一个频道。

    A．科技　　　　B．体育　　　　C．农业　　　　D．戏曲

解析：本题的正确答案是 C

中国中央电视台现开办16套电视节目，其中军事和农业合用一个频道。

【习题4】2011年新华社创建80周年，其前身是1931年11月7日在江西瑞金创建的（　　）。

    A．事实通讯社　　　　　　　　　　B．青年联合通讯社

    C．平民通讯社　　　　　　　　　　D．红色中华通讯社

解析：本题的正确答案是 D

新华通讯社的前身是红色中华通讯社（简称红中社），1931年11月7日在江西瑞金成立，是中国共产党领导下成立最早的新闻机构。自诞生之日起，发挥着在党中央直接领导下的喉舌耳目作用，为中国革命胜利做出了重要贡献。

【习题5】1949年10月1日，（　　）与丁一岚一道现场直播了开国大典的盛况。

    A．梅益　　　　B．方明　　　　C．夏青　　　　D．齐越

解析：本题的正确答案是 D

1949年10月1日，齐越与丁一岚一道现场直播了开国大典的盛况。

二、广播电视节目概述

（分值比重：★★★★）

（了解广播电视传播符号，熟悉广播电视的传播特点，熟练掌握广播电视新闻的语言表达，广播电视新闻语言表达的基本原则，广播新闻中音响与文字的关系以及电视新闻中画面、文字、音响的关系）

广播电视节目

广播电视节目是广播电台、电视台所有播出内容的基本组织形式和播出形式。它是一个按时间段划分、按线性传播的方式安排和表现内容、依时间顺序播送内容的多层次系统。就一个台来说，至少包括三个层次：

1. 一套节目，即一个台每天以同一呼号或在同一频率、频道中播出的全部节目，它们是按时间顺序排列的节目群，形成节目的顺时链；

2. 一个节目，即在特定时间段、连续播出的具体内容整体，这个节目既是顺时链的一环，自身又可由每天在同一时间段播出的多次节目组成自成一体的历时链，属于整个节目系统的基本层，又称做栏目；

3. 一次节目，即在当天某一特定时间播出的具体内容的整体，它是节目历时链的具体环节，属于整个节目系统的基础层次。

这三个层次以统辖—隶属的关系，构成了一个台的有机节目系统。如果一个台有几套节目，那么在同一时间内就有几个节目在播出，这些节目之间又形成了共时链的关系。整个系统形成了梯级构建。而作为节目系统的基础层次的一次节目，本身也是完整的微观系统，往往包含着一系列下属概念，如报道形式、样式、体裁等。

广播、电视节目存在着多种分类。按内容性质可分为新闻性节目、教育性节目、文艺性节目和服务性节目；按内容构成和组合形式可分为综合节目、专题节目、杂志型节目；按播出方式可分为直播节目和录播节目；按播出时间可分为定期节目、特别节目、插播节目；按播出次数与内容的关系可分为首播节目、重播节目和滚动节目，等等。

【例题1】（　　）指的是载波频率在 526.5～1605.5 千赫兹频段的广播。

A. 短波广播　　　B. 中波广播　　　C. 调频广播　　　D. 调幅广播

解析：本题的正确答案是 B

载波频率在 526.5～1605.5 千赫兹频段（MF）的广播，称为中波广播。载波频率在 2.3～26.1 兆赫兹频段（HF）的广播，称为短波广播。短波可传播几百甚至几千公里之外，一般用于国际广播。

【例题2】就传输方式而言，以互联网为平台播出的网络广播属于（　　）。

A. 调频广播　　　　　　　　　B. 调幅广播

C. 数字音频广播　　　　　　　D. 模拟广播

解析：本题的正确答案是 C

调频广播使用频率变化携带信息；调幅广播使用幅度变化携带信息。根据是携带模拟信息还是数字信息的无线广播分为模拟广播和数字广播。数字广播是指将数字化了的音频信号、视频信号，以及各种数据信号，在数字状态下进行各种编码、调制、传递等处理。所以，以互联网为平台播出的网络广播属于数字音频广播。

【例题3】（　　）抗干扰能力强，噪声小，音质较好，是目前城市广播覆盖的主要手段。

A. 调幅广播　　　　　　　　　B. 调频广播

C. 中波广播　　　　　　　　　D. 短波广播

解析：本题的正确答案是 B

调频广播抗干扰能力强，噪声小，音质较好，是目前城市广播覆盖的主要手段。

【例题4】按内容性质划分，广播电视节目有哪几种类型？

答：（1）新闻性节目；（1.5分）

　　（2）教育性节目；（1.5分）

　　（3）文艺性节目；（1分）

　　（4）服务性节目。（1分）

广播电视的传播特点

广播的传播特点主要有：

1. 传播迅速，信息量大。广播的采录设备小巧灵活、机动性强，制作简单，便于记者迅速采制报道，能够在第一时间发布信息，甚至做到于事件发生发展过程中进行同步报道。

2. 听众广泛，覆盖面广。听众收听广播受到的限制相对较小，不需要受众具有很高的文化程度，听众范围较广泛。广播媒介的覆盖相对于电视媒介也更容易；广播可以伴随接收——边做事情边收听或在移动状态下收听。因而常被称为伴随型媒介，扩大了接受的可能。这一特色使广播在未来的媒介格局中拥有了更大的主动权。

3. 声情并茂，参与性强。通过声音传递信息，使广播相对来说具有更强的传真、传情的能力，更具亲和力和参与感。另外从技术上说，受众直接参与广播节目的方便性、隐匿性特点，也使得广播的参与性强于其他媒介。

4. 转瞬即逝，不易保存。广播是以声音为唯一传播符号的媒介，听众在收听的过程中，信息转瞬即逝，使受众对传播内容不易留下深刻印象，特别是对一些复杂抽象的内容，很难在稍纵即逝的条件下获得透彻理解。相对来说，报纸、杂志则可以通过反复阅读、思考，来理解难懂的问题或语词。另外，广播节目如要保存必须事先准备好录音设备，不便于受众随时随地保存信息。

5. 线性传播的选择性差。报纸以"面"的、实体的形式呈现在读者面前，读者读报可以按自己的需要和兴趣选择内容，拥有较强的自主和选择权。而广播则需按时间顺序安排内容，以接连不断的"线"性形式一一呈现出来，受众只能依顺序接收，很难自主选择自己喜爱的节目和内容，也就难以主动把握重点。在特定时间里，受众只能有效地接收一套节目，不能提前、不能推后，更不能错过接收时间。受众的选择权是不完全的。

电视的传播特点主要有：

1. 信息符号视听兼备，声像互动，可以传递比其他媒介更多的信息。电视同时调动图像、声音、文字和画面景别、角度、色彩等手段传播信息，以达到真实、全面、生动地反映社会生活的目的。

2. 长于再现，重构时空，现场感强烈。电视在真实再现事物的变化过程方面，具有得天独厚的优势。在现实中事物发展变化的信息往往是多形式全方位同时发生的，例如，伴随着一个具体事物发展变化的氛围、条件等，电视可以较全面地记录反映这一状况，使观众真正进入见其人、闻其声的接收状态。

3. 时效性强。同广播媒介一样，随着传播技术的不断进步，电视的采制设备也日益趋向小型化，大大提高了其传播效率，时效性越来越强。

4. 在传播劣势上，同广播一样，电视也存在转瞬即逝、不易保存，信息选择性差的劣势。除此之外，电视画面传播的局限性也成为限制。影视符号是感性的符号形式，不具备抽象性和概括性。它是个别的、特殊的，长于展示而拙于阐释。另外影视符号有孤立影像含义的不确定性。

【例题】与报纸受众相比，在广播电视传播中，受众的选择权是不完全的，其原因在于（　　）。

A. 广播电视是具象传播　　　　B. 广播电视是大众传播

C. 广播电视是线性传播　　　　D. 广播电视是现代传播

解析：本题的正确答案是 C

报纸以"面"的、实体的形式呈现在读者面前，读者读报可以按自己的需要和兴趣选择内容，拥有较强的自主和选择权。而广播则需按时间顺序安排内容，以接连不断的"线"性形式一一呈现出来，受众只能依顺序接收，很难自主选择自己喜爱的节目和内容，也就难以主动把握重点。在特定时间里，受众只能有效地接收一套节目，不能提前、不能推后，更不能错过接收时间。受众的选择权是不完全的。

广播的传播符号

广播的传播符号是声音，各种声音按不同的特性，被划分为三个类别：语言、音响和音乐。

广播语言是指传播者在节目中进行播报、解释、说明等内容的单纯语言表达，是广播运载信息最基本的符号系统。在新闻类广播节目中，语言的基本形态有三种：一是新闻播音语言，二是新闻报道语言，三是实况语言。新闻播音语言，是指广播电视新闻传播机构承担向受众口头传播语言信息（即"播音"）工作的人在播讲稿件时使用的语言，其特点是规范。新闻报道语言是指新闻信息传播机构中承担信息采集、编辑报道工作的人（记者、编辑）为报道新闻而播讲报道词、解说词时使用的语言，它比播音语言更自然。实况语言是新闻事件及记者在采访活动中发生的语言交流，具有原始的真实性，在三种声音中最为自然。

音乐是通过组织音乐表现情感的声音。在广播中，音乐的存在形式有三种：一种叫做音乐节目，一种叫做节目音乐，一种叫做实况音乐。音乐节目是专门提供音乐审美供受众欣赏的节目，它不为广播所专有；节目音乐主要担负在节目中配合、辅助其他传播要素的功用，如开始曲、间隔乐、配乐等；实况音乐则是新闻事实的有机组成部分。新闻节目以传播信息为目的，要求在形式上尽可能客观公正，因而在新闻类节目中，可以采用节目音乐来提高可听性。至于在文艺等其他类型的节目中，节目音乐的运用更为广泛。

音响在不同的语境中，有不同的含义。就一般意义而言，它可以作为"声音"的同义语。在广播中，它被用来指报道、解说语言（不包括采访对话语言）和音乐节目、节目音乐以外的一切声音。当它在广播新闻中与语言、音乐概念并举时，所指的是除去演播室语言和音乐以外的声音。在广播传播中的音响，可分为实况音响与音响效果两种。实况音响是客观物质运动声波的真实再现，具有现实还原的特点。对实况音响而言，声音的客观存在是其真实感的来源。

实况音响的类别有：从内容上分为人声和物声，时间上分为实况音响和资料音响，在与采录者的关系上分为主观音响与客观音响，从在节目中发挥的作用上分为主题音响与辅助音响，从声音的地位上分为主体音响和背景音响。音响效果是信息传播者制造出来的或转借来的声音，它与实况音响的区别在于，实况音响具有客观真实性，而音响效果仅具有真实感，不具有客观真实性。正是由于这个原因，新闻节目一般不使用音响效果。其他类别的节目，在非客观再现的情况下，可以用它来增强传播效果。

【例题】广播是用声音传播的，其声音形式包括（　　　）。

A. 语言　　　　　B. 音响　　　　　C. 音乐　　　　　D. 现场实况

解析：本题的正确答案是 ABC

广播的传播符号是声音，各种声音按不同的特性，被划分为三个类别：语言、音响和音乐。

电视的传播符号

电视的传播符号是声音和图像。各种声音及声音的不同组合方式，被分为三个类别：语言、音响、音乐。

图像在形式上大致可分为：

1. 文字

在电视中，文字的出现有两种情况：一是画面内的文字；二是编辑制作时加上去的文字，称为"屏幕文字"或"字幕"。画面文字是指摄录的影像内存在的文字（如匾额、会标、标语等）。画面文字使用得当，可以自然、准确地传达明确的信息。"屏幕文字"是指根据节目信息传达的需要，在后期制作或播出时加在影像、屏幕上的文字。

　　文字是语言的空间形式，因而从原则上讲，有声语言所能发挥的作用，文字同样可以发挥。然而，在电视当中，它不是有声语言的简单替代，而是作为一种独立的传播要素发挥作用，特别是在某些有声语言无能为力的场所发挥作用。与影像等相比，文字在传达信息时具有抽象概括的能力，具有间接、明确、灵活的优势，因而在电视传播中常用于辅助其他形式的图像和声音传达准确的限定性信息，弥补影像多义性和声音易产生歧义等局限，发挥补充、说明、介绍、引导、强调、扩大信息量和美化画面构图等各种作用。文字还能在电视中单独传达信息，如在不中断节目播出的情况下以字幕的形式插播最新消息和节目预告等。另外，采用"声画合一"的手法，有声语言和文字同步播出，既利于受众接收，也有利于加深记忆，加之与有声语言相比，文字不易产生同音歧义的优点，因而对于重要会议公报、政令、名单等密集抽象性信息内容的传播，可以帮助观众更好地接收。此外，文字还不会对声音产生干扰。在不宜出现解说语言的特定条件下，通过文字传达必要信息，就是一条可行的方式。

2. 示意图与图表

　　示意图是事物、形态、关系等的简约化形式。由于它删除了一切无关的细节，使其意得以凸显。图表是以坐标系统形成的结构，用以显示数量或层级的差异和关系的。示意图和图表在信息传达上具有展现内在状态、使抽象概念形象化、复杂信息简明化、复杂关系条理化等能力，适用于来传达内在性、系统性、整体性、宏观性、对比性的信息。它能够化繁为简，使影像难以涵盖或表现、语言叙述头绪繁多难以表达和理解的内容变得一目了然。简化、形象、直观是图表传达信息的优势所在。

3. 照片与图片

　　一般是作为影像的补充，用于没有、无法或不宜拍摄活动影像的情况。传播形象画面是电视的优势，但对摄录设备的依赖又制约了它的灵活性。在某些特定条件下，无法或不容许进行拍摄，不能获得活动影像，此时照片或绘画图片成为形象表达的另一种选择。

4. 影像

　　电视影像是电视摄录系统对事物光影状态及其变化的连续再现。电视影像媒介特性的本质是对象具体可感性的再现。

电视影像的基本特征：

（1）再现性的本质特征。电视摄像机所摄录画面音响中的对象是具体的客观存在物，画面能客观准确地再现镜头前拍摄的现象，包括对象的运动、色彩、影调，等等。因此，纪实性电视画面被看做是现实的真实再现，能激起观众相当强烈的现实感。

（2）时空一体的运动存在方式。电视影像是时空一体、连续运动的活动画面。一方面，电视影像展示的是与客观世界同样的情景，而时空一体的运动变化是人类感知客观世界的基本方式。另一方面，电视摄录系统也以它特有的方式记录、传播其摄录对象，这其中就包含着其自身的运动与变化，如有水平方向、垂直方向等各种不同角度的推、拉、摇、移、升、降、甩等镜头运动。它们提供了人们观察对象的不同视野和视角，也提供了制作者观察、选择与传达信息的能动性。

（3）声像一体的信息形式。电视影像具备声像一体记录的能力。现实中的事物一般都是存在于特定的声音背景中的，声像一体是人类接受外界信息惯常的自然方式，声像一体的相互引导与印证作用，可以使受众更准确、更全面、更轻松自然地把握信息。因而，它是电视影像的传播优势之一，也是受众对电视影像的基本期待。

（4）限定性显示空间。就目前而言，电视影像的拍摄与显示还不是全视域的。人们只能在限定的显示屏幕框架内观看影像。这种拍摄与显示上的制约性，决定了电视的摄录、传达与接受方式，具有相当的强制性。

（5）感性的符号形式。影像作为符号，是完全感性的自然符号，一般不具备抽象性和概括性，它是个别的、特殊的感觉——知觉层面的丰富信息。因此，影像符号长于展示而拙于阐释。

（6）孤立影像含义的不确定性。由于画面是客体的再现，而客体是不会自己向观察者讲述其意义的——意义是关系的产物；对于影像来说，其意义是人对影像中显示的关系的把握。因而，对处于该关系变化过程之外的电视受众而言，对作为关系要素的各画面或镜头孤立来看，其含义是无法确定的，可以做多种理解。

【例题】电视符号系统包括（　　　　）。

A. 画面　　　　B. 屏幕文字　　　　C. 同期声　　　　D. 编辑技巧　　　　E. 解说词

解析：本题的正确答案是 ABCE

电视符号系统包括画面、屏幕文字、同期声、解说词。

电视影像的要素

影像是电视摄录系统对事物光影状态及其变化的连续再现。电视影像的要素主要包括：

1. 镜头与蒙太奇

由电视摄录系统记录的一段连续的动态影像流程称为一个镜头，它是电视语言的基本表意单元和叙事单元，相当于语言中的词汇。它既有两维平面表现三维立体的空间特性，又有影像连续运动的时间特性。在现代电视观念中，声音是镜头的有机成分。电视镜头作为事物时空的影像记录，从本质意义讲，它展现的应该是形声一体化的形象，声音是镜头的有机成分。

蒙太奇又称镜头语言。即在影视作品的创作中将一个一个的镜头，根据一定的规律和逻辑关系组接在一起，通过形象之间相辅相成或相反相成的关系，相互作用，产生连贯、对比、呼应、联想、悬念等效果，形成一个含意相对完整的表意整体。从广义上讲，蒙太奇作为影视艺术的特殊的语言形态具有以下三个层次的意义：

（1）作为影像表达反映现实的独特的思维方式，即直观视听形式的思维；

（2）作为影像作品基本的叙事方式和结构方式；

（3）镜头剪辑的具体技巧和技法。蒙太奇作为剪辑技巧具有多种手法和表意能力。

2. 画面构图

对被拍摄对象以及各种造型元素进行组织和安排，使其成为具有思想含义与美感形式的画面形象的过程。构成一幅画面的主要因素有主体、陪体、前景、背景与空白。影响画面构图的主要因素有影调、形状、线条、色彩等。画面构图就是要通过合理选择拍摄角度、拍摄方向、拍摄距离，把这些因素进行比较、搭配、组合与结构，使它们具有一种和谐的关系。画面构图是决定造型形式的基础，不同的表现目的和审美要求会影响到对构图的处理方法。

3. 光线

分为自然光和人工光。在摄影摄像中，各不相同的光线效果在造型上能改变和确定对象的形状；在构图上能形成不同的影调（亮调、暗调等），能表现不同的景色情调及各种气氛，形成不同的影调结构，组织视觉重点，表现空间，表现节奏等。

4. 拍摄角度

摄像机与被摄体之间的位置关系，除了远近之外还有角度的不同。拍摄角度在垂直方向上分为：平角、俯角和仰角；在水平方向上分为：正面、侧面和背面。

（1）平角。摄像机水平放置拍摄。一般镜头的高度和被摄人物的眼睛多处在同一水平线上，视觉效果与人们在生活中观察事物时的角度相近，因而给人的感觉比较自然。这是较常用的拍摄角度。

（2）俯角。摄像机镜头向下倾斜拍摄。这种拍摄角度特别适宜拍摄大场面，也常用于表现居高临下的主观视角。由于透视效果的关系，画面中的人物会显得矮小、变形，因而常用来暗示人物品性的卑微或渲染孤独、压抑等沉重情绪，以及交代全貌。

（3）仰角。摄像机镜头向上倾斜拍摄。一般镜头的高度低于被摄人物的眼睛。视觉效果与俯角拍摄的画面相反，仰角拍摄使被摄物显得高大壮观。

（4）正面。被拍摄对象的正面朝向摄像机镜头所拍摄的镜头画面。如果被拍的对象是人物的话，给人以直面相对的感觉，因而对受众注意力的吸引力最大。

（5）侧面。被拍摄对象的正面与摄影机镜头成90°夹角所拍摄的镜头画面。受众仿佛是处在旁观者的位置上。

（6）背面。对拍摄对象的正面与摄像机镜头的方向一致所拍摄的镜头画面。如果拍人物的话，画面上出现的就是人物的背影。

5. 运动镜头

通过改变摄像机机位、拍摄方向或变化镜头焦距所拍摄的镜头。在运动镜头中，根据摄像机运动的方式，可分为：变焦距镜头、摇镜头、移动镜头等。

（1）变焦距镜头。是通过一边改变镜头焦距一边进行拍摄的方式获得的镜头。它的运动是沿着镜头光轴的方向进行的。它可以通过镜头的实际接近、离开实现，也可以通过光学变焦镜头的旋转模拟实现。它有些类似于人们注意力的改变而产生的观察范围及其效果的变化过程，不同之处在于：人的注意力引发的观察范围的变化，是在瞬间完成的，而变焦距镜头的拍摄过程中增加了变化的过渡过程，因而带上了某种表现的意味。

（2）摇镜头。摇镜头的获得过程称做摇摄。摇摄是指摄像机镜头以固定支点为圆心做旋转运动进行拍摄。摇摄就如同人通过转动头部、身体在原地变换姿势产生的环顾性视线移动。

（3）移动镜头。所谓移动镜头，就是摄像机在运动中所拍摄到的镜头。它可以全方位地变换与被拍摄对象的距离和拍摄角度，形成推、拉、移、升、降、跟等各种运动方式。

6. 景别

画面中表现出的视域范围。它直接体现为景物在画面中空间范围的大小和主体在画面中所占面积的大小。景别的大小通常由摄像机与被摄体之间的距离以及所使用镜头焦距的长短来决定。画面分为不同的景别，是为了对内容的主次轻重、被摄体的远近大小给予恰当的表现，以达到准确地叙述和艺术地表现的目的。

景别一般分为：远景、全景、中景、近景、特写。远景是表现较大范围的空间、环境、自然景色或众多人群活动场面的电视画面；全景是表现成年人的全身或场景全貌的电视画面；中景是表现成年人膝盖以上或具有典型意义的局部画面；近景是表现成年人胸部以上或物体局部的电视画面；特写是表现成年人肩部以上的头像或某些被摄对象细部的电视画面。

广播电视新闻的语言表达

广播电视新闻的语言表达必须遵循广播电视媒体的传播特点和新闻写作的基本原则，具体表现为：

1. 易于接收接受。线性传播、转瞬即逝的特点要求受众的思维紧紧跟随，容不得细细揣摩，同时广播电视受众在文化、年龄上是多层次的，因此，广播电视新闻写作的内容和语言应明白晓畅，易于接收、接受。

2. 可听性。广播电视要求受众用听觉器官捕捉语音、语义，因此要让受众听得见、听得懂，要求"入耳"和"入脑"，便于耳听接收。

3. 准确性。广播电视新闻的语言表达要求真实准确，新闻报道对象要确有其事，构成新闻的基本要素、过程细节、引语、资料等都应是准确的。

4. 完整性。广播电视新闻写作中，信息应相对完整。

5. 通俗性。要把深刻的思想、复杂的问题等用浅显易懂的语言表达清楚。注意通俗化不等于简单化、庸俗化。

【例题1】地方台的广播电视节目要尽量使用当地方言，这样才能贴近群众、贴近生活。（12分）

答：这种说法是片面的。（3分）

（1）广播电视节目贴近群众、贴近生活关键不在于使用方言，而在于内容的贴近，在于语言表达准确生动、通俗易懂。（3分）

（2）广播电视媒体承担着推广普通话、维护祖国语言和文字纯洁的职责，除特殊需要，一律使用普通话和通用语言文字。不模仿有地域特点的发音和表达方式，不使用对规范语言有损害的口音、语调、粗俗语言、俚语、行语，不在普通话中夹杂不必要的外文。（3分）

（3）广播电视节目语言要遵守现代汉语的语法规则，语序合理，修辞恰当，层次清楚。避免滥用方言词语、文言词语、简称略语或生造词语。（3分）

【例题2】简述广播电视新闻语言表达的基本原则。（5分）

答：（1）易于接收接受。（1分）

（2）可听性。（1分）

（3）准确性。（1分）

（4）完整性。（1分）

（5）通俗性。（1分）

广播新闻中音响与文字的关系

广播新闻中解说词通常起到叙述事实、说明音响、补充音响、概括提示音响，连缀音响组成报道的作用。在节目中要处理好二者的关系。写解说词的时候要兼顾音响内容，解说要合理安排、结构音响，解说与音响要和谐统一。音响报道要充分发挥音响的作用，用音响直接表达报道的主题。文字要对音响做必要的说明和补充。凡能用音响表现的，就不要用文字，凡音响已经表达清楚的，文字就不要再重复。

【例题】在广播新闻中，音响的作用包括（　　）。

A. 获取真情实感　　　　　　　B. 延展时空感受

C. 渲染环境氛围　　　　　　　D. 刻画心理活动

解析：本题的正确答案是 ABCD

广播的传播符号是声音，各种声音按不同的特性，被划分为三个类别：语言、音响和音乐。音响的作用包括：获取真情实感、延展时空感受、渲染环境氛围、刻画心理活动。

电视新闻中画面、音响与文字的关系

负载电视新闻的三大元素——画面、同期声、文字解说，相对于电视新闻的整体而言，都是不完整的，都只是其中的一个组成部分。电视新闻的画面、同期声和文字稿要紧密配合画面，结合画面进行组织和写作。应根据新闻主题的需要，去挖掘画面内在的涵义，交代画面无法交代而又必须传达的信息，使同期声、解说词与画面形成一体。

【例题1】（   ）主要面向手机、掌上电脑等小屏幕便携手持终端以及车载电视等终端提供广播电视服务。

A. 时移电视   B. 移动多媒体广播

C. 卫星电视   D. 数字无线电广播

解析：本题的正确答案是 B

移动多媒体广播面向手机、掌上电脑等小屏幕便携手持终端以及车载电视等终端提供广播电视服务。

【例题2】简述电视新闻中画面、文字、音响的关系。（5分）

答：（1）三者共同构成电视新闻整体。画面处于核心地位，解说词和同期声要配合画面，从画面出发，结合画面进行组织和写作。（2分）

（2）由于画面具有多义性和模糊性，应根据新闻主题的需要，用同期声或解说词交代画面无法交代而必须传达的信息。（1分）

（3）同期声让采访对象直接说话、对未发生的事情进行展望，比单一的画面和解说更具可信性和感染力。（1分）

（4）解说词可以对新闻要素进行交代性补充，此外还可以深化主题、展现和深化画面内涵。（1分）

实战模拟试卷与参考答案

《基础知识》实战模拟试卷（一）

一	二	三	四	五	总分

1. 笔试题满分为 100 分。

2. 笔试考试时间为 150 分钟。

3. 考试方式为闭卷。

4. 试题类型包括选择题、简答题、辨析题、论述题。

一、单项选择题 （本大题共 10 小题，每小题 1 分，共 10 分）

在每小题列出的备选项中只有一个是符合题目要求的，请将其选出并将"答题卡"的相应代码涂黑。错涂、多涂或未涂均无分。

1. 电子新闻采访的英文缩写是（   ），就是用摄像机和录像机或摄录一体机外出进行新闻采访的活动。

    A. ENG   B. EFP   C. DBS   D. ESP

2. （   ）是指制作、编辑、集成并通过采用互联网协议所构成的网络，向公众提供音视频节目以及为他人提供上载传播视听节目服务的活动。

    A. 网络视听业务   B. 移动多媒体广播

    C. 交互式电视   D. 图文电视

3. 丁一岚和（   ）于 1949 年 10 月 1 日一起现场直播了开国大典的盛况。

    A. 梅益   B. 方明   C. 夏青   D. 齐越

4. "暗示人生修养，唤起服务精神，力谋社会改造"的办报宗旨出自（   ）。

    A. 范长江   B. 徐宝璜   C. 邹韬奋   D. 邵飘萍

5. 网络电视将电视机、个人电脑及手持设备作为显示终端，通过机顶盒或计算机接入宽带网络，给人们带来全新的电视观看方法，它又称（   ）。

    A. CATV   B. IPTV   C. HDTV   D. DTV

6. 下列观点哪一个是不正确的（   ）。

    A. 新闻工作是党与群众之间的精神纽带

    B. 新闻事业属于社会意识形态范畴

C. 新闻是人们欲知而未知的事实

D. 新闻工作者是人类灵魂的工程师

7. 负载电视新闻的三大要素是画面、文字解说和（　　　）。

    A. 同期声　　　　　B. 音乐　　　　　C. 音响　　　　　D. 声音元素

8. 新华社的前身是 1931 年 11 月 7 日在江西瑞金创建的（　　　）。

    A. 事实通讯社　　　　　　　　　　B. 青年联合通讯社

    C. 平民通讯社　　　　　　　　　　D. 红色中华通讯社

9. 事实所包含的足以构成新闻的种种特殊素质的总和，是指（　　　）。

    A. 新闻要素　　　B. 新闻线索　　　C. 新闻价值　　　D. 新闻敏感

10. （　　　）代表中华人民共和国政府授权发布公告性新闻和外交性新闻。

    A. 中国新闻社　　　　　　　　　　B. 中国国际广播电台

    C. 人民日报　　　　　　　　　　　D. 新华通讯社

二、多项选择题（本大题共 5 小题，每小题 2 分，共 10 分）

    在每小题列出的备选项中至少有两个是符合题目要求的，请将其选出并将"答题卡"的相应代码涂黑。错涂、多涂或少涂均无分。

11. 目前移动广播电视的主要类型有（　　　）。

    A. 手机广播电视　　　　　　　　　B. 无线广播电视

    C. 卫星移动广播电视　　　　　　　D. 移动接收广播电视

    E. 地面移动广播电视

12. 按内容性质，广播电视节目可分为（　　　）。

    A. 新闻性节目　　　　　　　　　　B. 文艺性节目

    C. 教育性节目　　　　　　　　　　D. 服务性节目

13. 中央人民广播电台在不同历史时期曾经使用过（　　　）等名称。

    A. 北京新华广播电台　　　　　　　B. 北平新华广播电台

    C. 陕北新华广播电台　　　　　　　D. 延安新华广播电台

14. 当今世界主要的跨国传媒集团包括（　　　）。

    A. 美国在线—时代华纳　　　　　　B. 贝塔斯曼

    C. 迪斯尼集团　　　　　　　　　　D. 新闻集团

    E. 维亚康姆集团

15. 随着信息技术的发展，"三网融合"成为国际化的大趋势，这"三网"指的是（　　　）。

    A. 电信网　　　B. 有线电视网　　　C. 计算机网络　　　D. 广播网

三、简答题（本大题共 4 小题，每小题 5 分，共 20 分）

16. 简述新闻敏感能力的主要表现。

17. 简述我国对外宣传工作的基本原则。

18. 简述广播电视新闻语言表达的基本原则。

19. 简述文艺坚持"二为"方向和"双百"方针的具体体现。

四、辨析题（本大题共 3 小题，每小题 12 分，共 36 分）

请辨析下列观点正确与否，并阐述理由。

20. 新闻价值作为一种社会观念，反映了一定的社会心理，因此新闻价值具有一定的主观性。

21. 媒体进行产业经营必然会影响新闻公正。

22. "新闻工作者是舆论监督的主体。"请辨析这一观点的对错，并阐述理由。

五、论述题（本题 24 分）

23. 美国"新闻公正与准确"研究所曾就美国媒体关于巴以冲突的报道进行专门调查，发现如果在冲突中有少年死亡，89% 的以色列儿童死亡消息将会得到美国媒体的报道，只有 20% 的巴勒斯坦儿童死亡消息才会得到报道。这一调查结果反映了什么？

请运用新闻学知识加以分析。

《基础知识》实战模拟试卷（一）参考答案

一、单项选择题

1. A 2. A 3. D 4. C 5. B 6. D 7. A 8. D 9. C 10. D

二、多项选择题

11. ADE 12. ABCD 13. ABCD 14. ABCDE 15. ABC

三、简答题

16. 答案要点：

新闻敏感是新闻工作者政治思想水平和业务水平的集中表现。主要变现在及时发现新闻线索；准确判断新闻价值；预测可能发生的新闻事件。

17. 答案要点：

对外宣传工作的基本原则对外宣传工作，政策性和政治性都很强，要把握五点：

（1）要旗帜鲜明地维护国家利益、民族尊严和祖国统一；

（2）在涉及国家主权和国家利益、民族尊严的问题上，要坚持原则；

（3）要树立坚定的国家意识和大局意识，服从和服务于党和国家的工作大局，服从和服务于我国整体对外战略；

（4）坚持以正面宣传为主、以事实为主、以我为主的方针；

（5）考虑宣传重点内容和工作部署，一定要着眼于增进外国人对中国的理解和支持。总之，对外宣传工作有自己的规律，要加强研究，不断提高对外宣传的本领。

18. 答案要点：

（1）广播电视新闻的语言表达应明白通畅，易于接收、接受。

（2）广播电视新闻需要受众听得见、听得懂，便于耳听接收。

（3）广播电视新闻各构成要素都要求真实、准确，语言表达要准确。

（4）广播电视新闻所要表达的信息应相对完整。

（5）受众多样性需要广播电视新闻的语言表达通俗易懂，同时也要避免语言表达的简单化与庸俗化。

19. 答案要点：

"二为"即文艺为人民服务、为社会主义服务。

"双百"即百花齐放、百家争鸣是繁荣文化事业的基本方针。文艺创作上允许不同风格、不同流派、不同题材、不同手法的作品同时存在自由发展。在学术理论上提倡不同学派、不同观点、互相争鸣自由讨论。

四、辨析题

20. 答案要点：

这一观点是错误的。

（1）新闻价值是指事实所包含的足以构成新闻的各种特殊素质的总和，是新闻工作者用以衡量客观事实能否构成新闻的标准。新闻价值的客观性指构成新闻的各种特殊素质，它寓于事实本身，是客观的，不以传播者的主观需要而增减。

（2）当然，对新闻价值的判断作为一种社会观念，反映了受众在选择和判断事实时的需求欲望、价值观念、社会心理等，总是受到一定社会的经济、政治和文化制约。因此，对新闻价值的判断，不仅包括信息价值，而且包括宣传舆论价值、文化教育价值，是一个综合的标准。但是，新闻价值本身是客观的。

（3）对于传播者来说，认识到新闻价值的客观性，是使新闻传播取得良好的社会效果和使自己赢得受众信任的重要条件之一。

21. 答案要点：

这一观点是错误的。

（1）媒体进行产业经营与坚持新闻公正并不是对立的。良性的产业经营能够促进新闻事业的发展。真实是新闻的生命，是新闻的本质属性，媒体在产业经营中，只要始终坚持新闻真实性原则，恪守新闻职业道德，就能确保新闻客观公正。

（2）新闻媒体及从业者如违背了新闻职业道德准则，必然会对新闻公正产生危害。

（3）新闻媒体只要始终坚持把新闻事业的社会效益放在首位，就能确保新闻公正。

22. 答案要点：

这一观点是错误的。

（1）马克思主义新闻观认为，舆论监督本质上是人民群众利用新闻媒体对社会公共事务行使民主权利而进行的监督活动。

（2）舆论监督的主体是党和人民群众，也就是说，党和人民群众才是真正的舆论监督者。

（3）新闻工作者在舆论监督工作中，只是扮演社会舆论的"传达者"或"表达者"角色，而非"监督者"的角色。或者更形象地说，新闻工作者只是扮演其间的一个具体执行人角色，是党和人民群众实施舆论监督的"代言人"。

（4）舆论监督作为一种特殊的社会监督机制，在整个社会监督体系中，在社会主义民主建设中具有重要的地位，是社会主义民主和法制建设的重要参与力量。

五、论述题

23. 答案要点：

这项调查显示出美国媒体的不平衡报道以及新闻价值的取向，反映了美国政府对巴以冲突的政治倾向，体现了美国媒体的舆论导向。说明媒体的作用体现在政治相关的所有领域中，媒体是维护国家利益的工具。

（1）新闻事业属于一定社会的上层建筑范畴，具有强烈的政治性。由于经济基础和政治制度的不同，决定了不同的新闻事业所维护的阶级利益、所宣传的思想体系以及通过新闻事业所实现的新闻自由都是不同的。

（2）新闻报道的政治倾向性是通过新闻价值取向来实现的。新闻价值既有反映新闻传播一般规律的共同标准，又有反应不同国家的经济、政治和道德思想的具体标准。在判断和衡量新闻价值的过程中，持有不同政治立场的新闻工作者和新闻机构，会表现出不同的新闻价值取向。处于不同新闻传播体系的新闻工作者，受到新闻传播体系的制约，所持的新闻价值取向也是有差别的。

《基础知识》实战模拟试卷（二）

一	二	三	四	五	总分

1. 笔试题满分为 100 分。

2. 笔试考试时间为 150 分钟。

3. 考试方式为闭卷。

4. 试题类型包括选择题、简答题、辨析题、论述题。

一、单项选择题（本大题共 10 小题，每小题 1 分，共 10 分）

在每小题列出的备选项中只有一个是符合题目要求的，请将其选出并将"答题卡"的相应代码涂黑。错涂、多涂或未涂均无分。

1. （　　）与国际奥委会签约，于 2007 年 12 月 18 日成为 2008 年北京奥运会官方互联网/移动平台转播机构，成功获得奥运史上第一次单独授予的新媒体转播权益。

   A. 中国广播网　　　　　　　　B. 央视国际

   C. 国际在线　　　　　　　　　D. 新华网

2. 中国中央电视台现开办 16 套电视节目，其中军事和（　　）合用一个频道。

   A. 科技　　　B. 体育　　　C. 农业　　　D. 戏曲

3. 世界上最大的互联网接入服务提供商是（　　）。

   A. 贝塔斯曼　　B. 维亚康姆　　C. 时代华纳　　D. 新闻集团

4. 媒介规范理论提出对新闻媒介进行控制的四种正规途径是司法控制、行政控制、资本控制和（　　）。

   A. 社会监督　　B. 市场控制　　C. 媒介自律　　D. 立法控制

5. 中国国际广播电台使用（　　）向全世界广播。

   A. 38 种外语和 4 种方言　　　　B. 42 种语言

   C. 38 种语言　　　　　　　　　D. 43 种语言

6. 从 1998 年起，为解决广大农民群众听广播、看电视难的问题，党中央、国务院开始实施（　　）。

   A. "广播电视下乡工程"　　　　B. "四级办广播电视"

C．"广播电视四级混合覆盖" D．"广播电视村村通工程"

7. 新闻宣传工作取得最佳效果的关键在于（ ）。

A. 注意新闻宣传的形式 B. 全面真实、客观平衡

C. 增强责任意识 D. 贴近实际、贴近生活、贴近群众

8. 中央人民广播电台开办时间最长、影响最大的新闻节目是（ ）。

A.《全国新闻联播》 B.《新闻纵横》

C.《新闻联播》 D.《新闻和报纸摘要》

9. 舆论的主体是（ ）。

A. 媒体 B. 公众 C. 官员 D. 学者

10. 我国对外宣传工作要坚持以正面宣传为主、以（ ）为主、以我为主的方针。

A. 我国改革开放政策 B. 我国的外交政策

C. 我国民主法制建设 D. 事实

二、多项选择题（本大题共 5 小题，每小题 2 分，共 10 分）

在每小题列出的备选项中至少有两个是符合题目要求的，请将其选出并将"答题卡"的相应代码涂黑。错涂、多涂或少涂均无分。

11. 电视信号传输到用户的方式主要有（ ）。

A. 交互电视 B. 图文电视 C. 地面电视

D. 有线电视 E. 卫星电视

12. 由电视摄录系统记录的一段连续的动态影像流程称为一个镜头，它是电视语言的基本（ ），相当于词语中的词汇。

A. 修辞单元 B. 表意单元 C. 叙事单元 D. 抒情单元

13. 新媒体具有（ ）的特点。

A. 分众性 B. 互动性 C. 复合性 D. 排他性

14. 新闻报道反映事物的内在品质和规律，是新闻真实性原则中（ ）的涵义。

A. 整体真实 B. 具体事实真实

C. 宏观真实 D. 本质真实

15. 对于电视台的节目主持人代言某些品牌的商业广告。这种做法违反了（ ）。

A.《广播电视管理条例》

B.《中国广播电视编辑记者职业道德准则》

C.《中国新闻工作者职业道德准则》

D.《中国广播电视播音员主持人职业道德准则》

三、**简答题**（本大题共 4 小题，每小题 5 分，共 20 分）

16. 简述马克思主义新闻观对新闻本源的认识。

17. 简述舆论监督的社会功能。

18. 什么是高清晰度电视（HDTV）？

19. 简述新闻工作者的职业修养要求。

四、**辨析题**（本大题共 3 小题，每小题 12 分，共 36 分）

请辨析下列观点正确与否，并阐述理由。

20. "广播电视新闻节目中可以采用'情景再现'。"请根据广播电视新闻理念和职业道德准则，辨析这一观点的对错，并阐述理由。

21. 在新媒体与"读图时代"，广播的功能与传播价值正在日益丧失。

22. 在社会主义市场经济条件下，应高度重视新闻媒体的产业属性，把经济效益放在首位。

五、**论述题**（本题 24 分）

23. 论述"广播电视在抗震救灾报道中坚持马克思主义新闻观的成功实践"。

《基础知识》实战模拟试卷（二）参考答案

一、单项选择题

1. B 2. C 3. C 4. C 5. D 6. D 7. D 8. D 9. B 10. D

二、多项选择题

11. CDE 12. BC 13. ABC 14. ACD 15. BCD

三、简答题

16. 答案要点：

辩证唯物主义认为，新闻的本源是事实。事实是第一性的，新闻是第二性的；事实在先，新闻在后；事实是新闻的基础，对新闻有决定作用。

17. 答案要点：

舆论监督最大功能在于监视社会环境，推动社会发展。舆论监督具有社会调节功能，充当社会的"传声筒"和"排气阀"。舆论监督具有社会控制功能，预防和制止社会越轨行为。舆论监督具有社会制衡功能。舆论监督是一种动态平衡的社会监督。

18. 答案要点：

高清晰度电视是一种新的电视业务，国际电联给出的定义："高清晰度电视应是一个透明系统，一个正常视力的观众在距该系统显示屏高度的三倍距离上所看到的图像质量应具有观看原始景物或表演时所得到的印象。"水平和垂直清晰度是常规电视的两倍左右，配有多路环绕立体声。

19. 答案要点：

（1）政治修养。新闻工作者在政治上要求高，要讲党性，讲政治，把政治坚定性、政治洞察力和政治责任感作为第一位修养。

（2）思想修养。不唯上，不唯书，只唯实，把做坚定的唯物主义者、坚持实事求是的思想路线作为根本的思想修养。

（3）法制观念和职业道德修养。新闻工作者对自己的基本要求有六项：全心全意为人民服务；坚持正确的舆论导向；遵守宪法、法律和纪律；维护新闻的真实性；保持清正廉洁的作风；发扬团结协作精神。

（4）业务能力修养。包括：政治判断力和新闻敏感性；社会交往与活动能力；

调查研究能力；文字表达能力；身体和环境适应能力。

四、辨析题

20. 答案要点：

此观点正确。

情景再现作为一种电视表现手段，它的运用可以充分发挥"如临其境"的电视特点，使原本消失的现场，真实般地再现在观众面前，增强了节目的可视性和吸引力。"情景再现"还可以弥补因采访条件、拍摄难度的影响，而造成没有新闻现场的缺失。

新闻的真实性是指新闻报道对客观事实所做的真实的反映，它是具体真实与总体真实性的统一。它既反映事物真实的现状，又符合事物发展趋势。

"情景再现"首先是建立在"有其事"的基础上的。也就是说电视再现的情景是过去客观存在、发生过的事实，只要它再现的事实是客观发生和客观存在的，它就没有违背新闻真实性的原则。

广播电视新闻工作者在采用情景再现手段时应该对报道内容的真实和准确负责，报道必须以事实为依据，不编造新闻，不歪曲、夸大事实。避免因情景再现造成夸大、片面、主观而导致公众对事物的判断产生偏差或错误。

21. 答案要点：

此观点错误。

受众的多元化需要，决定了广播媒体的生存空间。广播具有独特的传播优势：迅速及时、覆盖面广；成本低廉、便于互动；伴随收听、声情并茂。广播在发挥传统优势的同时，可借助新媒体实现可视可听可读，新媒体时代广播的功能与传播价值不仅不会丧失，而且会得到更大的拓展。

22. 答案要点：

此观点错误。

社会主义新闻事业的基本性质、指导方针、根本任务，决定了我国新闻工作者必须始终坚持把社会效益放在首位。新闻传播事业的产品是精神文化产品，它应该以社会效益为最高原则。马克思主义的经典论述表明，新闻媒体既要积极引导舆论，保持正确导向，又要讲究成本、效益和投入、产出的经济原则。社会效益和经济效益是良性互动、共同发展这一循环链条上的两个重要环节，一个也不能忽视。当两者发生矛盾的时候，要坚定不移地把社会效益放在首位，使经济效益服从社会效益。要树立科学发展观，推动新闻事业不断前进，努力实现社会效益与经济效益的统一。

五、论述题

23. 答案要点：

（1）马克思主义新闻观是指马克思主义对于新闻现象和新闻传播活动的总的看法。其核心是马克思主义关于无产阶级及其政党新闻事业的工作性质、工作原则和工作规律的一系列基本观点。

（2）在抗震救灾报道中，要坚持新闻宣传的党性原则；坚持把正确的舆论导向放在首位；坚持为人民服务、为社会主义服务、为全党全国工作大局服务；坚持实事求是，维护新闻真实；保持冷静清醒的政治头脑，提高舆论引导水平。

（3）四川汶川大地震发生后，我国新闻媒体第一时间做出积极反应，在新闻报道工作中从政治上、思想上、组织上全面贯彻马克思主义新闻观的具体要求。

政治上，紧密配合党中央的决策部署，积极宣传中央关于抗震救灾的方针政策、路线措施；思想上，以马克思主义新闻观为指针，坚持实事求是，客观、准确、及时地报道地震灾情、抢险工作进展及灾后重建工作；组织作风上，坚持党的领导，遵守党的组织原则和新闻宣传工作纪律，坚持发扬不怕艰苦、不怕牺牲、连续作战的精神，第一时间将抗震救灾各项信息传达给全国人民，为抢险救援赢得了宝贵时间，取得了抗震救灾报道工作的伟大胜利。

联系实际，思路清晰、语言流畅（4分）

《基础知识》实战模拟试卷（三）

一	二	三	四	五	总分

1. 笔试题满分为 100 分。

2. 笔试考试时间为 150 分钟。

3. 考试方式为闭卷。

4. 试题类型包括选择题、简答题、辨析题、论述题。

一、单项选择题（本大题共 10 小题，每小题 1 分，共 10 分）

在每小题列出的备选项中只有一个是符合题目要求的，请将其选出并将"答题卡"的相应代码涂黑。错涂、多涂或未涂均无分。

1. 互联网最初的原型是美国国防部的计算机实验网（　　）。

   A. WANET　　　B. ARPANET　　　C. LANNET　　　D. DODNET

2. 《中华人民共和国新闻工作者职业道德》的基本原则包括全心全意为人民服务的原则和（　　）。

   A. 客观、公正、全面的原则

   B. 从实际出发实事求是的原则

   C. 团结鼓劲、正面宣传为主的原则

   D. 社会效益和经济效益并重的原则

3. 新闻战线"三项学习教育"活动的内容是马克思主义新闻观、（　　）、职业精神和职业道德。

   A. 社会主义价值观　　　　　　B. 社会主义法律

   C. 中国特色社会主义理论体系　　D. 新闻业务知识

4. 新闻媒介的首要功能是（　　）。

   A. 提供信息　　　B. 宣传政策　　　C. 传播文化　　　D. 娱乐大众

5. 在新闻工作中，"自律"和"他律"的关系指的是（　　）。

   A. 党性与群众性的关系　　　　B. 新闻道德与新闻法制的关系

   C. 指导性与服务性的关系　　　D. 新闻价值与新闻政策的关系

6. 以下哪类人员不属于新闻从业者（　　）。

    A. 期刊发行总监　　　　　　　　B. 电视节目制片人

    C. 会展业设计师　　　　　　　　D. 高校新闻专业教师

7. 我党的新闻工作的根本指导思想是（　　）。

    A. 实事求是　　　B. 宣传教育　　　C. 传播信息　　　D. 组织群众

8. 人类社会性的（　　）对新闻的产生起决定性的作用。

    A. 文化活动　　　B. 生产实践　　　C. 艺术实践　　　D. 文化实践

9. 马克思主义新闻观中"给共同的意志指出一个正确的方向"是关于（　　）的一个重要观点。

    A. 舆论动员　　　B. 舆论监督　　　C. 舆论引导　　　D. 舆论疏导

10. 我国新闻工作的根本宗旨是（　　）。

    A. 坚持实事求是　　　　　　　　B. 实现最大的社会效益

    C. 坚持党性原则　　　　　　　　D. 全心全意为人民服务

二、多项选择题（本大题共 5 小题，每小题 2 分，共 10 分）

    在每小题列出的备选项中至少有两个是符合题目要求的，请将其选出并将"答题卡"的相应代码涂黑。错涂、多涂或少涂均无分。

11. 中国国际广播电台目前使用 38 种外语以及汉语普通话和 4 种方言向全世界广播 这 4 种方言是（　　）。

    A. 广州话　　　　　　B. 潮州话　　　　　　C. 赣方言

    D. 闽南话　　　　　　E. 客家话

12. 语言的基本形态在新闻类广播节目中有（　　）。

    A. 实况语言　　　B. 新闻播音语言　　　C. 新闻报道语言　　　D. 日常语言

13. 外宣工作的政策性和政治性都很强，要坚持（　　）的方针。

    A. 以对象为主　　　　　　　　B. 以正面宣传为主

    C. 以事实为主　　　　　　　　D. 以我为主

14. 奥运报道应突出奥运会的（　　）。

    A. 世界性　　　　　　B. 大众性　　　　　　C. 体育性

    D. 娱乐性　　　　　　E. 奥林匹克精神

15. 新闻价值的构成要素有（　　）。

    A. 时新性　　　　　　B. 重要性　　　　　　C. 显著性

    D. 接近性　　　　　　E. 趣味性

三、简答题（本大题共 4 小题，每小题 5 分，共 20 分）

16. 坚持正确舆论导向必须把好关、把好度，其具体含义是什么？

17. 简述广播和电视共同的传播特点。

18. 简述《中国广播电视编辑记者职业道德准则》的主要内容。

19. 2008 年 6 月 20 日，胡锦涛同志在人民网"强国论坛"与网民进行了在线交流。
简述党和国家最高领导人与网民在线交流的意义。

四、辨析题（本大题共 3 小题，每小题 12 分，共 36 分）
请辨析下列观点正确与否，并阐述理由。

20. "用事实说话"就是坚持新闻的客观性避免倾向性。请辨析这一观点的对错并阐述理由。

21. 广播电视新闻语言表达应遵循媒体传播特点，越口语越好。

22. 在新媒体与"读图时代"，广播的功能与传播价值正在日益丧失。

五、论述题（本题 24 分）

23. 结合实际，论述当前新闻战线开展"走基层、转作风、改文风"活动的背景与意义。

《基础知识》实战模拟试卷（三）参考答案

一、单项选择题

1. B　2. B　3. C　4. A　5. B　6. C　7. A　8. B　9. C　10. D

二、多项选择题

11. ABDE　12. ABC　13. BCD　14. ABCE　15. ABCDE

三、简答题

16. 答案要点：

把好关，就是要从人民的根本利益出发，从党和国家工作大局出发，正确判断哪些应该报道，哪些不应该报道；哪些应该多报、详报，哪些应该少报、简报，从而正确地引导社会舆论。把好度，就是要把握分寸、力度，把握报道的时机。要审时度势，了解大局、服从大局、服务大局，要因时、因人、因地、因事制宜。既要在政治上、政策上把好关、把好度，又要在热点引导、舆论监督等具体问题上把好关、把好度，归根结底要在导向上把好关、把好度。

17. 答案要点：

信息量大；受众广泛、覆盖面广；时效性强；转瞬即逝，不易保存。

18. 答案要点：

《中国广播电视编辑记者职业道德准则》从责任、真实、公正、导向、品格、廉洁等方面，对广播电视编辑记者的职业行为做出了详细规范。要求广播电视编辑记者切实担负起弘扬民族精神、维护国家利益、传播先进文化、推动人类文明的崇高使命和社会责任。坚持客观公正的职业理念，忠于事实，追求真理。树立政治意识、大局意识、责任意识，坚持正确的舆论导向。恪守敬业奉献、诚实公正、团结协作的职业道德。严格做到遵纪守法、清正廉洁，反对任何形式的"有偿新闻"。

19. 答案要点：

这种现象是我们国家政治进步的表现，是值得肯定的。

随着网络发展突飞猛进，网络成了人民参政议政的重要阵地，网民成为监督政府的一股主要力量。网民的意见和建议，很大程度上反映了民意。而国家领导人代表政府与网民沟通，通过这种方式来倾听民声，有利于更好更及时地了解问题、解决问题。

我党的宗旨是全心全意为人民服务。胡锦涛同志与网民在线交流，是用实际行动体现这一点。把实现好、维护好、发展好最广大人民根本利益作为一切工作的出发点和落脚点，真正做到权为民所用、情为民所系、利为民所谋。积极与网民在线交流，能够鼓舞网民参政议政的热情，充分发挥网民参政议政的作用，促使各项工作做得更好，体现了党的宗旨和人本思想。

近些年来，我国致力于转变政府职能，转变工作作风。政府部门敞开大门接受群众的监督。这种开放的态度，体现了党和政府改进工作的勇气和决心。

四、辨析题

20. 答案要点：

这一观点错误。

（1）"用事实说话"是新闻机构用以报道和评论事实、宣传一定的思想和政策的重要形式，表现为对事实的客观报道。

（2）"用事实说话"所表达的，常常是一种无形的意见。在对事实的选择和对事实的报道中，常常渗透着新闻发布者的思想和观点，体现着一定的立场和政治倾向。它能够使受众在获知事实信息的同时，不知不觉地接受报道者的观点和意见，因而具有特殊的潜移默化的力量。

21. 答案要点：

这一观点错误。

广播电视新闻语言表达必须遵循广播电视媒体的传播特点和新闻写作的基本原则，具体表现为：

（1）易于接收接受。线性传播、转瞬即逝的特点要求受众的思维紧紧跟随，容不得细细揣摩，同时广播电视受众在文化、年龄上是多层次的，因此，广播电视新闻写作的内容和语言应明白晓畅，易于接收、接受。

（2）可听性。广播电视要求受众用听觉器官捕捉语音、语义，因此要让受众听得见、听得懂，要求"入耳"和"入脑"，便于耳听接收。

（3）准确性。广播电视新闻的语言表达要求真实准确，新闻报道对象要确有其事，构成新闻的基本要素、过程细节、引语、资料等都应是准确的。

（4）完整性。广播电视新闻写作中，信息应相对完整。

（5）通俗性。要把深刻的思想、复杂的问题等用浅显易懂的语言表达清楚。注意通俗化不等于简单化、庸俗化。

22. 答案要点：

这一观点错误。

受众的多元化需要，决定了广播媒体的生存空间。广播具有独特的传播优势：迅速及时、覆盖面广；成本低廉、便于互动；伴随收听、声情并茂。广播在发挥传统优势的同时，可借助新媒体实现可视可听可读，新媒体时代广播的功能与传播价值不仅不会丧失，反而会得到更大的拓展。

五、论述题

23. 答案要点及评分标准：

背景：

（1）贯彻落实胡锦涛总书记"七一"重要讲话精神。（2分）

（2）信息化网络化新形势下，媒体自身发展的需求。（2分）

意义：

（1）坚持"三贴近"，保证新闻信息真实准确，增强新闻宣传吸引力、感染力。（4分）

（2）更好地履行新闻工作服务党和国家大局、服务人民的宗旨，加深对基本国情的理解，加深对党和国家政策的理解，把握正确的舆论导向。（4分）

（3）有利于推进新闻改革创新，把镜头和话筒更多地对准基层，充分发挥新闻媒体联系党和人民的纽带作用，多用贴近群众的生动事例，多用群众生动活泼的语言，多用群众喜闻乐见的形式，真实反映社情民意。（4分）

（4）加强新闻队伍建设，树立新闻工作者良好形象。（4分）

联系实际，思路清晰、语言流畅（4分）

《基础知识》实战模拟试卷（四）

一	二	三	四	五	总分

1. 笔试题满分为 100 分。

2. 笔试考试时间为 150 分钟。

3. 考试方式为闭卷。

4. 试题类型包括选择题、简答题、辨析题、论述题。

一、单项选择题（本大题共 10 小题，每小题 1 分，共 10 分）

在每小题列出的备选项中只有一个是符合题目要求的，请将其选出并将"答题卡"的相应代码涂黑。错涂、多涂或未涂均无分。

1. 舆论监督是一个动态过程，舆论监督的公正性来自操作中的（　　）手段。

   A. 控制　　　　　 B. 监督　　　　　　 C. 平衡　　　　　　　 D. 引导

2. 新闻敏感的主要表现在：及时发现新闻线索：（　　）；预测可能发生的新闻事件等。

   A. 迅速找到新闻线人　　　　　　 B. 准确判断新闻价值

   C. 完整把握新闻背景　　　　　　 D. 准确交代新闻来源

3. 我国新闻职业道德的基本原则是全心全意为人民服务和（　　）。

   A. "三贴近"　　　　　　　　　 B. 社会效益第一

   C. 政治家办报办台　　　　　　　 D. 从实际出发、实事求是

4. 《中国广播电视播音员主持人职业道德准则》共分责任、（　　）、形象、语言、廉洁和附则六大部分。

   A. 真实　　　　　 B. 公正　　　　　 C. 品格　　　　　　 D. 导向

5. 马克思主义新闻观认为，舆论监督本质上是（　　）利用新闻媒体对社会公共事务行使民主权利而进行的监督活动。

   A. 政党组织　　　　　　　　　　 B. 社会团体

   C. 国家机关　　　　　　　　　　 D. 人民群众

417

6. （　　），是坚持"二为"方向和"双百"方针的具体体现，是社会主义文艺发展的内在要求。

    A. 弘扬主旋律，提倡多样化　　　　B. 文艺为政治服务

    C. 创作自由，批评自由　　　　　　D. 思想性、艺术性、观赏性的统一

7. 中国人自己建立的第一座广播电台是（　　）。

    A. 延安新华广播电台　　　　　　　B. 哈尔滨广播无线电台

    C. 陕北新华广播电台　　　　　　　D. 北平新华广播电台

8. 新闻（　　）是引导新闻工作者深入挖掘新闻事实的前提。

    A. 资料　　　　　B. 背景　　　　　C. 人物　　　　　D. 线索

9. （　　）主要面向手机、掌上电脑等小屏幕便携手持终端以及车载电视等终端提供广播电视服务。

    A. 时移电视　　　　　　　　　　　B. 移动多媒体广播

    C. 卫星电视　　　　　　　　　　　D. 数字无线电广播

10. 中国国家网络电视播出机构是（　　）。

    A. 中国网络电视台　　　　　　　　B. 中央网络电视台

    C. 央视网　　　　　　　　　　　　D. 央视国际网

二、多项选择题（本大题共 5 小题，每小题 2 分，共 10 分）

    在每小题列出的备选项中至少有两个是符合题目要求的，请将其选出并将"答题卡"的相应代码涂黑。错涂、多涂或少涂均无分。

11. 关于事实和新闻的关系，正确的表述是（　　）。

    A. 事实是本源，新闻是派生的　　　B. 事实在先，新闻在后

    C. 事实第一性，新闻第二性　　　　D. 新闻是对事实的报道

12. 新闻工作者自律的基本要求有（　　）。

    A. 全心全意为人民服务和坚持正确的舆论导向

    B. 遵守宪法、法律和纪律

    C. 维护新闻的真实性和保持清正廉洁的作风

    D. 发扬团结协作精神

13. 以下观点表述正确的是（　　）。

    A. 舆论反映人心向背，虽然它对任何人都不发生强制作用

    B. 马克思把舆论看做是一种普遍的、隐蔽的和强制的力量

    C. 新闻媒介是舆论的载体，也是舆论的扩大器

    D. 能否把握正确的舆论导向是检验新闻工作党性的重要标尺

14. 电视符号系统包括（　　　）。

    A. 画面　　　　　　B. 屏幕文字　　　　　C. 同期声　　　　　D. 解说词

15. 广播语言是广播运载信息最基本的符号系统。在新闻类广播节目中，语言的基本形态有（　　　）。

    A. 新闻配乐语言　　　　　　　　　　B. 新闻播音语言

    C. 新闻报道语言　　　　　　　　　　D. 实况语言

三、简答题（本大题共 4 小题，每小题 5 分，共 20 分）

16. 简述新闻事业的功能。

17. 简述新闻工作者职业道德建设的意义。

18. 简述对外宣传工作的基本原则。

19. 如何处理正面宣传与新闻批评的关系？

四、辨析题（本大题共 3 小题，每小题 12 分，共 36 分）

    请辨析下列观点正确与否，并阐述理由。

20. 新闻工作者坚持党性原则，就不能做到真实、客观、公正。

21. 在社会主义市场经济条件下，新闻应该商品化，新闻事业应该产业化。

22. 坚持党对新闻事业的领导，新闻工作者就不能充分发挥自己的聪明才智。

五、论述题（本题 24 分）

    党的十八大决定，围绕保持党的先进性和纯洁性，在全党开展党的群众路线教育实践活动。请结合新闻战线宣传工作实际，论述开展群众路线教育实践活动的内容和意义。

《基础知识》实战模拟试卷（四）参考答案

一、单项选择题

1. C　2. B　3. D　4. C　5. D　6. A　7. B　8. D　9. B　10. A

二、多项选择题

11. ABCD　12. ABCD　13. ABCD　14. ABCD　15. BCD

三、简答题

16. 答案要点：

（1）报道新闻，传播信息；

（2）反映舆情，引导舆论；

（3）传授知识，普及教育；

（4）提供服务，文化娱乐；

（5）刊播广告，服务经济。

17. 答案要点：

（1）继承和发扬党的新闻工作优良传统，树立新闻工作者良好的职业道德，维护新闻工作的严肃性和声誉；

（2）充分发挥新闻工作的正确舆论导向作用，保持媒体的公信力；

（3）促进新闻队伍建设，保持新闻事业健康发展。

18. 答案要点：

（1）要旗帜鲜明地维护国家利益、民族尊严和祖国统一；

（2）在涉及国家主权和国家利益、民族尊严的问题上，要坚持原则；

（3）要树立坚定的国家意识和大局意识，服从和服务于党和国家的工作大局，服从和服务于我国整体对外战略；

（4）坚持以正面宣传为主、以事实为主、以我为主的方针；

（5）考虑宣传重点内容和工作部署，一定要着眼于增进外国人对中国的理解和支持。总之，对外宣传工作有自己的规律，要加强研究，不断提高对外宣传的本领。

19. 答案要点：

（1）正面宣传和新闻批评都是新闻事业运用新闻手段来反映社会生活的一种手段。

（2）正面宣传，指的是对社会主流与光明面所进行的肯定性和赞扬性的报道与评价；新闻批评，是指运用新闻手段对社会不正之风和消极腐败现象及落后反动势力所做的揭露和批评。

（3）我国社会主义新闻事业要坚持以正面宣传为主，不要大量集中展示消极面。社会生活中需要进行批评和揭露的事情，不能都搬到报纸、广播和电视上来，批评性报道的内容要有所选择，不能搞"有闻必录"。一个时期内，批评性报道不能过于集中，以免引起副作用。

四、辨析题

20. 答案要点：

这一观点是错误的。

（1）新闻工作的党性原则要求新闻工作者在思想上以马克思主义为指导，宣传党的理论基础和思想体系；在政治上宣传党的纲领路线、方针政策；在组织上接受党的领导，遵守党的组织原则和新闻宣传工作的纪律。

（2）新闻真实性指新闻报道以客观存在的事实为对象，坚持实事求是的原则，使报道结果符合实际；新闻客观性指新闻报道以客观存在的事实为对象，以客观叙述为表达方式；新闻公正性指新闻报道为对立的双方提供平等反映意见的机会。

（3）社会主义新闻工作者只有遵循党性原则，运用马克思主义的立场、观点和方法，一切从实际出发，实事求是地对客观事物进行科学分析和准确判断，才能从根本上做到报道的真实、客观和公正。

21. 答案要点：

这一观点是错误的。

（1）在市场经济条件下，精神产品的生产流通与市场规律的联系越来越紧密，新闻产品有进入市场进行流通的客观环节，因此不可避免地在流通领域体现出较强的商品性，要按市场规律运行。

（2）在流通领域新闻产品所体现出的商品性，并不意味着新闻要商品化，也不意味着新闻事业要产业化。

（3）"新闻商品化"、"新闻事业产业化"等提法的实质，就是要在新闻的采、写、编、评等业务环节也按市场规律运作，这是我们要坚决反对的。

（4）新闻媒体固然可以通过广告来获得巨额收益，但其广告功能或者说产业功能、经济功能，都是建立在其反映现实生活这一意识形态功能的基础之上。

22. 答案要点：

这个说法不正确。

（1）坚持党对新闻事业的领导，是无产阶级新闻工作的基本原则。在我国社会主义制度下，所有新闻事业都必须接受党的领导。

（2）各级党委要始终高度重视新闻宣传工作，不断加强和改善党对新闻工作的领导，切实负起政治责任。坚持党对新闻工作的领导，必须坚持民主与集中统一，内部自由发表意见和公开报道遵守宣传纪律的统一。党报党刊一定要无条件地宣传党的主张。

（3）党对新闻事业的领导主要是思想上、政治上的领导，是对宣传党的思想观点、方针政策的领导，新闻工作者要服从党的领导，不仅指组织上服从，而且还可以通过自己的创造性工作，使党的思想观点、党的方针政策，迅速广泛准确生动地同群众见面。在政治上同中央保持一致的前提下，新闻工作者可以充分发挥自己的聪明才智。新闻工作要做到既有严格的组织性、纪律性，又要有高度的主动性和创造性。

五、论述题

23. 答案要点：

（1）解释群众路线

群众路线思想的内涵是一切为了群众，一切依靠群众，从群众中来，到群众中去。

（2）内容：群众路线思想在当前新闻工作中主要内容和表现形式有"三贴近"原则的学习和"走转改"活动落实。

①解释"三贴近"原则。2002年，胡锦涛总书记在视察人民日报社时指出，新闻宣传和新闻改革要坚持和落实"三贴近"原则，即"贴近实际、贴近生活、贴近群众"。贴近实际，就是立足于社会主义初级阶段这个最大的实际，真实反映改革开放和现代化建设的实践，使宣传思想工作更加具体实在、扎实深入；贴近生活，就是深入到人民群众的日常生活中，把握社会主流，从生活中挖掘生动事例，使宣传思想工作更加入情入理，富有生活气息；贴近群众，就是以人为本，想群众之所想，急群众之所急，使宣传报道更好地代表最广大人民群众的根本利益。

②"走转改"是"走基层、转作风、改文风"的简称，2011年8月，新闻战线发起了"走转改"活动，这是新闻战线贯彻胡锦涛总书记重要指示，进一步落实新闻报道"三贴近"要求、增强新闻宣传吸引力感染力、加强新闻队伍建设的重要举措。更加落实了群众路线在新闻工作中的贯彻。

（3）意义：

①群众观点是唯物史观的基本观点，群众立场是决定我们党的性质的根本政治问题，也是决定新闻工作性质的根本政治问题。群众立场要求新闻工作始终站在人民立场上，代表最广大人民根本利益说话。坚持"三贴近"，坚持群众路线，保证新闻信息真实准确，增强新闻宣传吸引力、感染力。

②开展群众路线教育实践活动能更好地履行新闻工作服务党和国家大局、服务人民群众的宗旨，加深对基本国情的理解，加深对党和国家政策的理解，加深对人民群众生活状态的理解，把握正确的舆论导向。

③有利于推进新闻改革创新，把镜头和话筒更多地对准基层，充分发挥新闻媒体联系党和人民的纽带作用，多用贴近群众的生动事例；多用群众生动活泼的语言；多用群众喜闻乐见的形式，真实反映社情民意。

④促进新闻工作让群众满意。把人民群众满意作为评价检验新闻工作的第一标准，把群众意见作为衡量新闻工作长短优劣的最好尺子，新闻作品的评选评比注重群众感觉，增加群众的话语权、评判权，让新闻工作经得起实践、人民和历史的检验。

备注说明：可以结合实例，对改进工作的几个方面，可酌情有所侧重。

《基础知识》实战模拟试卷（五）

一	二	三	四	五	总分

1. 笔试题满分为 100 分。

2. 笔试考试时间为 150 分钟。

3. 考试方式为闭卷。

4. 试题类型包括选择题、简答题、辨析题、论述题。

一、单项选择题（本大题共 10 小题，每小题 1 分，共 10 分）

在每小题列出的备选项中只有一个是符合题目要求的，请将其选出并将"答题卡"的相应代码涂黑。错涂、多涂或未涂均无分。

1. 新闻的本源是（　　）。

　　A. 信息　　　　　　B. 事件　　　　　　C. 社会　　　　　　D. 事实

2. 舆论的主体是（　　）。

　　A. 媒体　　　　　　B. 公众　　　　　　C. 官员　　　　　　D. 学者

3. 党对新闻事业的领导，主要是（　　）的领导，是对宣传党的思想观点、方针政策的领导。

　　A. 组织上、人事上　　　　　　B. 法律上、道德上

　　C. 思想上、政治上　　　　　　D. 理念上、观念上

4. "三贴近"原则是指贴近实际、贴近生活、（　　）。

　　A. 贴近受众　　　　　　B. 贴近基层

　　C. 贴近群众　　　　　　D. 贴近市场

5. "给共同的意志指出一个正确的方向"，是马克思主义新闻观关于（　　）的一个重要观点。

　　A. 舆论动员　　　　　　B. 舆论监督

　　C. 舆论引导　　　　　　D. 舆论疏导

6. 最早提出"政治家办报"的是（　　）。

　　A. 马克思　　　　　　B. 列宁　　　　　　C. 毛泽东　　　　　　D. 邓小平

7. 新闻传播事业的产品是精神文化产品，它应该以（   ）为最高原则。

    A. 经济效益   B. 社会效益

    C. 集体利益   D. 部门利益

8. 下列选项中不属于违反新闻工作者职业道德的是（   ）。

    A. 虚假报道   B. 有偿新闻

    C. 娱乐新闻   D. 侵权新闻

9. "人人都有麦克风"是对（   ）这一媒介出现后的描述。

    A. 广播   B. 电视

    C. 新闻网站   D. 社会化媒体

10. （   ）是指运用客观叙述的方式表达意见的一种新闻手段，这种方法具有较强的说服力和可信度。

    A. 主观报道   B. 重点报道

    C. 立体报道   D. 客观报道

二、多项选择题（本大题共5小题，每小题2分，共10分）

在每小题列出的备选项中至少有两个是符合题目要求的，请将其选出并将"答题卡"的相应代码涂黑。错涂、多涂或少涂均无分。

11. 舆论监督的社会功能包括（   ）。

    A. 监视社会环境   B. 社会调节功能

    C. 社会控制功能   D. 社会制衡、动态平衡功能

12. 新闻价值的要素包括（   ）。

    A. 时新性、接近性   B. 重要性、显著性

    C. 真实性   D. 趣味性

13. 《中国广播电视编辑记者职业道德准则》规定，广播电视记者应尊重公民和法人的（   ），避免损害他人名誉的报道。

    A. 肖像权   B. 名誉权

    C. 隐私权   D. 荣誉权

14. 构成电视新闻的三大要素一般为（   ）。

    A. 景别   B. 画面   C. 同期声   D. 解说

15. 广播电视新媒体的常见形态有（   ）。

    A. 网络广播电视   B. IPTV

    C. 手机电视   D. 移动多媒体广播电视

三、简答题（本大题共4小题，每小题5分，共20分）

16. 简述为什么要坚持团结稳定鼓劲、正面宣传为主的方针。

17. 做好舆论监督工作的四项基本原则是什么？

18. 简述《中国广播电视编辑记者职业道德准则》中对案件报道的规定。

19. 简述电视影像的基本特征。

四、辨析题（本大题共3小题，每小题12分，共36分）

请辨析下列观点正确与否，并阐述理由。

20. 新闻宣传做到对党负责，就不能做到对人民负责。

21. 媒体炒作能够提高新闻价值。

22. 坚持"百花齐放，百家争鸣"意味着文艺创作和评论可以自由而不受限制。

五、论述题（本题24分）

23. 习近平总书记在"8·19"重要讲话中强调，做好宣传思想工作，比以往任何时候都更加需要创新。宣传思想工作创新，重点要抓好理念创新、手段创新、基层工作创新，努力以思想认识新飞跃打开工作新局面，积极探索有利于破解工作难题新举措新办法，把创新的重心放在基层一线。

请论述总书记上述讲话的重大意义及深刻内涵，并就广播电视落实总书记讲话神，如何更好地应对新媒体挑战、推进新闻创新提出思路见解。

（更多免费模拟试题请登录传媒云学苑 www. sarftlearn. com）

《基础知识》实战模拟试卷（五）参考答案

一、单项选择题

1. D　2. B　3. C　4. C　5. C　6. C　7. B　8. C　9. D　10. D

二、多项选择题

11. ABCD　12. ABD　13. ABCD　14. BCD　15. ABCD

三、简答题

16. 答案要点：

（1）只有坚持团结稳定鼓励、正面宣传为主的方针，才能准确及时地反映党的路线、方针、政策，实事求是地反映社会现实生活的主流，让人民群众用创造新生活的业绩教育自己，从而形成鼓舞人民前进的巨大精神力量。坚持正面宣传为主的工作方针正是体现了实事求是的唯物论精神。

（2）坚持正面宣传为主的工作方针是宣传思想工作，履行好围绕大局、服务中心职责的必然要求。党情世情国情的深刻变化需要迫切发挥宣传思想工作振奋精神、鼓舞人心、理清情绪、化解矛盾的作用。这既是宣传思想工作的党性体现，同时也是使命所在、价值所在。

17. 答案要点：

（1）坚持党性原则；

（2）坚持建设性监督；

（3）坚持科学监督；

（4）坚持依法监督。

18. 答案要点：

（1）不在自己服务的媒体上发表本人及亲属涉诉事件的报道和评论；

（2）案件报道不应影响司法公正和法律判决。不偏袒诉讼任何一方；案件判决前，不作定罪、定性报道；不针对法庭审判活动进行暗访；报道公开审理的案件，应遵守相关法律规定。

（3）尊重和保护未成年人、妇女、老人和残疾人的合法权益。报道违法犯罪的未成年人和性侵犯的受害者时，录音、图像应经过特殊处理，使之不可辨认；不公布其真实姓名，不描述犯罪过程。

19. 答案要点：

（1）再现性的本质特征；

（2）时空一体的运动存在方式；

（3）声像一体的信息形式；

（4）限定性显示空间；

（5）感性的符号形式；

（6）孤立影像含义的不确定性。

四、辨析题

20. 答案要点：

这一观点是错误的。

（1）新闻工作的党性原则要求新闻工作者在思想上以马克思主义为指导，宣传党的理论基础和思想体系；在政治上宣传党的纲领路线、方针政策；在组织上接受党的领导，遵守党的组织原则和新闻宣传工作的纪律。

（2）社会主义新闻事业的党性和人民的利益是完全一致的，在社会主义新闻事业的全部工作中，对党负责与对人民负责是完全统一的。人民群众的信任和支持，是党得以生存的基础和力量的源泉。

（3）历史经验表明，坚持党的正确领导，坚持马克思主义的政治路线和思想路线，发扬党内民主和社会主义民主，才能保持和加强党和人民群众的联系，才能有效发挥社会主义新闻事业的纽带作用，做到对党负责和对人民负责的统一。

21. 答案要点：

这一观点是错误的。

（1）新闻价值是一种预测，新闻价值要通过传播才能得以证实。衡量新闻价值的客观标准，是受众对新闻的选择和时间对新闻的检验。

（2）新闻价值具有时新性、重要性、显著性、接近性、趣味性。通常情况下，具有时新性和其他任意一种新闻价值要素的新闻事实，就值得报道。新闻价值要素越齐全、要素的程度越高，新闻价值越大。

（3）真实是新闻的生命。坚持新闻真实是新闻媒体取得公众信任的前提，是新闻工作者职业道德的基本要求，是新闻事业存在和发展的根本立足点。我国新闻媒体是人民利益的代表，每个负责任的新闻机构，每个新闻从业人员，都必须坚持新闻真实性原则。

（4）新闻报道要坚持准确、公正、全面、客观的报道原则。新闻具有客观性，新闻报道的内容必须是客观存在的事实，任何企图用虚构、杜撰或者背离事实本身的基本逻辑的报道来表现倾向性，不仅无法说服人，其生命力也是短暂的。

22. 答案要点：

这一观点是错误的。

（1）"百花齐放，百家争鸣"是我党繁荣科学文化的基本方针，是人类科学文化发展规律的生动概括，是民主精神、群众路线在文化艺术工作中的具体体现。

（2）坚持"双百"方针，要在宪法和法律允许的范围内，充分尊重作家、艺术家的创造性劳动，切实保障创作自由和评论自由，提倡不同学术观点、艺术流派的争鸣和切磋，提倡健康说理的文艺批评。

五、论述题

23. 答案要点：

意义内涵：

（1）新闻宣传工作要坚持为人民服务的宗旨，鼓励和支持人民的首创精神，充分调动人民群众的积极性、主动性、创造性，发掘和传播人民群众的智慧和创造精神，促进社会的发展和进步。

（2）信息化网络化形势下，新闻宣传要以新科技革命的手段，提升新闻宣传的力度、强度和高度，深入一线挖掘新闻，唱响时代主旋律，增强新闻宣传的吸引力、感染力。

（3）牢固树立群众观点，以人民群众根本利益为出发点和落脚点，多联系群众身边的事例，多反映群众的切身感受，把镜头对准基层，把版面留给群众，多运用群众熟悉的语言，多用群众喜闻乐见的形式，使新闻宣传工作更加亲切可信，深入人心。

思路见解：

（1）坚持新闻宣传工作党性原则，牢牢把握正确舆论导向。

（2）加强媒体信息化建设，与时俱进，适应新变化，形成舆论引导新格局。

（3）加强体制机制创新，完善新闻宣传宏观管理体制，健全突发事件新闻的快速反应和应急协调机制。

（4）要立足长远、瞄准目标，有计划、按步骤地推进新闻工作全面、协调、可持续地发展。

（5）切实抓好新闻宣传队伍人才建设，增强凝聚力和战斗力。

2014 年全国广播电视编辑记者、播音员主持人资格考试试卷

（网友整理版）

2014 年全国广播电视编辑记者、播音员主持人资格考试试卷

综合知识

考生须知

1. 《综合知识》考试时间为 13：30～15：00，考试时长 90 分钟。

2. 本试卷共 12 页，请考生先检查试卷是否完整，如有缺页、折皱、破损情况，请立即向监考员报告。

3. 需要填写或作答的部分请用黑色或蓝色墨水的钢笔、签字笔或圆珠笔填写或作答，需要填涂的部分请用黑色 2B 铅笔填涂。一份试卷请用相同颜色、同一笔迹作答。

4. 答题前请将考场所在省（区、市）、报考类别、考生姓名、准考证号填写在答题卡上相应位置，并将对应代码涂黑。

5. 本试卷为选择题，答案做在答题卡上，将所选项对应的字母涂黑。

6. 在试卷上作答无效。

国家广播电影电视总局制

一、单项选择题（本大题共 60 小题，每小题 1 分，共 60 分）

在每小题列出的备选项中只有一个是符合题目要求的，请将其选出并将"答题卡"的相应代码涂黑，错涂、多涂或未涂均无分。

1. 马克思、恩格斯创立的科学社会主义之所以是"科学"的，是因为它（　　）。

A. 揭露、批判了资本主义社会的弊端

B. 对未来社会提出了一些积极的有价值的猜测

C. 认为未来社会是理性、公正的社会

D. 揭示了社会主义代替资本主义的历史必然性

2. 把可直接感知的某种具体实物看作是世界的本原，这种观点属于（　　）。

A. 朴素唯物主义　　　　　　　　B. 形而上学唯物主义

C. 辩证唯物主义　　　　　　　　D. 庸俗唯物主义

3. 马克思主义认识论首要的和基本的观点是（　　）。

A. 矛盾的观点　　　　　　　　　B. 发展的观点

C. 实践的观点　　　　　　　　　D. 联系的观点

4. 量变与质变的判断标准是（　　）。

A. 事物变化持续时间的长短　　　B. 事物量的变化是否超出度的范围

C. 事物的质变是否引起了新的量变　D. 事物的变化是否顺利和显著

5. 衡量社会生产力发展水平的主要标志是（　　）。

A. 劳动者的素质　　　　　　　　B. 劳动资料

C. 生产工具及其使用状况　　　　D. 劳动对象

6. 人们常说："前途是光明的，道路是曲折的。"这句话体现的辩证法原理主要是（　　）。

A. 世界永恒发展的原理　　　　　B. 事物普遍联系的原理

C. 否定之否定规律　　　　　　　D. 质量互变规律

7. 在 1998 年和 1999 年，马来西亚和新加坡有 276 人染上尼巴病毒。据研究，尼巴病毒的出现，是由于森林火灾使得蝙蝠无处栖身，它们逃到猪圈，并通过蚊子感染猪，猪又把病毒传给了人类，以上材料体现的哲学原理是（　　）。

A. 人类在大自然面前无能为力

B. 事物之间的联系具有普遍性

C. 人类的认识具有局限性和滞后性

D. 发展是新事物的产生和旧事物的灭亡

8. 社会发展和人的发展之间的关系是（　　　）。

    A. 主导和从属   B. 互为前提、相辅相成

    C. 对立统一   D. 整体和局部

9. 必然王国和自由王国是社会发展的（　　　）。

    A. 两种不同的道路   B. 两种不同的状态

    C. 两种不同的方式   D. 两种不同的结果

10. 商品是用来进行等价交换的劳动产品，是使用价值和（　　　）的统一体。

    A. 价值   B. 价格

    C. 交换价值   D. 社会价值

11. 以私有制为基础的简单商品经济的基本矛盾是（　　　）。

    A. 使用价值和价值的矛盾   B. 具体劳动和私人劳动的矛盾

    C. 私人劳动和社会劳动的矛盾   D. 生产力与生产关系的矛盾

12. 某私营玩具厂通过引进先进生产机器，使其生产玩具花费的劳动时间比社会必要劳动时间少 10%，由此形成商品个别价值低于社会价值的那部分是（　　　）。

    A. 剩余价值   B. 超额剩余价值

    C. 绝对剩余价值   D. 相对剩余价值

13. 货币转化为资本的前提条件是（　　　）。

    A. 劳动力成为商品   B. 生产资料可以买卖

    C. 货币是一般等价物   D. 货币是社会财富的一般代表

14. 我国新民主主义革命与旧民主主义革命的根本区别在于（　　　）。

    A. 革命性质不同   B. 革命领导阶级不同

    C. 革命对象不同   D. 革命前途不同

15. 我国新民主主义革命总路线的核心是（　　　）。

    A. 人民民主专政   B. 反对帝国主义

    C. 反对官僚主义   D. 无产阶级的领导

16. 毛泽东在《战争和战略问题》一文中提出，革命的中心任务和最高形式是（　　　）。

    A. 议会道路   B. 武装夺取政权

    C. 和平过渡   D. 合法斗争

17. （　　）是决定当代中国命运的关键抉择，是坚持和发展中国特色社会主义的必由之路。

    A. 改革开放　　　　　　　　　　B. 人民当家做主

    C. 社会主义市场经济　　　　　　D. 加入 WTO

18. 中国共产党领导人民治理国家的基本方略是（　　）。

    A. 阶级斗争　　　　　　　　　　B. 群众运动

    C. 政治动员　　　　　　　　　　D. 依法治国

19. 我国社会主义初级阶段的社会主要矛盾是（　　）。

    A. 工人阶级与私营企业阶层之间的矛盾

    B. 城市户籍人口与农村户籍人口之间的矛盾

    C. 发达地区与欠发达地区之间的矛盾

    D. 人民日益增长的物质文化需要同落后的社会生产之间的矛盾

20. 科学发展观的核心是（　　）。

    A. 公平正义　　　　　　　　　　B. 社会和谐

    C. 以人为本　　　　　　　　　　D. 统筹兼顾

21. 中国 2020 年经济社会发展的目标是（　　）。

    A. 全面解决温饱问题　　　　　　B. 全面建成小康社会

    C. 基本实现现代化　　　　　　　D. 实现共同富裕

22. "一国两制"的核心是（　　）。

    A. 一个中国　　　　　　　　　　B. 两制并存

    C. 高度自治　　　　　　　　　　D. 和平谈判

23. 中国梦的核心内容是（　　）。

    A. 国家富强、社会进步、人民安康　　B. 国家富强、民族振兴、人民幸福

    C. 国家振兴、人民富裕、社会发达　　D. 国家强盛、社会发展、人民幸福

24. 明确提出必须树立"尊重自然、顺应自然、保护自然"生态文明理念的会议是（　　）。

    A. 党的十五大　　　　　　　　　B. 党的十六大

    C. 党的十七大　　　　　　　　　D. 党的十八大

25. 当今世界的时代主题是（　　）。

    A. 多极与多元　　　　　　　　　B. 反恐与维和

C. 战争与和平　　　　　　　　　　　D. 和平与发展

26. 建设中国特色社会主义的总依据是（　　　）。

A. 马克思主义中国化　　　　　　　B. 社会主义初级阶段

C. 科学发展观　　　　　　　　　　D. 党的根本宗旨

27. 马克思主义中国化的最新成果是（　　　）。

A. 中国梦　　　　　　　　　　　　B. 改革开放

C. 科学发展观　　　　　　　　　　D. 中国特色社会主义理论体系

28. 建设中国特色社会主义的总布局是（　　　）五位一体。

A. 思想理论建设、组织建设、作风建设、制度建设、先进性建设

B. 经济建设、政治建设、文化建设、社会建设、党的建设

C. 经济建设、政治建设、文化建设、社会建设、生态文明建设

D. 经济建设、政治建设、文化建设、基础建设、生态文明建设

29. 习近平总书记指出：（　　　）就是共产党人精神上的"钙"，缺了它，共产党人精神上就会"缺钙"，就会得"软骨病"。

A. 指导思想　　　　　　　　　　　B. 价值取向

C. 宗旨意识　　　　　　　　　　　D. 理想信念

30. 2013 年 4 月 19 日，中共中央政治局召开会议，决定从下半年开始，用一年左右时间，在全党自上而下分批开展党的（　　　）活动。

A. 群众路线教育实践　　　　　　　B. 服务型党组织创建

C. 学习型党组织建设　　　　　　　D. 基层组织创先争优

31. 邓小平理论形成的现实依据是（　　　）。

A. 马列主义、毛泽东思想

B. 和平与发展成为时代主题

C. 社会主义建设正反两方面的历史经验

D. 我国改革开放和现代化建设的实践

32. 社会主义初级阶段基本路线的主要内容是（　　　）。

A. "一个中心，两个基本点"

B. 中国共产党是领导和团结全国人民的核心力量

C. 社会主义现代化建设必须贯彻自力更生、艰苦创业的方针

D. 把我国建设成为富强、民主、文明的社会主义现代化国家

33. 我国人民代表大会制度的组织活动原则是（　　）。

 A. 公平、公正、公开   B. 民主集中制

 C. 民主协商   D. 少数服从多数

34. 2013 年 11 月 9 日至 12 日，党的十八届三中全会在北京召开，这次全会的主题是（　　）。

 A. 全面深化改革   B. 全面深化开放

 C. 全面改革开放   D. 全面深化改革开放

35. 我党处理宗教问题的基本政策是（　　）。

 A. 严格限制宗教信仰   B. 主张有选择地信仰宗教

 C. 禁止信仰任何宗教   D. 尊重和保护宗教信仰自由

36. 1992 年邓小平南方视察讲话，就计划和市场关系问题作了精辟论述，主要思想是（　　）。

 A. 社会主义经济以计划经济为主，市场经济为辅

 B. 社会主义经济是建立在公有制基础上的有计划商品经济

 C. 计划经济和市场经济不属于基本经济制度范畴，两者都是调节经济的手段

 D. 计划经济是社会主义，市场经济是资本主义

37. 2014 年 6 月 12 日，第 20 届国际足联世界杯足球赛开幕式在（　　）举行。

 A. 南非   B. 巴西

 C. 德国   D. 阿根廷

38. 2014 年 7 月，金砖国家领导人在巴西签署了成立金砖国家开发银行，设立应急储备安排两项重要协议，以支持包括金砖国家在内的新兴市场国家的发展。下列不属于金砖国家的是（　　）。

 A. 巴西   B. 印度

 C. 俄罗斯   D. 墨西哥

39. 国务院 2014 年上半年颁布的《事业单位人事管理条例》规定，事业单位新聘用工作人员，应当面向社会公开招聘；事业单位工作人员订立的聘用合同，期限一般不低于（　　）年。

 A. 2   B. 3

 C. 4   D. 5

40. 中央全面深化改革领导小组第四次会议审议通过了《关于推动传统媒体和（　　）媒体融合发展的指导意见》。

A. 网络
B. 流

C. 新兴
D. 现代

41. 2014 年 3 月印发的《国家新型城镇化规划（2014-2020）》指出，要走出一条以人为本、四化同步、优化布局、（　　）、文化传承的中国特色新型城镇化道路。

A. 政治文明
B. 经济文明

C. 生态文明
D. 社会文明

42. 我国现行宪法最近的一次修订是在（　　）。

A. 1988 年
B. 1993 年

C. 1999 年
D. 2004 年

43. 我国负责推进、指导、协调、监督全国政府信息公开工作的主管部门是（　　）。

A. 国务院办公厅
B. 国务院

C. 中央人民政府
D. 全国人大常委会

44. 制作、复制、出版、贩卖、传播淫秽物品牟利罪与传播淫秽物品罪最大的区别是（　　）。

A. 前者涉及的环节多
B. 前者的影响面更广

C. 前者以牟利为目的
D. 前者的犯罪主体包括单位

45. 依照我国现行法律，下列选项中不具有完全民事行为能力的是（　　）。

A. 20 岁的大学生周某

B. 30 岁的残疾人杨某

C. 65 岁的退休工人张某

D. 因患精神病而不能控制自己行为的李某

46. 根据《中华人民共和国著作权法》，录音录像制作者对其制作的录音录像制品享有著作权，权利的保护期为（　　）年。

A. 10
B. 30

C. 50
D. 100

47. 我国刑法规定，法定最高刑为无期徒刑、死刑的，经过 20 年就不再追诉，如果 20 年以后必须追诉的，须报请（　　）批准。

A. 全国人大常委会 　　　　　　　B. 最高人民检察院

C. 最高人民法院 　　　　　　　　D. 中共中央政法委员会

48. 张某在网上聊天时，假冒同事李某的姓名，捏造公司另一同事黄某有小偷小摸行为。张某的行为侵犯了李某的（　　）和黄某的（　　）。

A. 荣誉权　姓名权 　　　　　　　B. 姓名权　名誉权

C. 姓名权　隐私权 　　　　　　　D. 名誉权　荣誉权

49. 根据合同法等相关法律规定，以下不属于撤销合同的法定情形的是（　　）。

A. 以合法形式掩盖非法目的的合同 　　B. 趁人之危订立的合同

C. 因重大误解成立的合同 　　　　　　D. 因欺诈成立的合同

50. 社会主义基本经济制度是（　　）。

A. 全民所有制

B. 集体所有制

C. 社会主义公有制

D. 以公有制为主体，多种所有制经济共同发展

51. 居民消费价格指数（CPI）是反映（　　）的指标。

A. 收入增长速度 　　　　　　　　B. 物价变动状况

C. 人民群众生活满意度 　　　　　D. 市场繁荣程度

52. 作为现代西方经济学的鼻祖，（　　）在其代表作《国富论》中清晰地揭示了市场这只"看不见的手"的作用。

A. 亚当·斯密 　　　　　　　　　B. 威廉·配第

C. 西斯蒙第 　　　　　　　　　　D. 托马斯·马尔萨斯

53. 下列选项中不属于要素收入的是（　　）。

A. 工厂发放给工人的加班补助 　　B. 某人出租房屋收到的租金

C. 资本折旧 　　　　　　　　　　D. 股东红利

54. 20世纪70年代以后，西方国家出现经济低速增长，就业停滞和物价上涨，通货膨胀同时存在的情况，这种情况通常称之为（　　）。

A. 经济波谷 　　　　　　　　　　B. 金融危机

C. 滞胀 　　　　　　　　　　　　D. 经济萧条

55. 一个人具备了充当某种社会角色的条件，就会承担这个角色，并按照这一角色的行为规范去活动，这叫作（　　）。

A. 社会角色的确定　　　　　　B. 社会角色的表现

C. 社会角色的调整　　　　　　D. 社会角色的扮演

56. 人们认知与认同社会主导价值观念的过程，被称为（　　）。

A. 价值观念社会化　　　　　　B. 思维社会化

C. 思想社会化　　　　　　　　D. 文化社会化

57. 可以将社区理解成一个地理区域，居住在其中的人们具有某些共同的行为规范和（　　）。

A. 生活方式　　　　　　　　　B. 政治信念

C. 宗教信仰　　　　　　　　　D. 经济联系

58. 下列文学常识中表述不正确的一项是（　　）。

A. 《诗经》是我国第一部诗歌总集，按其内容分为"风、雅、颂"三大类，共收入诗歌三百零五篇。《诗经》最初称《诗》，汉代儒者奉为经典，乃称《诗经》

B. 屈原是我国历史上第一位伟大的爱国诗人，他创作了《离骚》、《九歌》、《九章》等作品。屈原开创的楚辞，同《诗经》共同构成中国诗歌的两大源头

C. 诸子散文是春秋战国时期各个学派阐述自己学说的著作，是百家争鸣的产物。诸子的思想，尤其是儒家与道家的思想对后世影响最大

D. "四书五经"是儒家经典。"四书"指《大学》、《中庸》、《论语》、《孟子》这四部书；"五经"是《诗经》、《尚书》、《仪礼》、《易经》、《春秋》的合称，其中《春秋》指的就是《左氏春秋》，也就是《左传》

59. 在新文化运动中，鲁迅为了揭露几千年来封建礼教吃人的真面目而创作的第一篇白话小说是（　　）。

A. 《呐喊》　　　　　　　　　B. 《彷徨》

C. 《狂人日记》　　　　　　　D. 《朝花夕拾》

60. 卡夫卡的小说《城堡》所表达的主题是（　　）。

A. 对封建制度的批判　　　　　B. 身处荒诞世界中的孤独和绝望

C. 对人性的深刻反省　　　　　D. 对古典文化回归的理想

二、多项选择题（本大题共40小题，每小题1分，共40分）

在每小题列出的备选项中至少有两个是符合题目要求的，请将其选出并将"答题卡"的相应代码涂黑，错涂、多涂或少涂均无分。

61. 下列选项中，体现矛盾双方相互依存和相互转化的表述有（   ）。

A. 祸兮福所倚，福兮祸所伏　　　　　　B. 贫生于富，弱生于强

C. 有无相生，难易相成　　　　　　　　D. 量体裁衣，对症下药

62. 下列选项中属于意识能动性具体表现的表述有（   ）。

A. 意识活动具有目的性和计划性

B. 意识活动能反映事物的本质和规律

C. 意识活动对人体生理活动有调节和影响作用

D. 意识活动具有通过实践改变世界的作用

63. 科学技术对生产方式的作用表现为（   ）。

A. 改变了社会生产力的构成要素　　　　B. 改变了人们的劳动形式

C. 改变了人们的生活方式　　　　　　　D. 改变了社会经济结构

64. 马克思主义认为，人的本质在其现实性上是一切社会关系的总和，这表明人的本质（   ）。

A. 是后天的，不是先天的　　　　　　　B. 是具体的，不是抽象的

C. 是变化的，不是不变的　　　　　　　D. 是主观的，不是客观的

65. 梁启超认为，"历史者，英雄之舞台也，舍英雄几无历史"。这一观点（   ）。

A. 否认了人民群众是历史的创造者

B. 承认了伟大人物对社会历史发展的影响

C. 体现了正确价值观的导向作用

D. 正确反映了人民群众和英雄在社会发展中的作用

66. 社会主义市场经济体制的基本特征，主要表现在（   ）。

A. 在所有制结构上，以公有制为主体，多种所有制经济共同发展

B. 在分配制度上，以按劳分配为主体，多种分配形式并存

C. 在宏观调控上，以实现最广大劳动人民利益为出发点和归宿

D. 在经济运行上，实行市场为主的方式

67. 关于具体劳动和抽象劳动，下列选项中表述正确的有（　　）。

    A. 是生产不同商品的两类独立存在的劳动形式

    B. 是生产商品的同一劳动过程的两种属性

    C. 抽象劳动是无差别的人类一般劳动

    D. 具体劳动是生产一定使用价值的具体形式的劳动

68. 中国共产党领导全国人民取得革命胜利的三大法宝是（　　）。

    A. 统一战线   B. 武装斗争   C. 外部援助   D. 党的建设

69. 毛泽东在《目前形势和我们的任务》一文中提出了新民主主义的经济纲领，纲领内容包括（　　）。

    A. 没收官僚资本归新民主主义国家所有

    B. 没收封建地主阶级的土地，分配给无地和少地的农民

    C. 保护民族工商业

    D. 平均地权

70. "每个共产党员须知，中国共产党领导的整个中国革命运动，是包括民主主义革命和社会主义革命两个阶段在内的全部革命运动；这是两个性质不同的革命过程，只有完成了前一个革命过程才有可能去完成后一个革命过程。民主主义革命是社会主义革命的必要准备，社会主义革命是民主主义革命的必然趋势。"对这段话理解正确的表述有（　　）。

    A. 忽视了中国革命的发展规律

    B. 廓清了民主主义革命和社会主义革命的界限

    C. 指出了社会主义革命与民主主义革命的继承关系

    D. 论证了民主主义革命和社会主义革命的联系

71. 邓小平认为，判断改革和各方面工作是非得失的标准，归根到底是要看（　　）。

    A. 是否有利于社会稳定和谐

    B. 是否有利于发展社会主义的生产力

    C. 是否有利于增强社会主义国家的综合国力

    D. 是否有利于提高人民的生活水平

72. 新形势下，党面临的（　　），迫切要求不断提高党的领导水平和执政水平。

    A. 执政考验   B. 改革开放考验

C. 市场经济考验　　　　　　　　　　D. 外部环境考验

73. 党的十八大提出，必须大力倡导（　　），积极培育和践行社会主义核心价值观。

A. 富强、民主、文明、和谐　　　　　B. 自由、平等、公正、法治

C. 爱国、敬业、诚信、友善　　　　　D. 人本、合作、团结、互助

74. 现阶段，我国规范收入分配秩序，解决收入分配差距过大的基本思路包括（　　）。

A. 保护合法收入　　　　　　　　　　B. 增加低收入者收入

C. 调节过高收入　　　　　　　　　　D. 取缔非法收入

75. 中国梦的实现途径有（　　）。

A. 坚持中国道路　　　　　　　　　　B. 弘扬中国精神

C. 凝聚中国力量　　　　　　　　　　D. 发展中国经济

76. 党的十八大报告提出，要坚持走中国特色（　　）道路。

A. 新型工业化　　　　　　　　　　　B. 信息化

C. 城镇化　　　　　　　　　　　　　D. 农业现代化

77. 在当今世界许多地区民族冲突迭起的情况下，我国各族人民和睦相处，共同建设中国特色社会主义。这是因为我国（　　）。

A. 民族矛盾的根源已完全消除

B. 消除了民族间事实上的不平等

C. 形成了平等、互助、团结、合作的新型民族关系

D. 实行了民族区域自治制度

78. 发展社会主义民主政治，最根本的是要把坚持（　　）有机统一起来。

A. 党的领导　　　　　　　　　　　　B. 人民当家做主

C. 依法治国　　　　　　　　　　　　D. 政治制度

79. 党的十八届三中全会指出，改革开放的成功实践为全面深化改革提供了重要的经验，必须长期坚持，最重要的是，坚持（　　）。

A. 党的领导，贯彻党的基本路线，不走封闭僵化的老路，不走改旗易帜的邪路，坚定走中国特色社会主义道路，始终确保改革正确方向

B. 解放思想、实事求是、与时俱进、求真务实，一切从实际出发，总结国内成功做法，借鉴国外有益经验，勇于推进理论和实践创新

C. 以人为本，尊重人民主体地位，发挥群众首创精神，紧紧依靠人民推动改革，

促进人的全面发展

D. 正确处理改革发展稳定关系，胆子要大、步子要稳，加强顶层设计和摸着石头过河相结合，整体推进和重点突破相促进，提高改革决策科学性，广泛凝聚共识，形成改革合力

80. 党的十八届三中全会指出，要紧紧围绕提高（　　）水平深化党的建设制度改革，加强民主集中制建设，完善党的领导体制和执政方式，保持党的先进性和纯洁性，为改革开放和社会主义现代化建设提供坚强政治保证。

A. 科学执政　　　　B. 民主执政　　　　C. 文明执政　　　　D. 依法执政

81. 党的十八大报告提出，全党要坚定（　　）。

A. 道路自信　　　　B. 理论自信　　　　C. 制度自信　　　　D. 民族自信

82. 我们全面深化改革必须更加注重改革的（　　）。

A. 系统性　　　　B. 科学性　　　　C. 整体性　　　　D. 协同性

83. 党的十八届三中全会提出，建设生态文明，必须建立系统完整的生态文明制度体系，用制度保护生态环境。要（　　）。

A. 实行资源有偿使用制度和生态补偿制度

B. 健全自然资源资产产权制度和用途管制制度

C. 划定生态保护红线

D. 改革生态环境保护管理体制

84. 上海合作组织的观察国有（　　）。

A. 印度　　　　B. 伊拉克　　　　C. 蒙古　　　　D. 巴基斯坦

85. 2014 年 5 月 4 日，习近平总书记在北京大学师生座谈会上指出，广大青年树立和培育社会主义核心价值观，必须在（　　）上下功夫。

A. 勤学，下得苦功夫，求得真学问

B. 修德，加强道德修养，注重道德实践

C. 明辨，善于明辨是非，善于决断选择

D. 笃实，扎扎实实干事，踏踏实实做人

86. 关于我国处理与周边国家外交关系的主张，表述正确的有（　　）。

A. 贯彻与邻为善、以邻为伴的周边外交方针

B. 加强同周边国家的睦邻友好与务实合作

C. 积极开展大国外交

D. 共同营造和平稳定、平等互信、合作共赢的地区环境

87. 在我国，有权制定法律的机关包括（　　　）。

A. 全国人民代表大会　　　　　　　　B. 全国人大常委会

C. 国务院　　　　　　　　　　　　　D. 国务院各部委

88. 中华人民共和国公民在法律面前一律平等，公民具有的平等权包括（　　　）。

A. 立法平等　　　B. 司法平等　　　C. 执法平等　　　D. 守法平等

89. 公民有无民事行为能力受下列因素影响（　　　）。

A. 身份　　　　　B. 年龄　　　　　C. 民族　　　　　D. 智力

90. 根据我国法律，公民或法人的著作权受到侵害的有权要求（　　　）。

A. 停止侵害　　　　　　　　　　　　B. 消除影响

C. 赔偿损失　　　　　　　　　　　　D. 赔礼道歉

91. 对于实施犯罪行为的罪犯，不适用死刑的情况有（　　　）。

A. 不满 18 周岁　　　　　　　　　　B. 患有精神病但不处在发病期

C. 审判时怀有身孕　　　　　　　　　D. 醉酒状态

92. 经济全球化主要包括（　　　）。

A. 资本的全球化　　　　　　　　　　B. 生产的全球化

C. 贸易的全球化　　　　　　　　　　D. 人口流动的全球化

93. 国有经济作为我国国民经济的支柱，在国民经济中起主导作用。这种作用具体体现在（　　　）。

A. 国有经济控制国民经济命脉

B. 在经济的每一个领域，国有经济占支配地位

C. 国有资产由国家直接从事生产经营

D. 国有经济控制经济运行的整体态势

94. 关于"市场在资源配置中起决定性作用"的论断，下列表述正确的有（　　　）。

A. 市场是资源配置最有效率的手段

B. 市场决定资源配置是市场经济的一般规律

C. 市场在一切领域起决定性作用

D. 市场经济本质上就是市场决定资源配置的经济

95. 国内生产总值核算不包括 （　　　）。

    A. 需要再加工的中间产品   B. 个人家庭劳动等非生产性活动

    C. "黄"、"赌"、"毒"等非法交易   D. 没有出售的库存产品

96. 下列选项中对恩格尔系数表述正确的有 （　　　）。

    A. 恩格尔系数是食品支出总额占个人消费支出总额的比重

    B. 一个家庭或个人收入越少，用于购买生存性的食物的支出在家庭或个人收入中所占的比重就越大

    C. 恩格尔系数是衡量一个家庭或一个国家富裕程度的主要标准之一

    D. 恩格尔系数较高，作为家庭来说则表明收入较高，作为国家来说则表明该国较富

97. 社区中人的生活围绕着某种日常互动模式组织起来，这些模式包括 （　　　）。

    A. 购物   B. 娱乐   C. 教育   D. 宗教

98. 《史记》中主要记载人物事迹的部分有 （　　　）。

    A. 本纪   B. 世家   C. 列传   D. 书

99. 《红楼梦》是中国古代长篇小说的巅峰之作，它表现了 （　　　）。

    A. 贾宝玉和林黛玉的爱情悲剧   B. 对科举制度的尖锐讽刺

    C. 地主阶级贵族集团的荒淫骄奢   D. 对佛道两家思想的批判

100. 下列有关文学常识的表述正确的有 （　　　）。

    A. 沈从文是现代小说家、散文家、文物研究家，他创造了一种描写特殊民情的乡土文学，其代表作有《边城》、《长河》等

    B. 《女神》是郭沫若的第一部新诗集，也是"五四"运动以后影响最大的一部诗集，诗集在文学史上有着突出的贡献，是其大胆移植，探索自由诗体，开创新文学诗坛浪漫主义创作源头，唱出了反帝反封建的时代强音，开辟了新文学的途径

    C. 巴尔扎克用总标题为《人间喜剧》的一系列小说，反映了社会剧烈变革时期的法国生活

    D. 《变形记》是奥地利作家卡夫卡最富特色的短篇小说之一，作品以主人公格里高尔变成甲虫的荒诞形式，表现了人性异化的主题

2014 年全国广播电视编辑记者、播音员主持人资格考试试卷

广播电视基础知识

考生须知

1. 《广播电视基础知识》考试时间为 16：00～17：30，考试时长 90 分钟。

2. 本试卷共 3 页，答题纸 7 页，请考生先检查试卷是否完整，如有缺页、折皱、破损情况，请立即向监考员报告。

3. 需要填写或作答的部分请用黑色或蓝色墨水的钢笔、签字笔或圆珠笔填写或作答，需要填涂的部分请用黑色 2B 铅笔填涂。一份试卷请用相同颜色、同一笔迹作答。

4. 答题前请将考场所在省（区、市）、报考类别、考生姓名、准考证号填写在答题纸密封线左侧和答题卡上相应位置，并将对应代码涂黑。

5. 本试卷第一、二大题为选择题，答案做在答题卡上，将选项对应字母涂黑。第三、四、五大题作答在答题纸上相应位置。

6. 在试卷上作答无效。

国家广播电影电视总局制

一、单项选择题（本大题共 10 小题，每小题 1 分，共 10 分）

在每小题列出的备选项中只有一个是符合题目要求的，请将其选出并将"答题卡"的相应代码涂黑，错涂、多涂或未涂均无分。

1. 新闻传播活动的发展，取决于两个最基本的条件：第一是（　　），第二是生产力发展水平能为新闻传播活动提供什么样的物质手段。

    A. 社会对信息的客观需求   B. 人们正常的心理活动

    C. 人们对知识的客观需求   D. 人们的好奇心理

2. 坚持正确的舆论导向，首要的是坚持正确的（　　）。

    A. 政治导向   B. 业务导向

    C. 经济导向   D. 思想导向

3. 新闻价值的综合性特点要求，具体判断新闻价值，不仅包括（　　），而且包括宣传舆论价值、文化教育价值等。

    A. 社会价值   B. 信息价值

    C. 使用价值   D. 需求价值

4. 我国新闻业的双重属性是指（　　）。

    A. 意识形态属性与产业属性   B. 客观性与倾向性

    C. 党性与人民性   D. 独特性与普遍性

5. 习近平总书记在全国宣传思想工作会议上指出，宣传思想工作创新，重点要抓好理念创新、手段创新、（　　）。

    A. 内容创新   B. 形式创新

    C. 基层工作创新   D. 方式方法创新

6. 以下行为中，不属于新闻媒体侵害采访对象人格权的是（　　）。

    A. 侵害名誉权   B. 侵害隐私权

    C. 侵害肖像权   D. 侵害知情权

7. 关于党性和人民性的关系，下列选项不正确的是（　　）。

    A. 坚持党性就是坚持人民性，坚持人民性就是坚持党性

    B. 没有脱离人民性的党性，也没有脱离党性的人民性

    C. 人民性大于党性

    D. 党性和人民性都是整体性的政治概念

8. 广播电视节目按播出次数与内容的关系分为首播节目、重播节目和（　　）。

  A. 录播节目　　　　　　　　　　B. 直播节目

  C. 插播节目　　　　　　　　　　D. 滚动节目

9. 中央电视台初名为（　　），1978 年更名为中央电视台。

  A. 延安电视台　　　　　　　　　B. 新华电视台

  C. 人民电视台　　　　　　　　　D. 北京电视台

10. 目前我国广播电影电视业发展和行业管理的行政主管部门是（　　）。

  A. 国家广播电视部　　　　　　　B. 国家广播电影电视部

  C. 国家广播电影电视总局　　　　D. 国家新闻出版广电总局

二、多项选择题（本大题共 5 小题，每小题 2 分，共 10 分）

  在每小题列出的备选项中至少有两个是符合题目要求的，请将其选出并将"答题卡"的相应代码涂黑。错涂、多涂或少涂均无分。

11. 新闻报道反映事物的内在品质和规律，是新闻真实性原则中（　　）。

  A. 整体真实　　　　　　　　　　B. 具体事实真实

  C. 客观真实　　　　　　　　　　D. 本质真实

12. 新闻工作者要做社会主义核心价值观的践行者、引领者，具体体现在（　　）。

  A. 以自己的模范行动影响和带动社会

  B. 把宣传倡导的核心价值观内化为精神追求、外化为实际行动

  C. 多采写正面报道，少开展舆论监督

  D. 秉持和坚守社会责任，恪守职业道德

13. 关于加快推动传统媒体和新兴媒体融合发展的阐述，正确的是（　　）。

  A. 树立一体化发展观念　　　　　B. 强化互联网思维

  C. 增强借力发展意识　　　　　　D. 遵循新闻传播规律

14. 新闻工作者的业务能力修养包括（　　）。

  A. 政策判断力和新闻敏感性　　　B. 社会交往与活动能力、调查研究能力

  C. 文字表达能力　　　　　　　　D. 身体和环境适应能力

15. 广播中音乐的存在形式有（　　）。

  A. 节目配乐　　　　　　　　　　B. 实况音乐会

  C. 音响　　　　　　　　　　　　D. 音乐节目

三、简答题（本大题共 4 小题，每小题 5 分，共 20 分）

请将答案写在答题纸上。

16. 简述马克思主义新闻观的根本原则及坚持这一原则的基本要求。

17. 简述对外宣传工作的基本原则。

18. 关于报道违法犯罪的未成年人和性侵犯的受害者，《中国广播电视编辑记者职业道德准则》中有哪些规定？

19. 简述电视新闻中画面、音响与文字的关系。

四、辨析题（本大题共 3 小题，每小题 12 分，共 36 分）

请辨析下列观点正确与否，并阐述理由。

请将答案写在答题纸上。

20. 开展新闻舆论监督，要有大局意识和责任意识。

21. 对于广播电视娱乐节目来说，好听好看是硬道理，其他都是浮云。

22. 请对下列一组媒体新闻报道标题进行辨析，指出其存在的共性问题并阐述理由。

媒体新闻报道标题：

《男子疑因嫌母丑拒见探亲母亲》、《湖南贫困县安仁疑偷盖耗资 2 亿政府大楼》、《男子疑因未参加刑警队搬迁仪式遭栽赃逼供获刑》、《湖南摩地司机疑遭钓鱼执法自杀：两处监控视频警方只公布一处》、《中国太保大宗交易被疑送红包或藏不可告人秘密》

五、论述题（本题 24 分）

请将答案写在答题纸上。

23. 请论述新闻传播事业为什么要以社会效益为最高原则。

2014 年全国广播电视编辑记者、播音员主持人资格考试试卷

广播电视业务

考生须知

1. 《广播电视业务》考试时间为 9：00~11：30，考试时长 150 分钟。

2. 本试卷共 5 页，答题纸 9 页，请考生先检查试卷是否完整，如有缺页、折皱、破损情况，请立即向监考员报告。

3. 需要填写或作答的部分请用黑色或蓝色墨水的钢笔、签字笔或圆珠笔填写或作答，需要填涂的部分请用黑色 2B 铅笔填涂。一份试卷请用相同颜色、同一笔迹作答。

4. 答题前请将考场所在省（区、市）、报考类别、考生姓名、准考证号填写在答题纸密封线左侧和答题卡上相应位置，并将对应代码涂黑。

5. 本试卷第一、二大题为选择题，答案做在答题卡上，将选项对应字母涂黑。第三、四大题作答在答题纸上相应位置。

6. 在试卷上作答无效。

国家广播电影电视总局制

一、单项选择题（本大题共 20 小题，每小题 1 分，共 20 分）

在每小题列出的备选项中只有一个是符合题目要求的，请将其选出并将"答题卡"的相应代码涂黑，错涂、多涂或未涂均无分。

1. 广播电视媒介的线性传播特性使得（　　　）。

A. 承载的信息更为丰富　　　　　　　B. 信息量更大

C. 传播效果更为突出　　　　　　　　D. 信息选择性差

2. 下面采访提问中，属于开放型问题的是（　　　）。

A. 您叫什么名字？

B. 您童年印象最深刻的一件事是什么？

C. 这只船的载重量是多少？

D. 这次事故中受伤的人数是多少？

3. "时间顺序结构"是广播电视消息的常用结构之一，它的主要特点是（　　　）。

A. 根据事物的内在逻辑或问题的逻辑性来组织材料、安排层次

B. 根据新闻事件发生、发展直至结束的先后顺序来安排层次、展示事件过程

C. 适用于趣味性或反常性较强的题材

D. 具有悬念感

4. 某条新闻使用了"微博上热传"的说法，这属于（　　　）。

A. 明确的消息来源　　　　　　　　　B. 匿名的消息来源

C. 无需核实的消息来源　　　　　　　D. 权威消息来源

5. 新闻编辑工作中对新闻信息的统合过程，实际上就是新闻信息的价值定位过程。对于 2014 年 3 月 1 日的昆明暴恐事件，美国有线电视网（CNN）在报道时，给"恐怖分子"加上了引号。这说明（　　　）。

A. 昆明暴恐事件的真实性、准确性、明晰性不符合 CNN 的专业标准

B. CNN 严格履行媒体的政治责任，坚持做有倾向性的报道

C. CNN 对信息进行取舍，以满足目标群体的需求

D. CNN 把关编辑的个人喜好

6. 广播电视栏目是电台、电视台所有播出内容的基本组织形式和播出形式，以下关于广播电视栏目表述错误的选项是（　　　）。

A. 按时间段划分　　　　　　　　　　B. 按线性传播方式安排和表现内容

C. 依时间顺序播送内容　　　　　　　D. 在某一特定时间一次性播出

7. 广播电视新闻节目的编排一般要遵循三个重要的原则，即（　　）。

　　A. 关联、配合、集纳　　　　　　　B. 峰谷、节奏、分段

　　C. 优化、流畅、统一　　　　　　　D. 时间、长度、空间

8. 广播电视与新闻事件或活动的发展过程同步的报道类型是（　　）。

　　A. 现场报道　　　　　　　　　　　B. 现场直播

　　C. 口播新闻　　　　　　　　　　　D. 现场特写

9. 在电视摄录中被称为"定位镜头"、通常用于表现人物形体动作或者事件发生环境的景别是（　　）。

　　A. 全景　　　　　　　　　　　　　B. 大全景

　　C. 中景　　　　　　　　　　　　　D. 近景

10. 广播新闻报道的独特形式是（　　）。

　　A. 电话录音　　　　　　　　　　　B. 录音消息

　　C. 动态消息　　　　　　　　　　　D. 现场连线

11. 记者采访时，对事件干预程度最小的介入方式是（　　）。

　　A. 旁观式　　　　　　　　　　　　B. 暗访式

　　C. 直播式　　　　　　　　　　　　D. 参与式

12. 既报道事实，又对新闻事实作必要的分析与评价的评论形式是（　　）。

　　A. 短评　　　　　　　　　　　　　B. 述评

　　C. 评论员文章　　　　　　　　　　D. 时评

13. 从观众的收视心理和收视习惯来考虑，相对而言，（　　）新闻栏目的服务性最强。

　　A. 早间　　　　　B. 午间　　　　　C. 傍晚　　　　　D. 深夜

14. 通常采用边拍边播的方式，每年集中一段时间播完的电视剧被称为（　　）。

　　A. 季播剧　　　　B. 系列剧　　　　C. 连续剧　　　　D. 栏目剧

15. 用户生成的内容（User Generated Content，UGC）正在成为媒体选题线索的来源。以下属于UGC的是（　　）。

　　A. 新浪微博上一名加V律师所发布的信息

　　B.《华西都市报》报道

　　C. 英国《卫报》报道

　　D. 新华社通稿

16. 在新闻节目的选题论证中，不需要考虑的因素是（   ）。

A. 是否具有新闻价值   B. 是否符合政策标准

C. 是否符合媒体自身编辑方针   D. 话题是否具有批评性

17. 以下关于电视解说词的阐述，不准确的是（   ）。

A. 解说词不能独立于事件之外

B. 解说词可以具有一定的文学性

C. 解说词应该为"看"而写，为"听"而写

D. 解说词具有独立性，应独立成文

18. 深度报道的采访应着重搞清新闻事件的（   ）。

A. 何时、何地   B. 新闻背景

C. 人物关系   D. 何因、如何

19. 广播电视新闻编排中，新闻栏目的起承转合有各种方法，其中最直接、最常见的方法是（   ）。

A. 标题   B. 广告

C. 音乐   D. 语言

20. 广播电台、电视台针对现实生活中具有普遍意义的新闻事件、迫切需要解决的社会问题或公众广泛关注的社会话题，发表议论、做出分析、讲明道理、直接发表意见的节目样式是（   ）。

A. 深度报道   B. 新闻专题

C. 批评报道   D. 新闻评论

二、多项选择题（本大题共 5 小题，每小题 2 分，共 10 分）

在每小题列出的备选项中至少有两个是符合题目要求的，请将其选出并将"答题卡"的相应代码涂黑。错涂、多涂或少涂均无分。

21. 某电视台著名主持人在自己的实名微博上，发布了媒体尚未发布的一条食品安全信息，引发了公众对食品安全的又一次恐慌。这一做法之所以不妥，原因在于（   ）。

A. 可识别身份的媒体人的社交媒体发布与新闻媒体信息发布性质相同

B. 先于所在媒体发布信息，违反聘用约定

C. 信息所有权应为媒体机构而非个人，员工个人无权擅自发布

D. 微博字数有限，其所披露的内容或有遗漏，易造成误解与恐慌

22. 电视新闻标题与报刊相比，其主要特点是（   ）。

    A. 表达方式不同　　　　　　　　　　B. 功能有所不同

    C. 写作要求不同　　　　　　　　　　D. 感染力更强

23. 广播电视现场报道对题材选择的要求是（   ）。

    A. 要有现场音响或画面　　　　　　　B. 要有适当的时间跨度

    C. 题材本身重大、为受众所关注　　　D. 有比较集中的现场空间

24. 广播电视消息写作的基本要求是（   ）。

    A. 为看而写，为听而写　　　　　　　B. 简洁明了，少用形容词

    C. 要多用概念说话　　　　　　　　　D. 文辞优美，有吸引力

25. "情景再现"手法的使用原则是（   ）。

    A. 新闻节目一般不主张使用　　　　　B. 审慎使用

    C. 不宜详细展开犯罪过程　　　　　　D. 不宜使用误导或夸张的方式

三、案例分析题（本大题共 2 小题，第 26 题 10 分，第 27 题 20 分，共 30 分）

    请将答案写在答题纸上。

26. 请对以下给出的新闻线索制定采访计划，列出采访提纲。（10 分）

    2014 年 8 月 22 日，中国工程院院士倪光南在一个小型媒体见面会上表示，我国今年 10 月有望推出支持应用商店的国产桌面操作系统新版本。

27. 分析某市"地铁咸猪手事件"报道中的记者行为。（20 分）

    2014 年 6 月某日，某市地铁里，一男子佯装睡觉，两度拨弄一年轻女孩裸露的大腿，这一场景被坐在对面的两个男生拍摄记录。当天，这段视频开始在网上疯传。数日内，仅在一家视频网站上，点播次数就已超过 179 万次。

    4 天后，当地电视台记者在自己的实名微博上发布信息，希望受害人与其联系，将"咸猪手"男子绳之以法。以记者几十万粉丝的号召力，此事开始吸引到更多人的关注。当晚，视频中受害女子联系了记者，回忆了当日情形，记者随即在微博上宣告了此事，并在第二天将受害女子的回忆详情整理并发布在个人微信号中。期间，记者曾去过该男子单位，同时拒绝向警方提供受害人信息。后来，该男子被警方拘留，其所在单位宣布他被"双开"。

四、写作题（本大题共 2 小题，第 28 题 15 分，第 29 题 25 分，共 40 分）

请将答案写在答题纸上。

28. 请将下列报纸新闻改写成一则 400 字左右的广播电视消息。（15 分）

不动产统一登记获多项进展　24 省份已启动相关工作

中国不动产统一登记工作近期取得多项进展：《不动产登记暂行条例》结束公开征求意见，不动产登记局确定首任"掌门人"，同时，实现不动产统一登记的时间表也得到明确。

在地方层面，随着广东和贵州成立不动产统一登记工作领导小组，据不完全统计，全国至少已有 24 个省份启动了不动产统一登记工作。眼下，不动产统一登记工作正加速推进。

不动产登记暂行条例结束征求意见

国务院法制办 8 月 15 日公布了《不动产登记暂行条例（征求意见稿）》，向社会公开征求意见，按照日程安排，这次征求意见已于 9 月 15 日结束。

该征求意见稿提出，国务院国土资源主管部门应当会同有关部门建立统一的不动产登记信息管理基础平台，权利人、利害关系人可以依法查询、复制不动产登记资料。

中国人民大学财政金融学院副院长赵锡军对中新网记者表示，在上述条例正式实施后，不动产登记职责将得到整合，目前存在的多头管理、权责不清晰的情况也将得到改变，这对保护权利人合法财产权，方便企业和群众具有积极意义。而随着不动产统一登记制度的建立，对征收房产税和反腐败也会间接起到一定作用。

不动产登记局首任"掌门人"亮相

今年 5 月正式挂牌的不动产登记局，其首任"掌门人"日前公开亮相，河南省国土资源厅官方网站 9 月 15 日披露，9 月 12 日至 13 日，国土资源部副部长胡存智到河南调研，国土资源部地籍管理司司长（不动产登记局局长）王广华等随行。

官方披露的上述信息意味着，王广华已成为不动产登记局首任局长。王广华简历显示，在 1992 年至 2001 年的十年间，王广华一直任职于地籍管理部门。2001 年 11 月，由国土资源部地籍管理司副司长转任信息中心主任、党委书记。2008 年 12 月至 2014 年 9 月，担任国家土地督察武汉局局长。

中国房地产学会副会长、北京大学教授陈国强表示，不动产统一登记要落实到地方，还涉及大量地方政府部门工作的合并、整理，必然有一个部门间相互博弈的过程。这也意味着，作为不动产登记局的"掌门人"，王广华的担子还很沉重。

24 省份启动不动产统一登记工作

虽然《不动产登记暂行条例》还未正式出台，但在地方层面，多省份不动产统一登记工作已经取得积极进展。

近期，广东省和贵州省先后成立了不动产统一登记工作领导小组及办公室，福建省国土资源厅副厅长陈志忠近日表示，福建省不动产登记工作将进入登记机构设立阶段，正在研究设立省级不动产登记所。

至此，据中新网记者不完全统计，中国启动不动产统一登记相关工作的省份至少已有 24 个，包括天津、河北、内蒙古、辽宁、吉林、黑龙江、上海、浙江、江西、山东、湖北、湖南、海南、四川、云南、陕西、甘肃、山西、江苏、北京、广西、福建、广东和贵州。其中，北京、辽宁、黑龙江、广东、四川、甘肃、贵州等 7 省（市）明确成立了不动产统一登记领导小组。

值得注意的是，实现不动产统一登记的时间表也已明确。国土资源部不动产登记局常务副局长冷宏志近日提到，实现不动产登记分为四个阶段：2014 年基本完成各级职责整合，建立基础性制度；2015 年健全配套制度，平稳有序实施；2016 年全面形成制度体系，正常有效运行；2017 年实现信息共享，依法公开查询。

（2014 年 9 月 17 日，中新网记者李金磊）

29. 阅读以下所给材料，请配发署名广播或电视 200 字左右的短评一篇。（25 分）

继导演张元、编剧宁财神、演员张默和高虎后，北京警方 8 月 18 日晚证实，演员房祖名、柯震东在 14 日因涉毒被查获。房祖名因涉嫌容留他人吸毒罪被刑事拘留，柯震东因吸食毒品被行政拘留。

2014 年全国广播电视编辑记者、播音员主持人资格考试试卷

广播电视播音主持业务（笔试）

考生须知

1. 《广播电视播音主持业务》考试时间为 9：00~11：30，考试时长 150 分钟。

2. 本试卷共 4 页，答题纸 5 页，请考生先检查试卷是否完整，如有缺页、折皱、破损情况，请立即向监考员报告。

3. 需要填写或作答的部分请用黑色或蓝色墨水的钢笔、签字笔或圆珠笔填写或作答，需要填涂的部分请用黑色 2B 铅笔填涂。一份试卷请用相同颜色、同一笔迹作答。

4. 答题前请将考场所在省（区、市）、报考类别、考生姓名、准考证号填写在答题纸密封线左侧和答题卡上相应位置，并将对应代码涂黑。

5. 本试卷第一大题为选择题，答案做在答题卡上，将选项对应字母涂黑。第二、三大题作答在答题纸上相应位置。

6. 在试卷上作答无效。

国家广播电影电视总局制

一、单项选择题（共20题，每题1分，共20分）

在每小题列出的备选项中只有一个符合题目要求，请将其选出并将"答题卡"的相应代码涂黑，错涂、多涂或未涂均无分。

1. 播音员主持人要遵循正确的创作道路，必须首先坚持（　　）的立场。

    A. 受众   B. 媒体

    C. 新闻工作者   D. 党性和党的政策

2. 播音主持工作在广播电视传播中最重要的手段是（　　）。

    A. 语言传播   B. 文化传承

    C. 舆论导向   D. 规范语言

3. 播音员主持人在传播过程中首先要树立的意识是（　　）。

    A. 道德意识   B. 媒体意识

    C. 公众意识   D. 政治意识

4. 《中国广播电视播音员主持人职业道德准则》提出：播音员主持人要遵纪守法，廉洁自律，自觉维护广播电视媒体的形象，提高媒体的（　　）。

    A. 影响力   B. 公信力

    C. 传播力   D. 宣传性

5. 语音发声要达到准确、清晰、圆润，就要掌握好（　　）。

    A. 吐字归音   B. 声韵的拼合

    C. 唇舌的力度   D. 情声气的融合

6. 下列成语中，带点的字读音不正确的一组是（　　）。

    A. 载（zài）入史册　　载（zài）歌载（zài）舞　　车载（zǎi）斗量（liáng）

    B. 提纲挈（qiè）领　　苦心孤诣（yì）　　博闻强识（zhì）

    C. 相（xiàng）形见绌（chù）　　啼（tí）饥号（háo）寒

        不稂（láng）不莠（yǒu）

    D. 被发（pī fà）文身　　令人发（fà）指　　间（jiān）不容发（fà）

7. 下列句子中，用词恰当的一句是（　　）。

    A. 梅雨季节阴雨不断，雾蒙蒙的天气让人感觉不爽。

    B. 这个运动员虽然腿部受过伤，但是这个赛季他还是一场场比赛都打满了30分钟。

    C. 李老师因为哮喘，特别害怕北方的寒冬，一年一年都在海南过春节。

    D. "夕阳红"合唱团的成员，平均年龄都在71岁左右。

8. 播音员主持人在语言创作过程中运用情景再现的方法，其核心是（　　）。

    A. 认知

    B. 感受体验

    C. 观察

    D. 联想、想象

9. 播音创作过程中，遇到语句本质不好把握，文气不太贯通，播起来不好衔接的地方，往往运用（　　）来解决。

    A. 停连

    B. 技巧

    C. 对象感

    D. 内在语

10. 播音员主持人运用有声语言表达思想感情的方法是（　　）。

    A. 情景再现

    B. 停连、重音、语气、节奏

    C. 沟通交流

    D. 内在语

11. 主持人在节目现场串联时必须具备良好的（　　）。

    A. 即兴口语表达能力

    B. 模仿能力

    C. 夸张、煽情能力

    D. 表演能力

12. 中央电视台于 1958 年 5 月 1 日开播，第一个在屏幕上和观众见面的播音员（　　）。

    A. 赵忠祥

    B. 李娟

    C. 沈力

    D. 宋世雄

13. 下列句子中，用词没有错误的一句是（　　）。

    A. 社区图书阅览室的工作人员从三人增加到九人，人数增加了三倍。

    B. 这里每月的用电量由原先的两千度下降到两百度，用电量下降了十倍。

    C. 据报道，长江上最近又建成了一座铁路、公路两用桥，使两岸的交通更为便捷。

    D. 这伙流氓集团不仅在郊外杀人越货，还在市区拦路抢劫，气焰十分嚣张。

14. 播音员在播出节目时要做到"心中有人"，就应该把握好（　　）。

    A. 语境

    B. 对象感

    C. 内在语

    D. 情感

15. 新闻评论类主持人把握话题时需要注重的两个问题是（　　）。

    A. 叙事和夹叙夹议

    B. 新闻性和政治性

    C. 选题和立论

    D. 点评和"独立成篇"

16. 主持人在节目中为了突出广播特点，除了运用好语言外，还要使用好（　　）。

    A. 节奏

    B. 语气

    C. 嘉宾

    D. 音效

17. 主持人在采访过程中，要尊重被采访对象，做到（　　）。

    A. 循循善诱　　　　　　　　　　B. 谨慎待人

    C. 提前沟通　　　　　　　　　　D. 礼貌待人

18. 主持人在主持节目时常用的语态之一是（　　）。

    A. 自然、平易地说　　　　　　　B. 播报

    C. 演播　　　　　　　　　　　　D. 绘声绘色地说

19. 播音员主持人在职业活动中要坚决抵制（　　）的现象。

    A. 自然大方　　　　　　　　　　B. 低俗媚俗

    C. 语言简洁　　　　　　　　　　D. 语言有个性

20. 在大众传播活动中，播音员主持人处于传播前沿，要发挥沟通政府和人民群众的（　　）作用。

    A. 上下衔接　　　　　　　　　　B. 桥梁和纽带

    C. 语言沟通　　　　　　　　　　D. 双向沟通

二、简答题（共4题，每题10分，共40分）

21. 播音员主持人的语言规范包括哪些内容？

22. 播音、主持语言表达节奏的原则和基本方法。

23. 播音主持应该如何培养良好的语言习惯。

24. 如何处理好播音员主持人形象的多重关系。

三、写作题（议论文，本题40分，字数800字以上）

25. 你如何认识媒体融合变局中的播音主持工作。

2015 年传媒云苑全新推出资格考试辅导系列在线课程：

√ **零基础通关班**

·独家资源全真题库+押题冲刺

（真题切入，高效复习；考前押题，事半功倍）

·"3+2+2"个性化备考方案

（3 套全真试题精讲+2 套往年真题演练+2 套绝密冲刺模拟）

·名师全程伴随式贴心辅导

（往届命题专家和高分考生组成的辅导组 60 天 QQ 群全程辅导）

·微信云学堂 360 度畅学

（一键关注"传媒云苑"公众号，电脑、手机、iPad 无限畅学）

√ **播音员主持人口试辅导独家直播课**

（在线直播、作品点评、一对一辅导、帮您轻松取得 A）

以上课程请登录 www.sarftlearn.com 了解详情，或者拨打 400-860-1989 电话咨询。

√ 国家新闻出版广电总局广播影视人才交流中心

为总局直属正局级事业单位，是广电系统最权威的专业人才培训服务机构。始终站在传媒行业前沿、把脉政策导向、关注行业热点、解析业务难点，立足于传媒人的实际需求，提供个性化的培训服务。

√ 传媒云苑（www. sarftlearn. com）

由总局人才中心倾力打造，是全国编辑记者、播音员主持人资格考试权威网络辅导平台，7 年来累计为 18 万名学员提供资格考试通过解决方案。其中 2013 年和 2014 年参训通过率连续突破 80%（全国平均通过率为 37%），专业源于权威，品质成就梦想。

√ 2015 年权威辅导：零基础通关班

· 独家资源全真题库+押题冲刺

（真题切入，高效复习；考前押题，事半功倍）

· "3+2+2" 个性化备考方案

（3 套全真试题精讲+2 套往年真题演练+2 套绝密冲刺模拟）

· 名师全程伴随式贴心辅导

（往届命题专家和高分考生组成的辅导组 60 天 QQ 群全程辅导）

· 微信云学堂 360 度畅学

（一键关注 "传媒云苑" 公众号，电脑、手机、iPad 无限畅学）

√ 播音员主持人口试 A 档特训直播班

（在线直播、作品点评、一对一辅导、小班授课），

报名方式：请登录传媒云苑 www. sarftlearn. com，或关注 "传媒云苑" 公众号 e_ media_ cloud。

报名咨询电话：400-860-1989。

内含资格考试辅导专家知识点串讲视频

【使用说明】

1. 请登录传媒云苑官网：www. sarftlearn. com；

2. 输入账号及密码，按照提示补充相关学员信息；

3. 信息补全后，按照页面提示开始进入学习；

4. 相关视频课程学习不受次数限制；

5. 学习截止日期至 2015 年 12 月 31 日。